21世纪工商管理类专业主干课系列教材

Series Textbooks of Speciality Core Courses in
Business Administration in the 21st Century

U0656912

Compensation Management

薪酬管理 （第五版）

金延平 主编

东北财经大学出版社
Dongbei University of Finance & Economics Press

·大连·

图书在版编目（CIP）数据

薪酬管理 / 金延平主编. —5版. —大连：东北财经大学出版社，2022.12
（21世纪工商管理类专业主干课系列教材）
ISBN 978-7-5654-4658-0

Ⅰ.薪…　Ⅱ.金…　Ⅲ.工资管理-高等学校-教材　Ⅳ.F244

中国版本图书馆CIP数据核字（2022）第197969号

东北财经大学出版社出版
（大连市黑石礁尖山街217号　邮政编码　116025）
网　　址:http://www.dufep.cn
读者信箱:dufep@dufe.edu.cn
大连东泰彩印技术开发有限公司印刷　东北财经大学出版社发行
幅面尺寸:170mm×240mm　　字数:507千字　　印张:20　　插页:1
2022年12月第5版　　　　　　　　2022年12月第1次印刷
责任编辑:朱　艳　　　　　　责任校对:石建华　赵　楠
封面设计:沈　冰　　　　　　版式设计:钟福建
定价:48.00元

教学支持　售后服务　　联系电话:（0411）84710309
版权所有　侵权必究　　举报电话:（0411）84710523
如有印装质量问题,请联系营销部:（0411）84710711

第五版前言

改革开放40多年来，中国市场不断完善，经济飞速发展，在创造价值、积累财富的同时，分配问题已变得尤为重要。微观企业主要是通过薪酬管理来解决分配问题。事实上，薪酬管理是企业管理系统中最复杂，也最为敏感的核心领域，它牵涉到雇员、雇主、股东、工会、政府等多方利益主体，这就要求企业在薪酬分配过程中，明确界定各个利益相关者，并针对他们不同的利益诉求，差异化对待。企业是一个开放的经济实体，制定薪酬制度和实施薪酬战略，除了要细分利益相关者外，还需要研究企业自身薪酬制度和外界环境的匹配问题。无视法律环境、地域因素，对竞争对手分析不够深入的企业，终将遭到市场的淘汰。薪酬从本质上看，体现的是一种企业与员工的利益交换关系，员工付出劳动，企业为员工支付薪酬，但是对薪酬的理解不能仅仅停留在这一层次上。首先，薪酬是激励的载体。过去一直强调物质激励，现在看来，这显然是不够的，因为员工的需要层次在上升，还必须加上精神激励，这也是全面薪酬所要体现的主旨。其次，薪酬是企业在市场上的信号。薪酬水平越高，表明企业的资金越雄厚，企业对人才的吸引力就越大。再次，薪酬是企业实现战略的工具。企业战略是企业对未来全局性和长远问题的谋划，它决定了企业的发展方向。薪酬能实现企业战略，是因为管理者通过薪酬，能强化员工态度和认知，塑造员工行为，增进工作绩效；通过薪酬，能向员工传递一种价值观念和道德规范，塑造优秀企业文化，提高员工凝聚力和对企业的归属感。最后，薪酬还支撑着组织变革，是企业获得可持续发展的动力源泉。薪酬管理是企业人力资源管理的职能模块之一。权变理论认为没有也不可能有一个适用于所有企业的完美薪酬制度，薪酬制度设计必须建立在企业对宏观环境、中观行业和微观企业战略分析的基础之上。企业中不同群体之间的薪酬体系应该有所不同，应针对不同的职位种类，设计不同的薪酬体系。

本书自2008年8月出版以来，作为普通高校人力资源管理专业的精品教材和管理类本科专业、硕士研究生的参考书及企业管理人员的培训教材，社会影响力较大，读者一致反映本书实用性强，重点突出，主线清晰，简明实用，具有较强的理论研究和实用价值。为了让广大读者能及时了解薪酬管理的最新理论和实践中的热点问题，2013年、2016年、2019年分别进行了修订。本次修订，在保持第四版的逻辑体系和编写特色的基础上，力求内容新颖、前沿和创新，增加了薪酬管理最新的研究成果，更新了一些陈旧的数据，调整了每一章的案例。

本书由金延平任主编，李浩、李文静任副主编。具体编写分工为：金延平编写第1章、

第2章、第4章、第5章、第6章、第7章、第8章、第9章、第10章、第12章；李文静编写第3章；李浩编写第11章。于晴霏、张竞文参加了本次修订的资料整理工作。全书由金延平提出修订的具体要求，并修改定稿。

　　本书在修订的过程中，借鉴了国内外学者的大量研究成果，并得到了东北财经大学出版社编辑的热情帮助，在此表示由衷的感谢。由于作者的水平有限，书中难免有不妥和疏漏之处，敬请广大读者不吝指教。

金延平

2022年11月

第一版前言

改革开放30年来，中国市场不断完善，经济飞速发展，人们在创造价值、积累财富的同时，分配问题也变得尤为重要。微观企业主要是通过薪酬管理来解决分配问题。事实上，薪酬管理是企业管理系统中最复杂，也最为敏感的核心领域，它牵涉到雇员、雇主、股东、工会、政府等多方利益主体，这就要求企业在薪酬分配过程中，必须明确界定各个利益相关者，并针对他们不同的利益诉求，差异化对待。企业是一个开放的经济实体，制定薪酬制度和实施薪酬战略，除了要细分利益相关者外，还需要研究企业自身薪酬制度和外界环境的匹配问题。无视法律环境、地域因素，对竞争对手分析不够深入的企业，终将遭到市场的淘汰。薪酬从本质上看，体现的是企业与员工的利益交换关系，员工付出劳动，企业为员工支付薪酬。但是对薪酬的理解不能仅仅停留在这一层次上。首先，薪酬是激励的载体。过去一直强调物质激励，现在看来，这显然是不够的，因为员工的需要层次在上升，还必须加上精神激励，这也是全面薪酬所要体现的主旨。其次，薪酬是企业在市场上的信号。薪酬水平越高，表明企业的资金越雄厚，企业对人才的吸引力就越大。再次，薪酬是企业实现战略的工具。企业战略是企业对未来全局性和长远问题的谋划，它决定了企业的发展方向。薪酬能实现企业战略，是因为管理者通过薪酬，能强化员工态度和认知，塑造员工行为，增进工作绩效；通过薪酬，能向员工传递一种价值观念和道德规范，塑造优秀企业文化，提高员工凝聚力和对企业的归属感。最后，薪酬还支撑着组织变革，是企业获得可持续发展的动力源泉。薪酬管理是企业人力资源管理的职能模块之一。权变理论认为没有也不可能有一个适用于所有企业的完美薪酬制度，薪酬制度设计必须建立在企业对宏观环境、中观行业和微观企业战略分析的基础之上。企业中不同群体之间的薪酬体系应该有所不同，应针对不同的职位种类，设计不同的薪酬体系。

本书在对中外现有薪酬理论进行深入分析和细致总结的基础之上，形成了自己的逻辑体系和编写特色：（1）定位明确。本书的编写立足人力资源管理学科背景，从微观企业角度阐述薪酬管理，另外还考虑到管理学、经济学分析薪酬管理的优势所在，将两者加以综合运用。（2）内容完整。本书共4篇12章，基本涵盖了企业薪酬管理领域的主要内容。（3）体系清晰。本书总的体系是在薪酬战略的宏观指导下，确定企业薪酬制度。为了突出薪酬体系的重要性，在第3篇重点阐述薪酬体系，最后到实施薪酬制度，达到薪酬目标。在章节安排上，每篇详略得当，均包含重点章节，如第1篇的第3章薪酬战略，第2篇的第6章员工福利与津贴制度，第3篇的第7章薪酬设计的基础、第8章基于职位的薪酬体系设计，第4篇的第12章特殊主体薪酬管理，从而做到了重点突出。（4）观点新颖。本书内容丰富，博采众家之长，添加了很多薪酬管理当前的研究热点，如宽带薪酬、弹性福利、总薪酬、结构薪酬以及基于员工的薪酬体系设计等内容。（5）知行统一。本书一方面突出薪酬管理理论的重要性，另一方面强调实践性和可操作性，旨在说明要真正掌握薪酬管理的内容，既要有理论的高度，又要有实践的深度，做到理论与实践相结合。本书既可以作为高等学校人力资源管理专业和经济管理类专业学生的基础教材，也可以作为企事业单位管理者的参考书和培训教材。

本书由金延平任主编，李浩、李文静任副主编，多位同志参编。具体分工为：金延平编写第1章、第7章、第8章；广楠、娄可伟编写第2章；李文静编写第3章；卞宝伟、金延平编写第4章；霍东洋、满昆仑编写第5章；孙蕊、张春菊编写第6章；任云骐、金延平编写第9章；秦妮、金延平编写第10章；李浩编写第11章；赵婷、金延平编写第12章。卞宝伟参加了本书的修改和资料整理工作。全书由金延平提出编写大纲和具体要求，并修改定稿。

本书在编写过程中，借鉴和引用了国内外许多学者的大量研究成果，并得到了东北财经大学出版社编辑的热情帮助，在此表示衷心的感谢。由于编者的学识水平有限，书中难免有不足之处，敬请广大读者批评指正。

金延平

2008 年 5 月

目　录

第1篇　薪酬管理总论

第2篇　薪酬制度微观构成

第3篇　薪酬体系构建、运行及调整

第4篇 薪酬支付及特殊主体薪酬管理

第 **1** 章

薪酬概述

学习目标

通过本章的学习，理解薪酬内涵，掌握薪酬构成及内容；在明确薪酬管理含义、目标的基础上，了解薪酬管理的影响因素，区别经济学、管理学视角下的薪酬研究；理解薪酬管理模型，掌握我国薪酬改革特点；熟悉薪酬管理的各种法律、法规，掌握薪酬管理当前的研究热点。

1.1　薪酬内涵及相关概念界定

1.1.1　薪酬及相关概念

薪酬问题是现代企业发展的核心问题，它关系到每位员工的切身利益。一方面，薪酬作为用工成本，是企业进行成本控制的重点，这在劳动密集行业中表现得尤为明显；另一方面，薪酬作为激励因素，在吸引员工，激发员工的积极性、主动性和创造性上发挥重要作用。如何协调上述两方面关系，是每一位人力资源管理者，特别是薪酬管理者工作的重中之重。

尽管薪酬问题如此重要，但要对薪酬进行界定，却并非易事。不同学者，基于不同领域、不同学科背景，对薪酬的看法并不相同。本书引用美国著名薪酬管理专家乔治·T.米尔科维奇的观点：薪酬是指雇员作为雇佣关系的一方所得到的货币收入以及各种具体的服务和福利之和。对于上述薪酬的概念，我们可以这样加以理解：

1）薪酬支付的前提是雇佣关系

只有在事实雇佣关系存在的前提下，才可能发生薪酬支付行为。没有雇佣关系存在，所支付的不能称为薪酬。

2）薪酬支付的主体是雇主

雇主在权衡企业经营状况、员工实际工作绩效、行业薪酬水平等因素的前提下，确定员工薪酬标准，支付薪酬。

3）薪酬支付的客体是雇员

雇员是薪酬的接受方，员工所得薪酬是由于其提供劳动而获得的酬劳或答谢。根据舒尔茨人力资本理论，薪酬是员工对自身进行人力资本投资的收益。人力资本投资主要包括：正规教育投资、在职教育投资、社会教育投资、医疗和保健投资以及为就业所进行的劳动力迁移投资。

4）薪酬支付的内容是薪酬

根据米尔科维奇的观点，薪酬包括直接的货币收入和间接的可以用货币度量的各种具体的服务和福利之和。

在企业经营管理过程中，有必要对以下概念与薪酬加以区别：

1）工资

在我国，工资概念使用得十分普遍，但是其内涵并不非常清晰。狭义的工资是不包括奖金的，仅指基本工资，它是员工收入的主体部分，对员工的基本生活以及子女的教育起到保障作用。广义的工资是指员工所得的各种形式的货币收入。

2）薪水

在西方国家，传统上基本薪酬可以分为薪酬和薪水。薪水的支付对象为白领，他们是豁免员工，即通常情况下的管理者和专业技术人员，他们按时间领薪，如月薪、年薪等。这些员工的薪水并不直接取决于工作日内工作时间的长短，加班没有加班酬劳。而薪酬的支付对象为蓝领员工。他们从事体力劳动，员工所得薪酬额直接取决于工作时间长短，对法定工作时间以外的加班，企业必须支付加班薪酬。近年来，随着人力资源管理地位的提升，各种以人为本的管理理念被广泛接受，薪水与薪酬的区别已渐渐淡化，并形成了统一的管理机制，统称为薪水，这在一定程度上化解了薪水阶层和薪酬阶层双方的矛盾，真正提高了雇员的忠诚度。

3）福利

福利是社会和企业保障的一部分，它是员工薪酬的重要组成部分。其最大的特点是：不与员工工作能力、工作业绩挂钩，而是一种源自组织成员身份的报酬。在当前企业薪酬制度中，福利薪酬发挥着越来越重要的作用，特别是自助餐式福利计划的实施，给员工更大的选择空间，增强了员工的凝聚力和归属感。

1.1.2 薪酬构成

薪酬是一个集合概念，通常情况下，仅指经济性报酬，包括基本薪酬、绩效薪酬、激励薪酬以及福利与津贴。下面针对经济性报酬的几个方面分别加以介绍：

1）**基本薪酬（basic pay）**

基本薪酬是根据员工所在职位或所具备完成工作的技能而向员工支付的稳定性报酬。它常以货币形式足额、按时支付。按员工所在职位支付薪酬，实际上企业执行的是职位薪酬制度。其内在原理是：基于每个职位的劳动强度、复杂程度、责任大小、工作环境以及任职者任职资格的不同而支付薪酬。按员工所完成工作所需技能支付薪酬，实际上属于技能型薪酬制度，这是近年来兴起的以人为基础的薪酬制度类型之一。由于基本薪酬基于员工职位或技能，这样有可能忽略了员工的个体差异，因此基本薪酬需要配合其他薪酬形式，加以综合运用。

2）**绩效薪酬（merit pay）**

绩效薪酬是对员工超额完成工作部分或工作绩效突出部分而支付的一种奖励性报酬，旨在鼓励员工提高工作效率和工作质量。绩效薪酬与员工的业绩挂钩，通常随着员工的工作业绩变化而调整，可以是短期的，也可以是长期的。美国大约9%的企业使用了绩效薪酬。常见的绩效薪酬形式有：绩效加薪、一次性奖金以及个人特别绩效奖。

3）**激励薪酬（incentive pay）**

激励薪酬也称可变薪酬（variable pay），是企业预先将利益分享方案告知员工的方法。雇主根据雇员目标达成情况而给予员工奖励性报酬。从定义可以看出，激励薪酬对员工具有未来导向性，而绩效薪酬仅仅反映员工业已完成的工作情况。另外，激励薪酬与绩效薪酬最大的不同就是：绩效薪酬通常会加到员工基本薪酬上，是对基本薪酬的永久性增加。而激励薪酬是一次性付给的，对劳动成本没有长期的影响。激励薪酬按时间，可分为短期激励薪酬和长期激励薪酬；按支付对象，可分为个体激励薪酬和群体激励薪酬。

4）**福利与津贴（welfare and allowance）**

福利是指企业为了保障员工的基本生活而对员工提供经济上的帮助、生活上的便利以补充员工基本的、经常的、共同的或特殊的生活而采取的福利措施和举办的福利事业的总称。福利分为强制性福利和企业自愿福利。强制性福利主要包括社会保险、法定假日，以及劳动安全三大模块。企业自愿福利是指企业根据自身特点，有目的、有计划、有针对性设计的福利项目。

津贴是对员工在非正常情况下工作所支付额外劳动消耗和生活费用以及对员工身心健康所给予的补偿，其中与员工生活相关的称为补贴。非正常工作环境包括高温高空作业、矿下水下作业、有毒有害环境下作业等。

薪酬构成没有固定统一的模式和组合比例，不同国家、地区和企业应根据可能的条件和实际需要，制定符合企业特征的薪酬制度。狭义的薪酬构成见图1-1。

```
                    ┌─────────────┐
                    │  狭义薪酬   │
                    └──────┬──────┘
        ┌───────────┬──────┴──────┬───────────┐
  ┌─────┴─────┐┌─────┴─────┐┌─────┴─────┐┌─────┴─────┐
  │ 基本薪酬  ││ 绩效薪酬  ││ 激励薪酬  ││ 福利与津贴 │
  └───────────┘└───────────┘└───────────┘└───────────┘
```

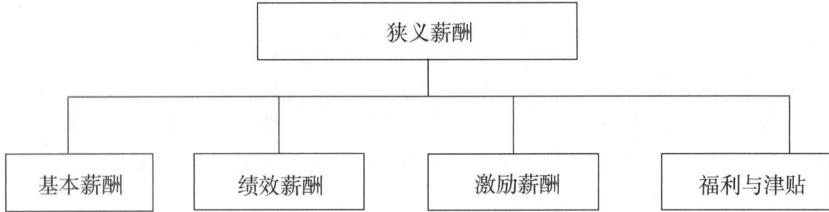

图 1-1　狭义的薪酬构成

20 世纪 80 年代以来，随着人们对薪酬内涵和外延认识的不断深入，包括工作本身的挑战性、成就感以及环境的舒适度等因素也被纳入了薪酬的外延之中，此时的薪酬与原来的薪酬有所不同，被称为总体薪酬（total compensation）。它不仅包括物质报酬，还包括员工的主观感受。根据美国社会心理学家马斯洛（Abraham Maslow）的需要层次理论：随着员工物质需要的满足，更高层次的精神需要，如工作成就感、社会尊重等将变得更为强烈，并成为员工积极性提高的重要激励力量。

总体薪酬主要包括两部分：经济性薪酬和非经济性薪酬。所谓经济性薪酬，主要是指员工因付出劳动而获得的物质报酬。它包括直接经济性薪酬和间接经济性薪酬。诸如基本薪酬、绩效薪酬、各种补贴等均属于直接经济性薪酬。它们有一个共同点，那就是可以直接用货币加以衡量。间接经济性薪酬则包括带薪休假、员工福利等。非经济性薪酬是指因员工付出劳动而得到的各种精神收益。有关总体薪酬构成见图 1-2。

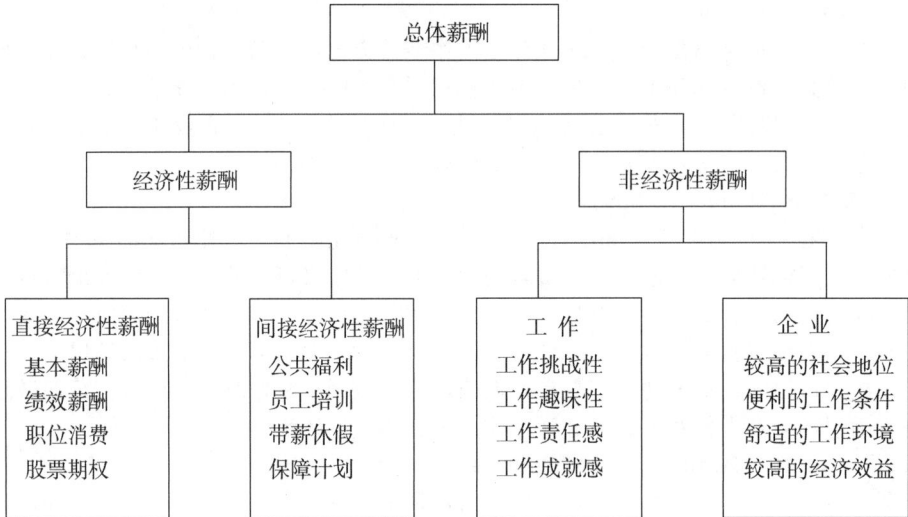

```
                         ┌─────────────┐
                         │  总体薪酬   │
                         └──────┬──────┘
             ┌──────────────────┴──────────────────┐
       ┌─────┴──────┐                        ┌──────┴──────┐
       │ 经济性薪酬 │                        │ 非经济性薪酬 │
       └─────┬──────┘                        └──────┬──────┘
       ┌─────┴─────┐                        ┌───────┴───────┐
┌──────┴───────┐┌──┴────────────┐┌──────────┴──┐┌──────────┴──────┐
│直接经济性薪酬││间接经济性薪酬 ││    工作     ││     企业        │
│ 基本薪酬     ││ 公共福利      ││ 工作挑战性  ││ 较高的社会地位  │
│ 绩效薪酬     ││ 员工培训      ││ 工作趣味性  ││ 便利的工作条件  │
│ 职位消费     ││ 带薪休假      ││ 工作责任感  ││ 舒适的工作环境  │
│ 股票期权     ││ 保障计划      ││ 工作成就感  ││ 较高的经济效益  │
└──────────────┘└───────────────┘└─────────────┘└─────────────────┘
```

图 1-2　总体薪酬构成

1）直接经济性薪酬

直接经济性薪酬是雇主按照一定标准以货币形式向雇员直接支付的薪酬。上面讲到的基本薪酬、绩效薪酬、各种补贴是员工收入的主体部分。另外，直接经济性薪酬还包括各种股权、期权、利润分享和职位消费等。利润分享和职位消费在我国运用得比较普遍，但由于我国金融市场发展不健全，股权和期权实施起来有一定难度。

2）间接经济性薪酬

间接经济性薪酬通常以非货币形式出现，可以给员工带来生活上的便利，减少员工额外的开支。间接经济性薪酬主要包括公共福利，为员工提供的保险计划、退休计划等各种生活保障，以及带薪休假等。员工培训也属于间接经济性薪酬，可以是脱产培训，也可以是在职培训。它一方面提高了员工的素质；另一方面增强了企业的竞争力。

3）非经济性薪酬

非经济性薪酬是指无法用货币等手段衡量的，由组织的工作特征、工作环境和组织文化带给员工的愉悦的心理效用。非经济性薪酬之所以称为薪酬，是因为这些非经济性的心理效用也是影响人们职业选择和进行工作的重要因素。不得不指出的是，随着员工收入水平的提高和职业生涯的发展，传统经济性薪酬对员工的吸引力和激励作用会逐渐降低，除了金钱方面的回报，员工更看重工作保障、晋升空间、个人发展机会、公司对员工的肯定和赏识及受到尊重等。因此，管理者越来越重视非经济性薪酬，这不仅是吸引人才、保留人才的重要手段，也有助于激发员工工作热情，为企业做出更多贡献。

从总体薪酬的概念看来，乔治·T.米尔科维奇对薪酬的定义应该属于经济性薪酬，主要考虑员工的物质收益，而忽略了员工的主观心理感受。根据赫兹伯格双因素理论，工作条件、工作环境、工作成就感等为保健因素，管理者若对这些因素处理不当，会导致员工不满，甚至严重影响员工积极性。因此，企业管理者在发挥经济性薪酬不可替代作用的同时，对非经济性薪酬也应给予足够重视。

1.1.3 薪酬分类

薪酬按分类方法不同，可以分为货币性薪酬和非货币性薪酬、内在薪酬和外在薪酬。其具体表现形式见表1-1。

表1-1　　　　　　　　　　　　　　　　薪酬分类表

项目	内在薪酬	外在薪酬
货币性薪酬	保险/保健计划；住房资助；员工服务及特权；带薪休假及其他福利	基本薪酬；绩效薪酬；津贴；奖金；利润分享；股票认购
非货币性薪酬	参与决策；挑战性工作；感兴趣的工作或工作任务；上级、同事的认可与内部地位；挑战性、责任感、成就感；培训、学习机会；多元化活动；就业的保障性	私人秘书；舒适的工作环境；便利的条件；弹性的工作时间；诱人的头衔

1）货币性薪酬和非货币性薪酬

货币性薪酬可以分三种，分别是：（1）直接货币薪酬，如工资、福利、奖金、津贴等；（2）间接薪酬，如养老保险、医疗保险、失业保险、工伤、遗嘱保险、住房公积金、餐饮等；（3）其他货币性薪酬，如带薪假期、病事假等。

非货币性薪酬可以为货币性薪酬体系提供有效的补充。它主要从工作、社会等方面对货币性薪酬进行补充。工作方面的补充主要表现在工作成就感、挑战性、责任感等；社会方面的补充表现在社会地位的提升、个人价值的实现等。另外，舒适的工作环境、友谊关怀、富有弹性的工作时间等也对货币性薪酬提供了有效的补充。

2）内在薪酬和外在薪酬

内在薪酬是指员工从自己从事的工作中所获得的心理收入，也就是当员工因为自己工作努力受到重视、表扬、晋升等，所获得的自豪感、成就感。企业可通过工作设计、制度改进等来让员工从工作本身中得到最大的满足，即让员工获得更多的内在薪酬，从而实现员工和企业的双赢。

内在薪酬主要包括参与决策的能力、能够发挥潜力的工作机会、较有兴趣的工作、个人发展的机会、多元化的活动、自由自主安排自己工作的时间等。

外在薪酬是指企业针对员工所做的贡献而支付给员工的各种形式的收入，包括薪水、奖金、福利、津贴、股票期权以及以间接货币形式支付的福利等。

1.1.4 薪酬功能

薪酬功能是薪酬的本质体现，具有宏观与微观两个层次。在宏观层次上，薪酬分配从属于国民经济分配，在国内生产总值中占有很大比重，是社会生产的重要环节，薪酬水平过高或过低都不利于市场经济的发展以及人民生活水平的提高，有时甚至还会威胁到社会的正常秩序。如果薪酬标准制定过高，会对产品成本构成较大影响，当薪酬的增长普遍超过劳动生产率的增长时，还会导致成本推动型的通货膨胀，如果出现这种通货膨胀，则会对人民生活造成严重影响，若成本推动型的通货膨胀引发虚假过度需求，则会形成"泡沫经济"，加剧经济结构的非合理化。另外，薪酬还是劳动力市场的信号，是劳动力需求和供给均衡的结果。在中国劳动力市场，企业占据优势地位，劳动者处于相对弱势地位，为了保障员工基本合法权益（包括收益权），政府必须对劳动力市场进行监管，发挥政府宏观调控职能，规范企业各种行为。在微观层次上薪酬功能主要体现在企业和员工两方面，这也是本节探讨薪酬功能的基本视角。

1) 薪酬对企业的功能

（1）配置功能。薪酬是企业人力资源配置的有效杠杆。公平、合理的薪酬制度是企业吸引优秀人才的关键。人力资源是企业的核心资源，根据"二八原理"，不同的员工对企业的价值和重要性是不同的，企业80%的利润来自20%的优秀员工。优秀人才的加入，无疑给企业带来了竞争优势。另外，企业员工的配置，还体现在企业内部人力资源的流动上，企业内部人员往往会流动到薪酬水平较高的部门和岗位。无论是外部人力资源的流入，还是企业内部人力资源的流动，都满足了企业对人力资源数量、质量和层次上的需要，体现了薪酬的配置功能。

在薪酬管理中，存在着两种不同的管理机制：一种是政府主导型的薪酬管理机制。它主要是通过行政的、指令的方式来确定各类型员工薪酬水平、薪酬结构，从而引导人力资源的配置。这种机制由于无法回答人力资源是否真正用在了最需要的地方，也无法确定人力资源是否真正用在了最能发挥作用的地方，因而很难真正处理好人力资源的合理配置问题。另一种是市场主导型的薪酬管理机制。它主要是通过劳动力的流动和市场竞争，在供求平衡中引导人力资源的配置。这种机制不但能够及时、准确地反映各类劳动力的稀缺程度，而且能在劳动者通过流动调换职业或岗位实现薪酬最大化时找到尽其所能的位置，从而使人力资源的配置与使用更加合理。因此，在薪酬管理中，为了更合理地配置与使用人力资源，应尽可能采用市场主导型的薪酬管理机制。

（2）塑造功能。小企业做事，大企业做人，百年企业做文化。文化是企业的灵魂，是推动企业发展的动力。它对员工具有激励、凝聚等功能，是企业兴衰成败的关键。而且优秀的企业文化是市场识别企业的关键，它能够取得利益相关者的信任，有利于企业的长远发展。

薪酬文化是企业文化的重要组成部分。它突出地体现了企业独特的价值分配取向，是企业文化与薪酬管理实践相结合的产物。它是在企业长期的薪酬管理实践中所形成的，并为全体员工所共同遵守的价值分配观念、薪酬规范和准则的总和。由于薪酬密切了企业上下级之间的关系，向员工灌输了价值观念、道德规范等，因此，薪酬对企业文化起到塑造功能。

（3）战略导向功能。随着人力资源管理从战术层向战略层的转变，作为现代人力资源管理的核心模块，薪酬支付也向战略化方向发展。薪酬战略源于企业的核心价值观和经营战略目标。它要求企业设计薪酬体系时必须从企业战略的角度进行分析，制定的薪酬政策和制度必须体现企业发展战略的要求。企业的薪酬不仅仅是一种制度，它更是一种机制。薪酬的战略导向原则将薪酬分配与企业的发展战略有机结合起来，通过薪酬战略性管理，实现企业目标。在薪酬战略宏观指导下，薪酬从过去简单的支付行为，逐步发展到与外界环境相适应，与企业内部资源能力相协调，通过吸纳、激励员工，支持组织战略。薪酬水平的变动，可以将企业的组织目标、发展战略以及管理者的意图及时有效地传递给员工，体现薪酬的战略导向功能。如企业采用年功序列薪酬制度，则意味着组织希望员工长期在本企业效劳，以减少员工的非正常流动。

2）薪酬对员工的功能

（1）补偿功能。劳动是经济学中重要的投入品之一，而薪酬是对劳动的定价。不论何种劳动，都需要消耗一定的体力和脑力，为了能使劳动得以继续，必须使消耗得到补偿，补偿的办法是给予劳动者恢复其体力和脑力所必不可少的生活资料。在商品生产条件下，由于价值规律的作用，生活资料价格是经常波动的。为确保员工在付出一定的劳动之后能得到相应的消费资料予以补偿，确定生活费用时一定要考虑物价指数上升所带来的影响。另外为了维持劳动力的延续，劳动者需要支付其子女的教育费用。薪酬满足了员工上述基本需要，并保障了劳动力的生存、再生产和延续。需要说明的是，薪酬的补偿功能不能简单地等同于保障功能，区别在于：保障功能给予员工生活上的保障，但有可能产生平均主义，而补偿功能的出发点是提倡多劳多得。

（2）激励功能。激励功能是以公司整体业绩、员工个人业绩为导向，充分发挥薪酬在企业管理中的作用，将员工所得薪酬与个人的职位价值、个人的业绩、所在部门的业绩、企业的整体业绩挂钩，引导全体员工充分发挥自己的主观能动性，促进企业整体绩效的全面提升。

在传统的薪酬管理模式下，薪酬激励机制存在明显的缺陷，具体表现为：它只注重物质激励，忽视了精神激励；考虑了一个组织内的薪酬差别，而对组织外部环境变化对员工薪酬影响考虑得较少。美国哈佛大学心理学教授威廉·詹姆士（William James）通过研究发现，人在没有科学激励的前提下，只能发挥其能力的20%~30%，而在合理、高效的激励后，则能发挥其能力的80%~90%，也就是说，一个人在被充分激励后，所发挥的作用相当于激励前的3~4倍。可见，激励是管理的核心，是取得高效率的前提和保证。

现代薪酬管理从根本上改变了传统的激励机制，注重对三种激励机制的综合运用。

① 物质激励。它通过按劳付酬的方式来激励员工具备更多、更高的劳动技巧，提高劳动效率，晋升更好的工作岗位，获得更多的劳动报酬。

② 精神激励。它通过个人贡献奖励来肯定员工在工作中的自我实现，从而体现人本主义理念，并使员工明确，员工是企业的重要组成部分，只有员工爱岗敬业，企业才能发展，员工个人价值才能实现。

③ 团队激励。它通过员工个人绩效与组织目标的关系，来鼓励员工参与组织的利润分享，并从组织受益的角度补偿员工所作的努力，增强员工的团队意识和合作精神。

企业通过薪酬满足了员工在物质、精神以及团队合作等方面的需求，有效地发挥了薪酬内在和外在的激励功能。

（3）价值功能。薪酬管理通过对员工收入的调整，对其行为进行强化，从而引导了员工做出与公司目标一致的行为。薪酬反映了员工的绩效，是员工晋升的凭证，也是员工身份和地位的象征。随着劳动生产率的提高，员工薪酬也不断增加，这样经济性收入不再是员工的唯一需要，员工也许更在乎权力或地位与自我实现，这有别于传统薪酬功能。

3）薪酬对社会的功能

薪酬是劳动力的价格信号，它承接着劳动力的流向和供求。因此，对社会来讲，薪酬有劳动力资源再配置的功能。当某个地区、某个部门或某个单位及工种的劳动力供过于求时，薪酬就会下降，从而促使劳动力从本地区、部门、单位及工种向其他区域流动，使流出区域劳动力供给减少，逐步趋于平衡；反之亦然。因此，可以通过薪酬调节再配置功能实现劳动力资源的优化配置。再者，薪酬同样影响着人们对工种、职业的评价，也对人们就业流向和择业愿望有所调节。

1.2   薪酬管理概述

1.2.1   薪酬管理的含义及目标

现代企业在发展过程中始终追寻"四个满意"，即经营者满意、员工满意、出资者满意以及顾客满意。经营者、员工以及出资者都希望以最小的投入，获得最大的收益。薪酬管理在规范上述三方行为，公平、合理支付薪酬方面起到重要作用。员工对企业薪酬管理的满意程度是衡量薪酬管理水平高低的最主要标准。让员工对薪酬满意，使其能更好地为公司工作，是薪酬管理的根本目的。员工对薪酬管理的满意程度越高，薪酬的激励效果越明显，员工就会更好地工作，并得到更高的薪酬。这是一种良性循环。如果员工对薪酬的满意度较低，则会陷入恶性循环，长此以往，会造成员工的流失，企业效益低下。

1）薪酬管理的含义

所谓薪酬管理，是指在企业经营实践过程中，在特定组织宏观战略指导下，为了吸引、激励员工，达成组织目标，而对本企业薪酬支付标准、薪酬水平、薪酬结构等进行设计、调整和确定的动态管理过程。传统的薪酬管理侧重员工的外在收益，注重员工的物质报酬，而现代薪酬管理更多体现的是人本主义理念，尊重人，关心人，运用多层次动力系统激励员工，强调人力资本投资，提高员工的工作能力、知识水平和业务技能，并最终服务于组织目标。

2）薪酬管理的目标

薪酬管理是人力资源管理的一项重要职能，是现代人力资源管理的核心模块。企业通过薪酬管理主要达成如下三方面目标：

（1）效率目标

管理是指管理者通过被管理者或与被管理者一起高效地实现组织目标的活动。管理注重效果，做正确的事，也注重效率，正确地做事。只有尊重客观规律，才能进行科学管理。根据米尔科维奇的观点，效率目标可进一步细化为两部分：①提高绩效、质量，取悦消费者。企业投入人力、物力、财力、时间、信息等资源，产出服务或产品，只有当产品或服务被消费，其成本才能得以回收，价值才得以实现。②控制劳动力成本。劳动力成本过高，影响企业的扩大再生产，会对企业长期发展不利。企业通过薪酬预算，薪酬成本监控，实现了企业薪酬成本控制。除此之外，效率目标还可以从以下两方面加以细分：①员工层面。薪酬的效率原则体现在对员工工作动机、工作行为以及个体绩效等方面的促进上。目前主要采用绩效动机、缺勤率、员工离职率、员工工作成果等指标的改进程度来判断薪酬效率。②组织层面。薪酬的效率体现在对组织效率的促进上，通常采用利润率、净资产收益率等企业总体绩效指标作为对薪酬有效性的测度。

（2）公平目标

公平是薪酬管理的基础，也是企业薪酬管理的重要目标。公平目标试图保证每位员工都能得到合理的回报，它解决薪酬内部和外部一致性的问题，主要包括四部分：外部公平、内部公平、员工公平以及过程公平。

①外部公平。外部公平是指企业薪酬在外部劳动力市场上的相对高低以及实际竞争力的大小。外部公平要求处于同一行业、同一地区的不同企业类似职位的薪酬水平应该基本相同。企业可以根据自身特点，结合外部劳动力市场状况，采取适当的薪酬水平策略。企业薪酬外部公平有助于提升企业对外部劳动力市场上优秀人才的吸引力。

②内部公平。内部公平是指员工对本企业内部薪酬分配机制的主观感受。它主要通过工作分析、职位评价等薪酬技术来实现。企业在薪酬管理中能否做到公平地对待所有员工，极大地影响着员工的满意度和忠诚度，进而影响着员工工作的进取心甚至员工的去留。从企业服务价值链的角度看，如果薪酬不公平，员工满意度会降低，必然影响由员工向客户提供的、决定客户满意度的服务价值，进而影响客户的忠诚度。因此，在薪酬管理中，内部公平是薪酬管理者必须高度关注的问题。

③员工公平。员工个体公平是指员工对与自己从事相同或相似职位员工薪酬的主观感受。员工公平作为一种相对平衡的心理感受是通过衡量、比较产生的，它要求员工报酬与员工对组织的贡献相匹配。如果不进行比较，员工就不会对薪酬产生公平或不公平感。在薪酬比较中，员工不仅仅将自己的收入与企业其他员工的收入进行比较，而且是将自己的"收入/付出"与他人进行比较，即不是简单的绝对收入比较，而是与个人付出息息相关的相对收入的比较。需要指出的是，员工在比较过程中，出于自身利益的考虑，往往对有效付出和无效付出不加分辨，将无效付出纳入比较之中，并且存在高估、夸大自身付出、低估他人付出等倾向。这就要求企业在薪酬管理中要引导员工确立合理的评价标准，选择恰当的比较对象，避免由于不合理的标准引起员工不公感。

在企业中，许多任务的承担、绩效的考核不是以个人为单位的，而是以团队为单位的。内部公平不仅表现在员工个人之间，还体现在不同团队之间，这就要求建立科学的绩效考核体系，在正确评价团队对组织贡献的前提下，进行员工个人薪酬分配。

④过程公平。过程公平是指薪酬分配的过程要公正、合理，并为员工所广泛接受。因此，企业在制定薪酬政策时，应让员工参与，一方面，可以减少制度实施的阻力；另一方面，可以减少薪酬主客体双方的信息不对称，减轻员工的不公平感。

（3）合法目标

合法目标是企业薪酬管理的最基本前提，它要求企业实施的薪酬制度与国家、地区的法律、法规，各种政策、制度相符合，如政府颁布的最低薪酬制度、薪酬支付制度、薪酬指导线制度等。由于法律、法规具有强制性、约束性等特点，因此任何企业必须以薪酬合法性作为本企业薪酬管理的基本要求。为了获得短期利益而违反相关法律、法规的企业，不仅会失去市场中利益相关者的信任，还必将受到法律的制裁，损失长期利益。

1.2.2　薪酬管理影响因素

组织是一个开放的系统，始终与外界环境有着千丝万缕的联系。薪酬管理作为组织管理系统的重要组成部分，也深受外界环境的影响。另外，薪酬管理还作为贯彻企业薪酬战略的有力工具，受到企业内部众多因素的制约。分析薪酬管理影响因素，有利于提升对薪酬管理的认识，更好地发挥薪酬管理功能。

1）外部环境因素

对影响企业薪酬管理的外部环境因素，本小节主要从两大方面加以分析。第一，宏观环境分析；第二，竞争对手分析。

（1）宏观环境分析

对于组织外部宏观环境构成，学界常用 pest 分析方法，p、e、s、t 四个字母分别代表政治法律（politics and law）环境、经济（economics）环境、社会（society）文化因素，以及技术（technology）环境。

① 政治法律环境。政治法律环境是指一个国家或地区的政治制度、体制、方针、政策、法律、法规等方面。政治法律环境对企业薪酬管理的影响是不言而喻的，这些因素常常制约企业的经营行为，尤其是企业较长期的投资行为。合法目标是企业薪酬管理的首要目标。无视法律、法规，拖欠员工薪酬，侵害劳动者合法权益的企业必将受到法律的制裁。在政治法律环境中，有的成分相对稳定，有的成分动态变化。对于相对稳定的政治法律环境，企业需要进行直接管理，确保企业的各项规章制度处于政府法律的有效监督之下；对于动态变化的政治法律环境，企业也应给予高度重视。伴随着 2018 年《中华人民共和国劳动法》最新修正，企业必须密切关注，进一步规范自身用工行为。

② 经济环境。经济环境主要包括宏观和微观两方面的内容。宏观经济环境主要指一个国家的国民收入、国内生产总值及其变化情况以及通过这些指标能够反映的国民经济发展水平和发展速度。微观经济环境主要指企业所在地区或所服务地区消费者的收入水平、消费偏好、储蓄情况、就业程度等因素。这些因素直接决定着企业目前及未来的市场大小。具体来讲，经济环境主要包括以下因素：社会经济制度、经济发展水平、产业结构、劳动力结构、物资资源状况、消费水平、消费结构以及利率与通货膨胀水平。这些经济因素对企业薪酬管理的影响是直接的，经济发展水平从整体上决定了企业的薪酬水平。我国经济发达的东部沿海地区的薪酬水平要比西部经济欠发达地区的薪酬水平高得多。

③ 社会文化因素。社会文化因素主要包括社会结构、社会风俗、社会理念、宗教信仰、文化传统等，其对企业的影响是潜移默化的，不同国家、地区社会文化习俗有所不同，企业要想开展跨地域经营，社会文化因素必然要在薪酬管理中有所体现。根据威廉·大内（William Ouchi）组织文化的观点，美国企业崇尚竞争、个人主义、快速的评价和升级，这样的文化属于 A 型文化。在 A 型文化中，薪酬支付差距悬殊，绩效、激励薪酬得到较为广泛的运用，鼓励员工能力和技能的提升，并愿意为之支付薪酬。威廉·大内将日本的文化称为 J 型文化，这种文化的特点主要体现在长期或终身雇用、集体主义和共同决策上，与之对应的是日本企业薪酬水平难以拉开差距，实行年功序列薪酬制度，按员工年龄、连续工龄支付薪酬。

④ 技术环境。企业经营管理方式随着外界环境的变化而变化，外界环境变化最为迅速的就是技术环境。企业在进行技术环境分析的时候必须明确：目前行业的主要技术是什么？这些技术在未来可能会发生何种变化？本企业技术及业务组合对企业经营战略的影响如何？另外，信息技术发展日新月异，组织结构出现了扁平化趋势，在这种大的环境下，全面薪酬得以广泛应用。

（2）竞争对手分析

顾客主导、竞争激烈、变化迅速是现代企业经营环境总的特征。企业在制定薪酬制度时必须要考虑竞争对手的薪酬战略，以防止企业核心员工的流失和竞争对手"挖人"的现象。竞争对手薪酬水平、薪酬结构的细微改动对企业的影响往往是巨大的，当今时代保持企业核心竞争优势的不仅仅是产品市场上的竞争，更是对人才的竞争，企业也越来越认识到核心员工是企业保持鲜活竞争力的重要源泉。因此，企业在竞争对手薪酬水平、结构调整的同时，一定要密切关注并适当改进自身薪酬制度以应对竞争对手的变化。

如何面对竞争？如何占有市场份额？这是每个企业进行战略思考的核心问题。企业通过了解竞争对手信息，获知竞争对手的发展策略以及行动，以做出最适当的应对。竞争对手分析能使企业真正做到知己知彼，百战不殆。

竞争对手分析主要包括以下三个方面：竞争对手采取什么样的薪酬战略？竞争对手薪酬政策是什么？竞争对手基于什么支付薪酬，职位还是技能？

2）企业内部因素

（1）经营状况及发展阶段。薪酬管理的基本目的是吸引最合适的人才，留住关键人才。不同企业的经营范围、营利能力是不同的。对于技术密集型企业，劳动力成本所占比重相对较小，通常这类企业的薪酬支付能力较强，而相比之下，劳动密集型企业的劳动力成本所占比重大，企业薪酬支付能力有限，这类企业的薪酬水平相对较低。

企业在发展过程中要先后经历初期、发展期、成熟期和衰退期。企业不同发展阶段，需要不同的薪酬管理策略与之匹配。

在企业发展初期，薪酬往往具有很强的外部竞争性，以便企业从外部人才市场上获得所需人力资源，由于企业流动资金较为紧张，为了减轻企业的资金负担，此阶段的总体薪酬额是比较小的，即基本薪酬、福利以及津贴所占的比重小，但通常长期激励薪酬所占的比重大。到了发展期，企业快速成长，资金比较充裕，在这一时期随着组织规模的扩大，以及对各种高级经营管理人才、技术人才需求的增多，薪酬各组成部分都是具有竞争力的。企业发展的第三阶段是成熟期，经过发展期各方面的积累，此时企业产品市场占有率、生产能力以及研发能力等都达到了最佳状态。此时，企业应注重薪酬的内部公平性建设，并鼓励员工为企业作长期贡献。由于自身或外部环境原因，企业可能进入衰退期，这一时期典型的状况是：本企业产品市场占有率和利润大幅度下降，经营状况恶化。与此同时，员工士气低落，离职率增加。此阶段，企业通常采取收缩战略，提高员工的基本薪酬和福利津贴待遇，短期、长期激励薪酬由于企业财务状况不佳而相对较低。表1-2具体反映了企业不同发展阶段对企业在薪酬设计上的影响。

（2）组织哲学及薪酬理念。组织哲学是组织文化更深、更高层次的内容，它指导着组织的各项职能活动。高层管理者的组织哲学往往反映到企业的薪酬理念上来，在企业实际薪酬管理过程中产生不同的薪酬管理模式。

（3）组织的竞争战略。波特将竞争战略分为成本领先、集中化、差异化战略。由于竞争战略的不同，企业所采用的薪酬战略也不同。采用成本领先和差异化战略的企业制定的薪酬战略肯定不尽相同。中国企业在激烈竞争市场上的优势来源于低成本化，同时也由中国特殊的国情所决定。由于中国人口众多、劳动力供给充足，因此对劳动力支付低工资就成为成本领先型战略的优势。

表1-2   企业发展阶段对薪酬设计的影响

薪酬设计	发展阶段			
	初期	发展期	成熟期	衰退期
基本薪酬	低	有竞争力的	有竞争力的	高
短期激励	有竞争力的	有竞争力的	高	低
长期激励	高	有竞争力的	有竞争力的	低
福利	低	有竞争力的	高	高
额外补贴	低	有竞争力的	有竞争力的	高

资料来源　曾湘泉．薪酬：宏观、微观与趋势［M］．北京：中国人民大学出版社，2006：491.

（4）员工特质及其类型。不同人格特质的员工对组织的贡献是不同的，按照ABC管理法则：A类员工（占企业总人数的20%）满怀激情、勇于任事、思想开阔、富有远见，他们不仅自身充满活力，而且有能力带动自己周围的人，是企业的中坚力量。他们的贡献远远超出了雇用他们的成本，所以对他们的薪酬方案需要精心设计，支付的薪水也应该高出市场平均水平。B类员工是企业的大部分员工，大约占到企业总人数的60%。他们一般恪尽职守、兢兢业业，对企业忠诚，所以可以按照市场平均水平或略高于市场平均水平支付他们的薪酬。C类人员（占企业总人数的20%）业绩差、效率低，已经成为公司的累赘，所以支付给他们的薪酬应低于市场的平均水平。

21世纪是人才主导时代，薪酬管理的重心是知识型员工，通常为上述A类或B类员工。这类员工典型的特征是：独立性强，关注自身能力的提升，而不仅仅是职位；在进行工作的同时，偏重对职业规划的考虑；业绩难以量化，考核困难。因此，企业薪酬政策应该向那些处于关键岗位、知识水平较高、从事创造性活动的核心员工倾斜，采用市场领先型薪酬策略，而对那些从事简单、重复机械劳动的普通员工，采用市场追随型或滞后型薪酬策略，以降低企业的薪酬成本。

1.2.3　薪酬管理模型

薪酬管理是现代人力资源管理的组成部分，也是企业高层管理者以及所有员工最为关注的内容。它与人力资源管理其他职能模块相互影响、相互制约。薪酬管理的状况直接关系到企业人力资源管理的效果，对企业的整体绩效产生影响。随着薪酬管理战略地位的提升，它已经与企业发展和人力资源开发战略紧密地联系在一起。企业在设计薪酬体系、实施薪酬战略时，必须明确薪酬管理与其他模块之间的关系，真正做到人力资源各职能之间相互联系、密切配合。

薪酬管理与人力资源管理其他职能之间的关系如下：

（1）招聘、录用与薪酬管理。人力资源规划理性分析了组织对具备一定技能人力资源数量、质量和层次上的要求，并通过招聘、筛选、录用，获取组织所需人力资源。薪酬管理是对人的管理，对于新录用的员工，企业需要支付薪酬，并办理各种保险。

（2）工作分析、岗位评价与薪酬管理。工作分析、岗位评价是人力资源管理的基础性工作，是对组织中各职位进行全面评价的过程。工作分析主要分析工作的任务、性质以及任职者从事该职位所应该具备的任职资格。工作分析形成工作说明书和工作规范，而岗位评价是设计薪酬体系的重要环节，它重点评价各岗位的相对重要性以及该岗位对组织的贡献，形成岗位价值序列。岗位评价建立在工作分析基础之上，根据工作分析信息评价岗位价值，从而确定岗位薪酬。

（3）培训开发与薪酬管理。随着经济全球化以及市场竞争的日趋激烈，新的技术和能力、新的行为，甚至新的价值观，都成为决定企业竞争地位的重要筹码，因此，员工的培训、开发以及职业生涯设计已经成为企业核心竞争力的一个重要源泉。薪酬管理对于企业的培训开发活动能够起到很好的支持和引导作用，薪酬体系的合理设计有助于引导员工主动接受培训，努力进行自我技能开发，不断巩固和提高自身的业务素质，从而增强员工适应工作的能力，帮助组织获得更大的灵活性。

（4）绩效管理与薪酬管理。任何组织用人的最终目的，都是期望员工和组织能有良好的绩效表现。一套好的绩效与薪酬体系，不但要能够正确而客观地衡量员工真实的贡献，给予相应的回报，从长期看更应该能协助员工不断提升个人绩效以致达成组织的绩效目标。然而一般传统的绩效与薪酬体系，首先比较复杂难以操作，其次从绩效到薪酬转换不顺，往往流于形式，从而无法确切地反映员工的贡献，对员工的士气也是一种打击，更谈不上绩效提升。

上述薪酬管理与人力资源管理各模块的逻辑关系如图1-3所示。

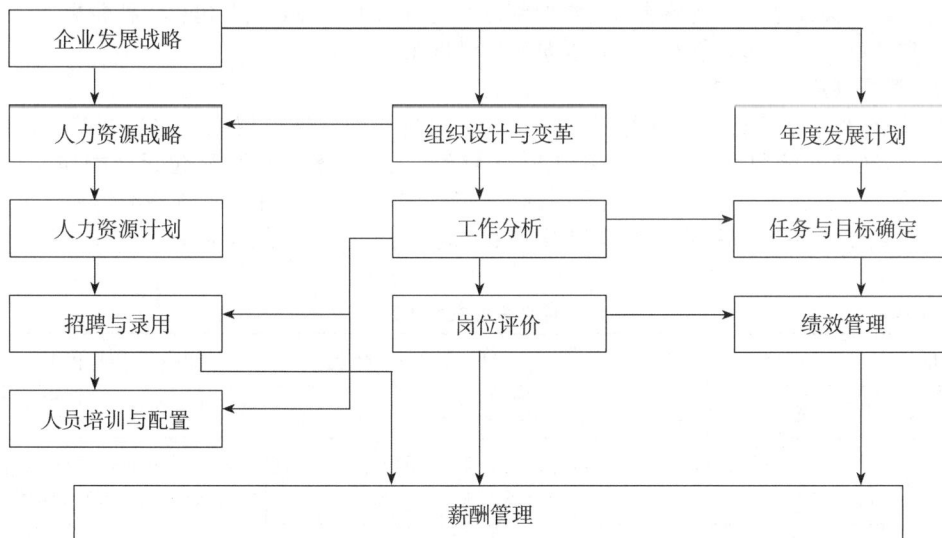

图1-3 薪酬管理与人力资源管理各模块的逻辑关系

资料来源 胡昌全. 薪酬福利管理［M］. 北京：中国发展出版社，2006：19.

薪酬管理模型集中反映了薪酬管理的主要内容，为组织进行薪酬管理提供了基本框架和分析思路，如图1-4所示。

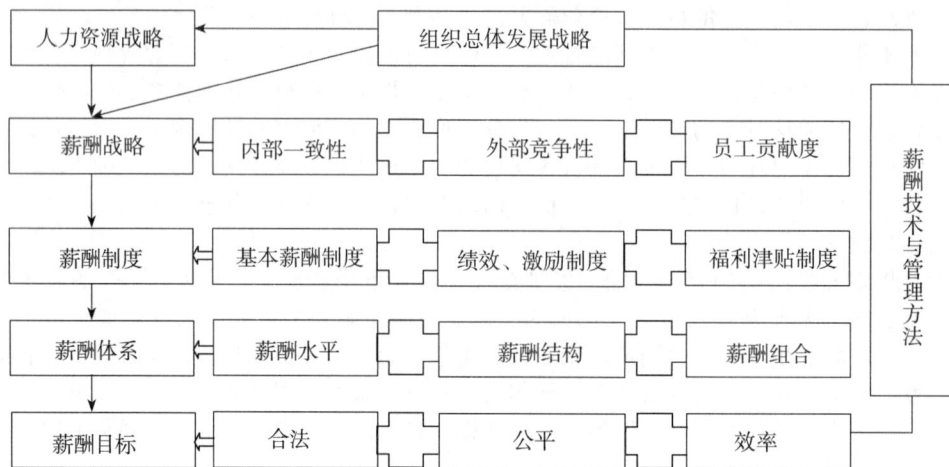

图1-4　薪酬管理模型

归纳起来，薪酬模型主要包括以下几方面的内容：

1）薪酬战略

战略是组织利用内部优势，把握外部机会，对事关组织全局的、重大的、长远的问题所进行的谋划。全局性是战略的最根本特征。战略包含三个层次，分别为公司层战略、事业部层战略和职能单位战略。薪酬战略是公司战略的有力支撑，从属于人力资源子战略，而人力资源战略隶属于职能战略。组织在制定薪酬战略时，要注意与人力资源战略、组织战略的匹配性，三者相关性越高，就越能增进组织绩效。通常认为，薪酬战略包含三种薪酬策略，即内部一致性策略、外部竞争性策略以及员工贡献度策略。

2）薪酬制度

薪酬制度是为了规范组织薪酬分配和管理而进行的制度性规定，它包括基本薪酬制度、绩效/激励薪酬制度、福利津贴制度。从微观上看，薪酬制度则包括薪酬体系设计、确定薪酬水平、薪酬结构、薪酬组合等内容。到目前为止，国际上主流薪酬体系主要有三种：职位薪酬体系、绩效薪酬体系以及后来兴起的技能/能力薪酬体系。薪酬体系的演变见表1-3。

表1-3　　　　　　　　　　　　　　**薪酬体系的发展历史**

项目	20世纪50—60年代	20世纪70—80年代	20世纪90年代至今
经济形势	基本稳定，变化不大	变革逐步出现	持续快速的变革
主要方法	单一的职位评价体系+有限的市场调查	标准化的职位评价体系+细致的市场调查	多样化，技能/能力体系，聚焦市场调查，计算机模型等
目标导向	基于职位的内部公平性	基于职位的内部公平性+基于市场价值的外部竞争性	基于市场价值的外部竞争性
薪酬方式	职位薪酬体系	职位薪酬体系+技能薪酬体系	能力薪酬体系+绩效薪酬体系

资料来源　WOLF G M.The Compensation Handbook ［M］．New York：McGraw-Hill Education，2014.

3）薪酬目标

薪酬目标是薪酬管理的目的所在。企业通过薪酬管理达成组织所期望的目标，如为了能找到合适的人才，激励员工改善绩效，留住公司的核心人才，控制劳动成本，稳定劳资双方的劳动关系等。虽然不同组织具体薪酬目标及同一组织在不同发展阶段的薪酬目标各不相同，但几乎都可以概括为：合法、公平、效率。

4）薪酬技术和管理方法

薪酬技术是指企业在设计薪酬体系过程中所使用的工具和方法。如前面提到工作分析、岗位评价以及绩效考核等，它们是科学设计薪酬体系的基础，为薪酬体系设计提供技术支持。薪酬体系在运行过程中，为了保证薪酬目标的实现，需要对其进行诊断，对运行过程中出现的偏差进行调整，并对调整的部分与员工充分沟通，这些都属于管理方法。

1.2.4 经济学、管理学视角下薪酬研究比较

现代薪酬学综合吸收来自经济学、管理学、心理学、社会学、统计学等多门学科的研究成果，形成了一套集理论、应用于一体的严密逻辑体系。薪酬管理是劳动经济学和人力资源管理的重要内容。它既是一门科学，也是一门艺术。说它是科学，是因为它采取了先进的薪酬技术，真实反映了薪酬领域的客观规律；说它是艺术，主要体现在薪酬管理者在掌握理论、方法后，并非一定能取得好的管理效果，还取决于薪酬管理者的直觉和随机应变的能力。经济学与管理学对薪酬研究特点的比较见表1-4。

表1-4　　　　　　　　**经济学与管理学对薪酬研究特点的比较**

研究特点	经济学	管理学
研究目标	人力资源管理与开发的宏观配置效应 收入分配与社会公平	解决组织具体的、日常的人力资源与薪酬管理问题
研究范畴	以政府和市场为主，辅之以微观组织	以微观组织为主，辅之以政府和市场
研究对象	侧重宏观和中观层面 侧重企业在薪酬问题上与政府的关系 侧重短期和静态的比较分析	侧重微观层次或个体层面的薪酬问题 侧重具体的管理模式 侧重动态的管理过程
研究方法	早期多采用规范分析，后期多采用实证分析	以管理系统设计和实证研究为主
研究重点	劳动力市场的有效配置 人力资源与其他资源的宏观契合 薪酬收入变动及其社会经济效应	企业在特定情景中的薪酬体系设计 薪酬管理与组织绩效 报酬分配与员工管理及行为激励

资料来源　李新建，孟繁强，张立富. 企业薪酬管理概论［M］. 北京：中国人民大学出版社，2006：46.

从表1-4可以看出，在经济学领域，对薪酬的研究主要集中在宏观层面，从政府、市场出发，关注的是政府薪酬决策、市场的有序运行，而对微观层面涉及较少；在管理学领域，薪酬研究主要集中在微观组织，强调薪酬体系的设计，关注动态的薪酬运行效果。企业在薪酬管理过程中，要结合经济学逻辑性强、管理学易操作的优势所在，将两者综合运用。

1.2.5 我国薪酬管理改革的特点

改革是企业发展的动力。在市场经济下，环境复杂多变，我国企业为了降低生产成本、提高经营效率，纷纷进行了改革，具体到薪酬管理领域，表现为对薪酬战略、薪酬制度以及

薪酬体系所进行的优化和变革，寻求一种全新的管理机制，实现企业的发展目标。当前，我国企业的薪酬改革主要呈现以下几方面的特点：

1）薪酬构成多元化

传统的薪酬管理注重外在经济性薪酬，通过提高薪酬水平吸纳和留用员工。这种管理模式虽然体现了按劳分配的原则，但难以解决员工内在激励问题。全面薪酬的引入，体现了管理理念的深化和管理目标的转移，开始关注员工的心理收入。这种心理收入是指员工在工作过程中感受到的尊重、友谊、关怀、个人价值及获得学习机会和发展空间的心理反应及心理收获。现代社会竞争激烈，员工不仅追求薪酬等货币性收入，而且关注对工作和家庭的内在心理感受。

2）薪酬激励长期化

我国传统薪酬管理，主要通过薪酬、奖金激励员工。这种薪酬形式短期导向明显，与组织长期发展目标相关性较低。目前长期激励的主要形式有员工持股、管理层收购、股票期权、虚拟股份等。我国从1998年开始进行长期激励分配制度的探索，尽管由于多方原因，长期激励实施起来比较困难，但仍是我国企业薪酬改革的方向，而且我国很多企业正在实行股票期权等长期激励政策。

3）薪酬支付艺术化

企业实践表明，等额的薪酬以不同的方式支付给员工，会产生不同的效果。也就是说，企业应该根据员工的性格特点、年龄差异、不同需求变化、不同时期的工作任务，来选择恰当的薪酬支付方式。比如薪酬分配透明化，就是薪酬支付艺术的一种表现形式。一个有效、科学的薪酬制度，不但要反映岗位价值和每位员工的绩效，而且应该让每位员工明确自己在企业中的发展方向和价值取向。如果薪酬制度不透明，往往造成员工对管理层不满或对企业失去信心，不再争取晋升或放弃努力等。与模糊薪酬相比，透明薪酬更有利于公平目标的实现。

4）薪酬分配绩效化

绩效体现了员工对企业的贡献，是薪酬分配的重要依据之一。传统的岗位薪酬，年功薪酬与绩效往往难以挂钩，从而违背了按劳分配原则。近年来，绩效薪酬制度在我国得到了广泛的运用。

5）薪酬管理信息化

薪酬管理多样化、复杂化的特性，增大了薪酬管理的难度。20世纪60年代以来，计算机在薪酬管理领域发挥了重要作用。薪酬管理信息化，是指利用计算机完成薪酬发放、薪酬计划、薪酬统计分析、薪酬监控等各项职能。随着时代的发展，薪酬管理中的数据处理工作量不断增长，计算机在薪酬管理中的应用范围随之扩大，应用水平也随之提高，目前，主要用于数据处理、管理分析和决策优化等方面。薪酬管理信息化有助于提升我国薪酬管理者的专业化水平，准确搜集薪酬信息，做出最优薪酬决策。

1.3　薪酬管理法律环境及当前研究热点

1.3.1　薪酬管理法律、法规

薪酬分配属于社会分配的重要环节，在计划经济时期，国家主要依靠行政手段对劳动力市场进行直接管理，规范薪酬分配。进入市场经济后，国家对薪酬的宏观调控以经济手段、法律手段为主,辅之以行政手段,逐步形成了"市场机制调节,企业自主分配,职工民主参与,政府监控指导"的薪酬分配模式,充分发挥了市场资源配置功能。但是由于我国市场经济不发达,因而还需要政府的监督调控。

在我国,影响企业薪酬管理的法律、法规、政策主要有《中华人民共和国宪法》(简称《宪法》)、《中华人民共和国劳动法》(简称《劳动法》)、《中华人民共和国个人所得税法》(简称《个人所得税法》)以及各种工资制度、社会保险,具体如图1-5所示。

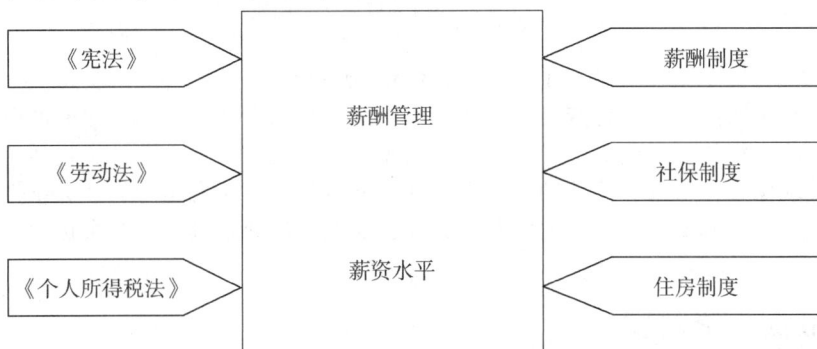

图1-5 薪酬管理与法律、法规和政策关系模型

宪法是国家的根本大法,具有最高约束力,在处理劳动关系、劳动纠纷时也最具效力。宪法规定了我国的基本分配制度:以按劳分配为主体,多种分配方式并存。国家通过各种途径,创造劳动就业条件,加强劳动保护,并在生产发展的基础上,提高劳动报酬和福利待遇。另外,宪法还对劳动者基本权益,如平等就业、同工同酬、休息休假等作了说明。

个人所得税是政府对个人收入调节的重要手段。我国1994年实施《个人所得税法》,对个人征税。《个人所得税法》规定:在中国境内居住有收入的人以及不在中国境内居住而从中国境内取得收入的个人,包括中国国内公民,在大陆取得所得的外籍人员和港、澳、台同胞均有义务纳税。个人所得税分为累进税率和比例税率两种。对工资、薪金实行9级超额累进税率,按月应纳税所得额计算征税。该税率按个人月工资、薪金纳税所得额划分级距,最高一级为45%,最低一级为5%,而对个人利息、股息、稿酬等实行比例税率。

为了适应我国经济发展,提高人民生活水平和拉动国内需求,全国人民代表大会常委会分别于2005年、2008年、2011年及2018年对《个人所得税法实施条例》进行了修订。最新的《个人所得税法实施条例》于2019年1月1日起实施。

劳动法是调整劳动关系以及与劳动关系有密切联系的其他社会关系的法律规范的总称。它具有相当高的权威性和相当强的稳定性。其内容主要包括:劳动者的权利和义务;劳动就业方针、政策及录用员工的规定;劳动合同的订立、变更与解除程序的规定;集体合同的签订与执行办法;工作时间与休息时间制度;劳动报酬制度;劳动卫生和安全技术规定;女职工与未成年工的特殊保护办法;职业培训制度;社会保险与福利制度;劳动争议的解决程序;对执行劳动法的监督、检查制度以及违反劳动法的法律责任。此外,劳动法还包括对工会参加协调劳动关系的职权的规定。我国现行劳动法结构体系如图1-6所示。

```
                        ┌ 劳动合同法
              ┌ 劳动关系协调法 ┤ 集体合同法
              │          │ 内部劳动规则法
              │          └ 职工民主管理法
    劳动法 ┤ 劳动基准法 ┤ 工时法    工资法
              │          └ 劳动保护法
              │          ┌ 劳动就业法  职业培训法
              └ 劳动保障法 ┤ 社会保险法  劳动福利法
```

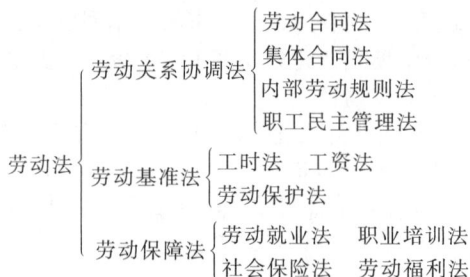

图1-6 我国现行劳动法结构体系

劳动关系协调法由以实现劳动关系运行协调化为目的的各项劳动法律制度所构成，包括劳动合同法、集体合同法等；劳动基准法主要涉及劳动者的劳动条件，包括工时法、工资法等；劳动保障法由以保障劳动者实现劳动权和劳动关系正常运行的社会条件为基本职能的各项劳动法律制度所构成，通常包括劳动就业法、职业培训法、社会保险法以及劳动福利法。

1.3.2 最低工资制度

1）最低工资立法概况

最低工资立法最早出现在19世纪末20世纪初的新西兰和澳大利亚。1909年英国效仿澳大利亚制定了最低工资法，继英国之后，德国等国家也先后制定了最低工资法。我国第一部全国性最低工资立法始于1993年，劳动部制定的《企业最低工资规定》（2014年劳动和社会保障部发布的《最低工资规定》，对其作了修正和补充）与《劳动法》是我国目前关于最低工资的最主要法规。

2）最低工资的含义

最低工资是指国家强制规定的，劳动者在法定时间或合法劳动合同约定的时间内，在提供正常劳动前提下，用人单位所支付的最低劳动报酬。最低工资标准一般采取月最低工资标准和小时最低工资标准两种形式。月最低工资标准适用于全日制就业劳动者，小时最低工资标准适用于非全日制就业劳动者，一般包括奖金和一些补贴。

对最低工资的含义可以从以下三个方面加以理解：

（1）法定工作时间。最低工资是劳动者在法定工作时间内所取得的最低劳动报酬。所谓法定工作时间，是指我国现行劳动法规定的，日最长工时为8小时，周最长工时为40小时。劳动者在法定时间之外加班加点、中班夜班等不应作为最低工资的组成部分。

（2）提供正常劳动。正常劳动是指正常劳动条件下的劳动，那么，根据对最低工资含义的理解，劳动者在特殊环境下，如高温、低温、井下等条件下所取得的补贴不能算作最低工资的组成部分。

由于我国各个地区经济发展水平不平衡，工资水平与物价水平差别较大，因此《劳动法》规定，最低工资的具体标准由省、自治区、直辖市人民政府规定，报国务院备案。目前我国的最低工资标准都是按地区确定的，全国没有统一标准。

（3）最低劳动报酬。最低劳动报酬是指劳动者提供劳动而获得的报酬。因此，劳动保险、福利等不应算作最低工资的组成部分。

3）最低工资标准的制定

最低工资标准的制定是指国家依法规定的单位劳动时间的最低工资数额。国际上最低工资标准通常有两种确定方法：（1）立法机构直接规定最低工资标准，如加拿大、美国。（2）政府授权相关机构确定最低工资标准，如我国目前就是采用这种方法。

关于最低工资标准所参考的因素，国际劳工组织131公约《特别参照发展中国家情况确定最低工资公约》中有两点规定：（1）考虑劳动者及其家属的基本生活需要和国内一般工资水平、生活费水平、社会保障、津贴等因素。（2）经济因素。维持较高生产率水平和较高就业水平的需要。我国制定最低工资标准主要参考以下五个因素：劳动者本人平均赡养人口的最低生活费用、社会平均工资水平、劳动生产率、就业状况、地区之间经济发展水平的差异。

4）最低工资的测算

确定最低工资一般要考虑城市居民生活费用支出、平均工资、劳动生产率、失业率、经济发展水平等因素，可用公式表示为：

$$M = f(C、A、L、U、E、a)$$

式中：M——最低工资率；

   C——城市居民人均生活费用；

   A——平均工资；

   L——劳动生产率；

   U——失业率；

   E——经济发展水平；

   a——调整因素。

关于最低工资的测算，国际上通常采用以下8种方法：比重法、恩格尔系数法、累加法、超必需品剔除法、平均数法、生活状况分析法、统计计量分析法以及分类综合计算法。在这几种方法中，我国主要采用比重法和恩格尔系数法。下面对这两种方法予以简要介绍：

（1）比重法。比重法是根据城镇居民的统计调查资料，确定一定比例的最低人均收入户为贫困户，再统计出人均生活费用支出水平，乘以每一就业者的赡养系数，加上一个调整数。

（2）恩格尔系数法。恩格尔系数法即根据国家营养学会提供的年度标准食物谱及标准食物摄取量，结合标准食物的市场价格，计算出最低食物支出标准，除以恩格尔系数，得出最低生活费用标准，再乘以每一就业者的赡养系数，再加上一个调整数。

例如，某地区最低收入组人均每月生活费支出为90元，每一就业者赡养系数为1.5，最低食物费用为60元，恩格尔系数为0.7，平均工资为250元。

①按比重法计算得出该地区最低工资率为：

最低工资率=90×1.5+c=135+c（c为调整数）

②按恩格尔系数法计算得出该地区最低工资率为：

最低工资率=60÷0.7×1.5+b=128.6+b（b为调整数）

国际上一般最低工资相当于平均工资的40%～60%，如该地区最低工资为100～150元，那么，可以得出该地区的最低工资率为130元/月。以上方法计算出月最低工资标准后，一定要考虑职工个人缴纳社会保险费、住房公积金、职工平均工资水平、社会救济金和失业保险金标准、经济发展水平等因素进行必要的调整，但是每年最多调整一次。调整中要看大部分企业是否承受得了该水平的最低工资标准，然后再综合确定。

1.3.3 工资支付制度

1）立法概况

工资支付就是工资的具体发放办法，包括如何支付在规定工作时间内职工完成一定的工作量后应获得的报酬，或者在特殊情况下工资如何支付等问题。具体包括：工资支付项目、工资支付水平、工资支付形式、工资支付对象、工资支付时间以及特殊情况下的工资支付。相对于最低工资制度而言，工资支付制度在保障劳动者工资方面作了进一步的规定：从数额上看，它所保障的不是最低工资，而是劳动者全部工资；从对象上看，它所干预的也不仅仅是工资数额，而且是工资支付行为。目前我国在工资支付方面的法律、法规主要有《劳动法》、《工资支付暂行规定》以及《对〈工资支付暂行规定〉有关问题的补充规定》等。

2）工资支付的一般原则

根据劳动法规定，用人单位在实施工资支付行为时，必须遵循以下原则：

（1）货币支付原则。工资支付应当以法定货币支付，不得以实物或有价证券等形式代替货币。在现实中，有些企业为高层次人员承诺高工资，但又觉得过多地支付现金货币会影响企业的经营效益。因而单边改变主意，把奖励工资改为奖励股份，从而使受奖人有一种受骗的感觉，致使其工作积极性和创造性受挫。有的企业直接用企业产品折价抵扣员工工资，员工拿到了这类产品，或者是自己消费不了，或者是没有家庭财务计划安排这种消费，使之不得不再打折转让。这一方面为员工带来了再销售的麻烦，增加了员工的额外付出；另一方面又因为转让打折而降低了员工的工资收入，从而使员工对企业失去了信心。

（2）直接支付原则。用人单位应该向员工本人支付工资，如果员工因故不能领取工资，可由其亲属或委托人代领。为实施直接支付原则，用人单位必须书面登记支付员工的各项工资数额、时间、领取者姓名，并保存两年以上，以备接受检查。

（3）全额支付原则。用人单位应该向员工支付法定或约定工资，除法律、法规、规章规定的事项外，用人单位扣除劳动者工资应当符合集体合同、劳动合同的约定或者本单位规章制度的规定。应当说明的是，用人单位不应随意克扣员工工资，但有下列情况之一的，用人单位可以代扣劳动者工资：用人单位代扣代缴的个人所得税；用人单位代扣代缴的应由劳动者个人负担的各项社会保险费用；法院判决、裁定中要求代扣的抚养费、赡养费；法律、法规规定可以从劳动者工资中扣除的其他费用。

（4）定期支付原则。工资必须在用人单位与劳动者约定的日期支付，如遇节假日或休息日，则应提前在最近的工作日支付。工资至少每月支付一次，实行周、日、小时工资制的可按周、日、小时支付工资，用人单位不得无故拖欠员工工资。

（5）优先支付原则。企业破产或依法清算时，员工应得工资必须作为优先受偿的债务。

（6）紧急支付原则。员工因疾病等紧急情况不能维持生活时，用人单位应向员工预支其工资的相当部分。

用人单位有下列侵害员工合法权益行为的，由劳动行政部门责令其支付员工工资和经济补偿，并可责令其支付赔偿金：克扣或者无故拖欠员工工资的；拒不支付员工延长工作时间工资的；低于当地最低工资标准支付员工工资的。

3）特殊情况下的工资支付

特殊情况下的工资支付是指在非正常工作情况下，按照法律规定，应当按计时工资标准或其一定比例支付工资。在我国，法定应当支付工资的特殊情况主要有：

（1）员工在法定时间内依法参加社会活动，用人单位应该视其提供了正常的劳动而支付工资。这里的社会活动主要包括行使选举权与被选举权、出席政府和工会会议等。

（2）员工在法定休息日或年休假、探亲假、婚丧假期间，用人单位应按规定标准向员工支付工资。

（3）非员工原因造成的停产、停工，在一个工资支付周期内的，用人单位应该按劳动合同规定的标准支付工资，超过一个工资支付周期，员工提供正常劳动的，用人单位支付的劳动报酬不应低于当地的最低工资标准。

（4）员工在调动工作期间、脱产学习期间、被错误羁押期间、错判服刑期间，用人单位应当按国家规定支付工资。

（5）员工被公派出国工作、学习期间，其国内工资应根据相关标准支付。

1.3.4　工资指导线制度

1）工资指导线制度的含义及目标

工资指导线制度是我国在经济体制转型时期对企业工资分配进行宏观调控的重要手段。工资指导线制度最初是在1993年劳动部颁布的《关于建立社会主义市场经济体制时期劳动制度改革总体设想》中提出来的，并自1994年开始在深圳、厦门等城市进行试点改革，1997年劳动部发布《试点地区工资指导线制度试行办法》，开始在全国实行。其目的是在国家宏观指导下，促使企业的工资微观分配与国家的宏观政策相协调，引导企业在生产发展、经济效益提高的基础上，加强工资管理，切实提高企业竞争力。

所谓工资指导线制度，是指在社会主义市场经济体制下，政府为了实现宏观经济总体目标，根据当前经济发展水平、消费价格指数、就业状况等其他经济社会指标，合理调控工资总量，调节工资分配关系，确定工资增长水平，指导企业工资分配的一种制度。从宏观上看，工资指导线可分为全国工资指导线、地区工资指导线以及行业工资指导线。

2）工资指导线的内容

（1）经济形势分析。经济形势分析主要从以下方面进行：①国家宏观经济形势和宏观政策简析；②本地区上一年度经济增长、企业工资增长分析；③本年度经济增长及发展趋势预测，并与周边地区进行比较分析。

（2）工资指导线建议。工资指导线水平包括企业本年度货币工资水平增长基准线、上线、下线。

工资指导线对不同类别的企业实行不同的调控办法：国有企业和国有控股企业，应该严格执行政府颁布的工资指导线，企业在工资指导线所规定的下线和上线区间内，围绕基准线，根据企业经济效益合理安排工资分配，各企业工资增长均不得突破指导线规定的上线。在工资指导线规定的区间内，对工资水平偏高、工资增长过快的国有垄断性行业和企业，按照国家宏观调控阶段性从紧的要求，根据有关政策，从严控制其工资增长。非国有企业（城镇集体企业、外商投资企业、私营企业等）应依据工资指导线进行集体协商确定工资；尚未建立集体协商制度的企业，依据工资指导线确定工资分配，并积极建立集体协商制度。企业在生产经营正常的情况下，工资增长不应低于工资指导线所规定的基准线水平，效益好的企业可相应提高工资增长幅度。

（3）工资指导线对企业的要求。各企业应根据本地区工资指导线的要求，在生产发展、效益提高的基础上合理安排员工工资分配，依据工资指导线编制或调整年度工资总额使用计划。

3）工资指导线的构成

工资指导线由工资增长预警线、工资增长基准线和工资增长下线组成。

（1）工资增长预警线。工资增长预警线也称工资增长上线。它是政府依据对宏观经济形势和社会收入分配关系的分析，对工资水平较高企业提出的工资适度增长的预警提示。它规定的是允许企业工资增长的最高幅度。

（2）工资增长基准线。工资增长基准线也称工资增长中线，是政府对大多数生产发展、经济效益正常的企业工资正常增长的基本要求。

（3）工资增长下线。工资增长下线是政府对经济效益下降或亏损企业工资增长的起码要求。明确规定这类企业的实际工资可以是零增长或负增长，但正常的劳动工资不得低于当地最低工资标准。

4）与其他传统工资管理制度相比，工资指导线制度的特点

（1）指导性。工资指导线是指导性的，而非强制性的，体现的是政府宏观调控的意图，要靠企业主动和自觉的行为来实施，进一步实现了企业分配自主权。

（2）直观和灵活性。工资指导线直接表现为工资增长率，易于理解和操作。工资指导线基准线、上线、下线三条工资增长线构成的区间为企业工资增长提供了弹性，使企业可根据自己的经济效益等实际情况确定工资增长的具体幅度。

（3）宏观和微观有机结合。工资指导线体现了政府宏观调控和企业微观分配的有机结合。一方面，工资指导线是政府指导企业工资分配的一种宏观调控办法；另一方面，由于它的直观性和易操作性，其可直接应用于企业的微观分配。

5）工资指导线的实施

工资指导线的实施步骤为：有关地区将本地区当年企业工资指导线方案报劳动和社会保障部审核后，经地方政府审批，由地方政府（或其委托劳动保障行政部门）颁布，劳动保障行政部门组织实施。

1.3.5　当前薪酬管理研究的热点

近年来，国际学术界从包括经济学、管理学在内的各不同学科出发，对薪酬领域展开广泛的研究。当前薪酬管理研究热点主要表现在以下几大方面：

1）薪酬构成

（1）总体薪酬。其将各种形式的精神收益、工作体验纳入到总体薪酬中去，体现了人们对薪酬认识的深入，是一种管理理念的创新。它试图从更加宏观、更加综合的角度去研究薪酬，整合薪酬要素，优化薪酬构成，以便吸引、激励员工，为组织发展提供动力。

（2）绩效/激励薪酬。如何科学地设置激励目标，最大限度激发个体、群体潜能，成为有效运用绩效/激励薪酬的关键。世界500强企业中，各种绩效/激励薪酬得到广泛运用，如团体奖励计划、股票期权计划、员工持股计划等。

（3）福利研究。福利研究主要集中在福利项目的选择、福利运行效果以及员工福利满意度上，特别是弹性福利计划的实施，满足了不同员工的多方面需要。

2）薪酬体系

薪酬体系是当前国际薪酬管理研究的重中之重，它主要包括不同性质企业薪酬体系的选择：是基于职位的薪酬体系，还是基于人的知识、技能，以及薪酬体系的构建上。

（1）薪酬体系的类型。目前，主流薪酬体系大致存在三种类型：职位薪酬体系、绩效薪酬体系、能力薪酬体系。职位薪酬体系比较传统，而能力薪酬体系则是20世纪90年代中期兴起的。它是基于任职者的知识和技能。

（2）薪酬体系构建。薪酬体系构建重在解决三方面的问题，即薪酬水平、薪酬结构、薪酬组合。薪酬水平定位作为一种重要的薪酬策略，深刻影响组织在劳动力市场上对各种潜在员工的吸引力；薪酬结构则影响公平性问题；薪酬组合是对构成要素按不同比例加以组合，这些不同组合形态，对员工所产生的效果是不同的。

3）薪酬主体

组织很少运用单一的薪酬体系，往往针对不同工作性质、工作内容以及员工特点，采用不同的薪酬模式。

（1）高层管理者。高层管理者在组织中拥有大量的资源，他们把握着组织的发展方向，权衡主客观环境，进行战略决策，并且承担较大责任。目前高层管理者的研究重点集中在年薪制的设计与管理，以及各种长期激励方面。

（2）销售人员。销售人员在组织中的作用是非常重要的：他们积极从事市场开拓、新产品定价，以及销售等活动。销售人员薪酬如何确定，如何激发销售人员的工作热情以增进组织绩效是当今针对销售人员的研究重点。

（3）跨国公司及外派人员。随着经济全球化以及跨国公司的发展壮大，国际化薪酬管理正日益成为薪酬管理领域的研究热点。这方面的研究主要包括：如何协调母公司与海外子公司在文化习俗、法律规范等方面差异；如何对跨国公司进行业绩评估，确定薪酬水平；对员工，特别是海外子公司员工与东道国员工如何开展薪酬分配。

4）薪酬技术

在薪酬制度日益市场化的今天，企业迫切需要科学、规范的薪酬技术，以支撑薪酬体系的运行，目前包括职位评价、薪酬调查在内的薪酬技术的开发，是学者以及管理咨询公司研究的内容之一。

本章小结

薪酬是指雇员作为雇佣关系的一方所得到的货币收入以及各种具体的服务和福利之和。薪酬通常包括基本薪酬、绩效薪酬、激励薪酬、福利与津贴，20世纪80年代以后，出现了总体薪酬，它不仅包括经济性薪酬，还包括非经济性薪酬。

薪酬功能体现在宏观与微观两个层次上。宏观层次讲述薪酬对社会经济发展、对劳动力市场的作用；微观层次体现在薪酬对企业和员工的功能方面，对企业的功能包括配置功能、塑造功能、战略导向功能，对员工的功能包括补偿功能、激励功能和价值功能。

薪酬管理是指在企业经营实践过程中，在特定组织宏观战略指导下，为了吸引、激励员工达成组织目标，而对本企业薪酬支付标准、薪酬水平、薪酬结构等进行设计、调整和确定的动态管理过程。薪酬管理主要达成效率、公平、合法三大目标。

薪酬管理影响因素从外部环境、企业内部两大方面加以阐述。外部环境分析了宏观环境和行业竞争对手；企业环境从经营状况及发展阶段、组织哲学及薪酬理念、组织的竞争战略、员工特质及其类型这四方面展开。

薪酬模型集中反映了薪酬管理的主要内容，为组织进行薪酬管理提供了基本框架和分析思路。掌握薪酬管理模型，有助于加深对薪酬管理战略地位的认识。

经济学、管理学对薪酬管理研究的侧重点不同，主要表现在研究目标、研究范畴、研究对象、研究方法、研究重点等几方面。

我国薪酬改革的特点是：薪酬构成多元化、薪酬激励长期化、薪酬支付艺术化、薪酬分配绩效化、薪酬管理信息化。

薪酬管理法律环境主要讲述最低工资制度、工资支付制度和工资指导线制度。

国际学术界对薪酬领域展开广泛的研究。当前薪酬管理热点主要表现在薪酬构成、薪酬体系、薪酬主体以及薪酬技术等方面。

本章案例

齐"薪"合力——初创阶段秦巴物流高管薪酬设计

"客户又投诉了，这事咋还没解决？""赵总，圆通投诉流程我熟，其他公司的我不熟，到底哪个领导管呢……""赵总，分拣机出故障啦，咋办呀！""赵总，中通业务上的事，找杨总，还是找您？""赵总，财务系统现在还各自独立，资金支付结算这块找谁签字？"这些混乱局面是赵山整合了县里6家快递加盟商以来每天都要面对的。虽说现在这些加盟商老板进入了公司，成为领导班子成员，但心里还都打着自己的小算盘，况且这些人综合能力良莠不齐，加上身份转变带来的心理落差，这些人能否高效投入工作？领导班子能否稳定运转？赵山其实心里真没什么底。但他明白，高管薪酬是首先要解决的问题，如何制定高管薪酬，成为他心中的一大难题。

1. 秦巴物流，迎难而上

秦巴物流有限公司（简称秦巴物流）创立于2020年5月，是创始人赵山为响应国家乡村振兴战略，落实国家邮政局提出的"快递进村"行动方案，在当地政府的支持下，主动协商整合该县中通、申通、天天、百世、圆通、德邦6家快递加盟商而创建的。

公司组建一开始，作为公司董事长兼总经理的赵山就已筹划好了公司的发展蓝图，他要让秦巴物流成为全县物流的主动脉，将优质的物流服务延伸到全县的每个镇、每个村，在乡亲们享受到便捷快递服务的同时，让"农产品进城"，帮助村民走上致富路。为此，赵山践行着"让每一份期待都温暖抵达"的经营理念。

农村快递配送成本高、业务量不足，快递市场的"价格战"愈演愈烈，企业主要收入来源的派送费却一降再降。这让赵山不得不思考企业成本如何控制的问题。况且大家刚组成一个团队，哪些人适合公司发展，岗位职责如何划分等一系列问题都有待商榷。赵山决定从上而下开始行动，第一步就是解决高管薪酬问题。

2. 第一次薪酬设计：均等低薪制

对于高管薪酬，赵山认为现阶段低薪酬水平较为合适，但是他也明白当初6家快递加盟商老板同意将加盟经营权转让给自己，将公司资产整合创立新公司，就是希望生意比以前好做些，提高自己的收入。赵山了解了周围县物流公司高管们的薪酬水平，觉得当下最重要的还是怎么把真心实意为公司出力的人凝聚在一起，高管们齐心协力才能让公司快速成长。但是目前公司刚成立，经营处境艰难，高管薪酬过高难以负担，他也知道不能让这些高管们月月空手而归。在他们这个小县城，生活节奏慢，消费水平也不高，最低工资标准每月1 280

元。怎么定呢？为了公司长远发展，赵山决定每人每月发 2 000 元基本薪资。

说干就干，赵山为此专门召开了高管会议，说出了自己的想法，也想听听大家的意见。话音刚落，会议室一片哗然。"赵总，咱们在座的各位，之前好赖也是个老板，这 2 000 元也太低了吧？""要不是日子难过，谁想合到一起？""我们自己干的时候，再难也不会这么少""公司快递员一个月都四五千元了。"大家七嘴八舌地议论着。赵山耐着性子说道："大家的心情我都理解，我的想法是，目前公司还处于起步阶段，咱们是公司领导，就得带头勒紧裤腰带过日子。大家都听说了吧，邻县刚成立的物流公司，第一个月高管每人 15 000元的薪资，不是很快就运营不下去了吗？我相信只要咱们团结一致，公司发展起来后，再调整薪酬不是问题。"听了赵山这席话，其他高管即使有所顾虑，也不好说什么了。最终秦巴物流的高管们就领着 2 000 元的薪资过了大半年。

果然在这段时间里，原百世加盟商老板、主管公司货物分拣流通的齐副总觉得拿这点薪资，还不如在外面打工挣得多，因此决定出去干点别的营生。当他把这个想法告诉赵山后，赵山也就爽快地答应了。知道齐副总要走，其他几位副总心里也开始犯嘀咕：自己继续留在公司是不是明智的选择？了解到这种情况，赵总把大家召集到一起："我当初把大家整合到一起，主要是想打造全县内外循环的综合物流通道，造福咱们的家乡，并不是为了眼前的蝇头小利。众人拾柴火焰高，公司未来的发展还是需要大家齐心合力……"说到这里，几位副总想想这段时间以来业务发展越来越好，也觉得有了盼头，确实得从长计议。

经过大半年的共事，几位高管谁工作能力强，谁工作能力弱；谁全心全意为公司，谁敷衍了事混日子，赵山了然于心。现在留下来的几位高管各尽其责：杨副总负责物流安全；王副总负责社区团购；李副总负责客户关系维护；而赵总自己负责对外联络和业务发展，一切都井然有序。

3. 第二次薪酬设计：投票定薪制

好景不长，最近赵山明显感觉大家工作上有些懈怠，工作效率大不如从前。偶然间，赵山听到两位高管私下议论："我都不知道赵总咋想的，我一天累死累活的，和那些天天摸鱼的工资一样，刚进公司那股热乎劲都给我磨没了。""可不是嘛，反正干多干少都一样，谁还想出力。"赵山思虑良久，觉得 2 000 元的固定薪资已经不适用于现在的高管了，是时候做出改变了。

晚上赵山翻来覆去睡不着，他知道，现在很多中小企业高管薪酬主要采用年薪制或者持股制，但他们公司现在还不具备这个条件。再说，这些高管工作付出也存在差异，考核又挺麻烦，就几个人，根本没必要。但如何做到公平呢？"无记名投票！让高管们自己决定自己的薪资"赵山脑子里闪出这个念头。仔细一合计，大家每天做了多少工作，为公司做了多大贡献，自己心里有数，大家也都有目共睹，自主投票岂不是简单又实用。

于是在高管定薪会上，赵山表明了自己的主张，几位高管打心眼里佩服起赵总来，"这个方法好，新颖！""还是赵总点子多呀"，大家满意的是总算不像前几个月拿 2 000 元了，而且自己也有了决定权。于是，大家一起详细制定了投票细节，开始投票。赵总说："那就从我开始吧。就公司现在的情况，大家觉得我应该月薪是多少，就写多少，最后取平均数。"终于所有人的投票结果都出来了，赵总的最终薪资为 7 000 元，杨副总与王副总的薪资都为4 700 元，而李副总的最终薪资为 3 200 元。看到这个结果，赵山很感动，但他婉拒了 7 000元的月薪，说道："感谢大家对我工作的肯定，但还是跟大家一样吧，4 700 元就行了。只要咱们齐心合力好好干，等公司业绩好了，大家的薪酬也会越来越高的。"谁也没想到，赵总会自愿降低自己的薪酬，几位高管不由得对他的敬意多了几分。会议结束后，赵总还特意找了李副总，"你对这次投票结果有啥想法？"李副总表示没有异议，他其实知道自己一直吊儿郎当的，这样的结果也算公平。赵总最后鼓励了他几句："接下来工作上多用点心，以后还会重新投票的，只要你好好干，涨工资的机会多着呢。"

新的薪酬制度实施了一段时间，赵山看到高管们在工作上比以前配合得更默契了，大家各司其职，相互配合，有条不紊地进行着各项工作。尤其是李副总，明显感觉到他一改往日的懒散作风，对工作越来越上心了。在这几位高管的带领下，员工的积极性也提高了，干劲越来越大。

4.坚守目标

看着高管团队逐渐稳定，凝聚力越来越强，赵山很欣慰。在大家的齐心努力下，公司很快进入成长期，不到一年时间，已建立了4条稳定的运输班线，50%以上建制村都通了快递，快递配送效率提升50%，成本缩减30%，乡村网点收入也增加了，投诉率也直线下降，公司业务量大幅提升。秦巴物流被评为县级优秀快递模范试点，并且作为物流整合典范被商务部办公厅、国家邮政局广泛宣传推广，几乎每天都有人员来公司参观学习。但是，义乌快递"价格战"还在升级，快递加盟企业仍举步维艰，赵山知道公司未来的路还很长。高管薪酬又该如何调整？他也不知道。但唯一知道的是，他始终会坚守一个目标，那就是"让每一份期待都温暖抵达"。

资料来源　中国管理案例共享中心．齐"薪"合力——初创阶段秦巴物流高管薪酬设计［EB/OL］．［2022-01-01］．http://www.cmcc-dlut.cn/Cases/Detail/5948.

思考题：

1.初创阶段秦巴物流高管薪酬决策面临什么环境？需要解决什么问题？

2.赵山采取了什么定薪方式？他是如何设计高管薪酬的？

复习思考题

1.薪酬的内涵是什么？总体薪酬由哪几部分构成？

2.薪酬功能在微观层次上包括哪几方面？

3.什么是薪酬管理？薪酬管理的目标有哪些？

4.简述企业薪酬管理的影响因素。

5.我国薪酬管理改革的特点是什么？

6.工资支付一般原则有哪些？

7.薪酬管理当前的研究热点是什么？

第 2 章

薪酬理论

学习目标

通过本章的学习，明确薪酬理论的发展过程，掌握具有代表性的薪酬理论，了解这些薪酬理论的发展历程、基本内容、框架体系等，从而为后续内容的学习奠定坚实的理论基础。

2.1　薪酬决定理论

薪酬决定理论是关于怎样以科学的原则和方法来合理确定工资水平的理论。了解和掌握其中一些重要的薪酬理论，对于研究和制定现代企业薪酬管理制度具有重要的指导意义。

2.1.1　古典经济学的工资决定理论

1）生存工资理论

所谓生存工资理论，是指按维持劳动者生计的水平来确定工资的理论。生存工资理论认为工资和其他商品一样，有自然的市场水平，即最低生活资料的价值，最低工资水平就是维持劳动者生活所必需的生活水平，如果低于这个水平，劳动者的最低生活就将无法维持，资本家也会失去继续生产财富的基础。因此，最低工资水平不仅是员工维持生存的保证，也是雇主生产经营的必要条件。

生存工资理论最早是由英国资产阶级古典政治经济学创始人威廉·配第提出的，他依据劳动价值论论述了工资，提出工资是维持工人生活所必需的生活资料的价值。这是生存工资理论的最早开端。

法国资产阶级古典经济学家杜尔阁是工资生存理论的奠基人。他认为工人出卖他的劳动时，价格的高低不能完全由他本人决定，而是同购买他劳动的人双方协商的结果，在有大量可以挑选的工人存在的情况下，雇主会优先选用讨价最低的工人，在这种彼此竞争的条件下，工人之间不得不降低价格，直到最低的、仅仅可以维持生计的水平。一旦工资高于这一水平，工人家庭的生活资料增加，会带来人口增长，在劳动力市场上表现为劳动力供给的增加和劳动力需求的相对减少，从而导致工资水平下降，回到仅仅维持生存的水平；反之，如果工资低于维持生存的水平，工人获得的生活资料就会减少，造成人口减少，带来劳动力供给的下降，从而使工资上升，重新回到维持生存的水平。

英国古典经济学家大卫·李嘉图在其工资生存理论中也提出了工资决定于维持工人及其家属的生计所需的生活资料的价值。李嘉图认为，工资是工人出卖劳动的报酬。劳动像其他商品一样有自然价格和市场价格。劳动的自然价格是使劳动者大体能够生活下去并不增不减地延续其后裔所必需的价格。

生存工资理论是一种初级的工资理论，按照生存工资理论，劳动者的工资水平只限于为维持工人及其家属生计所必需的生活资料的价值水平而没有任何上升的余地，但事实上，随着经济的发展，劳动者的薪酬水平很难维持在生存线上，同时，它也不能解释为什么在同一国家和地区的工人的工资会有差别，未能揭示工资的本质。随着生产力水平的不断提高，经济学理论的不断完善和丰富，生存工资理论也逐渐暴露出缺陷，并逐渐被工资基金理论、边际生产力工资理论等新的工资理论所取代。总体看来，生存工资理论的产生和发展有其特定的历史背景与历史意义，作为工资理论史上的一个里程碑，它也为最低工资的确立提供了理论基础。

2）工资基金理论

继生存工资理论之后，工资基金理论成为又一个有代表性的早期工资理论。工资基金理论认为，对一个国家来说，在一定时期内的资本总额是固定的，其中用于支付工资的部分，即工资基金也是一个固定的量。工资基金决定于资本中扣除了用于补偿机器设备消耗、购买原材料等生产资料耗费和利润之后的剩余，即在每年的产品收入中，必须先扣除用于偿还追加生产资料的资本以及利润后，剩余部分才用于劳动者工资，而在工资基金确定后，工资水平的高低就取决于劳动者数量的多少，用公式表示即：

工资水平＝工资基金÷劳动者人数

从该式可以看出，工资水平的高低首先取决于工资基金的多少，在劳动者人数一定的情况下，工资基金多，工资水平就高，反之，则低；在工资基金一定的情况下，劳动者人数多，工资水平就低，反之，则高。

工资基金理论的思想可以追溯到古典经济学派。詹姆斯·穆勒认为，工资决定于人口与资本的比例，"假设其他条件不变，如果资本对人口的比例不变，工资亦不变；如果资本对人口的比例加大，工资即上涨；如果人口对资本的比例加大，工资即下落"。工资基金表现为一个固定量、一个常数，工资的高低取决于工人人数的多寡。

约翰·斯图亚特·穆勒认为，工人的工资决定于劳动的供给与需求，工资基金代表对劳动的需求，工资的高低取决于劳动供给的多少，即取决于劳动人口与资本的比例。

古典经济学经过半个多世纪的发展，基本上完成了有关价值和分配的理论体系。尽管古典经济学的理论体系还有许多不完善和不一致的地方，但就总体而言，古典经济学已经为现代经济学研究奠定了很好的理论基础。古典经济学的体系是静态的，虽然在现实生活中会出现种种与之不相符的现象，但就在其理论假定的边界内，大多数理论的正确性是不容置疑的。因此，古典经济学的价值和分配理论至今仍可作为研究现代社会价值分配规律的理论基础。

3）最低工资理论

威廉·配第（William Petty）和重农学派的创始人 F.魁奈（F.Quesnay）等都曾提出过最低工资的思想。其基本观点是：工资和其他商品一样，有一个自然的价值水平，即最低生活资料的价值；工资水平就是维持工人生活所必需的生活水平。如果低于该水平，工人的最低生活将无法维持，资本家也就失去了继续生产财富的基础。

最低工资理论指出，工人的最低工资不是企业或雇主主观意愿的结果，而是市场竞争的结果。工人和资本家作为劳动力市场上利益对立的双方，在劳动力供大于求的情况下，受追求剩余价值最大动机的驱使，资本家必然千方百计压低工资，但不能无限制压低，因为客观上存在一个最低工资限度，这就是维持工人及其家属的最低生活水平。如果工资水平下降到维持其生存的水平之下，必然导致劳动力再生产下降，从而劳动力的供给减少。所以，最低工资理论成为政府调节工资的主要理论依据之一。据此，许多国家相继制定了最低工资保障法律，以协调资本家与雇佣工人之间的利益关系。

2.1.2 边际生产力工资理论

19世纪70年代，英国经济学家杰文斯、法国经济学家瓦尔拉等人提出了边际效用理论。在此基础上，美国学者克拉克在其著作《财富的分配》中提出了边际生产力分配理论。克拉克认为，在充分竞争的静态环境里，生产中的两个决定性因素——劳动和资本，将依据自己对生产的实际贡献来公正地获得自己的收入。不过，每一生产要素对生产的实际贡献将按其投入量的多少而不断地变化。这一变化的基本趋势符合边际收益递减规律。他假定其他生产要素不变，当劳动力数量逐渐增加时，所生产的产量或者价值随之增加。因受收益递减率的支配，每增加一个单位的劳动力所生产的产量或者价值依次递减，最后增加一个单位劳动力所生产的产量或者价值即劳动力的边际生产力。

根据边际生产力的概念，工资取决于边际生产力。这就是说，雇主最后雇用那个工人所增加的产量等于付给该工人的工资。如果增加的产量小于付给他的工资，雇主就不会雇用他；相反，如果增加的产量大于付给他的工资，雇主就会增雇工人。只有在增加的产量等于付给他的工资时，雇主才会既不增加也不减少所使用的工人。现实中，不仅最后一个单位工人的工资取决于边际生产力，而且其他每个单位工人的工资都由它决定。

例如，假设一家制造厂有4台机器，1个普通工人一天能够生产30个齿轮，则受雇的第1个工人的劳动生产率是30；同样，从雇用的第2个到第4个工人，每人每天生产30个齿轮，平均劳动生产率（APP）始终是30，见表2-1。

表2-1　　　　　　　　　　劳动生产率与工资的变化关系

工人数量	总生产率	平均劳动生产率（APP）	边际劳动生产率（MPP）
1	30	30	30
2	60	30	30
3	90	30	30
4	120	30	30
5	180	36	60
6	240	40	60
7	280	40	40
8	300	37.5	20
9	261	29	-39

当工人从1个增加到4个时，边际劳动生产率（MPP）始终是30。当增加第5个工人时，他的工作是在其他工人休息时修理机器、整理生产工具、提供茶水，同时定期替换他们。这样第5个工人的增加，使得总生产率从120提高到180，第5个工人的MPP是60，APP是36。当增加第6个工人时，他的工作与第5个工人相同，总生产率由180提高到240，其MPP是60，APP是40。当增加第7个工人时，他的任务仅仅是轮换工作，总生产率由240提高到280，MPP是40，APP是40。当增加第8个工人的时候，工厂没有足够的机器，也没有工作需要他来做，他只能做与生产率提高相关度很低的工作，此时总生产率由280提高到300，其MPP是20，APP是37.5。当增加到第9个工人时，他总是碍事或与其他工人发生冲突，因此，总生产率降低到261，MPP是-39，APP是29……

该制造厂的平均劳动生产率与边际劳动生产率的相关关系如图2-1所示。

由表2-1和图2-1可知，为使厂商利润最大化，员工的最佳雇用量应该保持在MPP曲线与APP曲线的交点，即MPP与APP相等时，员工的最佳雇用量为7人，其工资就等价于边际劳动生产率40。

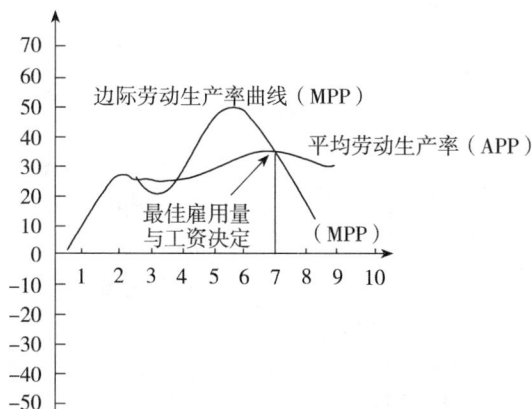

图 2-1 基于边际劳动生产率的最佳雇用量与工资决定过程

作为现代工资理论基础的边际生产力理论表明了企业支付能力对工资的影响、工资变动趋势等问题，体现了劳动生产率变化的规律以及企业之间薪酬差异的影响因素，对于企业的薪酬管理具有重要的意义。在企业具体地确定员工的薪酬时，边际生产力工资理论也为企业提供了重要的分析思路，既可以为企业确定薪酬量提供一个理论上的标准，又可以在考虑各种生产要素之间的替代关系时，为企业寻找较少投入的生产要素组合。但边际劳动生产力工资理论与实际有不符之处，现实中的市场不是完全竞争市场，劳动力也不是自由流动的，换言之，劳动力市场上存在着垄断价格。在这样的情况下，工资并不一定等于劳动的边际生产力。在垄断存在的情况下，一些企业要雇用更多的劳动力，就必须付给较高的工资，否则就无法达到它所需要的工人数量。

2.1.3 供求均衡工资理论

供求均衡工资理论的创始人是英国的经济学家阿尔弗雷德·马歇尔。他认为，边际生产力工资理论只是从劳动力的需求方面研究了工资水平的决定，而没有从劳动力的供给方面反映对工资水平决定的作用和影响，因此，他提出了供求均衡工资理论，从需求和供给两个方面来说明工资水平是如何决定的。

马歇尔在其名著《经济学原理》中以均衡价格论为基础，从生产要素的需求与供给两方面来说明薪酬水平的决定。从需求方面看，薪酬取决于劳动的边际生产率或劳动的边际收益率。厂商愿意支付的薪酬水平，是由劳动的边际生产率决定的。从供给方面看，薪酬取决于两个因素：一是劳动力的生产成本，即劳动者养活自己和家庭的费用，以及劳动者所需的教育、培训费用；二是劳动的负效用或闲暇的效用。马歇尔认为，工资是劳动生产要素的均衡价格，是劳动需求与劳动供给的均衡点，如图 2-2 所示。

在图 2-2 中，纵轴为工资率，横轴为雇用量，DD 为劳动力需求曲线，SS 为劳动力供给曲线，E 是均衡点，P 为均衡工资率，Q 为均衡就业量。若工资上升到 P_1，劳动率需求 Q_1 小于供给 Q_2，则工资下降；若工资降低到 P_2，劳动力需求 Q_3 大于供给 Q_4，则工资上升。只有在 E 点上，劳动力供求平衡，此时的工资率 P 为均衡工资率，相应的均衡就业量为 Q，雇主所需劳动力得到满足，愿意工作的人也都能找到工作。

均衡工资率的变化，是由劳动力需求曲线、劳动力供给曲线的位移所引起的。在只有供给曲线左移或需求曲线右移的情况下，均会使均衡工资上升；反之，在只有供给曲线右移或

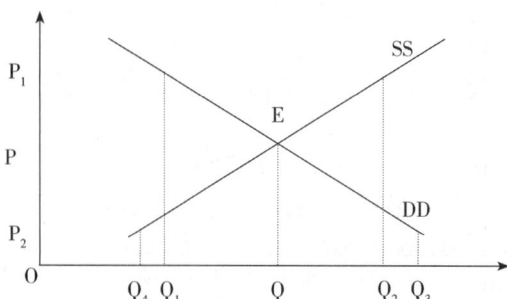

图2-2　均衡价格工资

需求曲线左移的情况下，则会使均衡工资下降。若供给曲线和需求曲线同时发生移动，对均衡工资的影响要视两者移动的情况而定。

供求均衡工资理论认为，从短期来看，企业将根据员工薪酬的升降来确定其对员工的需求量，基本的取舍原则是员工的边际生产力与薪酬之间的变动比较。由于对劳动力的需求是派生需求，当企业生产的产品需求量上升，从而产品的价格上升时，边际收益产量曲线及劳动力需求曲线将有相应的变化，从而使企业对劳动的需求量增加。然而市场劳动力需求曲线不是企业劳动力需求曲线的简单相加，因此整个市场薪酬水平的变化对劳动力需求的影响较小。

从长期和社会角度来看，薪酬提高对企业的劳动力需求将有较大的影响。这是因为在员工工资提高后，对劳动力需求的减少将在两个方面体现出来：一是由于产出效应对劳动力需求的减少；二是由于替代效应对劳动力需求的减少。

马歇尔的收入分配理论是当时各种新旧分配理论的大综合，它既吸收了古典学派的有关分配理论的思想，也吸取了边际学派边际革命的精髓。他将注意力从分配份额的大小转向稀缺性资源的配置，并把要素投入报酬与要素生产贡献联系起来，这在经济学上是一大贡献。从一定意义上讲，马歇尔的分配理论奠定了经济学中工资理论的基础。但是均衡工资理论也存在着一定的不足之处，它是以劳动力市场买卖双方的完全竞争为假设前提的，随着劳动力市场雇主和工会双方组织力量的成长，工资分配越来越取决于市场均衡之外的争议和权力之争，这使得均衡工资理论的假设前提受到了影响。

2.1.4　集体谈判工资理论

供求均衡薪酬理论以劳动力市场买卖双方的完全竞争为假设前提，但是随着劳动力市场双方组织力量的成长，这个前提很难成立，薪酬分配越来越取决于市场不同主体力量的对比，取决于市场均衡之外的交涉和权力斗争。在这种背景下，以集体谈判为背景的工资理论逐渐发展起来。

集体谈判工资理论也称集体交涉工资理论。这一理论是由美国的约翰·贝茨·克拉克、英国的A.C.庇古和莫里斯·多布等经济学家在19世纪末创立的。集体谈判工资理论认为，短期的工资决定，在相当程度上取决于劳资双方在工资谈判中交涉力量抗衡的结果，受劳资双方谈判力量的影响，使得工资在上限与下限之间浮动。所谓的上限，是指如果工资超过该限度，则雇主将拒绝雇用或关闭企业，上限取决于劳动力的物质生产力、产品市场竞争程度，以及企业以资本取代劳动力的能力；而下限，则是指如果工资低于该限度，则劳动者将拒绝接受雇用，下限取决于维持基本生活所需的费用、政府的调控和劳动者对其他雇主工资支付情况的了解程度。

针对集体谈判的过程，英国经济学家庇古提出了"未确定范围论"。他认为，当通过集体谈判来决定工资率时，工资不再决定于自由竞争下的某一点，代表劳动者的工会要争取工资率定于竞争工资率之上的某一点，而雇主则要求工资率定于竞争工资率下的某一点，这样，就形成了一个"未确定范围"，如图 2-3 所示。

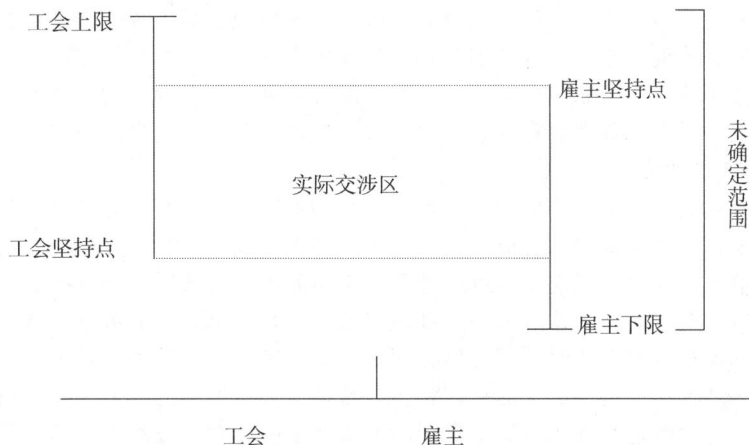

图 2-3　未确定范围

"未确定范围论"涉及了工会与雇主各自的工资率与坚持点。其中工会将上限看作工资率，认为上限以外就会影响就业；雇主则把下限看作工资率，认为在下限以外会雇不到维持生产所必需的劳动力数量；在上、下限之间的工资率即为未确定范围，劳资双方不可能同时接受此范围之外的工资率。所谓坚持点，是指劳资双方的底线。工会会选择某一点作为工资下限，达不到下限，工会宁可组织工人罢工，这一点就是工会的坚持点；同时，雇主也选择了某个较高的工资率作为自己的坚持点，超过这个工资率，雇主就会选择关闭工厂。

在工会坚持点低于雇主坚持点的情况下，这两点之间的范围就是双方谈判的实际交涉区，在该区域内形成的最终工资率，由双方的力量对比与谈判技巧决定；若工会坚持点位于雇主坚持点之上，双方就不存在实际交涉范围，在均不改变自己原坚持点的情况下，则双方不会对工资率达成一致意见，最终导致罢工、关厂或以上两种情况同时发生。劳资双方坚持点的形成要受很多因素的影响，任何一种因素都会影响一方的交涉能力，并影响一方坚持点的高度。以经济因素为例，在经济不景气、失业率增加、劳动力市场供大于求的情况下，就有利于雇主降低其坚持点，使坚持点向下移动；反之，工会就可以提高自己的坚持点，使坚持点向上移动。

2.1.5　效率工资理论

所谓效率工资，是指高于市场工资水平的工资，即对外具有竞争力的工资。效率工资理论产生于 20 世纪 70 年代后期，这种工资理论并非将工资视为生产率的结果，而是倾向于将工资视为促进生产率提高的手段。效率工资理论认为，在信息不完全的劳动力市场中，工资可通过逆向选择、劳动力流动效应、偷懒效应、公平效应对生产率产生影响，支付给员工高于市场出清水平的工资将有利于提高工人的劳动生产率。具体来说，效率工资对劳动生产率的作用主要体现在以下方面：

1）逆向选择

由于雇主面临的是一个异质的劳动力市场，雇主在做出雇用决策时需要对求职者的潜在生产力进行推测，工资率便是进行这种推测、获取有效信息的工具之一。这是因为，劳动者能力与保留工资（工人愿意接受的最低工资）正相关，高生产率的劳动者愿意接受的保留工资要比低生产率的劳动者接受的保留工资高。因此，雇主现行的工资率水平对其将要招募到的劳动者的质量有着重要影响。通常那些具有比雇主现行工资水平高的保留工资的高生产率劳动者，将不会向该雇主求职。而对于某个雇主而言，其求职者的平均生产率水平将随工资率的下降而降低，因为工资率的降低将导致更多高生产率劳动者退出该组织的求职队伍。

2）劳动力流动效应

雇主的总劳动成本包括变动成本（工资成本）和准固定成本两部分。对于一个追求利润最大化的雇主来说，他注重的是总成本，而不仅仅是工资成本。由于辞职率的增加将会导致准固定成本的增加，因此，提高工资以降低辞职率对雇主来说可能是合算的。

以雇用和培训成本为例，这两者都是准固定劳动成本的重要组成部分，从性质上，这两部分的成本并不严格地与工作时间成比例，而是与每个新雇员工有关。对于雇主来说，雇用和培训是一笔人力资本投资，员工的辞职将会导致这笔人力资本的流失，并增加雇主总的劳动成本。在劳动者考虑是否辞职时，他在劳动力市场上的相对工资水平是其衡量的一个重要参数，采用效率工资的企业有利于降低劳动者的离职率，从而为雇主节约总劳动成本。

3）偷懒效应

在劳动过程中，劳动者的效用与工资率呈正相关关系，与劳动呈负相关关系。因此，劳动者在工作中可能选择偷懒，这就需对劳动者的劳动努力程度进行观察和监督，而这种观察和监督是需要成本的，为此，必须寻找一种能将雇主利益与劳动者利益联系起来的工资方式。如果雇主支付给劳动者高于市场平均水平的工资，而劳动者因为偷懒被发现而遭解雇，他们在其他地方找到同等工资水平的可能性就会变小，那么，劳动者偷懒的成本将会增加，从而抑制劳动者偷懒，提高其生产效率。

4）公平效应

效率工资理论认为，由于劳动者之间通常会相互比较其劳动收入和劳动支出，并在这种比较的基础上改变其行为方式，使其劳动收支趋于均衡，因此，当劳动者在比较中认为自己受到了不公平的待遇时，便不会努力工作；当他们确信自己受到了优待时，就会以努力工作、忠诚于组织的形式来回报。因此，雇主提高相对工资，便能通过劳动者感受到的公平观念来提高努力程度，从而提高劳动生产率。

效率工资理论不再将工资视为一种被动的成本，而是将其视为促进生产力增长的一个重要工具，从而开辟了工资理论研究的新领域，赋予了工资新的内涵与意义。

2.1.6　分享经济工资理论

20世纪70年代，西方经济出现严重滞胀局面，但西方经济学家又找不到有效的对策。1984年，美国经济学家马丁·魏茨曼的《分享经济》一书问世，该书从劳动报酬的分配机制入手，分析了滞胀产生的原因，寻找应对滞胀的方法，一种全新的工资理论——分享经济工资理论由此诞生。与效率工资理论从微观经济着眼，视工资为增进企业生产率的手段不同，分享经济工资理论目标在于寻求一种稳定宏观经济的手段。

分享经济理论认为，传统的资本主义经济的根本弊病不在于生产，而在于分配，特别是雇员工资制度。传统的工资制是与企业经营状况无关的雇员报酬制度，工资参数的刚性导致工资固定化，无论市场需求或企业经营的状况如何变化，企业都必须支付一笔固定的劳动成本。而企业追求的是利润最大化，在成本不变时，其产品价格也不能下降。因此，出现经济不景气、市场需求下降的情况时，企业只能通过削减产量来维持产品的价格，以保证劳动收益与劳动成本的平衡，这也就造成了工人的大量失业。而政府采取的反危机、反衰退的扩张性财政货币政策又会造成通货膨胀，导致失业和通货膨胀并存的"滞胀"局面。

魏茨曼认为，分享经济工资可解决这个难题。所谓分享经济工资，是指一种与企业经营状况相联系的雇员报酬制度，劳资双方在劳动力市场达成的协议中规定了双方在利润中的分享比例，即工资是由固定的基本工资与利润分享两部分构成。因此，工资会随总需求和企业经营状况变化而进行调整。当需求和利润下降时，分享基金减少，雇用水平不变时，工资会下降，从而劳动成本和产品价格下降；如果增加雇用工人，工资还会继续下降，使劳动成本和产品价格继续下降，这就使得单位劳动成本随着就业量的增加而下降，边际劳动成本会低于平均劳动成本，从而达到削减成本和价格、不解雇劳动者甚至增加雇用的效果。

分享工资的特点是："以某种方式体现劳动和资本对它们所在企业的收入实行分享，其必然结果就是劳动和资本必须共同分担企业收入波动的风险。"这就改变了传统工资制度中工人只关心与其收入相关的产品，而不关心企业经营成果的状况，缓冲了工资与资本、利润直接对立的矛盾，形成工人与雇主共同关心企业总收入的局面，这也是劳动要素参与利润分配的一种形式，是对资本主义分配方式的变革。在其基础之上，相继产生了现代利润分享理论、雇员长期激励理论、经营者和员工持股计划等新的理论。

2.2 薪酬差别理论

薪酬差别，是指不同劳动者之间的薪酬在数量上的差异。随着社会专业化分工的深入，不同劳动者工资也开始发生变化，特别是当专业化分工使生产力大大提高之后，劳动力带来的边际收益已经超过了最低生活标准，工资开始变得有所差别，这种差别具体反映在：

（1）不同个人特征劳动者之间的薪酬水平不同，如不同年龄的劳动者之间薪酬水平不同、不同性别的劳动者之间薪酬水平不同、不同学历的劳动者之间薪酬水平不同等。

（2）不同工作性质的劳动者之间薪酬水平不同，如体力与脑力劳动者之间的薪酬水平不同、机关与企业的劳动者薪酬水平不同等。

（3）不同群体的劳动者之间的薪酬水平不同，如不同企业的劳动者之间薪酬水平不同、不同行业的劳动者之间薪酬水平不同、不同地区的劳动者之间薪酬水平不同等。

为解释上述各种工资差别现象，薪酬差别理论应运而生。薪酬差别理论主要包括职业薪酬差别理论、经济租金理论、人力资本理论。这三种代表性的理论分别从不同的角度论述了劳动者之间产生薪酬差别的原因。

2.2.1 职业薪酬差别理论

职业薪酬差别，是指劳动者所从事的职业不同，劳动者之间的薪酬水平也随之存在着明显的差异，见表2-2。

职业薪酬差别理论就是从职业的角度出发，探讨薪酬差别的理论。亚当·斯密是薪酬差别理论的创始人之一，他提出了形成职业薪酬差别的五种因素：

（1）劳动者的心理感受不同。有的职业使人愉快，而有的则使人感到厌烦。

（2）掌握的难易程度不同。有的职业很容易学习和掌握，有的则难以掌握。

表 2-2　　　　　　　美国全时职工周工薪中位数（各年 5 月份数字）　　　　　　　　单位：美元

年份	1974	1975	1976	1977	1978
全部全时职工	169	185	197	212	227
1.专业技术人员	228	246	256	277	294
2.经理与管理者	250	274	289	302	323
3.推销员	172	189	198	225	232
4.办事员	140	150	158	167	175
5.技工	211	223	239	259	279
6.机械操作工	141	157	162	171	191
7.运输设备操作工	180	198	214	231	249
8.非农业粗工	149	154	161	181	193
9.家庭雇佣人员	50	54	60	59	59
10.其他服务人员	117	123	134	142	152
11.农业劳动者	107	111	120	127	139

（3）安全程度不同。有的职业风险大，不安全系数高，有的则没有什么风险，比较安全。

（4）担负的责任不同。有的职业承担的责任重大，有的则没有什么责任。

（5）成功的可能性不同。有的职业容易成功，而有的职业则容易失败。

亚当·斯密认为对于那些使劳动者不愉快、学习成本高、不安全且有风险、责任重大和失败率高的职业，应支付高工资；反之，应支付低工资。亚当·斯密所指出的职业性质与工资收入差别之间的关系，实际上是现代岗位和职务工资制的基础。不同的工作岗位、不同的职业，要求劳动者的素质和劳动量的付出不同，付出的劳动量高，得到的劳动报酬也要高。

亚当·斯密探讨了宏观工资政策与工资差别之间的关系，指出政府不适当的工资政策会扭曲劳动力市场上的供求关系，如限制了职业间的竞争、阻碍了劳动力的自由流动等。在这种情况下，工资作为劳动力价格的表现形式，自然会通过不合理的工资差别表现出来。这一观点对政府的宏观工资调控具有重要的理论和实践指导意义。

2.2.2　经济租金理论

现实世界中的市场由于种种原因并不完善，并不存在所谓的"完全竞争市场"。在这种情况下，物品的最终实际成交价格便会出现与其均衡价格不一致的情形，其实际价格可能大于、等于或小于均衡价格。这种物品或劳务价格实际实现的市场收益与其均衡价格之间的差额，便是经济租金。简言之，经济租金就是要素所得收入与其机会成本之间的差额。

对劳动者而言，获得的作为经济租金的收入是劳动者获得的超过劳动机会成本的收入，这种收入不同于通常所说的工资，而是某种劳动者由于稀缺而获得的高额收入。劳动者的经济租金收入可能源于多个方面，如劳动者的创新、劳动者所具有的某种无法替代的技能等。

以劳动者的经营管理才能为例，具有良好业绩的经营者作为一种生产要素，相对于自然资源、资本资源都是稀缺性的资源，对于体力劳动更是如此。经营者之所以能成为一种稀缺资源，主要是因为：

（1）优秀的经营管理者必须具有一般人所不具有的知识、能力、魄力、素养等，只有这些方面都达到一个较高的水平，才有可能塑造出一个成功的经营者。

（2）优秀的经营管理者必须经过长期的市场竞争和优胜劣汰的洗礼，成功的经营者就更为稀缺，其供给严重缺乏弹性。

（3）优秀的经营管理者必须不断在技术、产品、市场、制度等方面进行创新。对于一般人而言，创新能力也是一种无法企及的能力，只有这样才能使企业立于不败之地，使企业获得更好的发展与效益。

正是基于上述几点，才使得优秀的经营管理人才作为一种完全缺乏供给弹性的要素，处于绝对的垄断地位，从而导致经济租金的产生，这也使得优秀经营管理人才的薪酬水平要远远超过一般的劳动者，普通劳动者一生的收入可能只及优秀经营管理者一个月的收入，再加上其供给的稀缺性，更使得优秀经营管理人才的薪酬水平呈现一种不断增加的趋势。

经济租金理论有助于解释具有一定技术等级的劳动力的市场价值形成过程，有限的供给与巨大的需求结合在一起，使一些具有特殊才能的劳动者，如优秀的经营管理人才、歌星、球星等都能获得可观的收入；同时，对于雇主而言，也可以有效吸引和留住人才，提高企业竞争力。在劳动力市场上，经济租金性的收入普遍存在，并被认为是符合现代经济规范的收入，这种收入不应该被简单地禁止或抑制，可以通过税收的形式加以调控。

2.2.3 人力资本理论

人力资本理论是近几十年来经济学的重大发现之一，这一理论的提出者西奥多·舒尔茨也因此获得1979年诺贝尔经济学奖。人力资本理论不仅对经济学中的投资经济、公共财政等领域产生了重大的影响，同时也对收入分配产生了重要影响。

1）人力资本理论的产生与发展过程

1935年，美国经济学家沃尔什在《人力资本观》一书中，首次对人力资本概念做出了正式阐释，并通过个人教育费用和个人收益相比较计算了教育的经济效益。1960年，舒尔茨在美国经济学年会上发表了题为《人力资本投资》的演讲，轰动了西方经济学界，人力资本也逐渐形成了理论体系，成为一种学说。

舒尔茨认为，人力资本是经过投资形成的，凝结在人身上的知识、技能、健康等要素及其所表现出来的劳动能力。人力资本是社会进步的决定性因素，一国人力资本存量越大，人力资源质量（人口受教育程度、科技文化水平和生产能力）越高，其国内的人均产出或劳动生产率就越高。舒尔茨不仅第一次明确地阐述了人力资本理论，使人力资本理论成为经济学上一个新的门类，而且进一步研究了人力资本形成的方式与途径，并对教育投资的收益率以及教育对经济增长的贡献做了定量分析。由于这些贡献，他被誉为"人力资本之父"。

在舒尔茨之后，加里·S.贝克尔进一步阐述了人力资本理论。在《人力资本》一书中，贝克尔分析了正规教育的成本和收益问题，还重点讨论了在职培训的经济意义，也研究了人力资本投资与个人收入分配的关系，将人力资本投资理论与收入分配结合起来，从微观方面对人力资本理论进行了分析。他在人力资本形成方面，在教育、培训和其他人力资本投资方面的研究成果，被认为具有开拓意义。

2）人力资本与人力资本投资

从舒尔茨对人力资本的定义中，我们可以看出，人力资本必须经过投资才能形成，没有人力资本投资就没有人力资本，人力资本投资量决定了人力资本价值的大小。

所谓人力资本投资，就是指通过增加人的资本来影响未来收入的各种活动。一切有利于提高劳动者素质与能力的活动，有利于提高劳动者知识存量、技能存量、健康存量的活动，均属于人力资本投资的范畴。具体来说，人力资本投资的方式主要包括以下几种：

（1）普通教育投资。教育历来被认为是人力资本形成的重要途径。它是指以一定的成本支出来获得在正规学校接受文化知识教育机会的一种智力活动，通过这种活动，可以有效形成并增加人的知识存量，促进生产能力的提高，从而形成人力资本。

（2）卫生保健投资。卫生保健投资是通过对医疗、卫生、营养、保健等服务进行投资来维持和改善人的身心健康，如肌肉力量、五官感觉、灵敏性、心理状况等，进而提高人的生产能力，促进人力资本的增加。

（3）在职培训投资。在职培训投资是指由企业和其他机构为提高职工生产技术、学习和掌握新技能而举办和提供的教育与培训。在职培训相对于普通教育来说更贴近于生产实践，更具有针对性，侧重于人力资本构成中专业知识与技能存量的提高。

（4）人力迁移投资。人力迁移投资是指通过花费一定的成本来实现人口与劳动力在地域或产业间的迁移，以便更好地满足劳动者自身的偏好。人力迁移之所以属于一种重要的人力投资，是因为人口与劳动力的迁移改善了人力资源配置的效率，调整着人力资本分布的稀缺程度，同时，也有利于提高劳动力的质量与竞技状态，使得定量的人力资本产生更大的经济效益。

3）人力资本工资理论

人力资本的投资量决定着人力资本价值的大小：一个人的人力资本价值量越高，能为雇主创造的价值也就越大；反之，其能为雇主创造的价值也就越小。反映在劳动力市场上，雇主愿意为人力资本价值高的劳动者提供较好的工作和较高的待遇，这也是内在人力资本的价值表现。除去内在人力资本的影响，外部的市场供求情况也在影响着人力资本的价格。从总体上看，人力资本的需求往往大于供给，就业的总规模由人力资本的供给量决定，人力资本在市场的交易中处于强势地位。人力资本投资与人力资本需求分别从内、外两个方面决定着人力资本的价格，这也导致了不同人力资本价值量、不同人力资本类型的劳动者在市场上的工资差异。人力资本价值量高、市场需求大的劳动者，所获得工资水平自然也就高于一般的劳动者。人力资本工资理论从资本的角度科学地解释了劳动者之间的工资差别，并成为技能工资、资历工资等能力工资的主要理论基础。

2.3　薪酬分配理论

2.3.1　马克思按劳分配理论的主要内容

1）社会主义分配制度的具体形式

马克思的按劳分配理论首先指出了社会主义分配制度的具体形式，就是实行"各尽所能，按劳分配"。马克思提出，在共产主义社会的第一阶段即社会主义社会，分配方式的具体形式是按劳分配，即以劳动作为唯一尺度，进行个人消费品分配。

马克思不仅阐明了实行按劳分配的基本依据，而且阐明了按劳分配的主要特征，即在进行个人消费品分配之前，首先要从社会总产品中进行以下扣除：用来补偿消费掉的生产资料的部分；用来扩大生产的追加部分；用来应付不幸事故、自然灾害等的后备基金或保险基金。剩下的总产品中的其他部分是用作消费资料的。在把这部分进行个人分配之前，还应扣除：和生产没有直接关系的一般管理费用；用来满足共同需要的部分；为丧失劳动能力的人等设立的基金，即社会救济基金。

在对社会总产品进行了各种扣除之后，再对劳动者的个人消费品进行直接的社会分配。

2）社会主义分配制度的本质特征

马克思的按劳分配理论，不仅指出了社会主义分配的具体形式，而且阐明了社会主义分配方式的本质特征。其内容主要包括以下三个方面：

（1）体现按贡献分配的原则。按劳分配是社会主义社会个人消费品的分配原则，它通常被表述为：在社会主义经济中，社会按照劳动者提供给社会的劳动数量和质量分配个人消费品。多劳多得，少劳少得，有劳动能力而不参加社会劳动的人没有权利向社会领取报酬。从这个简单的定义可以看出，按劳分配既否定了不劳而获的特权主义，也否定了按人头分配的平均主义。它只以劳动作为分配的唯一依据和单一尺度，只有劳动才能参与个人消费品的分配，劳动投入多就会多得，投入少就将少得。所以，按劳分配其实也就是按劳动者对生产的贡献进行分配。

（2）体现形式上的平等和事实上的不平等。马克思认为，社会主义按劳分配通行的是等量劳动获得等量报酬，这种平等的权利遵循的原则仍然是资产阶级的法权。首先，在按劳分配条件下，由于一些劳动者具有较强的劳动能力，在同一时间能够提供更多的劳动或者能够劳动较长的时间，因此能够分配到更多的个人消费品。其次，在劳动者的劳动能力相同的情况下，他们的家庭负担可能有轻有重。这样，在劳动成果相同，从而在社会消费品中分得的份额相同的条件下，某个人事实上所得到的比另一个人多些，也就比另一个人富些。"生产者的权利是和他们提供的劳动成比例的；平等就在于以同一的尺度——劳动——来计量。"而"这种平等的权利，对不同等的劳动来说是不平等的权利。所以就它的内容来讲，它像一切权利一样是一种不平等的权利"。显然，从这准确而深刻的论述中我们可以看到，在形式上，按劳分配是采取的同一尺度——劳动来计量的，具有平等性，然而，由于每个劳动者的个人天赋不同，从而劳动能力不同，或者劳动者所负担的家庭人口不同，从而导致劳动者分配到的消费资料的多寡和劳动者的实际生活水平最终是不同的，即具有事实上的不平等。若想避免事实上的不平等，权利就不应该是平等的。因此，按劳分配所体现的平等，是形式上的平等掩盖着事实上的不平等。

（3）承认劳动力要素的个人所有权。马克思在分析生产和分配的关系时，曾经深刻地论述到：在分配是产品的分配之前，它是：①生产工具的分配；②社会成员在各类生产之间的分配（个人从属于一定的生产关系）——这是同一关系的进一步规定。这种分配包含在生产过程本身中并且决定生产的结构，产品的分配显然只是这种分配的结果。可见，生产要素参与分配的权利，直接来源于生产前各生产要素在不同社会成员间的分配，即生产要素的不同所有权，生产要素参与收入分配是生产要素所有权或占有权在经济上的实现。只要存在社会成员在要素占有上的不平等性和分散性，就必然要求按要素分配。生产资料的所有者或占有者迫切地占有生产要素的强烈欲望也源自要利用它来获取收益，而不仅仅单纯地显示一种所有关系。

从总体上说，马克思按劳分配理论包括两方面的基本内容：一是马克思关于社会主义分配制度本质特征的基本原理；二是马克思关于未来社会主义分配形式的具体设想。其中，前者是社会主义生产方式的客观要求，后者则是社会主义生产力水平的必然产物。对于前者，无论在社会主义发展的任何阶段都应当坚持并努力予以体现，否则就背离了社会主义的基本原则与发展方向；对于后者，则不能照抄照搬，而应当根据具体国情和实践要求进行创新发展，确立符合生产力水平和发展要求的社会主义分配形式。

2.3.2 知识资本分配论

1）按知识分配的制度基础

按照现代西方产权经济学的理论，企业是一个由物质资本所有者与人力资本所有者所订立的契约网络。但企业契约不同于一般的市场交易契约，它是一种留有"遗漏"的不完全契约。由于把生产要素结合起来投入企业契约的期限通常很长，这个过程具有风险性和不确定性，因此，不便或不能在订立契约前把生产要素交易双方的一切权利与义务完全规定清楚。所以，企业契约是一种权利义务条款没有事先完全界定、要素交易双方在执行契约过程中必须追加规定的一种特别契约。这就产生了企业合约中的剩余控制权。

在工业经济社会里，企业的剩余控制权归物质资本的所有者所拥有。这是基于以下原因：

（1）在工业经济社会里，资本相对于劳动力而言是稀缺的。

（2）物质资本的所有者将其投入到企业后，大部分资本将会"沉淀"，资本的使用形态很难发生改变。因此，劳动力的流动性容易对资本所有者产生"套牢效应"，使资本所有者蒙受较大的风险。所以，工业经济社会遵循的是资本雇佣劳动的委托安排，劳动者的工资处于财产分配序列的末端。

但知识型企业遵循的是劳动雇佣资本的委托安排。其原因有：

（1）知识型企业实现了经营者与管理者的分离。所有权与经营权的分离程度常被认为是衡量企业制度进化程度的标志。在单一业主制和合伙制企业中，资本所有者与经营管理者合二为一，有限责任公司实现了两者的局部分离，股份有限公司实现了两者的完全分离。所有权与经营权的分离是经营资源效率的内在要求。与此不同的是，知识型企业的经营目标不以资源效率为基础，而是以技术创新为前提。它要求专门从事创新活动的个体从普通管理者中独立出来，使创新职能成为公司的职能主体，经营职能与管理职能分离开来，创新者成为知识型企业真正的经营者，他取代所有者而承担企业的风险，取代传统的经营管理者而决定产品领域，而传统意义上的经营者则退变为管理者，仅仅负责组织企业的内部作业。创新者通过雇用管理者而实现经营者与管理者的分离。这样，传统意义上的经营管理者、生产者和资本所有者这三类企业参与者离析为知识型企业的四类参与者：创新者、管理者、生产者和资本所有者。

（2）在知识型企业里，货币资本和实物资本的重要性已被知识资本所取代，知识所有者区别于资本所有者和企业管理者，已成为企业中最为重要的力量。因此，在知识经济时代的知识型企业里，劳动（主要是创新性脑力劳动）雇用资本才是最有效率的制度安排，创新者取代资本所有者而成为委托人，和管理者共同分享企业剩余；资本所有者成为债权人，获取相对固定的投资收益；生产者负责生产，获得固定的工资报酬。

2）按知识分配的基本原则

知识经济首先改变的是产业利润的分配规律。在传统的商品经济体制中，企业利润的大小取决于产品的边际利润水平和相应的市场占有率。但知识型企业形成的视窗英特尔主义表明，在知识经济条件下，某些掌握关键技术、其产品已被视为产业内的"无形"标准部件的公司，将占据某一行业内最大利润地盘，而这些公司无须进行最终产品的生产和装配。这预示着知识的重要性使无形资本（如教育与研发）的价值比有形资本增长得更为迅速。

3）按知识分配的制度保证

按知识分配的实质是按要素分配中的能力、贡献分配。按照古典经济学家亚当·斯密的观点，实行按要素分配的前提是建立相应的要素私有权，工资、地租和利润分别是劳动力所有权、土地所有权和资本所有权的权益实现要求。劳动力资本化就是将人的劳动能力转化为资本，使劳动力具有资本的属性。在社会主义市场经济条件下，劳动力资本化包括如下要点：

（1）劳动者能够充分实现劳动力的产权要求，即不仅要实现劳动力的使用权要求，而且要实现劳动力的所有权要求。

（2）劳动力价值应和货币价值与物质资本价值一样能带来剩余价值。

（3）劳动力商品的让渡不仅是作为商品的让渡，而且应类似于借贷资本，是作为资本来让渡的。

（4）一切提高劳动者素质的活动都应视为投资活动。

（5）劳动者价值应在运动中增值。劳动者拥有劳动力像拥有其他物质资本一样，应参与剩余价值的分配。

劳动力资本化是知识分配的制度保障和内在要求。因为只有劳动力资本化，才能完全地实现劳动力所有权的权益要求。在传统的计划经济体制下，劳动者不能自由地支配自己的劳动力，不能实现自己劳动力的产权要求；在资本主义商品经济条件下，劳动者让渡给物质资本所有者的是劳动力的使用权，由此换取相应的市场工资。这里实现的只是劳动力使用权的权益要求。至于劳动力的狭义所有权，仍然不能和借贷资本与土地一样，以利息和地租的形式来实现其所有权的权益要求。因此，只有劳动力资本化，才能使劳动力要素与物质资本要素一样参与企业剩余分配，劳动力所有者不仅能以工资的形式实现其劳动力使用权的权益要求，而且能以利润分享的形式实现其劳动力的所有权要求。

2.4 薪酬公平理论

薪酬公平理论由斯达西·亚当斯（J.Stacey Adams）提出。这一理论认为，决定员工对薪酬认可的往往不是绝对薪酬，而是相对薪酬以及本人对薪酬的认识。如果员工感到不公平，则会影响其工作的努力程度。

1）外部公平

外部公平是指本组织的薪酬水平同其他组织的薪酬水平相比较时具有的竞争力。在考虑组织中薪酬的外部竞争力时，使自己的报酬水平高于竞争对手是吸引和保持最优秀员工为本组织服务的对策之一；低于竞争对手，则可能引发员工流失；等于竞争对手，不能引起员工在本组织与竞争对手之间的流动。这就对应了三种人力资源薪酬水平策略：市场领先策略、市场落后策略、市场跟进策略。

2）内部公平

内部公平是指薪酬水平的内部一致性，即在一个组织内部不同的工作之间、不同的技能水平之间的报酬水平应该互相协调。这意味着组织内部报酬水平的相对高低应该以工作的内容为基础，或者以工作所需要技能的复杂程度为基础，当然也可以是工作内容或技能要求的某种组合，重点是根据各种工作对组织整体实现的相对贡献大小来支付报酬。

3）员工个人公平

员工个人公平是指在对同一个组织中从事相同工作的员工的薪酬进行相互比较时，每个员工得到的薪酬与其各自对组织的贡献相互匹配。组织中员工个人的报酬水平因以下两种因素所产生的相对差异大小应该是合理的：一是员工个人的绩效差异；二是承担相同工作或者掌握相同技能的员工的资历差异。

2.5　薪酬激励理论

2.5.1　内容型激励理论

内容型激励理论研究的重点是工作动机的构成因素。由于该理论的内容大都围绕着如何满足需要进行，故又称需要理论。它主要包括马斯洛的需要层次理论，赫茨伯格的双因素理论，奥德弗的生存、关系、成长理论（ERG 理论），麦克利兰的权力、合群、成就理论（成就需要理论）等。

1）马斯洛的需要层次理论

美国人本主义心理学家马斯洛把人的各种需求归结为五大类（如图 2-4 所示），并按其发生的先后顺序排列成需求等级。

图 2-4　马斯洛的需要层次理论

（1）生理需要。它是人类维持生存最基本、最原始的需求，包括对食物、水、衣服、睡眠和性等的需要。马斯洛认为，只有当这些最基本、最原始的需要被满足到维持生命所必需的程度后，其他需求才能成为新的激励因素。

（2）安全需要。它包括人身及财产的安全、职业保障、老病残时有所保障等。立法、储蓄、保险等社会经济措施均是为了满足安全的需要。

（3）社交需要（爱和归属的需要）。一般人都喜欢在被接受的情况下与人交往，得到友谊、爱情，被多种群体所接纳，这是人类合群性的反应。如果社交需求得不到满足，则会使人产生孤独感和压抑感。

（4）尊重需要。马斯洛认为，一般人都有基于事实给自己以高评价的倾向，并希望得到他人的认可、赏识和尊重。由此产生两方面的追求：一是渴望有实力、有成就、独立而自由；二是渴望得到名誉和声望。尊重需要的满足，使人增强自信心，觉得自己在社会上有地位、有价值、有用武之地、有发展前途。

（5）自我实现需要。自我实现即发挥自己潜能于极限，成就其所能成就的业绩。用马斯洛的理论来说，就是"能成为什么，就必须成为什么"。自我实现需求，是指促使潜能得以最大限度地实现的向往。这种向往可以说是希望自己越来越成为自己所期望的人物，完成与自己能力相称的一切工作。

需要层次之间的内在联系表现在三个方面：（1）需要的五个层次之间相互重叠，当低一级的需要获得"相对"满足之后，追求高一层次的需求就会成为优势需求，并不是低层次需要"完全"满足之后，高一层次需要才成为最重要的。因此，需要层次论这种阶梯式的结构并非一种"有或没有"的理论结构，而是一种预测行为发生"概率"的有用工具。人们在某一时刻可能同时并存好几类需要，只不过各类需要的强度不同而已。（2）需要满足的难易程度与需要层次的高度有关。较低层次的需要偏于物质生活方面，弹性较小，易于追求，并且呈现出周期性特点；较高层次的需要偏于精神生活方面，弹性较大，不易追求与满足，并且没有周期性特点。（3）五个层次的需要程度在某种程度上反映了人类的共同需要，但并不完全适用于每一个体，当然也不乏例外的情况存在。

2）赫茨伯格的双因素理论

传统观念认为，对事物处理得好坏可以引起人们的满意或不满意。美国心理学家赫茨伯格于 20 世纪 50 年代提出别具一格的双因素理论却认为：一类事物当它存在时可以引起满意，当它缺乏时不是引起不满意而是没有满意；另一类事物当它存在时人们并不觉得满意，当它缺乏时则会引起不满意，如表 2-3 所示，前者称为激励因素，后者称为保健因素。这两类因素在管理上的作用各不相同。

表 2-3　　　　　　　　　　　　　赫茨伯格的双因素理论

激励因素	保健因素
监督	与监督者的关系
公司政绩	工作条件
成就	工资
承认	同事关系
工作本身	个人生活
责任	与下属的关系
晋升	
成长	
地位	
保障	

非常满意 ⟵ ⟶ 非常不满意

（1）激励因素。激励是积极地增进，而不仅仅限于维持原状。这些管理措施包括工作本身的挑战性、职业上的成长与发展、工作的责任与权限等。这类措施运用得当，会使员工在能力不断增长的同时，对企业产生持久、充分的工作满意感，从而极大地调动员工的工作积极性。此时，他们对保健因素缺乏所引起的不满往往具有较强的容忍力。激励因素一般以工作内容为中心，或者说工作本身就是一种激励。

（2）保健因素。这类因素像必要的卫生条件一样可以预防疾病，但不能使人们增强体质。这些管理措施包括工作稳定性、工资水平、工作环境、劳动保护与安全条件、领导水平、福利待遇、人际关系等。这类措施如果运用不当，会引起员工不满，甚至怠工；如果运用得当，员工会认为理应如此，但不会感到满意而使生产力增长。它们只能预防怠工引致的损失。保健因素一般与工作的外部环境和条件相关。

（3）双因素理论在管理上的应用。根据双因素理论，企业在管理措施上应当首先满足人们对保健因素的需要，使激励至少维持在零度水平。在此激励基础上，再以工作本身去激发员工的工作动机，使员工产生高度的工作热情并发挥潜能。

双因素的划分是相对的，我们只能说某些因素是偏于保健性的，而另一些因素是偏于激励性的，甚至有些管理措施介于两者之间，究竟发生什么作用，还在于如何运用。

双因素理论应用中的一项重要成果是"工作丰富化"。这是20世纪60年代提出的一项新的劳动组织形式。其目的在于通过提高工作本身的挑战性来激发员工的工作热情。

双因素理论与需要层次理论兼容并蓄。需要层次理论针对需要和动机，双因素理论则针对满足这些需要的目的和诱因。将两者结合起来，保健因素对应于需要层次中的较低层次，激励因素对应于需要层次中的较高层次。两者的对照比较见表2-4。

表2-4　　　　　　　　　　　　　需要层次理论与双因素理论对比表

马斯洛的需要层次理论	对比	赫茨伯格的双因素理论	
生理需要	↔	薪金 个人生活	保健因素
安全需要	↔	工作条件 职位保障 监督的性质	
社交需要	↔	人际关系 公司的文化	
尊重需要	↔	提升 赏识 地位	激励因素
自我实现需要	↔	富有挑战性的艰巨工作 工作的职责 成就	

3）奥德弗的ERG理论

ERG理论是美国耶鲁大学教授克雷顿·奥德弗在大量实验研究的基础上，对马斯洛需要层次理论的简化。奥德弗将人的需要分为三个层次，即生存、相互关系和成长。由于这三个英语单词的首字母分别是E、R、G，因此又叫ERG理论。奥德弗认为，在管理实践中，将员工的需要分为以下三类较为合理、有效：

（1）生存需要。它包括全部的生理需要和物质需要。组织中的报酬、对工作环境和条件的基本要求等，也包括在生存需要中。这一类需要大体上和马斯洛需要层次中的生理需要和安全需要相对应。

（2）相互关系需要。它是指人与人之间的相互关系、联系（或称为社会关系）的需要。这一类需要类似于马斯洛需要层次中部分安全需要、全部社交需要，以及部分尊重需要。

（3）成长需要。它是指一种需要得到提高和发展的内在效应，表现在人不仅要求充分发挥个人潜能，有所作为和成就，还有开发新能力的需要。这一类需要可与马斯洛需要层次中部分尊重需要和整个自我实现需要相对应。

奥德弗认为，各个层次的需要得到的满足越少，则这种需要越为人们所渴望；较低层次的需要越是能够得到较多的满足，对较高层次的需要就越渴望得到满足；如果较高层次的需要一再受挫而得不到满足，人们就会重新追求较低层次需要的满足。例如，成长需要长期受挫，有时也会导致人际关系需要甚至生存需要的急剧上升。因此，ERG 理论不仅提出了需要层次的"满足—上升"趋势，还指出了"挫折—回归"趋势。这一原理更贴近现实中人们行为的特点，也为心理学研究所证实，在管理实践中很有启发意义。

4）麦克利兰的成就需要理论

20 世纪 50 年代初，美国心理学家戴维·麦克利兰从另一角度提出了他的工作激励理论——成就需要理论。他认为在生存需要得到基本满足的前提下，最主要的需要有三种，即权力需要、合群需要和成就需要。

（1）权力需要。它是指影响和控制别人的一种欲望或驱力。权力需要较强的人喜欢"负责"事情，喜欢竞争并且能够取得具有较高社会地位的工作，常常追求影响和控制别人。他们一般表现为健谈、善辩、喜欢提出建议甚至教训人等。麦克利兰认为，相对于其他两类需要（即合群需要和成就需要），权力需要是决定管理者取得成功的最重要因素。有许多研究表明，在一定的组织环境中，尤其在规模较大的企业或者组织机构中，领导人的权力欲是有效管理的必要条件。

（2）合群需要。它是指人们寻求他人的接纳的需要。合群需要强烈的人一般渴望获得他人的赞同，高度服从群体规范、忠实可靠。员工的合群需要对生产效率会产生间接影响。在一个要求与人协作甚至密切配合的工作职位上安排一位具有高度合群需要的人，会大大提高工作效率；而在一个相对独立的工作职位上安排一位合群需要较低的人，则可能更加合适。

（3）成就需要。它是指一个人追求卓越、争取成功的内驱力。成就需要强烈的人会经常考虑个人事业前途及发展问题，经常揣摩如何把事情做好并超过他人，经常想干一些与众不同、独特的事情。他们喜欢那些能发挥其独立解决问题能力的工作环境。他们既敢于冒险，又能以现实的态度对待冒险。麦克利兰认为，一个人成就需要的高低，直接影响着他的进步和发展。一个组织或者国家拥有成就需要的人的多少对其繁荣和兴旺有着重要的影响。

麦克利兰认为，成就需要强烈的人往往具有高度的内在动机，事业心特别强，把个人成就看得比金钱重要，从成就中得到的鼓励超过物质鼓励的作用。只要能为他们提供合适的工作环境，使他们充分发挥自己的能力，他们就会感到莫大的幸福。因此，这种人对企业和国家具有重要的作用。一个企业拥有这样的人越多，其发展就越快，收获也越多。一个国家拥有这样的人越多，就会越兴旺与发达。与马斯洛等研究需要的学者不同，麦克利兰明确地指出，成就需要不是先天的，而是后天的，可以通过教育和培训造就出具有高成就需要的人才。这一观点对管理者极有启发性。作为管理者，固然要尊重员工的目前需要，并设法予以满足，但更重要的是要按照组织目标重塑员工需要。注重成就教育，强化成就动机，培养更多的有成就需要的人，是管理者的一项重要任务。

2.5.2　过程激励理论

过程激励理论着重研究的是从个体动机产生到采取具体行为的心理过程。这类理论试图通过弄清人们对付出努力、取得绩效和奖酬价值的认识，以达到激励的目的。这类理论主要包括弗洛姆的期望理论、洛克的目标理论和斯金纳的强化理论等。

1）弗洛姆的期望理论

期望理论是美国心理学家维克托·弗洛姆在《工作与激励》（1964）一书中提出的一种解释行为激发强度的理论。期望理论的基本思想可用公式表示如下：

$M=V \cdot E$

即：激发力量=效价×期望值

式中，激发力量是指调动一个人的积极性，激发人的内部潜力的程度。效价是指个人对一定目标重要性的评价。期望值是指根据一个人的经验判断一定的行为能够导致某种结果和满足需要的概率。该公式表明，效价越大，期望值越高，行为动机就越强烈。如果效价为零或负值，则表明实现目标对个人毫无意义或给个人增加负担，那么无论实现目标的概率有多高，个人也不会产生追求目标的动机；如果期望值为零，表明个人认为不存在实现目标的可能性，那么无论实现目标有多么重大的意义，个人也同样不会产生追求目标的动机。

效价的大小并没有客观标准，主要取决于个人对它的评价。个人临时需要产生的目标效价是短暂的、浅层的，而对目标效价具有持久影响力的是个人价值观。具有不同价值观的人，对事物的评价会有根本的分歧。

期望值的高低取决于个人对自己的能力和对外在因素造成的可行性大小的评价，如条件是否具备、时机是否成熟等。

为了使激发力量达到最佳值，弗洛姆提出了人的期望模式，如图2-5所示。

$$\boxed{个人努力} \rightarrow \boxed{个人成绩} \rightarrow \boxed{组织奖励} \rightarrow \boxed{个人需要}$$

图2-5　人的期望模式

弗洛姆认为，根据人的期望模式，为了有效地激发人的动机，需要正确处理努力与成绩、成绩与奖励、奖励与个人需要的关系。具体来说，管理者一方面应当使组织目标的重要性为员工所充分认识、自觉认同，并将员工的个人目标与组织目标紧密联系起来；另一方面应当积极地为员工完成组织目标创造条件，同时组织目标的高低要合理确定。

2）洛克的目标理论

目标理论或目标设置理论，最早是由美国马里兰大学心理学教授洛克于1968年提出来的。洛克和他的同事通过大量的实践研究和现场试验，发现大多数激励因素，如奖励、工作评价与反馈、期望、压力等，都是通过目标来影响工作动机的，目标就是引起行为的最直接动机。因此，重视并尽可能设置合理的目标是激励动机的重要内容。

洛克的激励模式表明，绩效即目标的效果，主要由目标的难度和目标的明确性组成。目标的难度是指目标要具有挑战性，必须经过努力才能实现。目标的明确性是指目标必须有明确的指向，即具体性，能精确观察和测量的程度。洛克等人经过大量的研究表明，从激励的效果或工作行为的结果来看，有目标的任务比没有目标的任务要好；有具体目标的任务要比空泛、抽象的目标的任务好；难度较大但能经过努力达到、能被执行者接受的目标的任务要比没有困难、能轻易达到的目标的任务好。也就是说，合适的目标，即具体的、难度较大的而又为员工所接受的目标所具有的激励作用最大。

许多学者认为，遇到难度高或复杂、庞大的目标，应把它分解为若干个阶段性的目标，即子目标。通过子目标的一一实现，并在完成的过程中，通过反馈、监督和完善，最终达到总目标。这是完成艰巨任务的有效方法。

目标理论告诉我们，由于目标是人类行为最直接的调解或决定因素，管理者就要善于利用目标来调节和控制人的行为。在利用目标进行管理的时候，企业应该注意以下几点：

（1）要让全体员工了解组织的目标和个人的具体目标。企业在设置整个组织目标的时候，要对目标进行层层分解。下属每个部门要根据总目标制定部门目标，每个人又要根据部门目标和个人的实际情况形成个人目标。设置目标时，应注意做到具体明确。目标设置要有广大员工的参与；目标要具有挑战性、适当的困难度；还要考虑目标的现实性以及员工的接受程度。

（2）要有一套方法控制目标的实施。这主要是激励员工发挥各自的积极性去实现个人的目标；注意目标过程的反馈，不断地修订和完善目标。

（3）目标效果与奖罚相联系。企业要对照目标定期评定已获得的结果，分析未达到的目标的原因，为下一个目标管理周期创造更好的条件；企业要根据对达到目标效果的评价，采取奖罚措施，激发员工达成目标，增强其工作动机、责任感和义务感。

当然，任何一种理论都不是万能的，目标理论也一样。目标设置本身是一件复杂的工作，有时再仔细、再认真斟酌的目标也难免有疏漏，会出现与实际完全不一致的情况，或者没有相应的配套措施与之衔接。例如，如果目标的设置不公平或难度过大而难于达到，就可能引起员工的不满和挫折感。如果设置的目标难度较高，但又没有相应的质量控制，就容易引起片面追求产量而不顾质量的情况。由于有形的目标，如产量、质量等比其他无形的目标较易设定，因而容易使管理者忽视员工能力和创造性的发挥等长远和无形的目标。

3) 斯金纳的强化理论

强化理论是美国哈佛大学教授斯金纳提出的。1938年，斯金纳出版了《有机体的行为》一书，在巴甫洛夫条件反射理论的基础上，提出了一种新的激励理论，即强化理论。他特别重视环境对行为的影响作用，认为人的行为只是对外部环境刺激所作的反应，是受外部环境刺激所调节和控制的，改变刺激就能改变行为。强化对于人来说，就是通过一种有效的刺激，起到对行为的加强作用。按照强化理论，只要控制行为的后果（奖罚），就可以达到控制和预测人的行为的目的。因此，管理者通过各种强化手段，就能有效地激发员工的积极性。

在管理实践中，常用的强化手段有三种类型，即正强化、负强化和消退强化。这些手段可以单独运用，也可以组合运用。

（1）正强化。这是指对人的某种行为给予肯定和奖赏，以使其重复这种行为。在管理过程中，凡是直接或间接地对组织的发展做出贡献和成绩的人，都必须给予肯定和奖励；否则，就等于良好行为未被组织和社会承认而得不到强化，人的积极性就会消退，良好行为就无法持续下去。强化的形式多种多样，如表扬、赞赏、晋升、提级、授予名誉、授予责任和权力、增加工资、给予奖金和奖品等。

（2）负强化。这是指对人的某种行为给予否定或惩罚，使之减弱或消退，以防止类似的行为再度发生。在管理中，对不符合组织和社会期望的行为进行批评或惩罚，促使不良行为受到削弱或抑制，也间接地加强良好行为的形成和巩固。负强化的措施有批评和惩罚两种：批评有公开批评、直接批评和间接批评；惩罚有警告、记过、降职、减薪、罚款和开除等。

（3）消退强化。这是指管理者对员工的不良行为不予理睬，采取视而不见的态度，让行为者感到自己的行为得不到承认，慢慢地终止该行为。例如，对于那些喜欢打小报告的人，领导者故意不加理会，久而久之，这类人会因自讨没趣而自动放弃这种不良的行为。

2.5.3　综合型激励理论

综合型激励理论是力图将各种激励理论加以归纳，综合利用各种激励理论的观点，从系统的角度解释人的行为激励过程的理论。这种理论主要有勒温的早期综合激励理论、波特-劳勒的综合激励理论和豪斯的综合激励模式等。

1）勒温的早期综合激励理论

最早期的综合激励理论是由心理学家勒温提出来的，他根据场动力论，用函数关系将激励表示为：

B=f（P·E）

式中：B——个人行为的方向和向量；

P——个人的内部动力；

E——环境刺激。

这一公式表明，个人行为的向量取决于个人内部动力和环境刺激的乘积。

这一理论说明，外部刺激是否能成为激励因素，还要看内部动力的强度，两者的乘积才能决定个人的行为方向。

2）波特-劳勒的综合激励理论

内容型和过程型激励理论从各自不同的角度阐述了激励规律。20世纪60年代后期，以波特-劳勒为代表的行为科学家，把一些主要的激励理论兼容，汇合成为一个综合型激励理论模式。这个模式有努力、绩效、能力、环境、认识、奖酬、公平感和满足等多个变量，可以帮助管理者了解员工在工作激励中主要考虑的环节和他们的心理发展过程。此模式的重点是努力，它是指一个人在工作中所用力量的程度。努力是受个人的能力、品性，以及对新承担的角色应起作用的认识所制约的，同时又受到报酬的主观价值与努力取得报酬的可能性影响，在内外激励等多种因素下产生实际绩效，然后根据绩效标准给予奖励，最后得到满足。综合激励模式如图2-6所示。

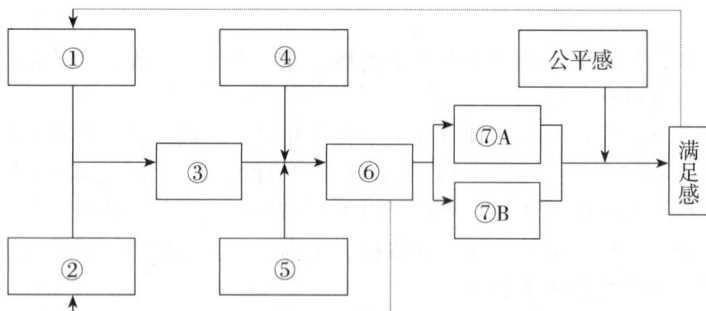

注：①对报酬的主观评价；②努力取得报酬的可能性；③努力程度；④能力与品性；⑤对新承担的角色应起作用的认识；⑥工作绩效；⑦A内在激励；⑦B外在激励。

图2-6　综合激励模式

这一模式表明，先有激励，激励导致努力，努力产生绩效，绩效导致满足。它包括以下主要变量：

（1）努力程度。它是指员工所受到的激励强度和所发挥的力量，取决于员工个人对某项报酬（如工资、奖金、晋升和荣誉等）价值的主观判断和对努力能导致报酬的可能性（概率）的主观估计。报酬价值的大小与它对员工的吸引力之间成正比例的关系，即报酬价值大，对员工的个人吸引力就大；反之，则小。而员工个人每次行为最终得到的满足，又会通过反馈强化员工个人对这种报酬的估价（如图 2-6 中满足感与绩效和报酬之间的虚线所示）。同时，员工个人对努力可能导致报酬的概率的主观估计与员工个人的经历或经验密切相关。每一次的工作绩效也会通过反馈强化员工个人对成功可能性的估计（如图 2-6 中绩效与期望值之间的虚线所示）。

（2）工作绩效。它不仅取决于个人的努力程度，而且有赖于一个人的能力和素质，以及对自己所承担角色的理解程度和客观条件。所谓对角色的理解程度，就是它对自己所承担的责任、所努力的方向和目标的明确程度。责任明确，努力就会有正确的方向和目标，也就能取得较大的绩效；相反，绩效就较差。

（3）报酬。它包括内在报酬和外在报酬两种。它们和主观上感受的公平感一起影响着个人的满意感。一般而言，内在报酬更能带来真正的满足，并与工作绩效密切相关。此外，公平感也受个人对工作绩效自我评价的影响。

（4）满足感。它是指个人实现某项预期目标或完成某预定任务时所体验到的满足感。它依赖于所获得的报酬同所期望获得结果的一致性。期望小于结果，会产生失望；期望等于结果，会获得满足。

这一激励模式表明，管理者要使员工在工作中获得好成绩，首先要对他们的工作动机进行激励，也就是让员工感受到经过努力会获得足够的效价和高的期望值，以此激发他们的工作热情和积极性。然后，管理者根据员工的工作绩效实施奖罚，奖罚是否公平合理，会反过来影响员工的满足程度。而员工的满足程度又可以变成新的刺激，促使他们去努力工作，以获得新的绩效。如此循环往复，以至无穷。由此可见，员工的工作行为是受各种因素综合激励的结果。这一理论有利于管理者从总体上把握员工工作动机以及员工行为产生和变化的原因，对管理实践也有启发作用。

波特-劳勒的激励理论提出了对现代企业管理包括员工薪酬管理有价值的建议：

（1）管理者要善于发现员工对奖赏和绩效的不同反应，因为每个员工对奖赏的理解和要求都是不同的，并且是变化的；同时，员工也需要了解管理者需要他们做什么，知道绩效的内涵。

（2）通过激励模型向管理者表明：激励不仅仅取决于期望，还取决于关联性，即管理者制定的绩效水平必须在员工认为可达到的范围和水平之内，是经过努力可以达到的，或者必须达到的；否则，绩效与努力之间的差距过大，员工也就失去了信心，起不到激励作用。

（3）把员工希望的成果与管理者希望的绩效联系起来。如果员工已经达到了绩效水平，并且他希望某些需要，如加薪、晋升等得到满足，管理者就应该了解和帮助他实现这一愿望，这样就对员工产生很好的激励；否则，会损害员工的积极性。一些管理者之所以不能将两者结合起来，主要是因为他们不了解员工的行为，往往以自己的感觉代替员工的感觉。

3）豪斯的综合激励模式

美国学者罗伯特·豪斯提出了综合激励模式，也称激励力量，与波特-劳勒的激励模式一样，也是在期望理论的基础上产生的。他试图把内、外激励因素都归纳进去，以综合和完善期望理论。其激励公式表示为：

激励力量=内在激励+完成激励+结果激励

　　某项工作任务的激励力量等于该项任务所提供的内在报酬效价、完成任务内在的期望值和内在效价、任务完成而获得外在薪酬的期望值和外在薪酬的效价三部分之和。

　　在上述公式的三个组成部分中，第一部分纯属内部激励；第二部分以内部激励为主，着眼于任务本身的效价及完成任务的重要意义；第三部分则以完成任务为前提，是任务完成后导致的可能性和效价，主要是外在薪酬带来的激励力量。三部分激励力量各自发挥自己的作用，相辅相成，相得益彰，但并非缺一不可。

2.5.4　激励与薪酬

　　尽管薪酬不是激励员工的唯一手段，也不是最好的办法，但却是一个非常重要，最易被人运用的方法。薪酬总额相同，支付方式不同，也会取得不同的效果。所以，实现薪酬效能最大化是一门值得探讨的艺术。

　　（1）可以在薪酬构成上增强激励性因素。根据双因素理论，从对员工的激励角度上讲，可以将广义的薪酬激励分为两类：一类是保健性因素，如工资、固定津贴、社会强制性福利、公司内部统一的福利项目等；另一类是激励性因素，如奖金、物质奖励、股份、培训等。如果保健性因素达不到员工期望，会使员工感到不安全，出现士气下降、人员流失甚至招聘不到人员等现象。另外，尽管高额工资和多种福利项目能够吸引员工加入并留住员工，但这些常常被员工视为应得的待遇，难以起到激励作用。真正能够调动员工工作热情的是激励性因素。如果一个组织中员工的热情不高、比较懒散，想加大激励力度，可以采用高弹性的薪酬模式，比如采用模糊的季度奖金；相反，如果是一个因品牌弱小导致招聘困难的新兴公司，可以采用高且稳定的薪酬模式，增加薪酬中的固定成分，让员工有安全感。

　　（2）运用具有激励性的计酬方式。计酬方式通常包括按时计酬、按件计酬、按绩效计酬等。最缺乏激励效果的是按时计酬，其激励作用只是体现在每年调薪前后的一段时间，很难持久。但它也有明显的优点：收入稳定，给员工以安全感，便于留人和招聘；实施方便；劳动力成本易于预测；不会因为强调产出数量而忽视质量。计件薪酬对员工的激励作用十分明显，但它仅适用于产出数量容易计量、质量标准明晰的工作，不适用于对管理层工作的考核。在实际工作中，尤其是IT行业，最通常采用的是按时计酬与按绩效计酬相结合。它需要事先设定具体的工作目标（指示），考核期结束时或项目完成后根据实际工作业绩的评估结果，计算浮动工资或提取佣金。业绩工资由团队业绩和个人业绩两部分所决定。对于高级职位，企业利润作为最重要业绩指标而与薪酬挂钩，因此更具激励性和公平性，但是这种方法需要有合理的目标设定方法和良好的绩效考评系统作支持。对于高科技公司里的研发人员，根据项目管理法则，可以按研发项目中的若干关键阶段设置多个"里程碑"，对按件完成者实行奖励，而不是按工作时间行赏。另外，可将研发人员的部分薪酬与产品的销售状况挂钩，增加加薪机会，使薪酬支付更加灵敏地体现员工的业绩。

　　（3）薪酬激励远不只是支付多少货币工资的问题，而是一个细分为外在薪酬和内在薪酬的完整体系。外在薪酬通常分为直接薪酬、间接薪酬和非财务性薪酬。直接薪酬的内容有基本工资、加班及假日津贴、绩效工资、利润分享、股票期权；间接薪酬的内容有保健计划、非工作时间的给付、服务及额外津贴等；非财务性薪酬的内容甚至包括较怡人的办公室装潢、较宽裕的午餐时间、特定的停车位、较喜欢的工作安排、业务用名片及动听的头衔等。内在薪酬包括参与决策、担负较大的责任、个人成长机会、较大的工作自由及裁定权、较有趣的工作、活动的多元化等内容。

　　著名咨询公司盖洛普的统计研究结果也证实了这个观点。调查表明，世界500强企业中有 11 家长盛不衰，但这 11 家企业的平均薪酬不是最高的，充其量是中等偏上的水平。分析认为，这些公司长盛不衰的原因在于，企业的高层人员普遍有关注人才的意识，甚至关注每个员工的需求和特点。成功的人才开发不仅关注薪酬和职位，还关注学习成长。也就是说，不仅要加强有市场竞争力的货币薪酬体系的建设，更要加大培训教育等非货币激励的力度。

改革开放以来，我国尽管在经济体制和所有制问题上实现了许多重大的理论创新，但在分配理论方面却始终没有实质性的突破。在分配制度改革和创新过程中：一方面，我们应当坚持而不是背离马克思按劳分配理论所阐述的社会主义分配制度的本质特征；另一方面，我们应当扬弃而不是固守马克思按劳分配理论所设想的社会主义分配制度的具体形式。总的来说，我们应当在马克思按劳分配理论指导下，根据我国现阶段的基本国情和客观要求实现我国社会主义分配的理论创新与制度创新。

本章小结

薪酬决定理论是关于怎样以科学的依据和方法来合理确定工资水平的理论，主要包括生存工资理论、工资基金理论、最低工资理论、边际生产力工资理论、供求均衡工资理论、集体谈判工资理论、效率工资理论、分享经济工资理论等。

生存工资理论，是指按维持劳动者生计的水平来确定工资的理论。生存工资理论认为工资是由维持劳动者生活所必需的生活资料的价值决定的。

工资基金理论认为，劳动者的工资取决于资本中扣除用于补偿机器设备消耗、购买原材料等生产资料耗费和利润之后的剩余与劳动者数量的多少。劳动者的工资水平就是由这两个因素的比率决定的。

最低工资理论认为，工资和其他商品一样，有一个自然的价值水平，即最低生活资料的价值；工资水平就是维持工人生活所必需的生活水平。如果低于该水平，工人的最低生活将无法维持，资本家也就失去了继续生产财富的基础。

边际生产力理论认为，工资取决于边际生产力，边际生产力理论既可以为企业确定薪酬量提供一个理论上的标准，又可以在考虑各种生产要素之间的替代关系时，为企业寻找较少投入的生产要素组合，对企业具有十分重要的意义。

供求均衡工资理论认为，工资水平取决于需求和供给两个方面。工资就是劳动生产要素的均衡价格，是劳动需求与劳动供给的均衡点。

集体谈判工资理论认为，劳动者的工资水平取决于劳资双方在工资谈判中的交涉力量。

效率工资理论将工资视为促进生产率提高的手段，认为支付给员工高于市场出清水平的工资将有利于提高工人的劳动生产率。

分享经济工资理论认为，劳资双方应该按照一定的比例共享利润、共担风险，从而有效抵制失业与通货膨胀，避免滞胀现象的产生。

薪酬差别理论是研究劳动力市场上薪酬差别的理论，主要包括职业薪酬差别理论、经济租金理论、人力资本理论等。

职业薪酬差别理论是从职业的角度出发，探讨薪酬差别的理论。职业薪酬差别理论认为，不同的工作岗位、不同的职业，要求劳动者的素质和劳动量的付出不同，对于那些使劳动者不愉快、学习成本高、不安全且有风险、责任重大和失败率高的职业，应支付高工资。

经济租金理论是研究劳动者获得的超过劳动机会成本收入的理论，有助于解释具有一定技术等级的劳动力的市场价值形成过程。

人力资本理论认为，人力资本是经过投资形成的，凝结在人身上的知识、技能、健康等要素及其所表现出来的劳动能力。人力资本可以通过普通教育投资、卫生保健投资、在职培训投资、人力迁移投资等形成，同时其供给严重不足。拥有更高人力资本价值量、供给更为稀缺的劳动者，获得工资水平也就越高。人力资本工资理论从资本的角度科学地解释了劳动者之间的工资差别。

马克思按劳分配理论是指在共产主义社会的第一阶段即社会主义社会，社会主义分配方式的具体形式是按劳分配，即以劳动作为唯一尺度进行个人消费品分配。

知识资本分配论是指在知识经济时代的知识型企业里，劳动（主要是创新性脑力劳动）雇用资本才是最有效率的制度安排，创新者取代资本所有者而成为委托人，和管理者共同分享企业剩余；资本所有者成为债权人，获取相对固定的投资收益；生产者负责生产，获得固定的工资报酬。

薪酬公平理论认为，决定员工对薪酬认可的往往不是绝对薪酬，而是相对薪酬以及本人对薪酬的认识。如果员工感到不公平，则会影响其工作的努力程度。薪酬公平理论主要包括外部公平、内部公平和员工个人公平。

内容型激励理论研究的重点是工作动机的构成因素。由于该理论的内容大都围绕着如何满足需要进行，故又称需要理论。它主要包括马斯洛的需要层次理论、赫茨伯格的双因素理论、奥德弗的 ERG 理论、麦克利兰的成就需要理论等。

过程激励理论着重研究的是从个体动机产生到采取具体行为的心理过程。这类理论试图通过弄清人们对付出努力、取得绩效和奖酬价值的认识，以达到激励的目的。这类理论主要包括弗洛姆的期望理论、洛克的目标理论和斯金纳的强化理论等。

综合型激励理论是力图将各种激励理论加以归纳，综合利用各种激励理论的观点，从系统的角度解释人的行为激励过程的理论。这种理论主要有勒温的早期综合激励理论、波特-劳勒的综合激励理论和豪斯的综合激励模式等。

本章案例

格力公司的薪酬管理

格力集团是珠海市国资委监管的珠海市属国有企业，格力电器是珠海格力集团有限公司的下属控股子公司。董明珠是格力集团派驻格力电器的董事长，对格力电器实行监管，对母公司格力集团负责。

我们这里所说的格力指的是格力电器。与一些民营控股企业相比，格力电器因是国有控股企业，其薪酬政策和薪酬模式有一定的限制，因此格力在薪酬制度及体系上需要更多科学而合理的安排，董明珠也需要使出更多招数，来稳定公司的人才队伍。

1. 科学制定薪酬政策

格力公司采用固定工资与浮动绩效工资相结合的薪酬机制，综合考虑员工的岗位性质、工作成果、工作地域、技术难度等，按时为员工核定并发放薪酬。同时，员工的薪酬政策会根据宏观经济环境、行业发展趋势、公司战略方向等作动态调整。

针对专业技术员工群体，公司建立起适用于自身发展的专业技术等级评定体系，并于2018年正式向集团化铺开，标志着格力电器员工职业发展通道的全面打通。当前，公司共设计出100余条员工职业发展通道，并成功完成任职资格标准体系、培养体系、评定体系及激励体系的全流程体系搭建，实现评定工作常态化运行。2018年，格力电器全集团获评等级员工共计13 000余人，并实现评定结果在薪资方面的应用，进一步优化基于员工能力的薪资调整机制，全方位激发员工能力提升，更为人才甄别及发展保驾护航。

公司为进一步拓宽员工职业发展通道，促进人才梯队的建设，按照不同关键领域员工群体，搭建基于员工能力、业绩双提升的职业发展通道：针对专业技术类员工，积极引导员工不断提高专业技术水平，围绕员工关键行为、绩效表现、工作能力、工作经验等内容构建专业技术等级评定体系；针对技能型员工，完备技术工种人才储备机制，建立技能工等级评定体系，不断提高技能工专业技能素质。同时，公司将评定结果应用于薪酬等各项人事决策当中，进一步优化基于员工能力的薪资调整机制，全方位激发员工能力提升，形成动态、长效的激励和发展机制。

2.提供有竞争力的薪酬

格力电器的工资水平一直高于行业的平均薪酬水平，早在2010年，格力电器一线工人年薪便达到了5万元，员工年终奖发放标准也随公司发展而逐年提升。2013年，珠三角收入较高的初级工程师平均年薪仅5万元时，格力电器的人均薪酬已经达到5.6万元。根据格力2018年年报，公司将近9万名员工的平均职工薪酬（包含了短期薪酬、离职后福利、辞退福利和其他长期职工福利等内容）达到了9.6万元/年，虽然这并不完全都是员工到手的收入。而2018年广东制造业非私营单位就业人员的平均工资才74 030元。

3.提升员工的幸福感

格力自主创新，需要有梦想、有情怀的人才。董明珠表示，"当然也不会让他们喝稀饭、住茅屋"，格力努力给员工创造良好的工作和生活环境。

公司为员工购买养老、医疗、失业、工伤、生育等保险，并提供丰富的诸如免费上下班班车、免费午餐、节假日慰问金、中晚班津贴、工龄津贴、保健津贴、夏季高温津贴、特殊工种津贴，在职员工学历教育的费用报销和其他丰富的员工培训等各种福利。

在整个家电行业盈利能力持续下降的背景下，格力电器宣布将为员工平均加薪10%。格力宣称，提出为员工平均加薪不低于10%的计划并非应对通货膨胀的暂行举措，而是格力长期以来关注员工生活，让员工分享发展成果有计划、有步骤的行动，加薪是对员工价值的尊重。

格力2017年加薪的通知非常简单，《关于公司全员每人每月加薪1 000元的通知》内容显示："从2016年12月起，在现有月工资的基础上，格力电器将对入职满3个月的全体员工（特殊议薪人员除外），每人每月加薪1 000元。对这项制度，格力员工拍手称快，但有人质疑这就是一项没有明确区分绩效高低的薪酬战略制度，不利于对员工的激励。

2019年年初，格力又根据不同岗位对员工给予薪资调整，平均加薪超过1 000元。这次，格力加薪在具体执行方案上有了一些变化。针对不同类型的岗位，格力采取加薪的标准也不一样。比如：技术岗位按照等级评定结果来加薪；管理岗位按照绩效和工作表现来加薪。这样的安排更能产生激励效果，也更加公平合理。

董明珠曾经表示，不要等员工要求涨工资，要主动加工资，超越员工的期望。一个企业的责任，是应该主动地给自己的员工与其工作付出相匹配的工资待遇，这是企业主观上就要做的一件事，不能因为企业成本上升就挤压劳动力成本，以此来应对市场竞争。

此外，格力电器还努力为员工营造舒适的生活环境，让员工无后顾之忧。比如，格力先后斥资6亿元建设康乐园，为员工提供稳定充裕的生活环境。2018年8月，格力投资20亿元的"格力明珠广场"人才公寓正式奠基，力求员工与公司同进步、共发展，稳步推进"格力员工一人一套房"工程。同年9月，格力学校落成开学，公司积极利用政府学位政策，解决公司技术研发人员、管理骨干、双职工等群体子女入学需求，为员工解决后顾之忧，有效提升员工幸福感和满意度。

4.高管工资从低到高

董明珠2016年的税前薪酬为619万元，常务副总裁为434万元，其他副总裁薪酬在200万元左右。这些薪酬当然比普通大众高很多，但对一家年收入上千亿、净利润百亿的公司高管来讲，这种薪酬水平是偏低的。

2017年，董明珠的税前薪酬上升到了702万元，2018年更是暴涨到了960万元，同比增加了36.8%，一下子就让董明珠在国内家电董事长的薪酬榜中排到了第一。

格力公司在薪酬管理上，制定科学而合理的薪酬政策，采用有竞争力的薪酬水平策略，并努力通过给予员工各种不同形式的报酬来提升他们的获得感和幸福感，这些薪酬管理措施值得我们企业的管理者好好学习与研究。

但从另一个方面来讲，我们知道格力正在走自己的多元化之路，但效果似乎并不太理想，从薪酬管理的角度来讲，如何采取更为匹配的薪酬模式以促进格力战略目标的实现，应该是决策者们思考的问题。

资料来源 HRsee.格力的薪酬管理案例［EB/OL］.［2020-04-26］. http://www.hrsee.com/? id=1418.

思考题：格力公司在薪酬管理方面体现了哪些薪酬理论？

复习思考题

1.生存工资理论的基本观点是什么？

2.什么是劳动的边际生产力递减规律？它的基本假设是什么？

3.人力资本理论的基本观点是什么？

4.公平理论对于薪酬设计有何启示？

5.简述薪酬与激励的关系。

第 3 章

薪酬战略

通过本章的学习，理解战略的概念和特征，了解战略理论的主要流派，知道薪酬战略的重要影响因素，对战略性薪酬管理设计的基本步骤有清晰的认识；对薪酬战略与人才战略、公司战略、国家文化战略的匹配以及与竞争战略的匹配和整合模型有清晰的认识。

3.1　战略性薪酬管理的提出

3.1.1　战略的概念和特征

关于战略的定义，不同流派有着不同的定义。"战略"一词最早可以追溯到历史上的战争和军事活动，指军事上的谋略、指挥军队的艺术。随着时代的发展，战略的思维方式被广泛地应用于政治、经济、社会、生活的各个方面。

根据我们的归纳，在众多的战略定义流派中主要有以下四类不同的定义。

1）战略是组织的长远规划

阿尔弗雷德·D.钱德勒（Alfred D .Chandler）在《战略和结构》中指出：战略是企业长期基本目标的决定，以及为贯彻这些目标所必须采纳的行动方针和资源配备。

H.格尔·安索夫（H.Igor Ansoff）认为：公司战略就是依据组织所拥有的资源勾画出组织未来的发展方向，战略构造是一个有控制、有意识的正式计划过程。

詹姆斯·布雷恩·奎因在《应变战略：逻辑增殖主义》中提到：战略就是将组织的主要目标、政策和行动过程整合为一个整体的方案或计划。一贯明确的战略将有助于组织根据自己的相对优势和劣势、预期的环境变动、竞争对手的情况等来规划和配置资源。

2）战略是差异化的选择

美国著名的战略专家迈克尔·波特在《什么是战略》一文中指出："战略就是差异化的选择。"

波士顿咨询顾问公司的布鲁斯·D.亨德森（Bruce D.Henderson）认为："任何想要长期生存的竞争者，都必须通过差异化而形成压倒所有其他竞争者的独特优势；努力维持这种差异化，正是企业长期战略的精髓所在。"

3）战略是影响绩效改进的策略

罗伯特·D.巴泽尔在《战略与绩效——PIMS原则》中对战略的定义是："战略是所有对绩效有显著影响的策略和关键决策。"

4）战略是一种价值创造的方式

大卫·J.科利斯等人在《公司战略》中指出："公司战略就是公司通过协调、配置或构造其在多个市场上的活动来创造价值的方式。"

尽管人们从不同的角度对战略做出定义，但通常来说，也需要把握和认识战略的一些基本特征。首先，战略是长期的，是组织在长期内的发展目标和前进方向。长期的概念对不同的组织有着不同的表述，如对新兴行业长期的定义可能很短，可能1年的规划就已经算长期。但对传统制造工业可能5~8年的规划算是长期。因此，要针对不同的行业制定专属于符合本行业相对水平的长期规划。尽管对长期有着不同的理解，但长期的思考和决策是战略的基本属性。其次，战略影响组织整体利益，因此战略不仅是人们对未来长期美好愿望的一种愿景描绘，更是一种在资源配置约束下目标和行为的选择，即战略的形成是组织、团队合作的力量，在目标形成和努力的过程中可能会牺牲部分个人的利益，这就需要组织进行内部的协调以确保战略的成功运行。

因此，我们认为，战略是组织在有限的资源约束条件下，对有利于组织长期生存和发展的外部竞争策略和内部管理优化的组合制定策略的选择。对外而言，战略是确定实施行业选择、产品业务选择、定位和关键竞争方式的方法；对内而言，战略是选择实施企业最优经营管理的方法。战略的最终目标是组织在长期内制定的能够在有限的时期内对既定的资源获取最大的利润回报。

3.1.2 战略理论的主要流派

战略问题可谓博大精深，国内外许多学者从不同角度对战略管理进行了研究，形成了不同的流派。1938年，管理学家巴纳德出版的《经理的职能》一书曾在对影响企业经营的各种因素分析中提出了战略因素的构想，被认为是企业经营战略研究的最早表述。1965年，美国学者安索夫出版了第一本有关战略研究的著作《企业战略》。在研究多元化经营企业的基础上提出了"战略四要素"学说，即战略的构成要素包括产品与市场范围、增长向量、协同效应和竞争优势。此后，很多学者投入到企业战略理论的研究中，形成了百家争鸣的战略学派。明茨伯格等人在《战略历程——纵览战略管理流派》中将20世纪60年代以来的主要战略管理研究分为10个学派：设计学派、计划学派、定位学派、企业家学派、认知学派、学习学派、权力学派、文化学派、环境学派和结构学派。

1）设计学派

1962年，钱德勒在所著的《战略与结构》一书中曾指出，企业的经营战略和组织结构要随着环境的变化而变化，即所谓的"战略决定结构，结构追随战略"。安得鲁斯认为，战略的形成过程实际上是把企业内部条件因素与企业外部条件因素相结合，能够使企业内部的优势与劣势和企业外部的机会与威胁相协调，由此建立了SWOT矩阵模型。总之，设计学派的主要观点是：战略的形成既不是一个直觉思维的过程，也不是规范分析的过程，而是一个由企业高层管理者负责进行的精心设计的清晰简明、易于理解的过程。

2）计划学派

计划学派即安索夫提出的战略四要素：产品与市场范围、增长向量、协同效应和竞争优势。计划学派认为战略的形成是一个受到控制的、有意识的、规范化的过程，原则上主要由高层领导承担整个过程的责任，但在实践中由计划人员负责实施。因此，企业战略应当详细具体，包括企业目标、资金预算等实施计划，以保证企业战略的顺利实施。

3）定位学派

定位学派是历史上最悠久的战略学派，最早甚至可以追溯到2 000年前记录军事战斗中如何选择有利地形等。而在国内的最早著作可以追溯到公元前400年前的《孙子兵法》。将定位学派的观点发展到极致的代表人物是美国著名的战略学专家迈克尔·波特教授。他明确提出企业要将战略与所处的环境相联系，即企业经营最直接的环境——行业。而每个行业的结构又决定了企业的竞争范围，从而决定企业潜在的利润水平。因此，波特开发了分析企业所处行业状况和企业在行业中的竞争地位模型，即五要素分析模型，认为行业的竞争状态和盈利能力取决于五种基本的竞争力量之间的相互作用，即进入者的威胁、替代品的威胁、买方讨价还价的能力、厂商讨价还价的能力和现有竞争对手的竞争。此后，波特还总结了赢得竞争优势的三种基本策略：成本领先策略、差异化策略和集中化策略，以及公司地位和行业吸引力分析矩阵、价值链分析等。

4）企业家学派

企业家学派的研究重点是高层管理者，提出战略的形成是一个直觉思维、寻找灵感的过程，强调与生俱来的心理状态和过程，如应用到直觉、智慧、经验、判断和洞察力。战略集中于企业家对组织发展过程中对未来远景的描绘。但企业家学派往往运用暗喻的方式来阐述其观点，认为企业战略应该关注企业的产生、生存与发展以及企业在竞争力量主导下的转变。因此企业家学派认为，企业需要一个有创新意识的领导，能够深思熟虑、随机应变，亲自进行战略的实施和控制，同时也要依赖于直觉艺术的发挥。

5）认知学派

认知学派关注战略是如何产生的，关注战略的形成过程，应用到部分心理学的知识，即战略的形成是基于处理信息、获得知识和建立概念的认知过程。获得并建立概念的认知过程是战略产生最直接的影响因素。而后发展的认知学派的另一观点认为：认知是通过对企业组织的内外环境、条件的理解，以其所掌握的方法和手段构造具有建设性的解释功能的战略。

6）学习学派

学习学派将战略的形成看成一个应急的过程。这一学派的学者们将研究的重点放在不可预测的环境因素约束下战略的形成。因为组织外部环境的变化是不可预测的，组织本身也存在一定的适应性，因此一些通过严格程序制定的战略不一定会实现，而一些未经正式程序制定的权变战略却能够得到有效的实施。由此形成的学习学派更关注于通过渐进的学习，在自然选择下形成的战略。这一学派的代表人物有查尔斯·林德布鲁姆、詹姆斯·布莱恩·奎因、博格曼等。

7）权力学派

权力学派认为权力是战略形成过程中的基础，战略是需要进行协商的过程，因此将战略看成一个组织内部各权力派别之间相互进行政治斗争的结果。在企业战略的制定过程中，既要考虑经济因素的影响，又要考虑政治因素的影响。从宏观层面和微观层面可以将权力学派分成两种观点：宏观层面将组织看成一个不可分割的整体，组织可以运用其力量作用于与之相关的利益团体或利益相关者，如竞争者、合作者及涉及企业其他战略利益关系的网络群体等。微观层面将组织看成进行一种实质性的政治活动，即组织内部各权力派别包括正式的利益团体和非正式的利益团体运用权力相互施加影响进行合作与斗争，最后能够在各权力派别中达成一致的过程。

8）文化学派

文化学派关注企业文化在企业战略中的影响作用，强调战略的形成是一个集体思维的过程。企业战略根植于企业文化及背后的社会价值观念，是一个将企业组织中各种有益的因素进行整合，发挥作用的过程。企业文化对企业长期生存发展具有领导和指引的作用不容忽视，它能够使企业在激烈的市场竞争中立于不败之地，获得强大的竞争优势。而如今，企业文化的重要作用也被众多的企业所熟悉和理解，并很好地运用激励手段规范企业的员工，培养其核心价值观，形成强大的凝聚力和顽强的企业生命力。因此，企业文化早已不再陌生，由于企业文化对企业的日渐渗透，人们对加强、规范企业文化及企业文化的再定位也越来越重视。

9）环境学派

环境学派关注环境的影响作用，将战略看成一个反映的过程。环境学派强调企业在所处的环境中如何获得生存与发展，企业组织战略的制定如何关注环境因素的作用等。这一学派分为两种不同的理论观点：一种是"规制理论"，强调企业必须考虑环境的变化而制定企业战略，由于企业所处的环境是企业所难以把握和控制的，因此企业战略的制定必须充分考虑到环境的变化并完全掌握环境变化的特点；另一种是"权变理论"，侧重于企业要在特定的环境条件下，在既定的有限约束条件下进行战略选择。

10）结构学派

结构学派的观点分为两个方面：一方面把组织和组织周围的环境状态描述为"结构"，另一方面把战略的形成过程描述为"转变"。强调战略是一种转变过程，战略的制定是从一种状态到另一种状态的飞跃过程。因此，结构学派把组织看成一种结构，是由一系列行为和特征组成的有机体。而把战略的制定看成一种整合，是由各种学派的观点综合形成的体系。

此外，在明茨伯格总结出十大流派后，相继又发展了两种具有代表性的学派——核心能力学派和战略资源学派。核心能力学派是将战略看成一种识别、开发和利用核心能力的过程。核心能力学派强调，现代市场竞争是核心能力的竞争，企业经营能否成功不再取决于企业的产品、市场结构，而取决于企业对市场周围、企业外部环境变化的反应速度，即能对市场趋势的预测和对客户需求变化的快速反应能力。战略资源学派专注于企业资源的研究，强调企业战略的重点是培育企业独特的战略资源，以及最大限度地优化配置这种资源。在实际中，各个企业的资源和能力不相同，因此这种差异化就会形成企业竞争优势的来源。1990年，普哈拉哈德和哈默尔在《哈佛商业评论》上发表了《企业核心能力》一文，在对世界优秀公司的经验进行研究的基础上提出竞争优势的真正来源在于"管理层将公司范围内的技术和生产能力整合成使各业务都可以迅速适应变化的能力"。因此，战略资源学派认为，每个组织都是独特的资源和能力的结合体，这一结合体构成了企业竞争战略的基础。企业竞争战略的选择必须最大限度地培育和发展企业的战略资源，而战略管理的主要作用是培育和发展核心能力。能否将核心能力培育和发展成独特的，不容易被模仿、替代和占有的战略资源决定了企业竞争力的强弱。

战略管理的基本问题是如何获得并保持竞争优势，近20年来，战略管理理论发展的历程是与企业寻求如何保持竞争优势的过程相联系的。战略管理的理论经历了从重视战略制定过程到重视战略内容本身，从重视企业外部环境到重视企业内部资源，从被动适应环境到主动培育企业资源与能力的转变。但众多的流派都可以归纳为两类，即从内部和外部划分。一类是从资源、能力、结构、计划、设计等角度分析内部策略，强调组织内部经营管理的计划和调整以及企业内部资源和能力的培养发展。另一类侧重分析外部，强调市场竞争和环境因素对战略制定的影响。而薪酬管理能够站在战略角度上审视企业内部和外部将会给企业带来的竞争优势，它不仅是人力资源管理的重要组成部分，更是企业吸引、保留人才，提高人力资本存量的有效手段，同时也是实现组织战略的重要手段。因此，了解战略理论的不同流派，分析比较不同流派的观点，吸取对企业发展有效的信息，整合并合理有效运用对企业的发展是很有帮助的。

3.1.3 战略性薪酬管理的提出背景及内涵

1）战略性薪酬管理的提出

我国企业的薪酬管理经历了三个阶段：计划经济体制下的薪酬管理、由计划向市场经济体制过渡阶段的薪酬管理、面对全球化竞争市场下的薪酬管理。

在计划经济体制下，我国政企不分，企业的目标只是机械地完成政府下达的指令性目标，企业没有完整的人事管理自主权，由于计划分配和政府调控，企业的薪酬管理还只是由政府进行集权管制，只能被动地接受并执行政府的指令性政策。因此，这一阶段的薪酬管理可以说是基本不存在。

在由计划经济体制向市场经济体制转变的过程中，为了建立和完善市场经济，国家鼓励企业走进市场，成为市场的主体。政府下放一定的企业自主权，其中包括薪酬管理的职能，即政府允许企业制定自己的薪酬制度。但在这一过渡阶段，企业更多的是逐渐摆脱计划经济体制的痕迹和影响，探索建立适应本企业规范的薪酬制度框架。这一阶段更多的是探索和尝试，当然大多数的企业还处于接受计划体制下的安排或者持观望态度，部分探索的企业也没能从战略的角度设计薪酬问题。

在全球化变革浪潮影响下，面对激烈的市场竞争和复杂的外部环境，越来越多的企业考虑到如何吸引、保留和激励员工，如何培养企业核心员工的忠诚度，如何保持企业鲜活的竞争力。在这种背景下，企业的薪酬管理正在经历着一次蜕变，即从单纯强调技术、工具和流程的应用到薪酬要与经营环境、组织目标和价值观的匹配相协调的巨大转变。越来越多的研究学者和咨询专家关注于有关组织战略和薪酬战略的一致性研究和薪酬管理体系设计要随着外部经营环境变化而进行再设计的权变性研究，目前更多的企业开始运用战略驱动的整体薪酬方案，即将薪酬体系与公司战略和业务单元的经营战略结合起来，使薪酬战略能够有效地辅助人力资源管理各项活动的顺利实施。

海氏管理咨询公司认为："当迈进21世纪时，如何将薪酬管理与企业战略结合起来，通过薪酬体系来支撑组织战略，是组织在薪酬管理方面所遇到的最大挑战。"美世人力资源咨询公司认为未来薪酬管理发展的趋势是："以前企业在薪酬管理中比较注重定性化的管理，现在则注重定量化的衡量；以前是把自身企业的薪酬水平和最佳企业标杆作比较，现在则考虑怎样把薪酬与企业的内在需求、战略要求和文化要求相匹配。"

2）薪酬战略的内涵

米尔科维奇指出，薪酬必须支持企业的经营战略，战略视角的薪酬要关注那些能帮助组织获取和维持竞争优势的薪酬选择。戈麦斯等人认为，薪酬战略是能对组织绩效和人力资源利用的有效性产生影响的关于薪酬决策的选择。这些薪酬决策能适应组织面临的内外部环境，能引导各个部门和员工为实现组织的战略目标而努力。薪酬战略的核心是通过一系列薪酬选择帮助组织赢得并保持竞争优势。薪酬方案的成功与否取决于这种方案与当时组织的权变因素是否相符。

薪酬战略和战略薪酬这两个概念经常出现在薪酬管理的文献和教科书中，关于二者的异同也存在不同的观点。一种普遍的观点认为，无论是薪酬战略还是战略薪酬，其目的都是强调薪酬管理的战略意义，都是突出薪酬管理必须与企业长期的目标和行为保持一致，因此，两个概念在内涵和本质上是一致的。结合本章内容看，我们主要是为了强调如何从战略高度看待组织的薪酬问题，如何实现薪酬体系对组织战略的支持作用，因此，我们认为这两个概念的意义是一致的。

3）薪酬战略的特征

（1）与企业总体发展战略相匹配

薪酬战略作为企业总体战略系统的一个子战略，必须与企业总体发展战略的方向、目标相一致，必须体现和反映企业的发展模式与趋势，贯穿并凝聚企业文化和经营理念，反映和体现企业不同发展阶段的特征。它应依据企业总体发展战略来制定，根据企业总体战略来确定薪酬的水平与结构、薪酬的文化理念、薪酬的管理与政策。这样，战略性薪酬管理与企业总体发展战略才能形成一种整体协调、相互促进的互动关系。

（2）具有总体性、长期性的薪酬决策与薪酬管理

总体性指的是对整个企业的薪酬从总体上构建一个系统性的决策与管理模式，而不是仅对某个部门、某些人员的薪酬决策与管理。长期性是指这种薪酬决策与管理模式的构建不能仅考虑企业目前的状态，还要考虑企业长远发展的趋势，适应企业长期发展的需要。所以，一个企业的薪酬战略要特别重视两个原则：一是系统性原则；二是动态发展原则。

（3）对企业绩效与企业变革具有关键性作用

并非任何薪酬决策都属于薪酬战略，只有那些对企业绩效与企业变革具有重大影响的薪

酬决策才属于薪酬战略的内容。战略性薪酬管理对企业绩效与企业发展的关键作用主要体现为：强化对员工的激励，激发员工的积极性与创造力，增强企业的外部竞争力，强化企业的团队精神与凝聚力，提高薪酬成本的有效性。

4）薪酬战略与企业战略

在企业组织中我们把战略分为三个层次：公司层战略、业务层战略、职能层战略。公司层战略是包括产业选择和在产业内扩张方案及企业如何进行变革途径的选择等重大问题的战略规划；业务层战略是包括产业选择和在产品领域内竞争方式的选择（如波士顿产品矩阵）等问题的战略规划；职能层战略是部门的战略方向和战略设计，是有效执行由公司层战略下达的将目标进行分解的战略。按照这种划分标准，薪酬战略属于职能层战略，目前学术界对薪酬战略和公司层战略的关系进行争论，即是公司层战略对人力资源管理战略进行影响从而产生对薪酬战略的间接影响，还是公司层战略直接对薪酬战略产生影响。无论争论的结果如何，公司层战略驱动薪酬战略，薪酬战略从属于公司层战略这一观点被普遍认同。

图 3-1 所展示的是企业战略、人力资源战略、薪酬战略之间的关系。这一体系划分为三大层次：战略层次、制度层次、技术层次。在战略层次，企业战略驱动人力资源战略，从而影响薪酬战略；制度层次涉及薪酬体系设计的具体内容，如薪酬结构、薪酬水平、奖金、福利方面的设计，要考虑到内部公平性和外部竞争力及员工能力和贡献的影响从而产生有利于企业生存和发展的方面：实现战略目标、提升竞争能力、促进员工发展、促进组织成长；技术层次包括薪酬管理体系设计所涉及的具体技术方法，如职位评价、薪酬调查、薪酬等级设计、任职资格体系设计、股票期权设计等。

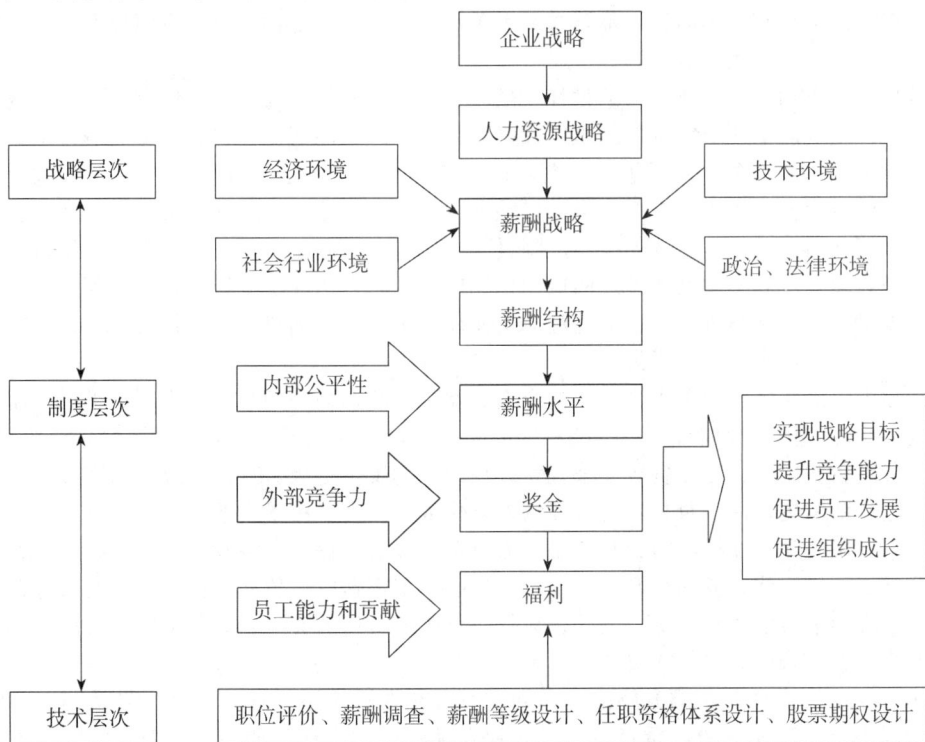

图 3-1　企业战略、人力资源战略、薪酬战略之间的关系

资料来源　文跃然. 薪酬管理原理［M］. 上海：复旦大学出版社，2004：40.

3.1.4　薪酬战略的框架体系

企业战略会影响薪酬战略和薪酬管理的一些基本问题，一般来说，企业战略对薪酬管理的影响有以下六个方面：

（1）战略决定企业员工的类型、规模和数量结构，从而确定了报酬的支付对象和规模。不同行业对人员的安排都要做出明确的规划，如人员的类型、规模、数量结构等。新兴行业如研发设计部门的设计人员是核心人员，则将核心员工的保留和激励等作为重点。如企业新成立的业务部门要进行新产品的推广则需要配备一定数量的专业背景员工，从而影响报酬支付的对象和规模。

（2）不同层级的员工承担的战略责任不同，报酬也会因人而异。战略责任是一个很重要的付酬要素，越是高层的管理者，其承担的战略责任越大，报酬中的付酬比例与战略因素相挂钩的比重就越高，而基层的员工可能其承担的战略责任比重小，与报酬挂钩的比例就会很低甚至没有。

（3）战略决定薪酬水平与市场工资水平的关系，即企业要根据战略对报酬支付水平进行定位。通常薪酬水平的定位分为三类：领先型策略、跟随型策略和滞后型策略。领先型策略即企业发放的报酬高于市场的平均工资水平。一般来说，支付能力比较强的企业，或者采取激进型战略的企业多采用领先型支付策略。这类企业多是成长、稳定型企业，市场占有率较大，有广阔的上升空间。如果企业的支付能力一般，企业倾向保守型策略，偏好跟随型支付水平，这类企业可能处于初创期，需要考虑节省劳动成本等问题。如果企业的支付能力较差，如产品市场占有率不高，面临紧缩或者关停个别的产业部门，这类企业更希望采取滞后型策略，以大大减少人工成本。

（4）战略影响组织薪酬结构的设计。战略对组织薪酬结构设计产生影响，如经营战略的影响。这种影响确保薪酬结构要与组织战略、公司战略相匹配。在保持外部竞争性薪酬的同时实现薪酬结构水平的内在公平性。薪酬结构的基本设计思想分为两种：等级化和扁平化。等级化设计思想多应用于重视低成本、以顾客为中心、强调标准化和资历的传统企业和一般的行政部门。等级化的优势是可以通过职位的晋升产生激励效果，从而产生满意的工作情绪，以提高绩效。扁平化设计思想的应用也比较广泛，它压缩了等级，将等级范围缩小，使每个等级界定的任务职责范围更加宽泛，从而使员工有更多的自主权，促使团队合作的可能性增加，有利于提高企业的凝聚力。

在知识经济和创新变革理念存在的今天，宽带薪酬作为一种与企业组织扁平化、流程再造、能力导向、团队导向等管理战略相匹配的新型薪酬应运而生。宽带薪酬强调压缩级别，减少工资等级，用较大的工资级差来代替以往较多的工资等级，从而形成新的宽带化的薪酬结构。这一结构更适用于重视创新和强调差异化战略的高新技术企业。

（5）战略确定企业核心能力和核心人力资源，吸引、保留、激励核心员工。企业薪酬设计的重点是如何留住企业的核心员工，只有核心员工创造的价值才是保持企业高效运转、提高企业核心竞争力的优势来源。因此，如何防止核心员工的流失，如何激励核心员工创造更多的价值对企业来说是至关重要的。

（6）战略决定企业薪酬激励的方向和重点。企业采用不同的战略目标导致不同的激励方向，也决定了不同的激励重点。如果企业在某一时期专注于如何推进新产品的开发和市场的推广，则对一线营销人员的激励和设计竞争性的薪酬就会成为重点，如果企业在某一时期专注于新产品的研发工作，则对专业的技术研发人员设计激励性的薪酬水平就成为重点。

因此，一个好的薪酬战略和薪酬体系的设计要在至少三个方面影响和推进企业战略的实施：通过设计高效的薪酬管理体系帮助企业减少劳动力成本，保持成本优势；通过设计有市场竞争力的薪酬方案帮助企业吸纳和保留企业核心人才，形成企业核心能力优势；通过设计确保内部公平性和外部竞争性的薪酬体系帮助企业有效激励员工，改变、影响员工的态度和行为，使员工的行为与组织目标保持一致，从而赢得竞争优势。

笔者认为，薪酬战略可以从五个方面来考虑：薪酬支付依据、薪酬水平定位、薪酬组合方式、薪酬结构以及薪酬管理模式。

1）薪酬支付依据

薪酬支付依据是指组织依据什么向员工支付报酬。常见的报酬支付依据有员工从事的岗位，所具备的知识、技能、能力、资历，员工的工作绩效等。

（1）基于职位还是能力

最常见的一种薪酬支付依据是职位。这种支付方式要求企业的职位结构具有一定的稳定性，优点是易于操作，实施起来比较简单，但由于相同职位的不同员工的能力有差别、绩效有差别，因此仅针对相同职位支付相同报酬难免缺乏一定的激励性。

基于技能的薪酬支付多适用于技术工人，这种支付方式能够鼓励员工积极提高自身能力，但是这种支付方式是基于员工潜在的、隐性的能力，可能缺乏一定的评价标准。

（2）基于个人绩效还是团队绩效

是设计基于个人绩效还是团队绩效的薪酬取决于企业在不同阶段面临的不同情况，以个人绩效为依据的支付具有很大的激励作用，以绩效和薪酬挂钩的薪酬支付方式鼓励员工的工作积极性，使其投入更多的精力到工作中从而产生更多的绩效产量。但在实际的应用中很难精确地衡量个人绩效水平，衡量标准的失衡会削减员工的积极性，因此在企业中多采取基于团队绩效的支付方式，以避免衡量个人绩效的难题，增强团队成员的合作。但由于存在"搭便车"的思想，可能会使部分员工产生懈怠，降低工作的投入感和激励效果。因此，企业可以考虑将个人绩效和团队绩效相结合的方式设计薪酬支付的标准。企业是基于个人绩效还是团队绩效支付薪酬，没有统一的标准，企业应该设计适合自己特有情况的薪酬水平。

（3）基于绩效还是资历

企业应该依据组织目标和组织衡量绩效的能力来决定到底是根据绩效还是资历来确定薪酬，如果企业能够针对企业自身精确衡量员工的绩效水平，按照绩效水平进行支付当然对企业是有利的，但在实际操作的过程中往往并不能对个人的绩效做出精准的衡量，因此根据资历进行付酬也许是不错的方法。根据资历进行薪酬支付的一个假设前提是：员工的资历越丰富，对企业创造的价值就越大。而且，资历与绩效相比，可衡量性更强，也更直观。所以，现在越来越多的企业采用基于资历的薪酬支付方式。

（4）基于公司绩效还是部门绩效

现在的一些公司不仅采用个人绩效、团队绩效相结合的方式，还添加了部门绩效和公司绩效的支付标准。部门绩效的弊端是，过多地强调部门绩效不利于部门之间的和谐和协作，不利于在企业内产生凝聚力，也不利于总部对部门之间的行为进行调控。公司绩效多运用于对企业高层管理者的薪酬支付，因为公司高层管理者（如CEO）对企业的努力程度和投入左右着企业的发展方向和公司的总体绩效。但如果将公司绩效平均地使用到公司内每个员工身上，则会产生一部分并不努力工作的员工得到了由于经营状况改善带来的总体绩效的分配收入的现象，从而降低了这部分员工的工作投入感。因此，我们强调的员工薪酬与公司绩效相挂钩，更多的是出于公司财务健康和长期发展的考虑，而不是为了实现员工的短期激励。

（5）基于绝对绩效还是相对绩效

计件工资是以绝对绩效为依据的，因为工人所得只用自己绩效（计件）的多少来衡量，与别人没有任何关系，因此这是一种绝对绩效的支付方式，但如果采用的是工人之间相互比较，只有绩效优秀者才能获得奖励的支付方式，则这种比较就是相对绩效支付的依据。相对绩效更易于衡量，实施起来也比较简单，但其缺陷是如果过度竞争则不利于团结，破坏企业内的协作精神，因此企业要准确衡量自身的发展情况，以权变观看待问题，分析、处理问题。

2）薪酬水平定位

薪酬水平定位是指与竞争对手或行业的平均水平进行比较，确定组织的薪酬水平。薪酬水平包括两种定位：薪酬整体水平定位，基础工资、奖金和福利水平定位。

（1）薪酬整体水平定位

为了保持外部竞争性，企业综合衡量各种因素对员工的整体薪酬进行定位。薪酬整体水平是指各种可货币化的收入总和。企业可以采用不同的支付策略，如领先型策略、稳定型策略、滞后型策略，也可以对不同的员工采用不同的支付策略，如对核心员工采用领先型策略，以保留核心竞争力，对一般的员工采用稳定或滞后型策略。一般来说，当员工接受高于市场平均水平的薪酬时能够产生更大的激励效果和满意度，员工的归属感也更加强烈，但采用这种支付水平的企业需要考虑高成本和现金流对企业竞争力的影响。

（2）基础工资、奖金和福利水平定位

企业不仅要重视整体薪酬水平的定位，更不能忽视基础工资、奖金和福利水平的定位。企业可以考虑对薪酬不同的组成部分采取不同的薪酬支付策略。如在基础工资部分可以支付低于市场平均水平的工资，而在奖金和福利的设计上高于市场的平均水平，这样更能产生激励效果，同时也能缓解企业面临现金流的压力。

3）薪酬组合方式

（1）短期激励和长期激励

短期激励关注的是员工短期内产生的绩效，使企业更关注短期行为而忽视了长期的发展目标，但如果过分关注长期的发展目标又会放弃短期激励所产生的激励效果。短期激励优势在于易于衡量，而且实施起来效果显著。而长期激励较难衡量，而且也会由于时间过长使部分目标进行不下去而导致放弃。但企业的高层管理者更关注长期激励，这样会使员工建立一定的责任感和使命感，把企业当作自己的一项事业来经营。而且长期激励也能够在一定程度上解决委托-代理问题，增加对代理人的信任，使其有更大的自主经营权。短期激励和长期激励的组合要受到行业的性质、企业的发展阶段、职位高低以及工作项目周期等多方面因素的影响。

（2）内在薪酬和外在薪酬

内在薪酬和外在薪酬的划分是美国薪酬管理学家马尔托奇奥定义的。企业要重视赢得竞争优势更应该关注内在薪酬，如工作成就感、工作自主权、学习和成长机会等，来满足员工的精神需要。关于这一点，企业也越来越认识到对员工的激励不仅仅是物质上如金钱的激励，员工更关注的是精神上的激励和追求。外在薪酬一般指货币性薪酬，传统的员工更关注企业的外在薪酬，因此企业要根据自己所处的行业来选择激励、支付方式。

4）薪酬结构

薪酬结构的两种划分方式是窄带薪酬和宽带薪酬。窄带薪酬的等级数量多，等级之间的薪酬幅度比较小，员工通常以职位的晋升来增加薪酬。而宽带薪酬的等级数量较少，等级之间的薪酬幅度大，员工在没有职位晋升的情况下会因为绩效或能力突出而得到加薪。现在越来越多的企业采用宽带薪酬。宽带薪酬使薪酬与职位的联系弱化，将员工的注意力从职位等级的晋升转移到个人能力和团体绩效的提升，体现了组织结构趋于扁平和强调团队合作的趋势。

5）薪酬管理模式

薪酬管理模式是关于如何制定和执行薪酬制度与决策的问题。以下从集权、分权，员工参与度，薪酬制度等三个方面探讨薪酬的管理模式。

（1）集权、分权管理

薪酬制度是由高层制定还是由部门制定是区分集权与分权的标准。如果薪酬是由高层制定的，则相对比较集权化，这种决定方式一般适用于独立性强的小部门。如果薪酬是由部门设计的，则相对比较分权化。在分权管理的薪酬制度下，直线经理对下属的薪酬有较大决定权。而在集权管理的薪酬制度下，直线经理大多接受公司高层的薪酬决策，少有控制权。

（2）员工参与度的高低

公司高层管理者的意愿决定了员工参与度的高低，如果高层管理者鼓励员工参与，则员工的参与度会很高。参与度高意味着员工可以根据自己的需要来影响或决定薪酬内容，从而提高薪酬的激励效果和员工的满意度。

（3）薪酬制度的刚性与弹性

薪酬制度的设计是应该偏刚性还是应该偏弹性呢？偏刚性的薪酬制度意味着员工可以较好地预测未来的收入状况，有助于提供有保障的薪酬水平，稳定员工士气，但却难以适应环境的变化。偏弹性的薪酬制度在环境发生变化时更容易进行调整，适应能力较强，但员工很难预测未来的收入状况，不利于稳定人心。因此，我们认为企业在薪酬制度的设计方面应兼顾刚性与弹性，稳定性较强的企业可以采用偏刚性的薪酬以对员工产生保障作用，波动性较大的企业应该采用偏弹性的薪酬以应对不同的条件。当然所有的表述都不是绝对的，企业不能完全采用刚性或弹性薪酬，更要注意两者之间的协调和设计比例。

3.2 薪酬战略的设计与制定

3.2.1 薪酬战略的重要影响因素

薪酬战略受到很多因素的影响，国内外很多学者对众多因素进行了分类。如米尔科维奇认为，组织战略、组织文化和价值观、全球竞争和员工需求等因素会对薪酬战略产生影响。国内学者文跃然教授将薪酬战略的决定要素归纳为行业选择、企业的发展阶段、产品选择、产品定位和竞争方式选择五个主要的方面。也有其他学者把薪酬战略的影响因素分为所处行业的特点、组织本身的特点以及员工的特征三个层次。

在综合上述几种分类方法的基础上，我们将影响薪酬战略的因素分为组织外部环境因素和组织内部影响因素。组织外部环境因素既有宏观环境，也有中观行业环境；而组织内部影响因素主要考虑组织内部资源和能力。这些内容在第1章薪酬管理影响因素中已经讲过，此处不再赘述。

3.2.2　战略性薪酬管理设计的基本步骤

米尔科维奇等人认为不同的薪酬战略要适应不同的企业战略，企业战略和薪酬战略联系越紧密或彼此越相适应，企业的效率也会越高。设计成功的薪酬体系能够支持公司的经营战略，能够承受周围环境中来自社会、竞争以及法律法规等各方面的压力，其最终目标是赢得并保持竞争优势。

基于战略的薪酬体系设计应包括的基本步骤如图3-2所示。

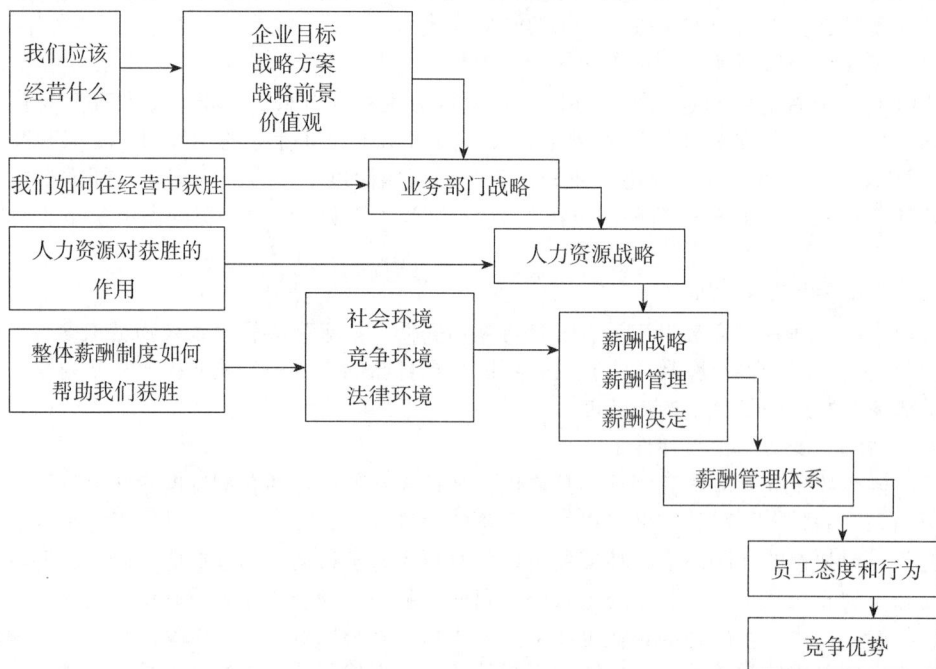

图3-2　基于战略的薪酬体系设计

（1）我们应该经营什么？企业站在战略的高度，明确最基本的企业总体战略定位、战略选择和战略实施方案。

（2）我们如何在经营中获胜？从业务部门的层次来分析，为确保组织总体战略的实施，我们应该确定哪些相应的业务部门战略？

（3）为推动战略的实施，企业的人力资源管理应该做出哪些辅助和配合工作？针对企业战略和业务部门战略，制定相应的人力资源管理战略。

（4）在明确整体的人力资源管理战略之后，相应的薪酬战略和薪酬管理制度是什么？在一定的社会环境、竞争环境和法律环境下，如何从职能或制度的层面，构建整体的薪酬战略？

（5）通过实施具体的薪酬管理政策和制度，影响和改变员工的态度和行为，激励员工尽最大努力为组织作贡献，帮助企业赢得竞争优势。

根据米尔科维奇等人的研究，对应于企业不同的经营战略，企业要采取不同的薪酬方案，如图3-3所示。创新型战略不再过多地重视和评价各种技能和职位，而是更多地强调激励的效果，鼓励员工创新，缩短从产品设计到顾客购买之间的时间差。成本领先战略注意控制劳动成本，鼓励提高劳动生产率，详细、精确地规定工作量。以顾客为中心的战略将顾客的满意度放在首位，并将其作为员工业绩的评价指标。

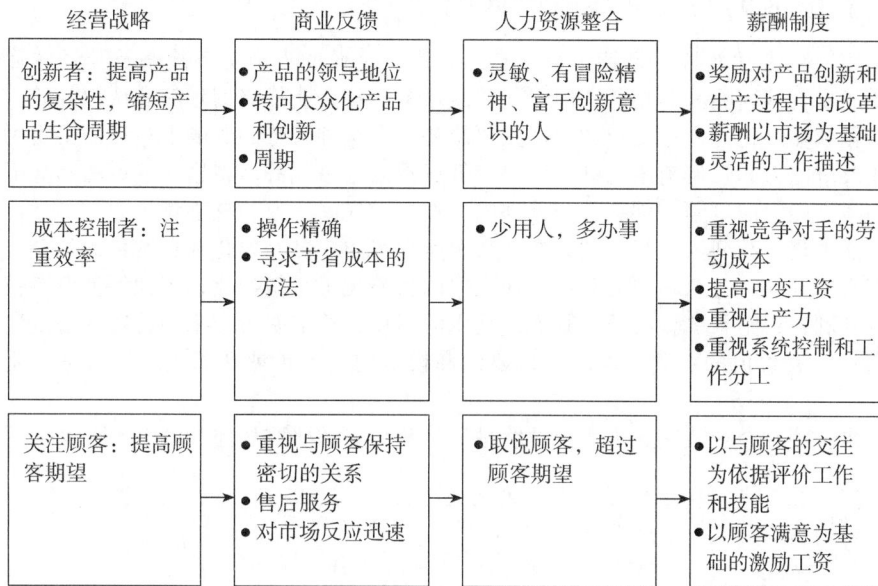

经营战略	商业反馈	人力资源整合	薪酬制度
创新者：提高产品的复杂性，缩短产品生命周期	● 产品的领导地位 ● 转向大众化产品和创新 ● 周期	● 灵敏、有冒险精神、富于创新意识的人	● 奖励对产品创新和生产过程中的改革 ● 薪酬以市场为基础 ● 灵活的工作描述
成本控制者：注重效率	● 操作精确 ● 寻求节省成本的方法	● 少用人，多办事	● 重视竞争对手的劳动成本 ● 提高可变工资 ● 重视生产力 ● 重视系统控制和工作分工
关注顾客：提高顾客期望	● 重视与顾客保持密切的关系 ● 售后服务 ● 对市场反应迅速	● 取悦顾客，超过顾客期望	● 以与顾客的交往为依据评价工作和技能 ● 以顾客满意为基础的激励工资

图3-3 调整薪酬制度以适应商业战略

资料来源 米尔科维奇，纽曼. 薪酬管理［M］. 董克用，等译. 北京：中国人民大学出版社，2002：24.

米尔科维奇等人认为，薪酬战略一般需要四个简单的步骤（如图3-4所示）：

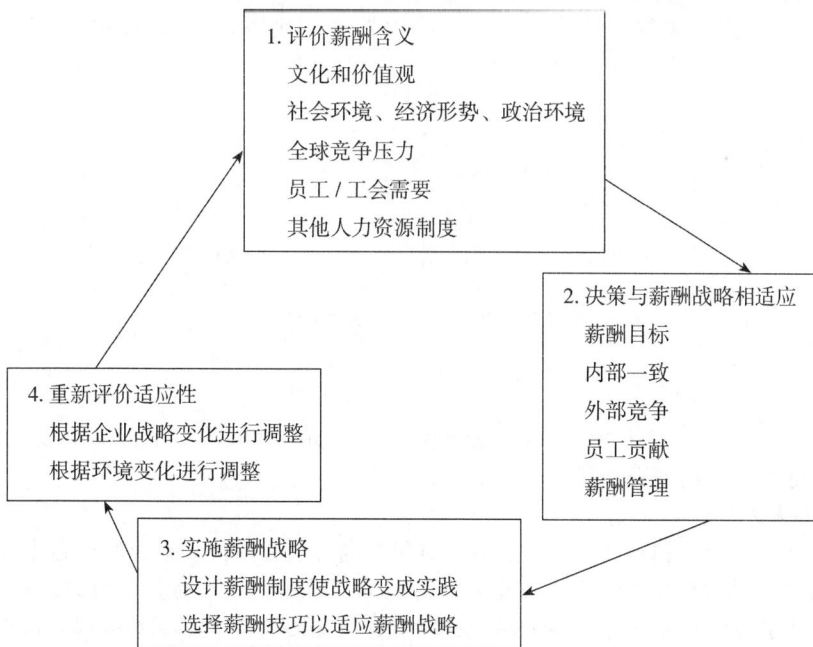

1. 评价薪酬含义
   文化和价值观
   社会环境、经济形势、政治环境
   全球竞争压力
   员工／工会需要
   其他人力资源制度

2. 决策与薪酬战略相适应
   薪酬目标
   内部一致
   外部竞争
   员工贡献
   薪酬管理

3. 实施薪酬战略
   设计薪酬制度使战略变成实践
   选择薪酬技巧以适应薪酬战略

4. 重新评价适应性
   根据企业战略变化进行调整
   根据环境变化进行调整

图3-4 形成薪酬战略的关键步骤

3.3   薪酬战略的匹配与模型

3.3.1   薪酬战略与人才战略的匹配

美国康奈尔大学教授斯科特·A.斯奈尔认为，企业的人力资源战略及其具体管理活动是由企业战略直接影响和驱动的，因此他的战略模型从企业战略的理解和认识开始。

全球化和信息化是产业变革的两个重要趋势，在这种趋势的影响下迫切需要组织的灵活性和快速反应能力，强调速度、创新和保持低成本的竞争优势。在这一变革的趋势下，企业应更关心核心能力的培养、创新和与外部的合作，以提高企业的核心竞争力。

核心能力是一系列人所具有的和在社会上所拥有的、已经物化和资本化的集合，它能够给客户带来特别的、与众不同的利益。如索尼的核心技术是微型化，因此给消费者带来方便携带的特殊利益；苹果的核心技术是无线技术的运用，给消费者带来的特殊利益是实现无线沟通。因此，有价值的、独特的、难以复制和模仿的、可扩展和深化的能力是企业的核心能力。

斯奈尔教授对企业战略、人力资源管理和薪酬战略的研究思路如图3-5所示。

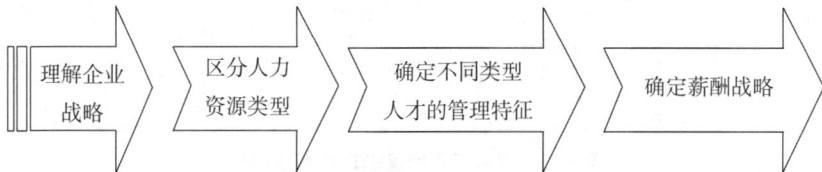

图3-5   企业战略、人力资源管理和薪酬战略的研究思路

评价组织人力资本的标准是价值和稀缺性。于是斯奈尔根据价值和稀缺性这两个维度将组织中的人力资源分成四类：核心人才、通用人才、独特人才和辅助性人才，如图3-6所示。

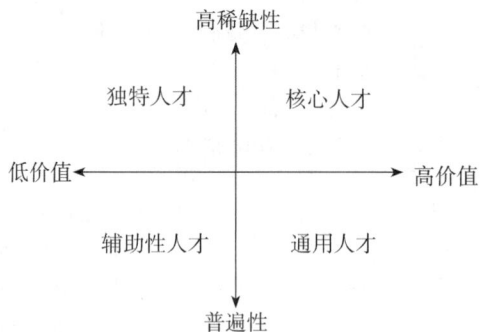

图3-6   组织内的四种人力资源

不同人才类型下的薪酬模式见表3-1。

1）核心人才

核心人才具有稀缺和独特性，对企业具有很高的价值，掌握着企业的核心能力。此外核心人才还具有不易被模仿的，个人、企业所急需的，市场上也不易获得的知识和特殊技能。核心人才多从事知识型工作且工作的复杂程度和难度也很大，因此，组织要以与核心人才的雇佣关系为核心围绕组织的战略重点和发展目标来确定企业所需要的核心能力，保持企业的核

表 3-1　　　　　　　　　　　　　　　不同人才类型下的薪酬模式

人才类型	工作类型	雇佣关系	人力资源管理体系	薪酬战略
核心人才	知识工作	以组织为核心	基于承诺	•外部公平 •以知识、经验、资历付薪 •股权和额外福利
通用人才	传统工作	以职位为核心	基于生产率	•注重外部公平 •为绩效付薪
独特人才	合作伙伴	协作关系	基于合作关系	•根据合同付薪、为知识付薪
辅助性人才	合同工作	劳动契约关系	基于命令和服从	•按小时或临时签订的合同付薪

心竞争力。对核心人才要以承诺为基础，强调员工对企业的忠诚，来建立稳固的心理契约。其薪酬战略的设计过程中要注意以下几点：

（1）要支付相应的高薪酬来吸引和获取核心人才，薪酬水平通常要高于市场平均工资水平或与市场匹配。高工资效应下的激励作用不可忽视。

（2）要以知识、经验和资历作为报酬支付的基础，多采用能力工资体系。

（3）要重视风险收益和长期激励方法的运用，如股票期权、利润分享、员工持股等方式。

（4）给核心人才较高的特殊福利，如住房补贴、带薪休假、养老年金等，且这类福利最好采用延期支付或分期支付的方式，尽可能留住核心人才。

2）通用人才

通用人才也与企业所需要的核心能力直接相关，但由于这类人才所拥有的知识和技能是容易通过学习而增加的，市场上供给也很充足，不具有一定的独特性，因此组织与通用人才的雇佣关系是以职位为核心，更关注岗位任职者的专业特长和技能。对通用人才，企业薪酬设计需要考虑以下两点：

（1）要支付较高的薪酬，薪酬水平通常领先或与市场平均水平匹配，以确保薪酬具有一定的竞争力，提高企业的经营业绩。

（2）以绩效和业绩作为报酬支付的基础，多采用业绩工资体系。

3）独特人才

独特人才与企业所需要的核心能力间接相关，但拥有非常特殊的、不易获取的知识和技能，在劳动力市场上比较紧缺。通常独特人才与企业是一种协作式、松散的雇佣关系，只有当企业有需要时，才会聘请这类特殊人才为企业提供短期的服务。其薪酬战略设计的要点关注于合同的约定，要根据他们为企业提供的解决方案和工作成果支付相应的报酬。

4）辅助性人才

辅助性人才在企业中的战略价值通常比较低，大多具有一般的知识和技能，比较容易从劳动力市场上获取，且他们大多根据合同的要求进行与工作职责有关的工作，因此企业与他们的关系是劳动契约关系。

3.3.2　薪酬战略与公司战略的匹配

公司战略涉及公司的整体目标、经营领域的选择和资源配置等问题，是企业最高层次的战略。薪酬战略要与公司战略协调一致。在公司战略中，业务多元化程度、企业的生命周期和企业的整合模式是最重要的三个变量。

1）薪酬战略与相关多元化

当企业实施相关多元化战略时，薪酬战略应该配合企业的相关多元化战略。戈麦斯等人的研究说明了与相关多元化战略相匹配的薪酬战略（见表3-2）。

表3-2　　　　　　　　　　　　薪酬战略与企业产品选择对照表

项目	单一产品	相关多元化
薪酬重点	激励薪酬	基于薪酬和福利
薪酬水平	低于市场	高于市场
薪酬政策	风险分担 弹性 薪酬信息公开 绩效薪酬 分权式薪酬 公平式薪酬 员工参与 技能薪酬 长期取向	保障薪酬 内部一致性 薪酬信息保密 重视年资 集权式薪酬 层级薪酬 员工较少参与 职位薪酬 短期取向

资料来源　BALKIN B D，COMEZ R L.Matching Compensation and Organizational Strategy［J］. Strategic Management Journal，1990，11（2）：153-169.

2）薪酬战略与企业的生命周期

组织在不同的发展阶段需要不同的薪酬战略与之相适应。埃利西说明了组织在开发、成长、成熟和衰退四个阶段所采取的薪酬政策，见表3-3。

表3-3　　　　　　　　　　　　薪酬战略与企业的生命周期

项目	开发	成长	成熟	衰退
基本薪酬	低：为了储备资金增加投资以促进组织成长	中：组织获益能力日益提高	中：组织获益能力已趋于稳定	高：激励计划难以奏效
短期奖励	中：储备资金	高：为促进新发展的事业稳定增长，借此向市场占有率高的组织提出挑战	高：为维持目前的市场占有率	中：针对部分地区市场占有率较低而设计的奖励计划，以应对困难
长期奖励	高：因为资金短缺，借此使员工与组织有同舟共济的感觉	高：为稳定市场地位，市场价值的计划更盛行	中：因为几乎不能再成长，市场价值的计划更盛行	低：因为长期的成功已不兼容于市场，此阶段市场价值的计划亦消失

资料来源　孟繁强. 企业薪酬战略的构建［J］. 经济管理·新管理，2004（5）.

3）薪酬战略与公司战略的整合模型

美国学者戈麦斯等人在总结很多学者研究成果的基础上，将薪酬战略分为机械型薪酬战略模式和有机型薪酬战略模式，见表3-4。

戈麦斯等人还研究了不同公司的战略类型与两种薪酬战略模式之间的关系，见表3-5。

表 3-4　　　　　　　　　　　　　　　**薪酬战略模式**

项目	模式 A：机械型薪酬战略	模式 B：有机型薪酬战略
报酬支付基础		
评价单位	工作	技能
加薪标准	强调资历	强调业绩
时间导向	短期导向	长期导向
风险承担	风险规避	风险偏好
业绩水平测量	个人业绩	个人和团队业绩
公平性	内部一致性>外部公平性	外部公平性>内部一致性
报酬分配	强调等级	强调平等
控制类型	行为检测指标	结果导向指标
设计问题		
基本工资支付水平	支付水平领先于市场	支付水平落后于市场
福利水平	支付水平领先于市场	支付水平落后于市场
报酬中的激励报酬比重	（激励报酬低）固定报酬>激励报酬	（激励报酬高）固定报酬<激励报酬
整体报酬	大量的短期支付，少量延期支付的未来收入	大量延期支付的未来收入，少量的短期支付
强化的周期	少量的、不经常发放的奖金	经常发放的、多种形式的奖金
奖励重点	非货币报酬	货币报酬
管理框架		
决策制定	集权化	分权化
保密程度	保密政策	公开沟通
管理结构	没有员工参与	员工参与
薪酬政策的特性	官僚化的政策	灵活机动的政策
高层决定程度	高	低

表 3-5　　　　　　　　　**不同的公司战略类型与两种薪酬战略模式之间的关系**

公司战略		薪酬战略模式
多元化程度	单一产品	有机型薪酬战略
	主导产品	混合型薪酬战略（有机型和机械型薪酬战略都有）
	相关产品	机械型薪酬战略
	不相关产品	有机型薪酬战略
业务关联模式	垂直一体化	机械型薪酬战略
	多业务	有机型薪酬战略
	集团企业	有机型薪酬战略
企业的发展阶段	新兴成长的企业	有机型薪酬战略
	稳定发展的企业	机械型薪酬战略

资料来源　COMEZ R L，BALKIN B D. Compensation, Organizational Strategy, and Firm Performance [M]. Nashville：South-western Publishing Co., 1992.

3.3.3　薪酬战略与国家文化的匹配

霍夫斯泰德对国家文化的四个维度进行了划分：权力距离、个人主义和集体主义、高或低不确定性规避、男性主义与女性主义。戈麦斯等人在这四个维度的基础上，分析了与不同文化特征相匹配的薪酬战略，见表3-6。

表3-6　　　　　　　　　　　　　　薪酬战略与国家文化的匹配

项目	基本价值观	薪酬战略
高权力距离	自上而下的沟通方式；对层级制度的认可；独裁主义；对上级的依靠；权力象征的吸引力；崇尚白领，贬低蓝领；金字塔式的组织结构	强调等级的薪酬体系；高级职位和低级职位的薪酬差距很大；存在象征权力的有形报酬
低权力距离	强调平等主义、民主主义；共同决策，重视员工参与；较少依靠上级；蔑视权力象征；尊重工作；扁平组织结构	强调平均的薪酬体系；高级职位和低级职位的薪酬差距较小；提倡参与式的薪酬制度
个人主义	强调个人目标、自主性和个人隐私；提倡个人业绩，相信个人创造自己的尊严；向员工强调契约关系而不是道德承诺，靠显性化的制度体系来确保员工遵守组织的规范	强调基于业绩的报酬，奖励个人业绩；重视薪酬的外部竞争性；外在报酬是个人成功程度的指标
集体主义	强调对家族、组织的忠诚和认可，参与组织的各种活动；提倡团队业绩，强调牺牲精神；对单位和集体有依赖性；向员工强调道德承诺	集体绩效是重要的薪酬支付依据；薪酬设计考虑年龄和资历；内在薪酬也很重要；重视薪酬的内部公平性；考虑员工个人和家庭的重要性
高不确定性规避	害怕不确定性；喜欢稳定和常规；低风险偏好，喜欢安全和保障；缺少压力和冲突	官僚式的薪酬体系；集权式的薪酬管理；固定薪酬比可变薪酬更重要；上级在薪酬的分配上没有决定权
低不确定性规避	把不确定性看成令人兴奋的；不喜欢循规蹈矩；高风险偏好，鼓励寻找机会；利用压力和冲突来促进创新	较为灵活的薪酬体系；分权式的薪酬管理；可变薪酬很重要；强调外部公平性；上级和事业部在薪酬分配上有较大决定权
男性主义	重视物质财富；男人拥有更高的权力和地位；男女性别的传统角色观念比较僵化	薪酬政策存在性别差异；薪酬决策受传统价值观的影响；男性更容易得到晋升和奖赏；女性有一些特殊的福利（带薪产假等）
女性主义	生活质量比物质财富更重要；男人并不一定比女人强；男女性别的角色差异较小	工作的价值不受性别因素的影响；根据工作内容而不是传统价值观来判断不同工作的价值；薪酬决策体现了公平；"男性化"特征在加薪和其他人事决策上不起作用

3.3.4 薪酬战略与竞争战略的匹配和整合模型

美国薪酬学者埃德尔伯多·F.蒙特梅尔认为，不同的薪酬体系支撑着不同的企业经营战略。他把企业可选择的经营战略分为三类：成本领先型、创新型和差异型，并用实证研究的方法对美国薪酬协会的1 400多家成员企业进行了研究，得出的主要结论有：

（1）成本领先型战略更强调薪酬体系侧重于"劳动力成本"目标，从而适应稳定的组织结构和传统的管理模式。这些企业往往严格控制成本，尽量避免费用超支。

（2）创新型战略要求薪酬管理把重点放在吸引和留住有价值的员工身上，网罗大量复合型员工，满足企业对员工技能的要求，借助从外部获得的人员来提升企业的竞争力。

（3）差异型战略强调的是薪酬的"激励"目标，鼓励员工对组织整体目标的认同。因此，与其他两种战略相比，差异型战略更强调员工高水平的协调和配合。

（4）从薪酬水平来看，采用成本领先型战略的企业更倾向于采用低于竞争对手的薪酬水平定位，而采用创新型战略的企业则更有可能采取高于竞争对手的薪酬水平定位。

（5）差异型战略和成本领先型战略倾向于采用激励工资。实施这两种战略的企业也会较多地采用定量方法来衡量工作成果并确定薪酬。而创新型战略提倡支付稳定的报酬，基本工资水平较低，通常采用长期激励计划，所追求的是员工强烈的组织归属感。

（6）创新型战略通常广泛地采用绩效加薪政策，承认员工过去令人满意的工作行为，在基本工资的基础上进行永久性加薪。因为这种加薪并不需要事先协商，所以可以带来员工努力创新、承担更大的风险、追求工作行为的长期效果。

（7）实施创新型战略和差异型战略的企业的薪酬管理相对比较开放，注重员工参与薪酬决策。表3-7是对与不同经营战略相匹配的薪酬体系有关的研究。

表3-7　　　　　　　　　　　**与不同经营战略相匹配的薪酬体系**

薪酬体系维度	经营战略		
	成本领先型	差异型	创新型
薪酬目标	控制成本	激励	吸引/保留
薪酬水平	低于市场	与市场持平	高于市场
薪酬组合的刺激性	低	⟶	高
绩效加薪	有限使用	⟶	广泛使用
薪酬管理与控制	封闭	⟶	开放

米尔科维奇也将企业的经营战略分成三类：创新战略、成本领先战略和以顾客为核心的战略。他认为创新战略强调冒险，不再过多地重视评价和强调各种技能和职位，而是把重点放在激励工资上，以此鼓励员工大胆创新，缩短从产品设计到顾客购买之间的时间差。成本领先战略则以效率为中心，注重控制劳动成本，强调少用人、多办事，采用的方式是降低成本、鼓励提高生产率、详细而精确地规定工作量。以顾客为核心的战略将顾客满意度作为员工业绩的评价指标，按顾客满意度来给员工支付报酬。

美国学者兰斯·A.伯杰认为薪酬战略与公司战略是密切相关的，处于不同发展阶段的企业应实施不同的薪酬策略。他所提出的薪酬战略整合模型的基本内容是：

（1）增长型企业，关注市场份额的增长，组织的职能设置比较简单，多采用灵活的薪酬等级设计，重视高水平的激励，保持市场竞争力，而且激励报酬更重视长期导向，以鼓励员工将自身利益和组织长远利益密切挂钩，鼓励创新和成长。

（2）盈利型企业，关注组织的正常运营，确保持续改进，通常采用多种激励手段并存的混合支付方式，实施稳健的长期激励计划，总薪酬水平保持适度的市场竞争力。

（3）成熟型企业，关注组织的财务指标，在报酬设计方面更注意控制成本，薪酬水平的定位通常低于或跟随市场的平均工资水平，以短期目标的实现为激励重点，减少长期激励。

图 3-7 描述在不同发展阶段企业的战略目标及其评估、运营战略、文化战略和薪酬战略。

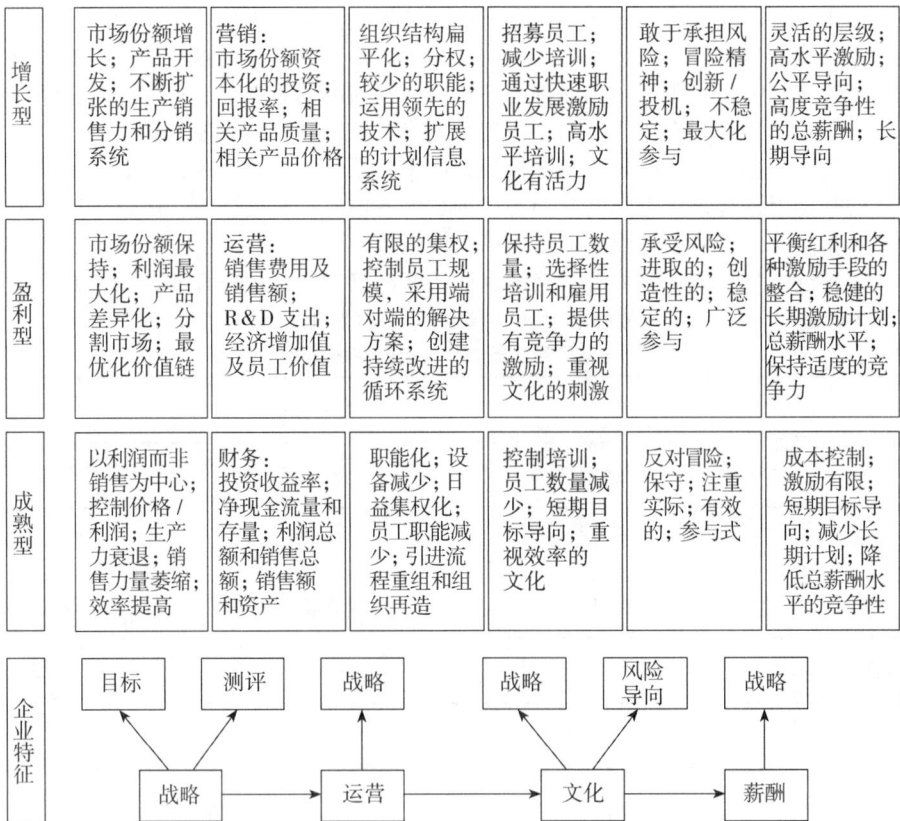

增长型	市场份额增长;产品开发;不断扩张的生产销售力和分销系统	营销:市场份额资本化的投资;回报率;相关产品质量;相关产品价格	组织结构扁平化;分权;较少的职能;运用领先的技术;扩展的计划信息系统	招募员工;减少培训;通过快速职业发展激励员工;高水平培训;文化有活力	敢于承担风险;冒险精神;创新/投机;不稳定;最大化参与	灵活的层级;高水平激励;公平导向;高度竞争性的总薪酬;长期导向
盈利型	市场份额保持;利润最大化;产品差异化;分割市场;最优化价值链	运营:销售费用及销售额;R&D支出;经济增加值及员工价值	有限的集权;控制员工规模,采用端对端的解决方案;创建持续改进的循环系统	保持员工数量;选择性培训和雇用员工;提供有竞争力的激励;重视文化的刺激	承受风险;进取的;创造性的;稳定的;广泛参与	平衡红利和各种激励手段的整合;稳健的长期激励计划;总薪酬水平保持适度的竞争力
成熟型	以利润而非销售为中心;控制价格/利润;生产力衰退;销售力量萎缩;效率提高	财务:投资收益率;净现金流量和存量;利润总额和销售总额;销售额和资产	职能化;设备减少;日益集权化;员工职能减少;引进流程重组和组织再造	控制培训;员工数量减少;短期目标导向;重视效率的文化	反对冒险;保守;注重实际的;参与式	成本控制;激励有限;短期目标导向;减少长期计划;降低总薪酬水平的竞争性
企业特征	目标　测评 ← 战略	战略 ← 运营	战略　风险导向 ← 文化	战略 ← 薪酬		

图 3-7　战略薪酬整合模型

资料来源　伯杰. 薪酬手册［M］. 文跃然，等译. 4版. 北京：清华大学出版社，2006.

同时，兰斯·A.伯杰以产业的增长速度和人才的可获得性作为两个基本的维度提出了薪酬战略矩阵（如图 3-8 所示）。其基本思想是：在产业高速增长、人才紧缺的条件下，组织对这类人才采取的是高度个性化的薪酬包，给予员工更大的选择自主权；在产业平稳增长、人才一般紧缺的条件下，组织采取的通常是具有适度弹性的薪酬包；而在产业增长比较缓慢、人才比较容易从市场上获得的情况下，组织对这类人才通常实施高度标准化的薪酬包。

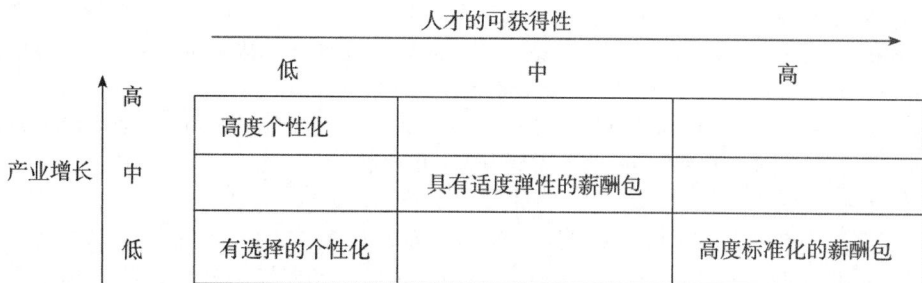

图 3-8 薪酬战略矩阵

薪酬战略应该与企业总体的战略保持一致，不同的企业战略要求有不同的薪酬战略和薪酬管理政策与之相适应，并不存在统一的、一成不变的薪酬管理制度。因此，本书只收录了比较成熟的研究和模型，组织的薪酬战略必须要考虑到与其他人力资源管理职能之间的横向匹配，也要考虑到与组织内部其他各个模块的纵向整合。

本章小结

战略是组织的长远规划，是差异化的选择，是影响绩效改进的策略，也是一种价值创造的方式。

战略管理研究分为 10 个学派：设计学派、计划学派、定位学派、企业家学派、认知学派、学习学派、权力学派、文化学派、环境学派和结构学派。

本章阐述了战略薪酬管理的背景、内涵，区分了企业战略对薪酬管理的影响，描述了战略薪酬管理的框架体系，讲述了薪酬战略可以从五个方面来考虑：薪酬支付依据、薪酬水平定位、薪酬组合方式、薪酬结构以及薪酬管理模式。

本章讲述了基于米尔科维奇提出的战略性薪酬管理设计的基本步骤，从而得出四个简单的基本步骤，即：评价文化价值、全球化竞争、员工需求和组织战略对薪酬的影响；使薪酬决策与组织战略和环境相适应；设计一个把薪酬战略具体化的薪酬体系；重新衡量薪酬战略与组织战略和环境之间的适应性。本章提出了斯奈尔教授对核心能力、人力资源战略和薪酬管理的基本逻辑思路模型。

本章讲述了薪酬战略的匹配，分别从与人才战略的匹配、与公司战略的匹配、与国家文化的匹配以及与竞争战略的匹配和整合模型分析各自的特点和异同，对全面理解薪酬战略有着积极的意义。

本章案例

沃尔玛公司的薪酬管理

美国的沃尔玛公司是全球营业收入最高的企业，在《财富》杂志世界 500 强榜单中，它已经实现了连续 6 年的排名世界第一（2014—2019），这样突出的业绩着实让人感觉"恐怖"，特别是沃尔玛的那些竞争对手们。除了收入第一之外，沃尔玛还有一项数据是稳定在世界前列的，那就是它的员工人数。据不完全统计，沃尔玛全球员工人数已经达到了220万，这基本上已经相当于一个国内三四线城市的人口数量了。

面对这么多的员工，沃尔玛是如何进行薪酬管理呢？现在的沃尔玛薪酬结构是：固定工资+利润分享计划+员工购股计划+损耗奖励计划+其他福利。

1.低廉的起薪

沃尔玛的起薪一直都很低，哪怕是在2018年春天时沃尔玛把时薪涨到了11美元，也只是因为它的竞争对手塔吉特公司（Target Corporation）在2017年的秋天把时薪调到了11美元。这种低廉的起薪在沃尔玛可以算得上是一种历史传统了。沃尔玛的创始人山姆·沃尔顿在初始创业时，曾经设想为员工提供比其他同行要高的薪酬，可这终究只是个想法，并没有付诸实践。而恰恰相反，一开始沃尔玛支付给员工的薪水是很低的，只能勉强糊口而已。这里还发生过一个小故事。当时，沃尔玛有个叫鲍姆的经理人，他看到女员工们每小时的工资只有可怜的50美分，觉得太荒唐了，于是决定给她们涨到每小时75美分。结果，鲍姆马上就接到了沃尔顿的批评电话：工资一次加25美分太多了，只能加5美分。

沃尔顿之所以这样，是因为公司极力追求高额的利润率，管理费用是影响利润率的重要因素，而工资恰恰是管理费用的重要组成部分。因此，早期的沃尔玛虽然发展迅速，但员工们获利很少。不过，在那个时代，零售业的普通员工工资水平都很低。

2.合伙关系的诞生

虽然沃尔玛很早就开始推行利润分享计划，但只是在经理人员中推行，而没有扩大到员工的范围。直到公司与一些工会发生冲突，才迫使山姆·沃尔顿思考相关的问题。后来，沃尔玛开始实行合伙关系，把员工变成合伙人，才诞生了利润分享、员工购股、损耗奖励等计划。这意味着公司赚的钱越来越多，员工的收入也会增多。这样一来，劳资双方的合作使沃尔玛的事业如日中天，这中间就没有工会什么事情了。

3.利润分享计划

凡是加入公司1年以上，每年工作时数不低于1 000小时的所有员工，都有权分享公司的一部分利润。公司运用1个与利润增长相关的计算公式，每个获得分享利润资格的员工，提留1%的工资，公司将平均工资的6%进行提留，当员工们离开沃尔玛时，可以以现金或股票的方式取走这个份额。靠着这个利润分享计划，很多普通员工都拿到了不菲的收入。比如：阿肯色州的卡车司机鲍勃在为沃尔玛工作20年之后，拿到了70.7万美元的利润分享；地区教员麦克默里工作了15年，拿到了47.5万美元。这都得益于公司业绩增长带动股价攀升。

4.员工购股计划

本着自愿的原则，员工可以购买公司的股票，并享有比市价低15%的折扣，可以交现金，也可以用工资抵扣。目前，沃尔玛80%的员工都享有公司的股票，真正成为公司的股东，其中有些员工成为百万和千万富翁。

5.损耗奖励计划

沃尔玛的损耗奖励计划让公司的每个员工，既懂得好好工作以获得更多利润，也懂得珍惜公司的每一份财产，使之合理使用。损耗是零售业的大敌之一，大部分都来自偷窃行为。怎么解决这个问题？

沃尔玛想到了损耗奖励计划，也就是公司给每家分店或超市制定一个目标值，如果能将损耗控制在这个目标值之内，该店或超市的所有员工都可以获得一定数量的奖金，最多可达到200美元。这样的计划能让店内员工集心协力防止损耗的发生。因此，沃尔玛在整个行业损耗率是最低的，只有平均水平的一半。

6.其他福利

沃尔玛为员工提供全面的医疗保健和福利已有很长的历史，这些计划是零售业中最好的。比如：员工持有的联名折扣卡在公司商店购物9折优惠；300～1 000美元的健康报销计划；长达16个星期的带薪产假；还有人寿保险，意外死亡保险，重大疾病保险，短期和长期残疾保险以及商务旅行意外保险等。

沃尔玛在薪酬管理中有着自己的特点，确实也为企业的发展做出了贡献，但也存在着一定的局限，就是它的短期激励不如长期激励。沃尔玛的固定工资很低，要想拿到更丰厚的收入取决于公司的业绩和员工服务年限，而对于那些要解决眼前基本生活问题的员工来说，沃尔玛确实还做得不够。

资料来源　HRsee.沃尔玛公司的薪酬管理案例［EB/OL］．［2019-12-06］．http：//www.hrsee.com/? id=1172.

思考题：请结合案例分析沃尔玛的薪酬战略管理有哪些优势和问题。

复习思考题

1.什么是战略？如何把握和认识战略的一些基本特征？

2.战略理论的主要流派有哪些？如何理解各个流派的观点？

3.如何理解战略薪酬管理的背景和内涵？企业战略对薪酬管理的影响有哪些方面？

4.战略性薪酬管理设计的基本步骤有哪些？

5.如何理解斯奈尔对人力资本的标准评定和划分？其薪酬战略的研究思路是什么？

第 4 章

基本薪酬制度

学习目标

通过本章的学习，了解基本薪酬的含义、划分依据和特点，了解基本薪酬制度的研究内容；掌握职位型基本薪酬制度、绩效型基本薪酬制度、技能型基本薪酬制度以及组合型薪酬制度四种基本薪酬制度的含义、优缺点及适用范围；明确基本薪酬制度的几种具体形式，重点掌握宽带薪酬制度、职位薪点薪酬制度、职位技能薪酬制度和年薪制。

4.1 基本薪酬制度概述

4.1.1 基本薪酬的含义及特点

基本薪酬是指根据员工的劳动技能、劳动强度、劳动责任以及劳动条件，将劳动划分为不同等级，用人单位在适度参考员工职位、年龄、学历、技能的前提下，按一定等级标准向员工支付的报酬。

从基本薪酬的含义，我们可以看出：

1）薪酬是分等级的

不同薪酬等级，薪酬支付标准不同。在其他条件一定的前提下，劳动越复杂、越繁重，从事这种劳动的员工薪酬等级越高，那么用人单位所支付的薪酬就越多；反之，则越低。

2）基本薪酬是一个集合概念

基本薪酬由多种薪酬形式构成，如职位薪酬、工龄薪酬、学历薪酬以及技能薪酬等。在不同的基本薪酬制度中，上述薪酬形式所占的比例是不同的，这主要取决于员工所从事劳动的特点以及不同基本薪酬制度的目标取向。如果企业注重员工队伍的稳定，鼓励员工为单位长期服务，那么它的工龄薪酬在基本薪酬中所占的比例要高。

3）基本薪酬等级的划分依据

（1）劳动技能。劳动技能差别主要反映在劳动的复杂程度上，按照复杂程度的不同，劳动可分为简单劳动和复杂劳动。在每一分类中，劳动质的不同主要通过劳动的一些评价指标测评出来。

（2）劳动强度。这主要表现在不同劳动的紧张程度、身体负荷以及工时利用率等方面。

（3）劳动责任。不同的劳动，劳动者所承担的责任是不同的，劳动责任对劳动者心理和生理产生影响，从而增加了劳动者的实际劳动消耗。

（4）劳动条件。它有三个指标，即危险程度、危害程度和自然地理环境。需要指出的是，基本薪酬只考虑正常劳动环境，而对特殊劳动环境下工作的劳动者，主要通过辅助薪酬的方式加以补偿。

根据劳动经济学的有关理论，劳动可分为以下三种形态：

（1）潜在劳动形态。潜在劳动是劳动的可能性，在实体形态上则是人的劳动能力。它与员工的工龄、学历、职称有关。

（2）流动劳动形态。流动劳动是人力资源个体在工作岗位上已经付出的劳动，是活劳动，反映员工的实际劳动消耗。把它作为价值分配的依据时，有其局限性。

（3）凝固劳动形态。它是实际劳动成果，体现员工的贡献和绩效。

由于基本薪酬主要是从劳动质量上划分薪酬等级的，因此，它更多反映的是潜在劳动形态，而较少体现员工的流动劳动形态和凝固劳动形态。尽管潜在劳动形态反映了员工的劳动能力，但这并不代表员工在实际工作中就能发挥出来，只有凝固劳动形态才能最终体现员工的潜在劳动和流动劳动的实际绩效。正是由于基本薪酬在这方面的缺陷，因此基本薪酬往往配合其他薪酬形式综合运用。

4）基本薪酬的特点及基本特征

通过上述对基本薪酬概念的分析，我们知道基本薪酬具有等级性、常规性（基本薪酬是法定时间内、正常劳动条件下劳动者完成定额劳动所得到的）以及结构性（由不同薪酬单元所构成）等特点。除此之外，基本薪酬还有以下基本特征：

1）主干性

在众多薪酬构成要素中，基本薪酬占据劳动者货币收入的主体部分，它直接影响员工的薪酬水平。一般而言，基本薪酬对员工起着保障作用，保障员工的劳动力再生产。

2）稳定性

基于基本薪酬的主干性、保障员工基本生活的特点，基本薪酬必须具有稳定性，也就是说员工的薪酬等级、薪酬结构等在一定时间内必须具有相对稳定性。

3）基准性

基本薪酬基准性主要表现在：（1）员工所得的各种辅助性收入，如奖金、福利、津贴等计算标准往往以基本薪酬为依据。（2）员工在非工作时间内所获得的薪酬也以基本薪酬为依据。（3）国家及用人单位内部劳动规则、劳动合同有关薪酬标准一般仅限于基本薪酬。

4.1.2　基本薪酬制度的研究内容

薪酬制度是组织实现战略的工具。它是薪酬管理的前提和基础，也是薪酬管理的重要内容之一。所谓薪酬制度，是指依照国家法律、法规和政策的规定，为规范薪酬分配而制定的各种政策、标准和实施方法的总称。薪酬制度具有广义和狭义之分：广义的薪酬制度包括等级薪酬制度、薪酬分配制度、薪酬调整制度、薪酬定级、升级制度以及各种薪酬形式。而狭义的薪酬制度主要指基本薪酬制度、绩效薪酬制度、激励薪酬制度以及福利津贴制度。如果从作用层次和范围上看，薪酬制度有宏观、中观、微观之分。宏观薪酬制度是指国家对薪酬分配进行调控的法律、法规、政策和措施的总和，如前面讲到的最低工资制度、工资指导线制度，除此之外，还有工资指导价位制度、工资控制线制度等；中观薪酬制度主要针对的是地区或行业的薪酬分配；微观薪酬制度是现代企业研究的重点，是指组织对其薪酬结构、形式、水平以及薪酬分配方式所作的具体规定，它包括薪酬体系选择、构建、运行、调整等内容。

从有关薪酬制度内涵及外延的表述中可以看出，本章所要研究的基本薪酬制度是对基本薪酬进行分配的各项制度，属于薪酬制度狭义微观层次，是薪酬制度的重要组成部分。

基本薪酬制度的研究内容主要包括以下方面：

1）基本薪酬制度类型及具体形式选择

基本薪酬制度根据其制定标准的不同，可以分为三类，分别为职位型基本薪酬制度、技能型基本薪酬制度、绩效型基本薪酬制度。然后对职位、技能、绩效进行组合产生第四种基本薪酬制度类型：组合型薪酬制度。基本薪酬制度的制定反映了组织的导向是鼓励职位晋升，还是提倡员工系统学习，提高技能；如何通过基本薪酬制度的实施，增进组织绩效。基本薪酬制度在上述划分的基础之上，还可细分为许多具体形式，如职位等级薪酬制度、薪点薪酬制度、年薪制等。在选择基本薪酬制度时，必须结合行业背景、企业性质、实际工作特点以及社会状况，充分考虑不同任职者的主体特点，做出最优薪酬决策。

2）薪酬体系构建

基本薪酬制度权衡组织支付能力、劳动力市场供求状况等主客观因素，规定了组织的薪酬水平，并对组织薪酬结构分别从纵向、横向两个维度加以设计，力求做到薪酬管理的公平、公正。另外，基本薪酬制度还对薪酬构成比例作了安排，如绩效型基本薪酬制度中，业绩薪酬在薪酬总额中占有绝对优势，但在职位型基本薪酬制度中，它的比重却很小。

3）薪酬系统运行及调整

当薪酬体系构建、调试后，它就进入了正常运行状态。薪酬管理是一个动态的管理过程，它的动态性之一体现在薪酬体系运行后，必须要长期对它进行监控，发现问题，立即加以调整，确保薪酬制度的科学性与合理性。

本章重点研究基本薪酬制度的类型以及具体形式选择，至于薪酬体系构成、运行及调整将在第3篇给予重点介绍。

4.2　基本薪酬制度类型

4.2.1　职位型基本薪酬制度

职位型基本薪酬制度（简称职位薪酬制度）就是对职位本身价值做出一个客观合理的评价，然后根据评价结果赋予承担这一职位的人与该价值相当的薪酬这样一种基本薪酬决定制度。它是基于这样的假设：职位价值刚好与员工的能力相符合，如果员工的能力大于职位要求，则会造成人力资源浪费；如果员工能力小于职位要求，那么会导致员工不能胜任工作或无法按时、保质保量完成工作。职位薪酬制度鼓励员工通过职位晋升来获得更多薪酬。20世纪90年代以来，在全球化、市场化、信息化的大背景下，组织结构出现了扁平化的趋势，表现为组织管理层级减少、管理幅度增大。扁平的组织结构越来越多地取代了传统的等级森严的金字塔结构，这样职位薪酬制度受到了挑战，因为职位晋升通道变得相对有限，但是完全基于职位的薪酬制度很少，往往还加入了员工技能、绩效等因素，所以职位薪酬制度仍是现代组织所广泛使用的。

1）职位薪酬制度的优点

（1）薪酬分配相对公平。职位薪酬制度建立在规范的工作分析基础之上，工作内容、责任以及权力明确，通过职位评价，确保了薪酬分配的内部公平；通过对职位展开有针对性的市场薪酬调查，从而可以实现薪酬分配的外部公平。

（2）简明易懂，可操作性强。简明易懂的薪酬制度，密切了组织上下级之间的联系，增大了薪酬分配过程中的透明度，有利于员工了解自己的劳动所得。可操作性是评价薪酬制度优劣的重要指标。采取这种薪酬制度，有利于按照职位系列进行薪酬管理，操作比较简单，管理成本较低。

2）职位薪酬制度的缺点

（1）激励面不广。职位薪酬制度主要依据员工职位支付薪酬，薪酬与职位直接挂钩，当员工晋升无望时，也就没有机会获得较大幅度的加薪，在没有其他因素介入的情况下，其工作积极性必然受挫，甚至会出现消极怠工或者离职的现象。另外，职位薪酬制度对员工知识、技能关注不足，忽略了员工的个体差异，从而导致激励面不广。

（2）灵活性不强。职位薪酬制度对职位类别、等级作了详细的规定，员工在某个具体的职位上，知道自己该干些什么，什么不在自己的职责范围之内，这使员工很难从事其他工作。而且职位薪酬制度要求职位相对稳定，按职付薪，职位变化不大，但在环境不确定的情况下，对员工提出了更高的要求，有违薪酬管理公平性原则，这是职位薪酬制度灵活性不强的另一方面。

3）职位薪酬制度实施的条件

（1）企业要有较好的人力资源管理基础，根据各职位特点，建立一套科学、规范、标准的职位说明书，要做到一职一书，清楚地描述职位的性质、范围、工作关系和任职资格。

（2）企业要有较高信度和效度的人力资源测评系统，科学测评员工能力，做到员工能力与职位相匹配。

（3）企业薪酬管理者能够熟练运用各种职位评价方法，评价组织中各职位的相对价值，并为之支付薪酬。

（4）职位应基本稳定，在一定时期内，不会发生较大波动，这是实施职位薪酬制度的基本前提。

4）职位薪酬制度的应用范围

职位薪酬制度主要适用于外部环境相对稳定、内部职位级别相对较多的企业，针对的是这类企业的过程导向性职位，其典型特点是能力或业绩并不十分明显，如各种管理类职位。

5）职位薪酬设计的基本框架

组织结构分析→职位分析→职位规范→职位评价→职位薪酬等级。

4.2.2　技能型基本薪酬制度

技能型基本薪酬制度（简称技能薪酬制度）是指组织根据一个人所掌握的与工作相关的技能以及知识的深度和广度支付基本薪酬的一种薪酬制度。

这里所说的技能通常包括三类：深度技能、广度技能和垂直技能。深度技能表现在能力的纵向结构上，它强调员工在某项能力上不断提高，成为专家；广度技能则表现在能力的横向结构上，它提倡员工掌握更多技能，成为通才；垂直技能主要是指员工掌握的与工作有关的管理技能。三者的具体内容将在第9章技能内涵的界定中给予重点介绍。

1）技能薪酬制度的优点

（1）技能薪酬制度提倡持续学习。当前企业之间的竞争越来越多地依赖内在能力和资源，而不是外在规模，企业为了寻求发展，建立学习型组织将成为时代所趋。技能薪酬制度很好地适应了技术变革带来的技能宽化和技能深化趋势，向员工传递了关注自身发展和不断提高技能水平的信息，它鼓励员工根据企业要求不断掌握新的知识和技能，这符合建立学习型组织的要求，并在客观上增强了组织的竞争优势，以及组织适应外界环境、快速变革的能力。

（2）技能薪酬制度扩大了员工的技能领域，在人员配置方面给企业提供了很大的灵活性，削弱了由部分员工的不可替代性给企业生产带来的负面影响。这种灵活性还为组织结构扁平化和人员精简提供了机会，因员工流动或缺勤造成的职位空缺可以由那些掌握了多种技能的现有员工来填补，获得更多技能的员工可以完成整个生产过程的各个部分，他们因此可以共同工作以解决瓶颈问题。因此，技能薪酬制度有助于加强员工间的互助与合作，并可激发员工提高技术水平、掌握多种技能的积极性，使员工之间能更好地相互配合以有效地完成工作。

（3）掌握多种技能的员工可以扩展和丰富自己的工作内容。他们可以与生产或服务的其他部门人员进行更有效的沟通，因为他们了解这些正在做的事；他们还可以更有效地解决问题，因为他们对公司有更广泛的了解；他们也会更加致力于观察公司的有效运作，因为他们对整个运作有总体认识。在员工较以往掌握了更多技能的基础上，技能薪酬制度有助于员工更全面理解组织的运营流程，更好理解自己对整个组织的贡献，赋予他们更强的成就感。同时，它在一定程度上还有利于实现工作兴趣的丰富化，能鼓励专业人才安心本职工作，从而保证了员工队伍的稳定性。

（4）技能薪酬制度为把决策权授予那些知识最丰富的员工提供了基础。同时，在这种薪酬体制之下，员工的关注点是个人以及团队技能的提高，而薪酬体系本身的设计和运行也需要员工的高度参与，因此有助于促成高度参与的管理风格。

（5）在激励方面，职位薪酬体系受到的重大挑战之一，就是在组织结构扁平化、职位晋升受到限制的状况下，如何激励员工。这样的问题如果放在技能薪酬制度中，则更容易解决，因为技能薪酬制度为员工发展准备了两条路径，即职位晋升通道和技能晋升通道。技能薪酬制度在一定程度上有利于鼓励优秀专业技术人才安心本职工作，而不是去谋求尽管薪酬很高但自己却并不擅长的管理职位。

2）技能薪酬制度的局限性

（1）可能会引起员工的不公平感。如果两个员工正在做相同的工作，只因为一个人掌握更多的技能而得到更多的薪酬，就会使另一个人产生不平等的感觉。

（2）增加了组织的薪酬支出。在技能薪酬制度下，员工报酬的增加主要取决于其不断学习并掌握新技能，这就要求组织在员工培训上进行大量的投资，以使员工能不断提高自己的技能水平。并且由于技能薪酬方案要付给员工更高的报酬，因此增加了组织的人工成本。

（3）设计和管理存在难度。对员工技能进行评估时要消耗大量精力，必须根据不同员工分别设计技能等级评价标准。对于较高、较低的技能人员评定时可能相对容易，但对技能处于中间状态的员工评定有难度。

（4）可能降低组织效率。一方面，员工在为了获取高报酬而不断学习新技能的过程中可能会出现忽视目前本职工作、好高骛远的情况，从而组织效率会大大降低；另一方面，如果组织不能为员工提供使用其新技能的机会，那么组织就无法从新技能的应用中获得收益，从而组织付出的薪酬成本的效率就会降低。

（5）可能会限制员工和组织的发展。如果对那些已经达到组织中最高技术等级的员工没有采取合适的措施以激励其继续学习新的技能，那么员工和组织的发展空间将会受到限制。因此，组织必须解决好对员工进行持久激励的问题。

由此我们可以看到，技能薪酬制度本身只是企业以员工个人技能为核心的人力资源管理系统的重要组成部分，是以人为本而非以职位为本的人力资源管理理念的体现。因此，对员工技能的强调必须贯穿于企业的招聘、晋升、绩效管理、培训等人力资源管理各个环节，必须把技能薪酬制度与人力资源管理和企业管理的其他环节相融合。只有这样，才能实现技能薪酬制度使用价值的最大化。

3）技能薪酬制度的应用范围

技能薪酬制度主要适用于员工技能与组织绩效相关性较强的企业，如企业中的技术工人、专业管理者及科技研发人员。

4）技能薪酬设计基本框架

成立设计小组→技能分析→确定技能模块→技能培训与认证→制订技能薪酬方案。

4.2.3 绩效型基本薪酬制度

绩效型基本薪酬制度（简称绩效薪酬制度）是与工作绩效完成情况相联系的一种薪酬形式，从时间上分，包括短期激励和长期激励两种类别，从具体形式上分，包括个人绩效薪酬、团体绩效薪酬、组织绩效薪酬三种类别。绩效薪酬制度核心部分是建立科学合理的绩效评估体系，准确区别不同员工绩效，并据此确定员工薪酬。

1）绩效薪酬制度的优点

（1）协调个人与组织目标

现代组织理论强调"双赢"，即员工不断进步，组织效益不断提高，组织与员工长期共同发展。个人存在于组织之中，只有两者目标一致时，个人与组织功能才能得到最大程度的发挥；如果个人与组织目标之间存在夹角，势必会造成两者的效率损失。绩效薪酬制度将组织目标进一步细化，制定不同绩效标准，划分薪酬等级，并根据员工实际工作绩效，支付相应薪酬。由于员工的工作目标明确，目标层层分解，因此组织战略容易实现。绩效薪酬制度以组织经济效益和员工个人的实际贡献为依据来决定员工薪酬，有利于将员工的关注点从自身绩效转移到组织目标上来，从而协调了个人与组织目标。

（2）激励效果明显

实施员工个人绩效与薪酬相挂钩的薪酬制度，极大地提高了员工工作积极性。企业为优秀员工支付较高薪酬，为绩效较差员工支付较少薪酬，这样产生的激励效果比较明显。

（3）实施成本低

由于薪酬成本随销售额、利润等指标的变动而变动，因此能防止工资成本过分膨胀，而且薪酬制度直观透明，各个单位开发成本和执行成本均较低。在企业整体效益不好时，企业无须支付过高的报酬，从而有利于节省人工成本。

2）绩效薪酬制度的缺点

（1）容易造成短视行为

绩效薪酬制度的实施，容易造成员工只关注今天的绩效，而非组织明天的竞争，从而产生短视现象：员工为了短期利益的提高，而牺牲了组织的长期利益。

（2）容易影响组织凝聚力

在绩效薪酬制度中，薪酬支付的依据是员工的绩效，这样容易造成部门或者团队内部成员之间的恶性竞争，导致员工之间的收入差距过大，影响员工的和睦关系。在组织制定标准时，也容易出现管理层与员工就绩效指标等讨价还价现象。所有这些都在一定程度上影响了组织的凝聚力。

3）绩效薪酬制度的实施范围

绩效薪酬制度主要应用于组织中那些工作效果明显、业绩容易量化的职位或员工，如生产计件产品的员工、销售人员等。

4.2.4　组合型基本薪酬制度

上述几种基本薪酬制度，或基于职位，或基于技能或绩效。这些薪酬制度往往注重影响员工薪酬的一方面，而难以兼顾其他。事实上，企业在制定薪酬制度、设计薪酬体系时，通常会以一种薪酬单元为主，同时统筹考虑其他因素。例如：以职位为主，同时结合员工绩效，则形成职位绩效薪酬制度；如果以职位为主，同时考虑员工技能/能力，则会形成职位技能薪酬制度，这类薪酬制度通常被称为组合型基本薪酬制度（简称组合薪酬制度）。它将薪酬分解为几个相对独立的薪酬单元，根据劳动特性，合理确定员工薪酬。很多在中国的外资企业在薪酬制定过程中，通常按照"3P+2M"原则：员工职位（position）、个人能力（person）、工作绩效（performance）以及行业市场（industry market）、人才市场（talent market）。这种薪酬制度也属于组合薪酬制度。

1）组合薪酬制度的构成

组合薪酬制度薪酬构成并无固定形式，但通常情况下，由以下几方面构成：

（1）基础薪酬

设置基础薪酬单元的主要目的是保证劳动力的再生产。基础薪酬主要采取绝对额或系数这两种方法发放。绝对额方法，主要是考虑职工基本生活费用及占总工资水平的比重，规定同一数额的基础薪酬；系数方法，主要是考虑员工现行工资关系和占总工资水平的比重，根据大体统一的参考工资标准，按员工本人标准工资的一定百分比确定基础薪酬。

（2）职位薪酬

职位薪酬是组合薪酬制度的主要组成部分，它与劳动责任、劳动强度、劳动条件三要素相对应，确定的依据是对三项劳动要素评价，划分几类职位薪酬的标准，并设置相应档次，一般采取一岗多薪的方式，视劳动要素的不同，同一职位内部的薪酬有所差别。

（3）技能薪酬

技能薪酬与劳动技能要素相对应，确定的依据是职位或职务对劳动技能的要求和员工所具备的劳动技能水平。

（4）绩效薪酬

绩效薪酬的支付依据是企业的经济效益和员工实际完成劳动的数量和质量，它并没有固定的支付标准，随组织效益与员工努力部分或全部浮动。

（5）年功薪酬

年功薪酬是根据员工参加工作的年限而支付给员工的薪酬。它是用来体现企业员工逐年积累的劳动贡献的一种薪酬形式。

2）组合薪酬制度的优点

（1）职能全面

不同企业，组合薪酬的构成要素是不同的，但在通常情况下，它可由职位薪酬、绩效薪酬、年功薪酬、技能薪酬、学历薪酬等两种或两种以上薪酬单元构成。由于这些薪酬单元能够从不同角度准确反映劳动质与量的差别，即与劳动结构相对应，并形成因果关系，劳动结构有几个部分，工资结构就有相对应的几个部分，并随前者变动而变动，保证员工各方面的付出都能在薪酬上得到体现，因而组合薪酬制度职能比较全面。

（2）调整灵活

组合薪酬制度并无固定模式，即使薪酬单元相同，薪酬单元之间的构成比例也可能不同。这有利于合理协调各类员工的薪酬关系，调动员工的劳动积极性。而且这样的薪酬结构比较灵活，适应性强，能够提升企业的竞争力。

3）组合薪酬制度的缺点

组合薪酬制度无固定薪酬结构，从而调整灵活，但在实施过程中也有一些缺点：如何选择薪酬单元；薪酬单元之间的构成比例如何安排；薪酬管理者在面对上述问题，尤其是薪酬单元权重设置上主观性比较大。另外，由于薪酬各构成单元相对独立运行，给企业薪酬管理工作带来了难度。

4）组合薪酬制度的应用范围

组合薪酬制度的应用范围十分广泛，适用于各类型企业，但不同类型企业在选择薪酬单元、安排薪酬比例、组合薪酬要素时，应有所不同，以充分体现企业的特点。

4.3   基本薪酬制度的具体形式

4.3.1   一职一薪制

职位型基本薪酬制度作为一种主流的薪酬制度类型，在组织中存在许多形式。根据职位及其对应的薪酬标准的不同，职位薪酬制度大致可分为一职一薪制、一职多薪制以及宽带薪酬制度。另外职位薪点薪酬制度、职务等级薪酬制度等也是职位薪酬制度常见的形式。本节重点讲述一职一薪制。

一职一薪制是指组织中每个职位只对应一个具体的薪酬标准，同职同薪，并且同一职位内部不存在薪酬等级。一职一薪制简单易行，只要员工达到职位要求，就可以得到该职位的标准薪酬，从而有利于贯彻按劳分配原则。但是一职一薪制未能全面体现员工工龄、能力、学历等因素，有缺乏激励的局限性。

一职一薪制适用范围：专业化、自动化程度高，职位比较稳定，且技术较为单一的职位或企业。典型的管理类职位和技术类职位一职一薪制示例见表4-1。

表4-1   **典型的管理类职位和技术类职位一职一薪制**   单位：元

职级	薪酬标准	管理类职位	技术类职位	工人职位薪酬标准	
				职级	薪酬标准
十	5 100	公司总经理		一	1 180
九	4 435	副总经理		二	1 450
八	4 000	总经理助理		三	1 750
七	3 800	部门经理	正高工程师	四	2 050
六	3 350	部门副经理	副高工程师	五	2 350
五	2 900	业务组长		六	2 700
四	2 480	业务副组长	工程师	七	3 150
三	2 050	业务主办	助理工程师		
二	1 700	业务员	技术员		
一	1 400	办事员	技术员		

4.3.2   一职多薪制

一职一薪制主要针对组织中的不同职位，职变薪变，但对同一职位内部的差别未加规定。一职多薪制能有效规避上述问题，它根据劳动四要素（劳动技能、劳动强度、劳动责任、劳动条件）划分职位类别，再对同一职位内部按照技术难度等要素确定多个薪酬标准，不同职位之间薪酬标准可以交叉，也可以不交叉。

比较典型的一职多薪制见表4-2。

表 4-2　　　　　　　　　　　　　　　　一职多薪制

职位	职级	不交叉					交叉				
		1	2	3	4	5	1	2	3	4	5
总经理	十	67	68	69	70	71	75	78	81	84	87
副总经理	九	61	62	63	64	65	69	72	75	78	81
总经理助理	八	55	56	57	58	59	63	66	69	72	75
部门经理	七	49	50	51	52	53	57	60	63	67	70
部门副经理	六	43	44	45	46	47	50	53	57	60	63
业务组长	五	37	38	39	40	41	40	43	47	50	53
业务副组长	四	31	32	33	34	35	31	34	37	40	43
业务主办	三	25	26	27	28	29	24	25	28	31	34
业务员	二	19	20	21	22	23	18	20	22	24	26
操作员	一	13	14	15	16	17	15	16	17	18	19

一职多薪制的基本特点：

（1）一职多薪制体现了劳动差别，这一差别不仅体现在不同职位之间，而且体现在同一职位内部。由于同一职位对应多个薪酬标准，因此可以实现同职不同薪、不同职亦可同薪的目的。

（2）一职多薪制同一职位内部薪酬标准的确定以技术难度为主，它鼓励员工提高业务技能，并愿意为同一职位内部工作经验丰富、技术能力强的员工支付较高薪酬。

（3）一职多薪制主要适用于自动化程度较高、同一职位内部存在差异的企业。

4.3.3　宽带薪酬制度

宽带薪酬制度（其中"宽带"一词引自广播术语）是近年来比较盛行的一种新型薪酬制度。它是在传统职位薪酬制度的基础上，结合绩效考核而发展起来的一种新的薪酬制度类型，是对原来那种垂直型薪酬结构的一种改进或替代。根据美国管理学会的定义，宽带薪酬制度是指对多个薪酬等级以及薪酬变动范围进行重新设置，从而变成只有相对较少的薪酬等级以及相对较宽的薪酬幅度的薪酬管理制度。宽带薪酬制度压缩了薪酬等级，将原来十几个甚至20个、30个等级压缩成几个级别，通常仅为4~8个工资带（宽带），与此同时每个薪酬等级对应的薪酬幅度拉大，每位员工对应的不再是具体的薪酬额，而是一个薪酬区间。比如，20世纪90年代以前，IBM公司薪酬结构一共包括5 000种不同的职位和24个薪酬等级，后来，该公司将职位种类精简到1 200种，薪酬等级也合并为10个范围更大的薪酬宽带。

1）宽带薪酬制度的特点

（1）在传统职位薪酬体系下，薪酬增长主要取决于员工的职位变化而非能力的提升，员工技术水平即使很高，但如果没有职位上的晋升，仍然无法获得较高的薪酬。而宽带薪酬是在职位薪酬基础之上，又加入了知识、技能等薪酬要素，用宽带的方式增加员工薪酬提升的空间，打破原来只有晋升才能提薪的做法。由于宽带薪酬变动范围大，员工不必再为薪酬的增长而计较职位晋升等问题，只要不断提升自身技术和能力即可，因此，相对而言，宽带薪酬制度有利于引导员工将努力目标从职位晋升转移到个人能力的提高和对企业有价值的工作中去，加强薪酬对内部员工的激励性和凝聚力，激励员工重视提高技能，从而有利于建立学习型组织。

（2）宽带薪酬制度打破了传统薪酬制度所维护和强化的观念，简化了薪酬等级，适应了组织结构扁平化的发展趋势，并且增强了组织对外界环境的适应能力。宽带薪酬制度淡化了等级观念，因而有利于促进组织成员之间开展团队合作，提高企业效率，适应了现代企业发展的需要。

（3）在宽带薪酬制度下，即使职位不变，在同一个薪酬宽带内，由于员工自身素质的改变，企业为员工提供的薪酬变动范围增大，也就是说即使职位不变，只要员工能力提高了，照样也可以获得较高的薪酬。所以在这种情况下，员工更愿意积极提高自己，注重自身综合素质的提高，同时也避免了因竞争高薪酬职位而引发的员工队伍的不稳定。

（4）宽带薪酬制度以市场为导向，使员工从注重内部公平转向自身在外部劳动力市场上的价值。宽带薪酬水平是以市场薪酬调查的数据及企业的薪酬定位为基础的。因此，薪酬水平的定期审查与调整使企业更能把握其在市场上的竞争力，有利于企业做好薪酬成本的控制工作，针对市场特点相应降低或提高薪酬标准，而不会因为破坏原有薪酬体系框架结构而对企业薪酬公平性造成不良影响。

2）实施宽带薪酬的几个要点

（1）审查企业文化、价值观和经营战略。企业在决定实施宽带薪酬时，必须首先审视自身的文化价值观和经营战略，看它们与宽带薪酬设计的基本理念是否一致，若企业采取传统经营战略，此时采取宽带薪酬其结果可能就是负面的。

（2）注重加强企业所有部门管理人员的人力资源管理能力。宽带薪酬使非人力资源部门的管理人员有很大空间参与其下属员工的薪酬决策，所以非人力资源部门的管理人员在人力资源管理方面必须有足够的成熟度，能与人力资源部门一起对员工工作业绩做出正确的评价。

（3）鼓励员工参与，加强沟通。只有员工明白了某种薪酬决策是如何做出的，这种薪酬决策才能真正发挥作用。所以，管理层和员工必须进行及时、全面的沟通，鼓励员工的工作行为与企业目标保持一致。

（4）要有配套的员工培训和开发计划。宽带薪酬结构为员工成长提供了更大弹性，其重要特点之一就是鼓励员工努力提高自身能力，掌握更多技能，以增强企业竞争力和适应外部环境。

4.3.4　职位薪点薪酬制度

职位薪点薪酬制度是我国在薪酬改革过程中出现的一种薪酬形式，它建立在有效的职位评价和绩效考核基础之上，通过点数和点值确定员工薪酬。例如，某员工经绩效考核后，点数为1 000，点值为3元，则该员工薪酬额为3 000元。由于职位薪点薪酬制度具有操作简单、方便易行、针对性强等优点，因此在我国企业中被广泛采用。

职位薪点薪酬制度坚持以经济效益为中心，以市场为导向，以按劳分配为主体，突出职位要素在薪酬分配中的作用，合理拉开收入差距，收入分配向关键岗位和重要岗位倾斜，坚持"一岗一薪、岗变薪变"的原则，鼓励人员的内部正常流动。

在薪点构成方面，有的企业实行单一的职位薪点，但通常情况下，薪点主要由职位薪点和个人薪点两部分组成。职位薪点与职位的相对重要性有关，职位价值越大，等级越高，职位薪点就越多。职位的相对重要性通过职位评价来测定。职位薪点确定以后，在一定时间内较少发生变化，也就是说无论何人上岗，只要职位不变，职位薪点就不会发生变化。个人薪点由表现点数以及加分点数构成。表现点数是指员工在绩效考核期间内，对照各绩效指标加总所得的分数；加分点数主要针对的是职位薪点和表现薪点未能体现的，而组织又必须加以支持和鼓励的各种因素，如学历、工龄、职称等。典型的薪点薪酬表见表4-3。

表4-3　　　　　　　　　　　**某企业部分员工薪点薪酬表**　　　　点值：3元　金额单位：元

员工姓名	职位薪点	学历津贴点数	工龄津贴点数	职称津贴点数	其他津贴点数	点数合计	员工薪酬
A	2 200	30	25	20		2 275	6 825
B	2 000	25	20	20		2 065	6 195
C	1 800	20	20	30		1 870	5 610
D	1 600	15	15			1 630	4 890
E	1 500	15	20	10	10	1 555	4 665
F	1 300	10	15	10		1 335	4 005
G	1 000	10	10		30	1 050	3 150

点值取决于企业及员工所在部门的经济效益，经济效益越好，薪点点值就越大。

职位薪点薪酬制度在实施过程中常用到以下公式：

员工个人点数=职位点数+表现点数+加分点数

员工个人薪酬=点值×个人点数

职位薪点薪酬制的特点：

（1）薪酬分配与企业效益和员工个人的劳动成果挂钩，体现了效率优先的原则，符合市场取向。点值与企业效益挂钩，浮动值与企业所属部门主要经济指标挂钩，使得职工的收入、所在部门的经济技术指标、企业效益与市场联系在一起。

（2）能客观地反映员工的劳动差别，以调节各类薪酬关系，实行按劳分配。薪酬用薪点表示比职位技能薪酬更容易做到薪酬向一线关键岗位、科技管理岗位、技术岗位倾斜。

（3）薪点薪酬通过不同薪点确定员工薪酬，可以促进员工学习技术，一专多能，勇挑重担，为企业多作贡献。

（4）薪点薪酬制通过量化考核、薪酬全额浮动来拉开工资分配的差距，使考核分配更具有严肃性，同时量化与劳动制度改革相配套，对员工既是动力，也是压力，使薪酬发挥了激励作用。

（5）由于把各类津贴和奖金纳入职工的薪点数中，逐步做到了收入工资化，员工容易接受，管理部门操作简化，便于管理。

4.3.5　职务等级薪酬制度

职务等级薪酬制度是一种简化了的职位型薪酬制度，它以员工职务为主体，并综合考虑员工知识、能力、资历等因素。因此，职务等级薪酬制度也可以看作复合型基本薪酬制度的形式之一。在我国，职务等级薪酬制度主要应用于政府机构、事业单位、国有企业。另外，我国公务员所实行的职务级别薪酬制度（简称为职级薪酬制）也是在职务等级薪酬制度上，结合级别薪酬制度发展起来的。

职务等级薪酬制度薪酬标准的制定主要以员工所处的职务为依据，不考查超出员工职务范围之外的能力。处于同一职务上的员工，即使工作内容不同，员工所得的基本薪酬也大致相同。在同一职务内部划分几个等级，每个等级都有规定的薪酬额，这就是所谓的"一职数薪"；不同职务之间，薪酬标准上下交叉。这样"一职数薪，上下交叉"的特点增强了组织薪酬制度的灵活性。

职务等级薪酬制度主要由业务等级标准、职务规范以及职务薪酬标准表三部分构成。

1）业务等级标准

不同职务存在着劳动数量和质量上的差别，而业务等级标准就是反映这种差别的。业务等级标准由两部分组成，即应知、业务要求。应知是指员工从事某项业务所应该具备的各种知识，包括一般理论知识、业务知识等。业务要求是对员工的教育、经验以及业务能力的最低要求。具体业务能力包括理解能力、判断能力、表达能力、应变能力等。

2）职务规范

职务规范具体规定了某项职务的工作内容、职责范围、权力与责任。它有助于员工认清将要完成什么样的职务，如何完成，应达到什么样的标准以及对谁负责的问题。

3）职务薪酬标准表

职务薪酬标准表具体反映了不同职务员工的薪酬状况。制定职务薪酬标准表，首先，需要对各职务按一定顺序进行排序，形成职务等级序列。其次，确定职务薪酬等级数目，划分薪酬类别。最后，确定各职务等级薪酬标准，绘制薪酬等级线。

4.3.6　年功序列薪酬制度

20世纪50年代，日本企业曾广泛使用年功序列薪酬制度，它与终身雇佣制、企业内工会一起被称为第二次世界大战后日本经济飞速发展的三大支柱。在当时特定的历史时期，日本独特的人力资源管理模式，为其在国际市场上赢得了竞争优势，并最终促成日本经济于20世纪60年代超过西方国家。

年功序列薪酬制度，即主要依据在组织服务的年功序列标准来确定员工基本薪酬等级，随着工龄、年功考核及其他情况变化，每年递进提升工资级别及津贴水准。

年功序列薪酬制度的理论基础是人力资本理论：员工年龄越大，连续工龄越长，其积累的人力资本存量就越多，所以对企业的贡献就越大。年功序列薪酬一般包括年功工资、职位工资、奖金和福利四个部分。工龄每增加一年，薪酬就会增加一个单元。如某企业规定一年工龄薪酬为5元，张三连续工龄为5年，则张三年功薪酬为25元，具体见表4-4。

表4-4   **某企业员工工龄薪酬对照表**

员工工龄（年）	1	2	3	4	5	6	…	20
年功薪酬（元）	5	10	15	20	25	30	…	100

1）年功序列薪酬制度的优点

（1）减少员工流动，稳定员工队伍

年功序列薪酬制度最大的优点是减少员工流动，鼓励员工为企业长期服务，这在一定程度上缓解了劳资双方的矛盾，提高了员工的归属感和忠诚度，增强了企业的凝聚力。

在日本，很少有人跳槽，这主要基于以下三点原因：第一，尽管日本法律明确规定企业和员工之间双向选择、平等自愿，但是劳动力市场上对更换工作者仍然存在一定程度的就业歧视，这客观上增加了员工更换工作的难度。第二，员工更换工作，机会成本太大，在年功序列薪酬制度中，薪酬增长源于员工连续工龄的增加，员工更换工作，意味着其在新的企业里薪酬减少。第三，员工跳槽到其他企业除了年功薪酬减少外，奖金数额、退休金等也会受到影响。

（2）薪酬起点低，有利于企业薪酬成本管理

在年功序列薪酬制度下，员工薪酬起点较低，而且对照年功序列薪酬表，企业可以算出未来一阶段薪酬支付总额，从而有利于企业薪酬成本管理。

2）年功序列薪酬制度的缺点

（1）激励不足

年功序列薪酬制度不太讲究员工能力，而重资历，对能力大致相同的员工来讲，无论贡献大小，薪酬变动只取决于员工工龄的增长显然是不公平的；对学历和能力不相同的人来讲，工龄也会成为掩盖其他劳动差别的主要因素，从而抑制了年轻员工潜力以及创造性的发挥；由于员工实际所得与其绩效不相符，因此容易产生不公平感。这些都是年功序列薪酬制度激励性不足的表现。

（2）企业负担过重

实施年功序列薪酬制度的企业，随着其发展，往往会出现机构臃肿、人浮于事、效率低下等现象；由于激励手段单一，极大影响了管理层与员工的工作积极性，最终导致产出下降，企业负担过重。

完全运用年功序列薪酬制度的企业较少，在年功薪酬基础之上，往往再加入绩效薪酬、能力薪酬等薪酬单元，有效地减少了年功序列薪酬制度带来的不利影响。这也是20世纪80年代日本对自身人力资源改革的主要措施。

4.3.7 谈判薪酬制度

谈判薪酬制度是一种市场化的薪酬制度形式。它是薪酬决策者与薪酬接受者双方在充分考虑员工素质、职位属性、企业经济支付能力的前提下，对薪酬支付水平进行讨价还价的结果。谈判薪酬制度则是组织对谈判薪酬制度化的规定。当然，任何薪酬制度必须以合法性为基本前提，谈判薪酬制度也不例外。

1）谈判薪酬制度的优点

（1）吸引优秀人才，满足企业对特殊人力资源的需求

企业之间的竞争，归根到底是人才的竞争，尤其是核心人才的竞争，这是企业家们的广泛共识。在劳动力市场上，高级技术人员、战略性管理人员是稀缺的，所以容易成为市场争夺的重点。在当今激烈竞争的市场经济条件下，企业迫切需要懂经济、善管理的复合型人才以及掌握尖端科技的高级技术人才。谈判薪酬制度是主要针对这些特殊群体而制定的。由于谈判薪酬通常高于市场薪酬水平，因此它能吸引优秀人才，同时企业也有更大的选择余地。

（2）谈判主体双方自由度高

谈判薪酬制度重在企业与员工之间的平等协商，两者自由度比较高。只要有一方不满意，谈判就终止。另外实施谈判薪酬的员工通常积极性高，对企业的贡献大。

2）谈判薪酬制度的缺点

（1）薪酬成本高

谈判薪酬制度目标群体的特殊性，使得谈判薪酬成本较高，因此谈判薪酬制度不适宜对组织中大部分员工使用。另外，鉴于薪酬成本高的特点，企业有必要进行成本/收益分析，以便做出最优决策。

（2）容易引发其他员工的不满

谈判薪酬制度冲击了企业正常运行的薪酬体系，很有可能由于运用不当，而导致其他员工不满。所以，企业可以建立特殊群体引进机制，对他们设计薪酬特区，并采取措施预防矛盾的产生，以降低谈判薪酬制度实施的阻力。

4.3.8　职位技能薪酬制度

职位技能薪酬制度在我国始于20世纪80年代末90年代初，是社会主义条件下国家对企业薪酬制度改革的重大举措。它在一定程度上加大了企业对内部薪酬分配的自由度，有利于现代企业制度的建立。

所谓职位技能薪酬制度，是指以按劳分配为基本原则，以劳动技能、劳动强度、劳动责任、劳动条件四大要素的测评为基础，以职位（职务）薪酬、技能薪酬为基本薪酬单元，并辅之以年功薪酬、效益薪酬、福利津贴的基本薪酬制度的具体形式之一。从职位技能薪酬制度的含义可以看出，职位技能薪酬制度实际上是一种复合薪酬制度形式，它的主要薪酬单元由两部分组成，即职位薪酬和技能薪酬。但在我国企业实际运用过程中，技能界定困难，技能薪酬的实施又需要有效培训、科学考核、薪酬调整等配套机制，因此往往会出现技能薪酬在基本薪酬中所占比例较小的缺点，影响了职位技能薪酬制度的实施效果。

职位技能薪酬制度的薪酬单元设置主要包括以下三个方面内容：

1）基本薪酬

基本薪酬是职位技能薪酬制度的重要内容，它由职位（职务）薪酬、技能薪酬两个基本薪酬单元构成。

（1）职位（职务）薪酬。职位（职务）薪酬标准的确定，是通过职位评价来实现的，但在职位技能薪酬制度中，劳动四要素主要用来确定技能薪酬。在设置职位（职务）薪酬时，应该适当向责任重大、条件较差的职位倾斜。

（2）技能薪酬。在企业中，工人常被划分为初级、中级、高级技师三大类别；管理人员、技术人员分为初级、中级、高级三个类别。在每一个类别上，还存在着许多薪酬等级，用来体现同一类别、不同等级员工的劳动差异。

2）辅助薪酬

薪酬单元之间是相互联系、相互补充的，辅助薪酬的设置就是为了弥补基本薪酬的某些不足，以达到补偿员工的目的。

（1）年功薪酬。在年功序列薪酬制度中，年功薪酬主要是员工人力资本存量的回报，员工连续工龄越长，对组织的贡献越大。在职位技能薪酬制度中，基本原理大致相似。设置年功薪酬，有的企业以年为单位，连续工龄每增加一年，年功薪酬就增加一个单位；还有的企业是对连续工龄进行分段，分为不同区间，每个区间对应一个具体的工龄薪酬。

（2）效益薪酬。效益薪酬有利于形成"职位靠竞争，报酬靠贡献"的激励机制，员工薪酬随企业效益浮动，以激发员工工作热情。

3）构成比例

不同行业、不同组织职位技能薪酬的构成比例是不同的，具体指下面两方面内容：

（1）基本薪酬内部薪酬单元构成比例。基本薪酬内部薪酬单元构成比例在职位技能薪酬制度中就是职位（职务）薪酬和技能薪酬的构成比例。对那些劳动强度大、劳动条件差的职位，职位薪酬比重应该大些。对技能要求高的职位，技能薪酬权重可适当调高。

（2）基本薪酬与辅助薪酬的构成比例。其比例的设置体现了组织的战略导向，可以形成多种不同薪酬模式，如高稳定模式、高浮动模式、调和模式等，充分发挥不同薪酬单元的功能。

4.3.9 年薪制

1）年薪制的基本含义

年薪制是以会计年度为单位，根据企业经营者业绩好坏，确定其薪酬的一种制度。对于年薪制的界定，有两点必须加以关注：（1）以会计年度为单位。薪酬常见的形式有时薪、日薪、月薪以及年薪。经营者薪酬的确定以会计年度为单位，通过切实可行的绩效考核体系，能较好地反映经营者的贡献，确定经营者的薪酬。（2）经营者外延。年薪制的实施对象主要是企业的经营者，然而，我国目前对企业经营者的界定并没有形成共识。有的企业认为，企业经营者就是企业的法定代表人；还有的企业认为，企业经营者包括董事长、总经理等；有的企业将经营者范围扩大到企业经营管理成员。无论是上述哪一种观点，有一点是明确的，经营者是企业高层管理者，他们共同的特征是利用企业内部优势，把握企业外部机会，为了企业的生存和发展，广泛进行着战略决策，并勇于对自己的行为承担责任。

2）年薪的构成

年薪通常由基本薪酬、风险收入（绩效/激励薪酬）、经营者福利与津贴构成，下面分别加以介绍：

（1）基本薪酬。基本薪酬按月发放，不与企业经营者经营成果挂钩。设置基本薪酬的目的是保障经营者的基本生活需要。在年薪中，基本薪酬所占比重较小，实行年终结算，对超出年薪而支付的部分必须退回。基本薪酬主要依据企业资产规模、经济效益、行业地区平均薪酬水平等因素确定。

（2）风险收入。风险收入是年薪的主体部分，通常占年薪的一半以上。风险收入由两部分构成：短期绩效薪酬和长期激励薪酬。风险收入的多少由经营者业绩确定，具体细化为净资产收益率、资产保值增值率、销售收入增长率等多个指标。

（3）经营者福利与津贴。企业经营者比一般员工享有更多、更为丰富的福利与津贴。这类福利与津贴包括离职补偿、额外补贴、各种保险等。表4-5反映了西方企业经营者的特殊福利与津贴。

3）年薪制的特点

（1）激励约束性。现代企业的特征是出资者所有权与经营者经营权相分离，所有者与经营者之间形成一种委托-代理关系。由于委托-代理双方存在信息不对称、目标函数不一致等问题，因此不仅会出现"道德风险""搭便车"等现象，还增加了监督成本。年薪制将经营者绩效与薪酬结合起来，通过对经营者的考核量化，从而达到激励约束目的。

表 4-5　　　　　　　　　　　西方企业经营者的特殊福利与津贴

项　目	主要内容
非工作时间薪酬	自由带薪假期　年休假　离职支付
企业提供的服务	配汽车、飞机、游艇等　有司机的高级轿车　专用停车位　专用卫生间　经理进餐室　法律服务　税务服务　金融服务
与工作业绩无关的奖金与津贴	自由支配账户　俱乐部会员证　信用卡　音乐会或体育比赛门票　家庭娱乐费用　贷款贴息　旅行一等舱　会议津贴　个人保护费用　旅行费用　子女教育费用　抵押资助　搬迁费用
健康和安全	体检、身体调适计划　出差保护　暴力伤害保险　特别人寿保险
金色降落伞计划	一次性退休补贴　遣散费和股票期权

　　资料来源　宋培林. 薪酬管理——理论·操作·案例〔M〕. 北京：首都经济贸易大学出版社，2006：270.

　　（2）目标一致性。在所有权与经营权分离的条件下，经营者薪酬制度设计的中心问题是如何促使经营者为实现所有者（委托人或股东）的目标而努力工作。年薪制是一种较好的选择。它使得经营者与所有者形成一种利益共同体，促使经营者努力工作。这是整个企业高效率运转的前提。

　　（3）规范性、动态性。年薪制作为一种企业薪酬制度，规范了企业经营者薪酬制度的运行，并根据企业发展状况和外界行业变化情况，适时做出调整。

4）年薪制实施条件

　　（1）明确年薪实施对象。目前企业界对年薪制实施对象的界定并不明确，但通常为高级管理者或技术人员。对各主体，年薪构成是不同的，有着不同的激励机制。因此，年薪制实施对象的界定十分重要。

　　（2）健全现代企业制度。现代企业制度是指以完善的企业法人制度为基础，以有限责任制度为保证，以公司、企业为主要形式，以产权清晰、权责明确、政企分开、管理科学为条件的新型企业制度。年薪制的实施，要求政企分开，政府不应直接管理企业，干预企业的生产经营活动，不得随意截留企业的权利，使企业真正成为自主经营、自负盈亏、自我发展、自我约束的法人实体。只有建立所有权与经营权分离的现代企业制度，才能保证企业真正成为市场竞争主体，充分发挥其经营管理能力，高效、独立地进行经营决策。

　　（3）建立企业家市场。年薪制实施的重要条件是建立企业家市场。市场对资源起到优化配置的作用，没有完善的企业家市场，就难以通过市场有效配置企业家这种稀缺资源。建立了企业家市场，就可以充分利用市场机制选用人才，可以突破地域的限制扩大经营者选择范围，通过市场促使经营者提高自身素质。年薪应该与企业的经营状况、经营者的实际业绩挂钩，而且年薪的高与低应该由企业家市场的供求关系来确定。

　　（4）规范绩效考核机制。年薪制的实施，需要完善的、能全面反映企业状况的绩效考核机制，年薪制只有配合相应的考核指标，才能激发年薪员工的积极性。年薪制考核指标既要有资产保值增值指标、净利润指标、销售额等财务指标，还要包括客户满意度、组织内部流程优化等其他指标。这些指标的确定应该是科学、切实可行的，即通过经营者和全体员工的努力是可以实现的。指标过高、过低，都会影响年薪制的实施效果。

本章小结

基本薪酬是指根据员工的劳动技能、劳动强度、劳动责任以及劳动条件，将劳动划分为不同等级，用人单位在适度参考员工职位、年龄、学历、技能等前提下，按一定等级标准向员工支付的报酬。基本薪酬的特征为主干性、稳定性和基准性。

薪酬制度是依照国家法律、法规和政策的规定，为规范薪酬分配而制定的各种政策、标准和实施方法的总称。从作用层次和范围上看，薪酬制度有宏观、中观、微观之分。本章所研究的基本薪酬制度是对基本薪酬进行分配的各项制度，属于薪酬制度的微观层次。

基本薪酬制度的研究内容主要包括三方面：基本薪酬制度类型及具体形式选择；薪酬体系构建；薪酬系统运行及调整。

基本薪酬制度共四类：职位型基本薪酬制度、技能型基本薪酬制度、绩效型基本薪酬制度以及组合型基本薪酬制度。

在职位型基本薪酬制度下薪酬分配相对公平，简明易懂，可操作性强，但是激励面不广，而且灵活性不强，主要适用于外部环境相对稳定、内部职位级别相对较多的企业，针对的是这类企业的过程导向型职位。

技能型基本薪酬制度的优点：提倡持续学习，激励面广等。缺点：技能界定困难，增加管理成本等。它适用于企业中的技术工人、专业管理者，以及科技研发人员。

绩效型基本薪酬制度能够协调个人与组织目标，激发员工工作热情，但容易造成短视行为，影响组织凝聚力。

组合型基本薪酬制度的构成并无固定形式，但通常情况下，由以下方面构成：基础薪酬、职位薪酬、技能薪酬、绩效薪酬、年功薪酬。

基本薪酬制度具体形式主要有：一职一薪制、一职多薪制、宽带薪酬制度、职位薪点薪酬制度、职务等级薪酬制度、年功序列薪酬制度、谈判薪酬制度、职位技能薪酬制度、年薪制。每种形式的薪酬构成、使用条件各不相同，企业在制定薪酬制度时，须做出合理选择。

本章案例

区域公司的薪酬制度到底合理不合理

2019年1月21日，正值北方的深冬时节，窗外北风呼啸，北川网络科技有限公司的总裁张强看着办公桌上那封来自各地区域公司总经理的联名信，心情如窗外的天气一般。此时，坐在张总对面的营销副总裁刘立奇忍不住抱怨起来："张总，咱们公司给这些区域公司总经理的待遇已经很好了，少的1年能挣40多万，多的都超过60万了，为什么他们还是不满意？居然在联名信上说：很多重要的工作没有得到公平的报酬！真是人心不足蛇吞象呀。"张总皱着眉头回应道："问题是挣的少的和挣的多的都有意见，这让我实在难以理解。难道我们给区域公司总经理定的薪酬制度真的不合理吗？"

1.薪酬现状

北川网络科技有限公司成立于1997年，是一家从事计算机网络系统集成与服务、计算机软硬件产品开发与销售、高科技产品应用与推广的专业化科技服务企业。公司主要专注于IT基础平台构建，致力于为客户提供总体拥有成本最低的系统平台。最初的十几年，北川网络科技有限公司的业务主要聚焦在辽宁本地市场，2016年之后加了新的投资人，公司业务逐渐向全国其他地区拓展，目前已经在东北、华北、华东、西北和中原地区设立了11个区域公司，具体分布在辽宁、吉林、北京、天津、河北、山东、江苏、浙江、河南、陕西、青海等省市。为了加强总公司的管控力度，全国各地的区域公司均设置为分公司，财务人员由总公司委派。同时，为了快速开拓市场，全国11个区域公司均以市场销售为核心工作，人员比较精简，每个区域公司有20人左右。区域公司仅设置1名总经理负责全面工作，除了配置1~2名内勤人员承担财务、行政等后台工作外，区域公司总经理下设3~4位业务经理，每个业务经理直接管理5~6名业务工程师开展销售和产品交付工作。这些业务工程师都身兼"销售+技术"双重身份，其好处就是做销售的基本都懂技术，容易和客户沟通，理解客户需求。而且由于公司大多数产品都是标准化硬件产品的基本系统集成服务，所以大多数技术出身的业务工程师都能够承担常规的产品销售及产品交付任务。特殊的定制化产品则需要总公司的技术开发部门来承担。

为了激励区域公司以销售为中心，快速获取订单、开拓市场，北川网络科技有限公司没有沿用总公司多年来的薪酬制度，而是为区域公司设计了一套高弹性的业绩提成薪酬模式。除了财务人员、行政人员的工资相对固定以外，其他所有业务人员（含总经理）的薪酬均由两部分构成：岗位工资+业绩提成。另外的福利和补贴都按照总公司的相关政策执行。

岗位工资按照该岗位职责的大小、难度和复杂程度确定。区域公司总经理的岗位工资为每月5 000元，业务经理和业务工程师的岗位工资分别为4 000元/月、3 000元/月。业务工程师负责直接面对客户进行产品推广、获取订单并交付，遇到搞不定的客户则需要业务经理出面。业务经理的职责复杂些，他们既要培训、指导业务工程师，还要协调业务工程师之间的关系、出面协调业务工程师搞不定的客户关系；同时，业务经理还要对业务工程师的绩效进行考核，目前考核的主要依据是销售额。区域公司总经理作为区域的一把手，职责更为全面，他们不仅要负责监督、指导、考核自己的下级，即业务经理们，而且要培养业务经理带团队的能力，要对整个区域公司完成销售目标负责。一旦遇到连业务经理也搞不定的客户，总经理则要出面去公关。此外，区域公司总经理还要负责分析市场动态，设计和规划本地区的销售策略，选择本地区重点客户，并亲自出面与重点客户建立良好的长期关系。同时，还要与总公司保持密切联系，为总公司的未来产品规划和发展战略提供来自市场一线的信息与建议。因此，当初这些区域公司的总经理，都是北川网络科技有限公司花费很大气力，通过外部招聘和内部培养层层选拔出来的。区域公司总经理的人选都具备较高学历，而且具有丰富的市场经验和带团队的能力，综合素质均属于优秀之列。区域公司薪酬结构中的业绩提成根据产品销售收入计算，提成基数为各自负责区域公司总经理的业务范围内的销售收入总额，业务工程师的提成比例为4%，区域公司总经理和业务经理的提成比例均为2%。这套高弹性的业绩提成制度在最初实施的近2年内还是取得了良好的效果，各地区域公司的销售业绩快速增长，大家通过辛苦工作也获得了满意的业绩提成。但是，2019年年初的这封来自区域公司总经理的联名信却打破了以往的和谐氛围，让总公司的领导十分不解。

2.合理还是不合理

张总反复看着眼前联名信中那句刺眼的话："高弹性的业绩提成掩盖了区域公司薪酬结构不合理、不公平的地方……我们承担的很多重要工作没有得到公平的回报"，也不停地思考着区域公司总经理们对薪酬制度的抱怨和不满，到底是哪里出了问题呢？人才虽好，可是想法也多，真难管啊！突然，张总想起了前不久认识的一位大学教授，是人力资源管理领域的专家，具有丰富的企业管理咨询经验。应该请教一下专家呀！在和那位人力资源管理教授通电话的20多分钟里，张总紧皱的眉头慢慢舒展，心情也豁然开朗。坐在桌边一起在听电话的营销刘副总裁也是边听边点头，原来我们的薪酬制度的确有一些地方不到位、不合理呀，看来区域公司的薪酬制度是应该优化了……

资料来源 中国管理案例共享中心. 区域公司的薪酬制度到底合理不合理？[EB/OL]. [2020-12-01]. http://www.cmcc-dlut.cn/Cases/Detail/4960.

思考题：

1.北川网络科技有限公司下属区域公司的薪酬制度有何不合理之处？

2.依据薪酬管理相关理论，请分析为什么区域公司总经理中挣的少和挣的多的都抱怨薪酬制度不合理、不公平。

3.如果你是外部专家，你将如何优化区域公司的薪酬制度？请给出具体的解决方案。

复习思考题

1.什么是基本薪酬？它有哪些特征？

2.基本薪酬制度的研究内容主要包括哪几方面？

3.绩效型基本薪酬制度有哪些优点和缺点？

4.什么是宽带薪酬制度？它有哪些特点？

5.简述职务等级薪酬制度的构成。

6.什么是谈判薪酬制度？

第 5 章

绩效及激励薪酬制度

学习目标

通过本章的学习，理解绩效的概念、绩效薪酬的概念；掌握绩效考评常用的几种方法；了解个人绩效、团体绩效、组织绩效薪酬的几种形式；掌握长期薪酬计划的几种类型。

5.1　绩效与薪酬的基本论述

5.1.1　绩效、绩效薪酬的概念及理论基础

如今，企业越来越多地采用按绩效付酬的方式以节约成本开支，提高企业的竞争能力。企业同时也在探索能够使企业利润最优化的合理的薪酬方案。那么，什么是绩效？绩效的概念究竟是如何定义的？

绩效（performance），还可译为表现、业绩。绩效是一个非常复杂的概念，截至目前理论研究中也没有对其概念进行统一的描述，但对绩效的概念有三种不同的理解：绩效就是行为；绩效就是结果；绩效就是能力。

绩效就是行为的观点认为，绩效是指个体在工作场所的行为。持这种观点的代表人物如墨菲认为："一套与组织或个体所工作的组织单位的目标相关的行为""业绩不是行动的后果和结果，它本身就是行动"。

绩效就是结果的观点认为，绩效实际上是个体行为的结果。这一观点的代表人物伯纳丁等人认为："在特定的时间内，由特定的工作职能或活动产生的产出记录、工作绩效的总和相当于关键和必要工作职能中绩效的综合（或平均值）。"

绩效就是能力的观点是将工作行为与胜任特性相联系，其中包括两种观点：一种认为能力就是行为，代表人物如伍德拉夫，认为"能力是一种明显的、能使个体胜任地完成某项工作的行为"；另一种如麦克博咨询公司及斯宾塞等人认为："能力是个人潜在的特性，基于能力的评价是一种'向前看'的管理方式"。

就目前研究来看，绩效的概念仍然没有统一的定义，广泛意义上的绩效的概念包括结果、行为和能力，而在详细领域的界定中既包括财务绩效、非财务绩效，也包括任务绩效、情景绩效，还包括长期绩效、短期绩效等。而在实际的工作中，绩效是指与工作结果和工作行为相联系的行为和能力，一般以财务绩效和非财务绩效为衡量维度。财务绩效是指以财务指标作为衡量绩效的标准；非财务绩效是不能用财务指标衡量的，是非有形的衡量标准。

米尔科维奇曾指出："当人们谈论绩效工资计划时，关于其含义的回答往往让人觉得语意含糊，而且你往往会听到诸如激励计划、可变工资计划、风险报酬、风险工资报酬、成功分享等不同的词汇。"这说明人们对绩效薪酬的概念并没有明确的、普遍认可的界定。通过对目前流行的术语进行分析和搜集我们发现，和绩效相关的薪酬概念常见的有以下几个：绩效加薪、绩效红利、激励薪酬计划、可变薪酬、绩效付酬。

绩效加薪是指根据员工的工作绩效，在原有工资的基础上增加的工资，通常是指基本工资随着业绩的变化而增加，实际上是在对员工过去绩效认可的基础上所给予的奖励。这种绩效加薪是永久的，即在以后的时间里，不管员工绩效如何变化，这部分已经增加的薪酬会一直给予员工。

绩效红利是根据员工的工作绩效，以纯现金方式给予员工的、与基本薪酬相分离的奖励，相当于我们平时说的奖金，也有人将其译为业绩红利、业绩奖金。

激励薪酬计划是指直接与某一特定业绩相挂钩的薪酬计划，在绩效循环周期的开始就应该明确奖励和期望结果之间的联系。激励薪酬计划可以是个人的、团体的，也可以是全公司范围内的或者三者的结合，是面向未来的，着眼于提高员工未来的工作绩效。

可变薪酬是指根据绩效或者结果变动的薪酬，是相对于全面薪酬中不可变化的部分而言的，是一种根据绩效完成情况所支付的薪酬。可变薪酬不仅包括短期的绩效薪酬，如业绩工资、业绩奖金，也包括为了长期激励员工而给予员工的激励，如利润分享、股票期权等。

绩效付酬是将薪酬整体或部分地与个人、团体、组织的绩效相联系，是笼统意义上的，并没有特定指出是长期或是短期。因此我们可以看出，绩效薪酬其实是一个广泛的、非常复杂的概念，既包括短期奖励，如业绩奖金，也包括长期奖励，如利润分享、股票期权计划等形式。我们的定义是："绩效薪酬是包括短期奖励（如业绩奖金）和长期奖励（如利润分享、股票期权计划）等形式的能够与工作绩效完成情况相联系的一种薪酬形式。其具体形式包括个人绩效薪酬、团体绩效薪酬和组织绩效薪酬三种类型。"

5.1.2　绩效薪酬的分类

1）个人绩效薪酬

企业使用的个人绩效薪酬的形式是多种多样的，本节重点介绍生产人员的绩效薪酬，可分为计件工资制、计时工资制、个人绩效的短期奖励、个人绩效的长期奖励四种形式。

（1）计件工资制

在早期的工厂阶段，在劳动密集型的企业中，由于劳动成本在总成本中占的比例很大，劳动报酬与劳动者个人的表现有很大的关联，因此早期的计件工资就得到了一定程度的运用。将其推广并得到广泛使用的是 19 世纪末的泰勒，他正式提出了计件工资制，设定了标准产量（m 单位/小时）和单位产品标准工资率（p 元/单位），在这基础上使用了两个不同层次的工资率水平：当员工的实际产出水平高于 m 单位/小时，则该员工可以获得高于 p 元/单位的计件工资率；反之，则获得小于 p 元/单位的工资率。这样，员工所获得的计件工资变动性更大，工资的保底性变得更加微弱，计件工资的支付能增也能减，在一定程度上对员工产生了强烈的激励性。其后又有人发明了莫里克制、标准工时制和爱默生制，这些个人绩效形式都是将个人所得和个人的表现相联系，以刺激员工做出企业期望的行为。

使用计件工资制要考虑企业生产的特点和员工的工作性质，以达到提高员工工作积极性、改善产品品质、提高企业效益的目的。直接的计件工资计划很容易被员工理解和接受，并且简单易行。但是要使计件激励计划有效运行就必须使绩效标准具有一定的公平性和普遍认可性，这对工作时间的研究提出了很高的要求。在美国，这个标准通常由工会和雇主方集体谈判来决定。

有关计件工资构成要素、计算方法等内容将在第 11 章重点介绍。

（2）计时工资制

一般来讲，计时工资制是根据员工的实际工作时间和工资标准的乘积来支付工资报酬，但在绩效薪酬中的计时工资制有所不同，其更多的是建立在一定的工作标准基础上，以员工节省的工作时间数量或单位时间内提高的工作效率作为考察对象来计算报酬。

标准工时制是依据员工的生产效率高于标准水平的比例支付给员工同等比例的报酬。这里的生产效率就是效率系数，是生产单位产品所需要的标准时间与实际所投入的工作时间之比。假设一个员工一天工作 8 小时，基本工资为 50 元。该职位要求的标准产量是每小时生产 6 单位产品，每单位产品需要 10 分钟，如果他工作一天生产了 160 单位产品，实际上生产每单位花费3分钟，则该员工的生产效率系数为6÷3=2，因此当天的收入应该是100元（50×2）。此外，有一种"贝多计划"作为标准工时计划的发展形式存在，它不计算完成一项完整工作的时间，而是将一项工作细分为简单的动作，然后以中等技术熟练水平工人的工作时间作为标准工时，确定标准小时工资。同样，如果工人完成工作的时间少于标准工时，则可以获得激励工资，奖金额是缩短时间量的函数。标准工资对于那些在生产过程中不容易控制、技术要求较高、工作周期较长的工作和职位比较适用。

（3）个人绩效的短期奖励

短期奖励就是奖励短期内经营成果的奖金形式，一般用来奖励完成了特定财务绩效目标的员工个人，多用于企业的管理人员，但这种短期奖励计划有向企业的普通员工扩展的趋势。个人绩效的短期奖励需要考虑下列因素：

① 绩效考核标准。只有公司绩效达到一定标准后，经理人员才可能得到短期激励。基于绩效的短期奖励基金建立的方法有两种：一是以公司自身的绩效指标作为衡量标准，当用自身的绩效指标进行衡量时，可以与单一的绩效指标挂钩，如净收入、销售回报率等，也可以与多种指标甚至是非财务指标挂钩，同时也可以与上一年的绩效指标进行对比；二是与标杆企业的绩效进行对比。

② 短期奖励参与者的资格条件。这种资格条件由参与者的薪酬水平或者工作岗位决定，参与者的工资水平必须达到某种界限或其处在关键岗位上，这需要岗位评价确定对企业利益影响比较大的岗位。除此之外，公司的薪酬策略可能影响资格的评定。比如，追求有风险的高薪酬支付标准的公司更愿意对更多的员工使用短期激励，而偏好固定薪酬的公司却不愿意这样做。

③ 奖金的分配。奖金的分配一直是企业薪酬制度的设计难题，如何保持奖金分配的公平与公正，如何采取多样的奖金分配形式以激励员工都是值得思考和探索的问题。经理人员的奖金可能来自企业或团体的整体业绩，也可能来自自身的业绩。但在实际中可能会遇到这样的情况，即经理人员个人绩效比较平庸，而企业或团队的整体绩效比较突出的时候经理人员仍然可以拿较高的奖金激励，因此就发生了不公平现象，所以企业要根据经理人员自身责任的大小和对企业实际的贡献来确定团体和个人的相对权重。

④ 适用于组织中各类员工和管理者的绩效加薪制度。绩效加薪工资是依据员工个人的绩效而增发的奖励性工资，具有个人激励的性质，与绩效工资计划及其他激励工资形式有很大不同。在实施绩效加薪工资的时候，与员工绩效相联系的是员工的基本工资，具有一定的累加性，更多地适用于白领、行政人员、文秘人员以及特殊专业的人员等。米尔科维奇曾指出，现在流行的激励员工个人的绩效工资形式是一次性奖金的形式，员工每年年终都依据自己的绩效得到相应的奖金。这部分加薪不计入基本工资，员工不论得到多少工资，都必须继续努力并取得相应的绩效才能够得到加薪，因此，员工不能指望基本工资每年都会增加。从长期来看，这种具有一次性奖金性质的绩效工资形式比绩效加薪工资给企业带来的成本增加影响要小些。

（4）个人绩效的长期奖励

长期奖励是绩效衡量周期在一年以上、对实现既定绩效目标给予奖励的计划，一般周期为3～5年。传统的长期激励计划多应用于企业高层的管理人员，但现在企业也开始关注对一般员工的长期激励计划。目前国外企业经理人员的薪酬一般分成三部分：基本工资、年度津贴或奖金、经理股票期权。基本工资和年度津贴或奖金是以现金形式发放的，具有短期奖励的作用，经理股票期权是长期奖励的形式。而在美国一些大的公司中，经营者的收入主要由激励性工资构成，基本工资所占的比例很小，甚至可以忽略不计。长期激励的好处在于能使企业高级经理人员关注企业的长期发展，并分享企业长期发展的成果，吸引、留住企业的人才，为企业赢得更多的财富。

（5）个人绩效薪酬的优缺点

在实施个人绩效薪酬时，由于绩效与薪酬之间的关联性，实施以员工个人绩效为基础的薪酬制度就会极大地增强员工的积极性，减少企业监督的成本，使员工的精力集中在企业认为重要的目标上，进而提高企业的整体业绩，有助于完成企业的战略目标。由于大多数的个人绩效薪酬形式包含可变薪酬的成分，因此实施起来有助于企业减轻固定成本的压力，有利于企业根据自己的经营情况灵活调整薪酬水平，同时还能增加员工对企业的归属感。但如果过度地强调个人绩效，薪酬制度也会产生一些问题：首先，它会导致员工过于重视自身利益而忽视企业或团队的整体利益。比如，奖金可以使经理人员过于看中短期经营行为给自己带来的利润而忽视企业的长期发展，使得一些操纵股价的行为时有发生。而这样的绩效薪酬难以达到激励的目的。对于生产工人也一样，他们会只对产出数量给予最大的关注而忽视质量的要求，给企业带来不好的影响。其次，个人绩效薪酬的应用也会拉大企业内部员工薪酬的差距，引发企业内恶性竞争，不利于企业内的团结和培养企业的凝聚力，对企业整体的绩效也不利。再次，要尽可能地使用有效的绩效评估方法以确保绩效评估的公平性、公正性和科学性。最后，在实施过程中可能增加管理层和员工摩擦的次数，也会使得绩效薪酬的方案不易理解从而影响执行的效力。

2）团队绩效薪酬

团队激励计划就是对员工的集体绩效而不是员工的个人绩效进行奖励的方式。激励的对象是群体，可以是一个部门或一个团队、一个公司的分部甚至整个公司。总而言之，它关注的是整体的绩效，目的是通过激励实现群体的绩效目标。

团队绩效薪酬的种类大致有：班组或小团队奖励计划、收益分享计划、风险收益计划。

（1）班组或小团队奖励计划

班组或小团队奖励计划是团队奖励计划中最简单也是最容易接近个人奖励计划的一种。它与个人奖励计划的不同在于，每个成员只有在班组或小团队的目标完成后才能获得个人的奖励，如果仅是个人的目标实现而团体的目标没有实现也不能获得奖金。班组或小团队奖励计划其实是前面计件工资制和标准工时制的变化形式，用来衡量团队业绩的指标既可以是产量系数，也可以是效率系数。具体有三种分配方式：

① 组员平均分配，这样可以在一定程度上有利于加强个人之间的合作，但也可能因为缺乏奖励层次而形成吃平均主义"大锅饭"的不良局面。

② 组员根据其对班组绩效的贡献大小得到不同的奖金，相对来说，奖金与个人的贡献挂钩更具有激励性，但是对个人的贡献评价提出了很高的要求，否则会产生个人之间在利益分配上的矛盾。

③ 根据每个组员的基本工资占班组所有成员基本工资总数的比例确定奖金。这种方式基于一种基本的付酬理念，即拿高工资的人比拿低工资的人对组织的贡献大，而且这种方式比较容易衡量和实施。

（2）收益分享计划

收益分享计划是通过提供给员工参加企业收益分享的权利来进行团队员工激励的一类分配方式的总称。一般而言，收益分享计划是在企业和员工之间分配由于成本节省或者员工参与提出具有建设性意见而带来的收益。这类分享计划通常有几种不同的方案，常见的有：斯坎伦计划、拉克计划和提高分享计划。

①斯坎伦计划

斯坎伦计划是由美国联合钢铁公司的工会主席斯坎伦于 1937 年首次提出的，主要强调员工的参与，对员工支付生产效率提高的奖励，其计算的主要依据是企业的实际销售率或生产额。基本思路是：在每个行业中，企业的销售额或生产额都包括一个平均劳动力成本，用这个平均劳动力成本比率乘以该企业的销售额或生产额，得到应该支付的工资总额，然后再用这个工资总额减去实际的工资总额，得到奖金总额。该计划最核心的特点在于强调员工的参与及合作，通过收益的分享与分配机制来推广员工间相互合作的管理哲学，同时推崇通过积极参与使个人目标与组织目标达成一致，激励员工通过实现个人目标而实现团体目标，最终与员工分享由于他们的成本节省建议而带来的收益。

斯坎伦计划强调员工的参与，而参与制度包括两个层次的正式建议机构：部门委员会和行政委员会。前者负责鼓励和帮助员工提出建议，并对建议进行搜集和初步分析鉴定，然后将经过初步筛选的建议提交后者，并由后者决定是否采纳，一旦建议被采纳且成功地发挥了节省成本的效用，全体员工都将获得收益分成。这一计划的公式为：

斯坎伦比率=劳动力成本÷产品销售价值

在等式中，产品销售价值是销售收入和存货价值之和。斯坎伦比率较小时，说明劳动力成本比产品销售价值低。这个比率越小，说明劳动力成本得到了越多的节省，节省下来的收益就作为奖金分给大家。

②拉克计划

拉克计划是由艾伦·W.拉克在 1933 年提出的，其基本原理类似于斯坎伦计划，两者都强调鼓励员工的合作与参与。拉克计划使用一个增加值公式来计算生产力：

拉克比率=增加值÷计划参与人的雇佣总成本（如薪金、工资、工资税和边缘薪酬）

公式中的增加值是产品销售价值和产品原材料的购买价值之间的差额，即：

增加值=净销售额-原材料成本、购买供给和服务的成本

拉克计划实质上是以拉克比率作为衡量生产力水平的奖金支付基准，分配方式与斯坎伦计划大致相同。两者的区别在于，拉克计划更关注多方面的成本节省，斯坎伦计划只关注人工成本的节省；拉克比率越大，说明公司的绩效越好，相反，斯坎伦比率越小，说明人工成本得到了节约，对公司越有利。此外，两者都需要通过一些专门的委员会实施，而这些委员会在组织这些奖金计划实施的同时也负责培养和营造这些计划背后所倡导的合作和参与氛围。

③提高分享计划

提高分享计划是由米歇尔·费恩于 1973 年提出的。该计划是根据劳动时间来衡量生产力水平，而不是像以上介绍的两种计划那样以节约成本作为分配的收益。这一计划的目的是激励员工以尽可能少的时间生产出尽可能多的产品，更适用于激励生产性质的工作团队。该计划的支付周期短，一般按周支付。

该计划的奖金是通过劳动时间比率公式来进行计算的。它首先要求通过对历史资料的分析或相关研究来确定生产力标准，这种标准一般是生产单位确定标准工时数，实际劳动时间

与这个标准工时数的比率就是所谓的"劳动时间比率"。通过这个比率来作为奖金支付的基准，任何少于预定标准时间完成工作所带来的收益都将在员工中分享。但是需要注意的是，提高分享计划有"回购规定"。它规定了该计划下奖金发放的最高限额，一旦生产力提高所产生的奖金量超出了这个限额，超出的部分由公司储存起来，如果积累多了，说明生产力水平获得了普遍的提高，公司此时可以考虑调整原来的绩效标准。

斯坎伦计划、拉克计划和提高分享计划的区别和主要特点见表5-1。

表5-1　　　　　　　　　**斯坎伦计划、拉克计划和提高分享计划的主要特点**

项目	斯坎伦计划	拉克计划	提高分享计划
目标	提高生产力	提高生产力	提高生产力
节约关注	劳动力成本	劳动力成本、原材料成本和服务成本	实际生产时间
计划内涵	提倡合作和参与	提倡合作和参与	提倡高效率、迅速
员工参与方式	部门和审查委员会	部门和审查委员会	无
奖金支付周期	按月	按月	按周

（3）风险收益计划

所谓风险收益计划是从共同分担风险的角度来激励员工。收益分享计划一般是在保持员工基本工资收入的基础上，当公司绩效增长、效率提升时再给予加薪作为激励。而风险收益计划则是通过在基本工资上进行变化和安排，向员工传递一种信息：如果企业业绩不好，员工不能拿到全额的工资，只能拿到一定的比率，但如果经过大家的努力后公司的业绩有好转，员工甚至可以拿到基本工资的几倍。该计划实质上是将公司的风险转移到了员工身上，能够在一定程度上促使员工建立企业主人翁的观念，共同承担风险，获得收益。

团队绩效激励计划的优点有：能够对组织和个人绩效每年产生5～10个百分点的积极影响；与个人激励计划相比，团队激励计划更容易进行绩效评价；在组织内部和组织之间，合作是一种值得提倡的行为方式；团队工作越来越需要获得员工的支持；能够在一定程度上激发员工对决策的积极参与。当然实施团队绩效激励计划也存在一些缺点：比如雇员个人难以发现自己的绩效是如何和薪酬挂钩的；这种计划会增加贡献较大人员的流动性，因为他们会因为和低绩效工作人员共同分享了成果而挫败自己的积极性；薪酬的可变性增加了风险性，可能会使喜欢稳定的员工感到不安而进行流动。

3）组织绩效薪酬

其实组织绩效薪酬激励计划和团队绩效薪酬激励计划的界限不是很明显，因为它们都是针对员工群体这一对象，但是组织绩效薪酬激励计划不同于团队激励计划，它包含一种长期的激励方式。常见的组织激励计划有利润分享计划、员工持股计划和股票分享计划等。

（1）利润分享计划

利润分享计划是当企业达到利润目标时，将其中一部分利润作为奖金分配给员工。因为该计划一般针对公司的全体员工，所以也可以把它作为组织激励计划的一种形式。目前利润分享计划包含两种形式：一种是现金现付制，即每隔一段时间，通常是按季度或年度将一定比例（通常是15%～20%）的利润作为奖金发放给员工，其性质与一般的现金分红类似；另一种是延期支付制，就是把奖励给员工的现金存入员工的某个账户中，等员工退休后再提取的一种形式。两者的差别不仅体现为支付时间的不同，在税收安排上也不同，支付现金时一般需要员工支付一定的税额，如个人所得税，而采用存入账户形式则只有当员工取用时才缴纳一定的税金。

利润分享计划的优缺点：

优点：利润分享计划使员工直接薪酬的一部分与组织财务绩效联系在一起，向员工传递了财务绩效的重要信息，使员工更多地从组织目标的角度去思考问题，而不像个人绩效奖励那样只关注个人行为和结果。由于利润分享计划不会进入员工个人基本薪酬之中，因此有助于在企业经营状况不好时控制劳动成本，经营状况好时则为组织和员工之间财务分享提供方便。缺点：虽然利润分享计划可激励员工，但它在直接推动绩效改善方面所起的作用并不大。因为员工会认为组织成功取决于高层管理者的重大决策，所以员工自身与组织最终绩效之间的联系比较模糊。

（2）员工持股计划

员工持股计划是目前应用很广泛的全员股权激励计划，它的基本原理是：公司把一部分股票或可以购买同等数量股票的现金交给一个信托委员会，该委员会负责给雇员购买一定数量的企业股票，这个数额通常依据员工个人年报酬总量的一定比例进行确定，一般不超过15%。信托委员会把股票存入员工的个人账户，在员工退休或不再工作时可以提取。

（3）股票分享计划

股票分享计划在20世纪90年代后期才受到广泛的讨论和应用，它是指公司在特定时间内直接为员工授予公司的股票，对员工进行激励。这种以股票进行奖励的方式被认为是组织提高其对核心员工的承诺性和吸引、保留企业核心优秀员工的有效激励方式。

5.2　绩效及激励薪酬的运用

5.2.1　绩效考评

目前，对于绩效考评的概念没有统一的界定，研究者们从不同的角度、不同的侧重点对其进行了不同的描述：

A.隆格斯鲁（A.Longsner）认为，绩效考评就是"为了客观确定员工的能力、工作状况和适应性，对员工的个性、资质、习惯和态度，以及对组织的相对价值进行有组织的、实事求是的评价，包括评价的程序、规范、方法的总和"。隆格斯鲁的这一提法认为对员工的考评应该是对其各方面的能力进行的系统的考评。

R.C.史密斯（R.C.Smith）认为，对员工的考评就是"对组织中成员的贡献进行排序"。这一提法主要是以企业的目标作为出发点，没有考虑员工的能力、工作岗位等因素对其工作结果的影响。

E.B.弗里坡（E.B.Flippo）认为，绩效考评是指"对职工现任职务状况的出色程度，以及担任更高一级职务的潜力，进行有组织的、定期的、尽可能客观的评判"。这种描述虽然将能力考评纳入对员工的考评之中，但却只限于预备晋升时的潜在能力。

综上所述，我们认为绩效考评是指根据人力资源管理的需要，对员工的工作结果、履行现任职务的能力以及担任更高一级职务的潜力进行的有组织的、尽可能客观的考核和评价的过程。绩效考评不是孤立的，考评的目的不是为了考评而考评，而是在于通过考评促进员工绩效水平的提升。20世纪80年代后期和90年代初期，绩效管理的概念开始兴起，许多学者提出了不同的绩效管理模型。绩效管理的中心目标是挖掘员工的潜力，提高业绩，这种业绩的提高是通过将雇员个人的目标与企业战略结合在一起来实现的。绩效管理是一个包括了考评计划制订、考评指标体系设计、绩效考评的执行、绩效反馈、激励、培训发展的系统管理过程。因此，从绩效管理和薪酬管理的职能角度看，绩效考评既是绩效管理的重要环节，也是薪酬管理的基本前提，能够为薪酬的支付提供依据和标准，绩效考评与薪酬管理的逻辑关系成为两个人力资源管理职能系统间的切合点。两者的关系如图5-1所示。

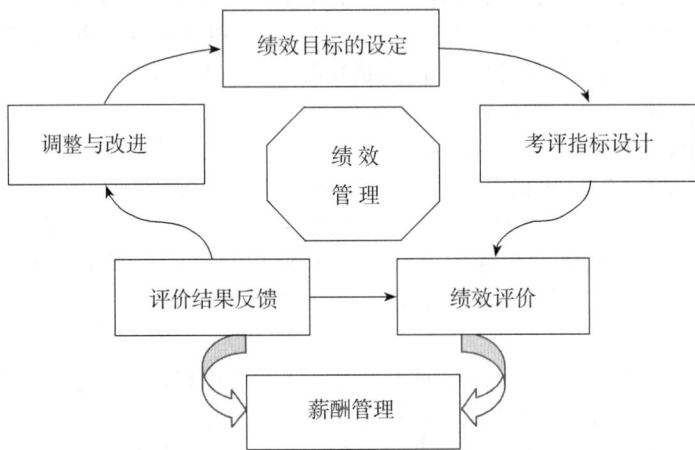

图 5-1　绩效考评和薪酬管理的关系

绩效考评的方法很多，常见的有：图尺度考评法、交替排序法、配对比较法、强制分布法、关键事件法、行为锚考核法和目标管理法等。

1）图尺度考评法

图尺度考评法是最简单、最普遍的绩效考评技术之一，只需要对工作绩效考核表进行打分。一张典型的绩效考核表包括：

（1）员工的基本情况，如姓名、职位、所在部门等。

（2）绩效考评的原因，如年度例行考核、晋升、绩效不佳、工资、试用期等原因。

（3）考核时间，包括员工任职的时间、最后一次考核的时间、正式考核的时间等。

（4）考核等级的说明，从高到低一般采用以下评价标准：杰出、很好、好、需要改进、不令人满意、不做考核。

（5）绩效考核的要素，是指考核指标，一般包括质量、生产率、工作知识、可信度、勤勉性、独立性等。

（6）填写打分说明和考核人签字。

将这些内容进行结构化整合，以表格的形式制成一张绩效考评表，在表格上对每个考核的要素等级进行打分，最后的分数作为考评的结果。

2）交替排序法

交替排序法也是一种比较常见的排序考评法。其基本思想为：在群体中挑选出最好的和最差的绩效表现者，然后再挑选出第二好的和第二差的表现者，依次进行，直到将所有的被考核人员排列完为止，从而以优劣排序作为绩效评价的结果。绩效排序表如图5-2所示。

交替排序的绩效等级考核

考核要素：_____

排序说明：针对所要考核的每一要素，先列出员工名单，将绩效最优秀者排在第一行，最差者排在最后一行，依次类推，交替排序直到所有员工名单都在等级中。

1. (考核等级最好)　　　　5._____

2._____　　　　　　6._____

3._____　　　　　　7._____

4._____　　　　　　8. (考核等级最差)

注意：在实际运用中，考核要素可以是针对每个要素都排序一次，也可以是多个要素综合后根据总体绩效结果进行排序。

图 5-2　绩效排序表

3）配对比较法

配对比较法是一种更细致的以排序为手段的绩效考评方法，其特征是每一个考评要素都要进行人员间的两两比较和排序，使得在每个考评要素下，每个人都和其他人进行了比较。例如，要对 A、B、C、D 四个人就考核指标"P"进行配对排序，可以通过配对比较考核表来进行。首先明确写出所要考核的指标"P"，然后将所要进行比较的员工姓名分别列在表的第一行和第一列，并选定行或列作为比较的主导进行两两比较（优秀的画"√"，较差的画"×"），见表 5-2。

在表 5-2 中，就指标"P"来说，B 的评价等级最高，同样，C 的评价等级最低。

表 5-2　　　　　　　　　　　　　配对绩效考核表

比较对象	A	B	C	D
A				√
B	√			√
C	×		↑		×
D	×		↑		

4）强制分布法

强制分布法也称强制正态分布法，这种方法基于这样一个假设，即企业的所有部门都同样具有优秀、一般、较差的员工。因此，在运用强制分布法进行绩效考评时，要求考评人员依据正态分布规律，即俗称"中间大、两头小"的分布规律，预先确定好评价等级以及各等级在总数中所占的百分比，然后按照被考者绩效的优劣程度将其列入其中某一等级。例如，把最好的 15%的员工放在最高等级中，次之的 20%的员工放在第二个等级中，再次之的 35%放在第三个等级中，余下的 30%则放在最后两个等级中。当然，具体的比例也可以有所不同，但无论采用何种比例，其分布都要符合正态分布的规律。强制分布法的绩效水平分布表见表 5-3。

表5-3 绩效水平分布表

绩效等级	绩效强制分布比例
绩效最好者	15%
绩效较好者	20%
绩效一般者	35%
绩效低于一般者	20%
绩效极差者	10%

5）关键事件法

这是通过记录员工的关键行为和行为结果来对绩效水平进行考核的方法。一般由主管人员将其下属员工在工作中表现出来的非常优秀的行为事件或者非常糟糕的行为事件记录下来，然后在某一固定时间与员工进行面谈，根据记录共同讨论来对其绩效水平做出考核。这种对具有典型意义的特殊事件进行参与式的考核方法一般作为其他度量性考核方法的补充，其最大的优点在于能够为绩效考核的结果提供事实依据。但是这种方法不容易对绩效水平做出等级区分，而且对考核者的跟踪观察能力要求较高。

6）行为锚考核法

行为锚考核法与关键事件法一样，都是对被考核者的工作行为进行观察从而做出评定的方法。该方法同样也关注员工的最优行为和最差行为。但该方法的不同之处在于，它不仅仅记录关键行为，同时还对这些最优和最差的行为进行等级分化，对每个行为等级做出描述和界定并且赋予点值或分数来实现量化的目的，因此具有一定的公平性和有效性。通常建立行为锚的等级考核方法需要以下步骤：

（1）收集关键事件，完成对最优行为和最差行为的描述。

（2）明确绩效考核指标，并且把关键事件分配到考核要素中去。

（3）对已经分配到绩效要素中去的关键事件进行整理和分级，一般每个考核要素会有6～7个关键事件等级。

（4）按其优劣等级对各个行为级别进行赋值，一般是按7点或9点进行等级记分。

这样，经过对行为的描述、分级、赋值等一系列步骤后，就形成了一条"行为锚"，就可以使用这个工具对员工的绩效水平进行考核了。

7）目标管理法

目标管理法是一种以目标为导向的绩效考核方法，其理论假设是认为绩效的全部意义在于目标的实现和完成，要事先订立目标，且这种目标是能够促进组织目标实现的。其步骤为：

（1）确定组织目标：组织目标可以是下一年的工作计划，也可以是整个组织的战略目标。

（2）确定部门目标：部门目标由组织目标分解而来，一般由部门领导与其上级共同制定。

（3）讨论部门目标，并分解到个人：部门目标确定后，要在部门内充分讨论，在部门领导和部门员工的集体讨论中设置个人绩效目标。

（4）对工作的绩效结果进行考核：将绩效完成情况与目标进行比较。

（5）提供反馈。

实施目标管理法的关键在于目标设置的明确性和有效性，要注意不同层次目标间的逐级分解落实的逻辑关系和体系结构，同时也要避免因共同讨论来制定绩效目标而导致的效率低下和时间浪费。

5.2.2　基于个人、团体、组织的绩效评价与薪酬设计

在员工绩效评价决定绩效薪酬的过程中，组织一般会采用三个层次的绩效评价结果来设计薪酬：基于个人的绩效评价与薪酬设计、基于团体的绩效评价与薪酬设计、基于组织的绩效评价与薪酬设计。

1）个人绩效评价技术及其对薪酬设计的影响

个人绩效评价的技术包括配对比较法、交替排序法、强制分布法、关键事件法、行为锚定法和目标管理法等。在上一节中对这些方法已经做了介绍。这里主要阐述个人绩效评价结果对绩效薪酬的影响。

个人绩效薪酬为我们提供了一个将员工个人绩效和个人薪酬联系起来的直接方式，从理论上来说，由于员工能够看到自己的绩效和薪酬的直接联系，就会使得他们更加努力地完成个人的工作目标。因此，以个人绩效为基础的薪酬支付要考虑满足以下条件：

（1）员工必须有明确的工作。组织要对每个员工的工作职责进行明确的界定，这一工作的有效执行需要工作说明书的明确界定。

（2）个人工作和其他人的工作是相对独立的，这样才能对每个人的工作完成情况进行评价，并要区分不同员工的工作责任。

（3）员工有能力控制自己的工作效果，即要有能力通过个人的努力达到一定的绩效水平。

（4）组织必须设计一套合理的个人绩效评价系统，且该系统必须客观、可信，能从制度的角度保证每个员工受到公平的对待。

个人绩效薪酬包括的种类也很多，如前面介绍的计件工资制和计时工资制，一般适用于生产类企业，还有绩效加薪和一次性奖金支付。下面对绩效加薪和一次性奖金支付在实际中的应用进行探讨。

在实际的应用中，组织往往根据个人业绩的完成情况来确定员工应该得到的绩效加薪数额或一次性奖金的数额。绩效加薪是组织根据员工业绩完成情况增加的那部分基本工资，在以后的年度里，无论员工业绩如何，基本工资都会比以前有所增长。

在应用绩效加薪的过程中必须考虑以下几个重要因素：绩效衡量方法的选择、绩效加薪的幅度、加薪的适宜时间。

（1）组织必须充分考虑如何制定一个能准确反映个人贡献的业绩评价系统来对员工个人的工作绩效进行公平、公正、客观的评价。而设计这样的绩效评价系统一直是企业在实施过程中的重点，也是难点，对组织也提出了很高的要求。

（2）绩效加薪幅度是指根据业绩增加的基本工资的一定百分比。很多学者在探讨幅度问题时产生了不同意见：有些专家建议最好先考虑员工的薪酬水平及奖金在薪酬中的比例，然后再决定绩效加薪幅度。约瑟夫曾在《战略薪酬》中提出一个概念，即"最低限度有意义加薪"，实际上就是员工认为对薪酬改变有意义的最低加薪额度。

绩效加薪的幅度主要取决于企业的支付能力，如果加薪幅度过大，企业可能没有承受能力；若太小，则绩效加薪没有意义，起不到激励员工的作用。

米尔科维奇对影响员工业绩工资增加的幅度确定了两个因素：员工绩效评价结果和员工在工资等级内所处的位置。一个典型的绩效加薪矩阵见表5-4。

表5-4　　　　　　　　　　　　　　　　绩效加薪矩阵

绩效评价结果 工资等级	不令人满意 （%）	需要改善 （%）	基本胜任 （%）	值得表扬 （%）	表现优异 （%）
最低工资等级以下	0	0	4	5	6
第四等级	0	0	5	6	7
第三等级	0	0	6	7	8
第二等级	0	2	7	8	9
第一等级	0	3	8	9	10

（3）组织在实行绩效加薪时需要考虑加薪的时机。从绩效加薪的时间安排来看，常见的是每年一次，也有企业采取半年一次或每两年一次的做法。

绩效加薪的优缺点：

优点：①绩效加薪使员工的个人贡献和基本薪酬增长挂钩，使优秀员工薪酬比绩效一般或较差员工薪酬增长较快，体现了优秀员工的价值和贡献，有利于留住优秀员工，促进企业目标的实现。②绩效加薪通常采取基本薪酬上涨一定百分比的做法，而这个百分比可由企业盈利能力、市场薪酬水平等来确定，这就使企业在控制薪酬成本方面有较大的灵活性。

缺点：①若加薪幅度很小，就根本起不到激励员工的作用。②绩效加薪很可能给组织带来高昂成本。绩效加薪具有累积效应，一开始成本并不高的绩效加薪一旦累积起来，会给企业带来成本压力。

因此，越来越多的企业开始放弃传统的绩效加薪，将永久性的支付转变为一次性奖金。一次性奖金是一次性支付给员工，但在下一个考核周期员工绩效薪酬的计算与本次无关。采用这种方式可以为企业节约成本。我们通过对比加以说明，见表5-5。

表5-5　　　　　　　　　　　　绩效加薪和一次性奖金的成本比较　　　　　　　　　　单位：元

项目	绩效加薪	一次性奖金
基本工资	50 000	50 000
第一年支出（上涨5%）	2 500	2 500
新的基本工资	52 500	50 000
成本增加额总计	2 500	2 500
第二年支出（上涨5%）	2 625（0.05×52 500）	2 500（0.05×50 000）
新的基本工资	55 125	50 000
成本增加额总计	2 625	2 500
五年后		
第五年支出	3 039	2 500
新的基本工资	63 814	50 000

2）团体绩效评价技术及其对薪酬设计的影响

由于团体绩效评价技术与团体类别密切相关，因此要对团体进行分类。可以根据团体的工作内容、团体成员间依赖程度的高低、团体存在时间的长短将团体分成两个类别：部门团体和团队。

（1）部门团体，也叫工作团体，是以完成组织基本工作为目的而设立的团体。这类团体以团队为导向，强调合作、共享和共同工作，个人绩效也是关键。组织中典型的工作团体是部门，部门设立的目的是完成组织赋予的基本职能或基本任务。在部门内部，成员之间的依赖程度互不相同，即使在同一部门内部其成员间的依赖程度也有所不同。因此在部门工作团体中，既可以对部门成员的工作给予明确划分，也可以对其绩效进行衡量。部门团体也分为两类：一类是具有量化任务的部门，如销售部门或生产部门等业务部门；一类是不容易量化的部门，如财务部门、人力资源部门等职能部门。针对这种分类可以采用目标管理法对部门绩效进行整体衡量，同时也可以将部门整体目标分解到部门内部的每个员工身上，因此也可以使用个人绩效评价的方法来进行评估。

（2）团队，是以完成某一特定任务为目的而设立的团体，典型特点是成员之间相互依赖，以团队的效率来衡量工作。组织中典型的团队是以特定任务为目的的项目团队，如研发项目团队、销售项目团队等。这些团队的特点是内部成员之间的依赖程度非常高，对这样的团队绩效的衡量不能用个人衡量系统，要对团队整体的工作绩效进行衡量。其方法是根据团队所肩负的责任，采用目标管理方法来评价绩效。

由于团体可以分为部门团体和团队，而不同团体的绩效评价技术也各不相同，因而对绩效薪酬的影响也会不同。爱德华·E.劳勒三世总结出对团体奖励的方法，如图5-3所示。

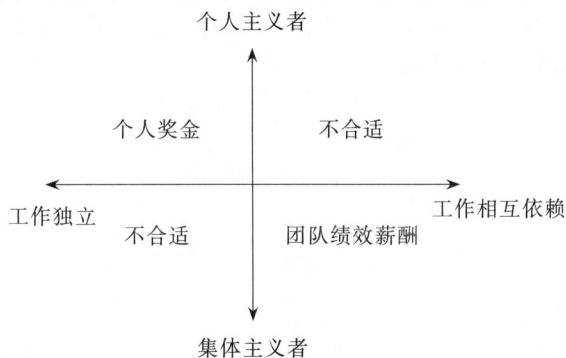

图 5-3　团体奖励方法

从图5-3中可以看出，当工作比较独立时，应该对有个人主义倾向的个人实施以个人绩效为基础的绩效薪酬，对集体主义者不适用；当工作之间需要相互协调和依赖时，应该对团体工作进行整体的衡量，并采取团队绩效薪酬的方法来激励团队成员。如何在团队成员中分配绩效薪酬呢？花旗银行采用平均分配的做法，而施乐公司依据绩效进行分配。不同企业的做法不尽相同。我们认为，对于这样的团队，最好的方式是由组织根据团队整体的绩效完成情况给予团队绩效薪酬，然后由团队负责人在团队内部进行分配。分配的方式有两种：一种是主观分配，即由团队负责人进行分配。这种分配可能是主观的，也可能适度地根据团队成员在完成团队共同任务中的表现进行分配。一般情况下，团队负责人会比较客观地将团队薪酬分配给团队成员，但在由于特殊任务而临时组建的团队中，负责人会根据团体的绩效按一定比例分配给个人，这时只能从绩效薪酬的分配程序上加以控制。比如，要求团队负责人将绩效薪酬的分配情况上报上级领导，还可以设计一个反馈与投诉渠道，一旦团队成员对绩效薪酬的分配产生了不公平感，就可以向上级进行申诉，这样也能在某种程度上保证团队绩效薪酬分配的客观性。另一种是根据团队成员的能力分配绩效薪酬，其假定前提是具有较高能力的团队成员在完成团队绩效任务的过程中的贡献较大，就应该得到较多的薪酬。

3）组织绩效评价技术及其对薪酬设计的影响

团体薪酬虽然能激励某些特定团体努力完成目标，但是在一个组织中，如果不同部门之间的协作性很强，部门之间的依赖度很高，实施团体绩效薪酬也会产生一些不良影响。为了解决这样的问题，一些组织采用了基于整个组织的绩效薪酬，根据组织绩效的完成情况，决定员工的绩效薪酬分配。而基于组织的绩效薪酬系统认为，只有在每个人都为组织目标贡献力量时才能获得成功，除非组织内每个人都获得成功，否则没有人会被认为是成功的。要想根据组织的绩效分配薪酬，首先要对组织进行绩效评价，常见的组织绩效评价的方法有三种：目标管理法、平衡计分卡、基于经济增加值（EVA）的绩效评价方法。由于目标管理法在前面的章节中已经介绍过，因此以下对平衡计分卡和基于经济增加值（EVA）的绩效评价方法进行介绍。

（1）平衡计分卡

平衡计分卡是由美国哈佛商学院教授卡普兰和美国复兴全球战略集团总裁诺顿于1992年提出的。他们认为传统的依靠财务指标来衡量企业绩效的考核方法已经无法适应当时的宏观环境，因此又提出了另外三个指标作为对传统绩效衡量指标的补充。这四个指标组合成一个结构化的指标体系，并且各个方面的指标之间有着相互驱动的因果关系，这种相互驱动的效果又紧密结合并支持组织的愿景与战略。他们对绩效的价值判断认为，好的绩效一定是整体性的，单方面做得好不能说明问题，只有四个方面都相互均衡，效果才显著，这也是该工具命名的由来。其模型如图5-4所示。

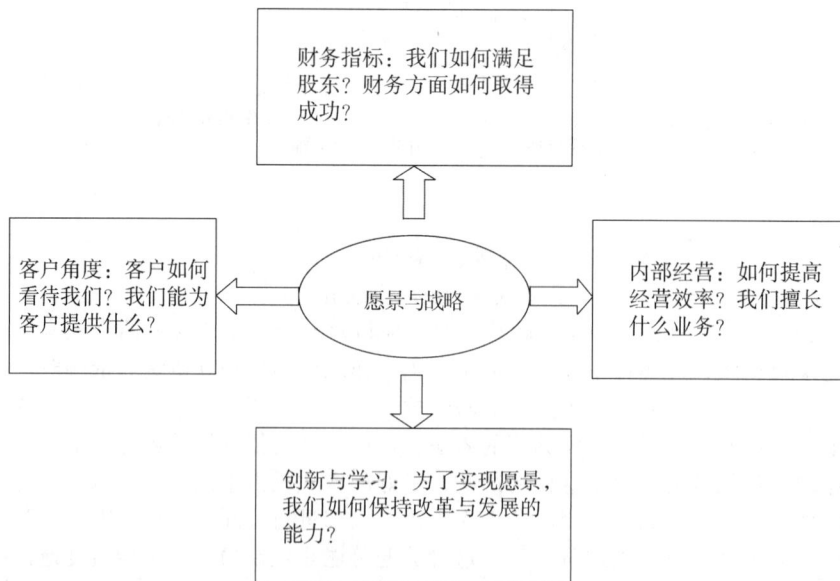

图5-4　平衡计分卡

从模型可以看出平衡计分卡的四个指标分别为：客户角度、内部经营、创新与学习、财务指标。

一般来说，平衡计分卡是在对组织、对经营战略单位的整体绩效考核时应用的，但整体绩效也是落实于各个管理职能而实现的，因此平衡计分卡也得以在具体的职能领域里发挥作用，可以用它来对一个部门、团队或者它们的管理负责人进行绩效水平考核。平衡计分卡的使用要求有较高的管理基础，操作和维护也有一定的复杂性，对使用人员的要求也比较高，因此要加强对使用人员的技术和管理理念的培训。

（2）基于经济增加值（economic value added，EVA）的绩效评价方法

1982 年，美国人斯特恩与 G.伯纳特·斯图尔特合伙成立了斯特恩-斯图尔特财务咨询公司，专门从事 EVA 的应用咨询并将其注册为商标。EVA 被认为是比其他任何指标都更精确地抓住了企业的真正经济利润的财务指标，是与为股东创造财富联系最直接的指标。据称 EVA 评价体系被可口可乐、西门子等世界 500 强企业采用，并因此获得了非凡的业绩。

其核心理念是：资本获得的收益至少要能补偿投资者承担的风险。从计算的角度，EVA 等于税后净利润减去资本成本。所谓资本成本，是指经营所用资本的成本，是为补偿公司投资者、债权人所必要的最低收益。资本成本反映了资本市场对公司未来获利能力和风险水平的预期。计算公式为：

EVA=（r-c）×资本=（资本收益率-资本成本）×资本

EVA 采用单一财务指标的形式，从企业经营给股东带来财富增值的角度，对公司的绩效水平进行考核，简单易于操作，并且能够弥补传统的会计处理方法只反映债务成本而忽略股权资本成本的这一缺点。此外，EVA 不仅可以从利润的财务角度考核公司业绩，也能够直接将绩效与经营管理者的激励挂钩。用 EVA 进行考核时经营者不仅要注意他们所创造实际收益的大小，还要考虑他们所应用的资产量的大小以及使用资本成本的大小。这样，经营者的激励指标与投资者或股东的动机联系起来，使所有者和经营者的利益趋向一致，促使经营者像所有者一样思考和行动，可以在很大程度上缓解委托代理关系产生的道德风险。同样，EVA 也有一定的局限性，它不适用于金融机构、周期性企业、风险投资公司、新成立的公司等，并且也会受通货膨胀和公司折旧计划的影响。

在实践中，组织绩效薪酬一般分为两种类型：一种是短期发放的组织绩效薪酬，即根据组织在某一绩效考核周期内的业绩完成情况，提取一定比例的利润作为全公司的绩效薪酬，然后在各个部门之间进行分配。典型的短期组织绩效薪酬包括前面提到的斯坎伦计划、拉克计划、利润分享计划等。另一种是长期才能兑现的组织绩效薪酬，包括诸如股票期权计划、员工持股计划等。股票期权计划大多适用于高层管理人员和骨干员工，而员工持股计划往往适用于大部分或全体员工。如今，股票期权方案已日渐成熟，很多企业都采用这种奖励方案。

如何在组织内部不同团体之间分配绩效薪酬呢？在薪酬管理的实践中通常会有两种情况发生：一是在组织内不同团体之间的工作任务能明确区分的情况下，如何分配组织的绩效薪酬；二是在组织内不同团体之间无法明确区分团体工作任务，或者不同团体之间依赖程度很高的情况下如何分配组织的绩效薪酬。对于这两个问题，并没有普遍适用的明确方法，但在实践中通常的做法是：

① 在部门设置、岗位分析、薪酬设计的过程中，对各个部门的相对价值进行评价，然后按照一定的比例来确定不同部门员工的薪酬标准。

② 根据各部门在价值创造过程中对最终结果做出贡献的直接或间接程度来确定部门绩

效薪酬分配系数。该方法的假设前提是：那些处于价值链最前端的部门价值最大。但是这种方法的弊端是可能造成一些职能部门如财务、人力资源部门的绩效薪酬分配系数低于业务部门如营销部门的绩效薪酬分配系数。

③ 如果组织内不同团体之间依赖程度高，只能按照组织的主观判断在不同团体之间分配组织绩效薪酬，或者规定各团体绩效薪酬增加比例相同，如平均增加的百分点相同，然后由各团体在内部员工之间进行分配。

5.3　长期激励薪酬概述

5.3.1　股票期权及其运用

股票期权是指上市公司授予公司人员，如高层管理人员和核心技术人员在未来一段时间内，以事先商定的价格和条件认购本公司一定数量股票的权利。股票期权是公司所有者赋予公司人员的一种特权，这种权利不能转让，期权的价值只有经过公司人员的若干年努力，公司得到发展、每股净资产提高、股票市价上涨后，才能真正地体现出来。当这些所购得的股票在市场上出售时，公司人员就可以获得当日股票市场价格与事先商定价格之间的差价。股票期权是针对未来的概念，如果在股票期权到期日之前管理人员离开了公司，则经营者无法达到约定的业绩目标，那么这种权利就会被放弃。

假设 2018 年一个公司的高管得到了按照每股 10 元价格购买 2 000 股公司股票的权利，那么，到了 2022 年，这家公司的股票价格上涨到每股 40 元，这些管理人员就可以以每股 10 元的价格来购买公司股票。如果此时他们愿意将股票售出，则每股能获取 30 元净收益，所以这笔股票给高管带来的总价值就是 6 万元。若 2022 年企业股票下降到 8 元，那么高管可放弃购买股票期权的权利。

实施股票期权的步骤一般为：股票期权的赠予、股票期权的时间管理和行权价格的确定、股票期权的权利调整。

1）股票期权的赠予

（1）股票期权的赠予对象。具体人员由董事会选择，被赠予人员主要是公司的高级管理人员和技术开发人员，也有一些公司面向全体员工赠予期权。一般规定，当某高级管理人员拥有该公司 10% 以上的投票权时，未经股东大会批准，不能参加股票期权计划。大多数公司的外部董事按照规定都不能参与普通股票期权计划。参与制订期权计划的人不能享有股票期权。

（2）股票期权赠予计划的审批。该赠予计划必须是一个成文的计划，且计划的制订与实施必须经过股东大会的批准。

（3）股票期权的赠予程序。董事会决定向员工赠予期权时，必须以信函形式通知被赠予人，被赠予人自赠予之日起在若干天内确定是否接受期权赠予。被赠予人是否接纳以其在通知单上的签字为证。被赠予人可以在期权允许的限额内自行决定被赠予数量。

（4）股票期权赠予所需股票来源。股票一般来自四个方面：库存股票、增发新股、从二级市场回购、大股东转让。公司将一部分股票放入库存股票账户，不在外流通。当期权持有人发出行权指令时，公司将利用库存股票行权，公司承担所有的库存股票成本费用。

（5）股票期权的不可转让性。经理人员购买股票期权后，成为公司的人力资本股东，其目标与股东目标一致，从而可以有效地防范道德风险。假如经理人员通过行权将股票期权处理或卖掉，激励作用将不复存在。为了避免发生这种情况，必须对代理人的转让行为进行限制，一般的做法是不允许经理人员出售其拥有的股票期权，除非通过遗嘱转让给继承人，不得以交换、记账、抵押、偿还债务或利息支付等形式将期权给予有关或无关的第三方，其配偶在某些特定的情况下对其股票期权享有夫妻共同财产权，同时规定股票期权的保留期和保留率。

2）股票期权的时间管理和行权价格的确定

股票期权授权日与获授股票期权首次可以行权日之间的间隔不得少于1年。股票期权的有效期从授权日算起，不得超过10年。在有效期内，上市公司应当规定激励对象分期行权。股票期权有效期过后，已授出但尚未行权的股票期权不得行权。上市公司在下列期间内不得向激励对象授予股票期权：一是定期报告公布前30日；二是重大交易或重大事项决定过程中至该事项公告后2个交易日；三是其他可能影响股票价格的重大事件发生之日起至公告后2个交易日。激励对象应当在上市公司定期报告公布后第2个交易日至下一次定期报告公布前10个交易日内行权，但不得在下列期间内行权：一是重大交易或重大事项决定过程中至该事项公告后2个交易日；二是其他可能影响股票价格的重大事件发生之日起至该事项公告后2个交易日。

上市公司在授予激励对象股票期权时，应当确定行权价格或行权价格的确定方法。行权价格不应低于下列价格中的较高者：一是《股权激励计划草案摘要》公布前30个交易日内公司标的股票的平均收盘价；二是《股权激励计划草案摘要》公布前30个交易日内公司标的股票的平均收盘价。

3）股票期权的权利调整

上市公司因标的股票除权、除息或其他原因需要调整行权价格或股票期权数量的，可以按照股票期权计划规定的原则和方式进行调整。上市公司依据前款调整行权价格或股票期权数量的，应当由董事会做出决议并经股东大会审议批准，或者由股东大会授权董事会决定。

实施股票期权的环境需要四个方面的协同发展：健全的人力资源体系、健全的公司治理、健全的资本市场、法律法规的有效执行。

（1）健全的人力资源体系。要有健全的高级管理人员和专业人才市场，董事会要根据公司战略和对象的情况聘任公司CEO，并决定合理且有激励效果的报酬。

（2）健全的公司治理。以外部董事为主的公司董事会承担审定公司经营战略、任免CEO等受托责任。董事会内设提名、薪酬、审计委员会，分别承担公司董事和CEO等高层人士的提名、薪酬决定、公司财务审计等职能。这三个委员会主要由独立的外部董事组成。实行全面的信息公开制度。

（3）健全的资本市场。证券监管体系及新闻媒体、证券分析师等社会监督体系健全有效，机构投资者通过"用脚投票"和劝告、沟通能直接影响公司决策及市场对公司的评价，有利于市场及时反映公司状况，强化资本市场对公司经营者的约束。

（4）法律法规的有效执行。这些法律法规包括公司法、证券法、税法等基本法律及有关的实施规定，会计准则、交易所规则等法规，律师协会、董事协会、薪酬协会的各种指南、规则、劝告、建议及公司自己制定的自律性规定。

目前，我国实行股票期权制度面临一些问题：对股票期权制度内容及事实所需条件不够了解，存在认识上的盲目性；公司治理不够完善，在"内部人控制"的情况下引入股票期权制度必然出现经营者为自己定薪定股、损害公司和股东利益的情况；资本市场不健全，有可能因引入股票期权制度出现更多的暗箱操作和幕后交易；政府直接控制国有企业薪酬管理体制不利于企业制定合理的股票期权制度；其他相关管理制度有待配套完善。这些问题都值得关注。

5.3.2　虚拟股份及其运用

股票期权制度实施的前提是公司上市且该公司具有或能获得公开发行的股票，而在我国，大量公司没有上市或上市但法律也不允许预留股份或在市场上买卖自己的股票，正因为如此，一种被称为"虚拟股份"的长期激励制度便产生了。

1）对虚拟股份目前存在的几种不同定义

（1）按照在册在岗职工人数，根据职工个人的年龄、贡献大小、专业技术职务高低等，将公司拥有的全部资产折算为职工个人股份。对这种股份，职工个人只有经营权而没有所有权，不能分割后变成个人财产，不能作为遗产继承，并且只在本公司有效，经营好坏与职工的切身利益包括养老退休金相关，终身受用。

（2）虚拟股份是指公司授予激励对象的一种虚拟股票，受益人可据此享受一定数量的分红权和股价升值收益，此时的收入即未来股价与当前股价的差价，但这部分虚拟股票没有所有权、表决权，不能转让和出售，在离开公司时自动失效。

（3）虚拟股份制与购股期权制的设想是：政府给国企管理者虚拟股份，持有虚拟股份的人只拥有按股份分红的权利，不拥有实际股份资产。虚拟股份以风险金的形式购买，管理者按分配的虚拟股份交纳风险金后，就可以在公司盈利的情况下按分配的股份参与分红，在公司亏损的情况下按分配的股份比例扣风险金。

综上所述，首先，虚拟股份不是真正意义上的"股份"；其次，它是借助于"股份"计算的给予激励对象的一种长期收益权利。这种收益有两种形态：一种是借助上市公司的股价变动计算收益，也称"股票增值权计划"；另一种是借助非上市公司的股权收益（如分红）计算的奖励型基金收益。

2）实施虚拟股份计划的步骤

（1）确定公司每年发放虚拟股票的总股数

确定虚拟股的总股数是虚拟股份制的第一个要点，必须为以后各年虚拟股的增加留出空间。如果今后随着虚拟股的增加，每股利润分红减少得太多，容易引发高级经理的不满，但是需要充分考虑公司的支付能力和对经理的激励力度的平衡，同时，虚拟股总数的确定要充分考虑公司未来可以达到的经济利益，在实际执行过程中主要考虑高级经理的奖励基金以及老板的虚拟股票赠送。

（2）确定虚拟股票内部市场价格

公司虚拟股票的内部市场价格并不等于同类公司实际股票的二级市场价格，但是应参考后者的股价水平，以留出充分的虚拟股升值空间，但今后将根据相关公司的股票价格进行调整。具体的调整办法是：在受益人离开公司要求兑现虚拟股时，如果同行业股价的升幅高于本公司虚拟股价的升幅，则予以适当的股价补偿。

（3）确定公司虚拟股票计划的受益人

通常第一批受益人主要是高级项目经理及其他管理人员，由人力资源部确定并对外公布。中层管理人员则首先考虑工作年限和工作岗位的重要性，在该范围内，再根据当年的业绩考核数据，选择绩效考核前20%的人员作为受益人。

（4）确定各计划受益人当年所获得虚拟股票的数量

根据公司每年确定的总股数和各计划受益人的分配比例，按各人相应的分配比例确定其当年所获得的虚拟股票数量。分配股票期权时，公司运用"二八法则"，即在获得虚拟股票的人员中，占总数20%的核心项目经理获得总额度的80%，其余人员获得剩余的20%。虚拟股权每年发放一次，形成滚动发展的格局。

（5）虚拟股票的兑现

公司虚拟股票的获得者可以在持有虚拟股票一定时间后逐步将其兑现，在不兑现期只有分红权，没有决策权。兑现期限一般是4年。持股人获得兑现权后可以自由选择是否兑现。根据公司当前的实际情况，虚拟股票收入在经理收入中所占的比重控制在20%~50%之间。

5.3.3 管理层收购及其运用

管理层收购（MBO）是杠杆收购的一种特殊情形，是指目标公司的管理层通过借贷融资购买本公司的股权或资产，从而改变本公司的所有者结构、控制权结构和资产结构，使管理层以所有者和经营者的身份控制目标公司，并获得预期收益的并购行为。

MBO的方式分为三种：收购资产、收购股票、综合证券收购。收购资产方式是指管理层收购目标公司的大部分或全部资产，以实现对目标公司的所有权和经营权的实际控制。收购股票是指管理层从目标公司的股东那里直接购买股票，以实现对目标公司所有权和经营权的实际控制。综合证券收购是指收购主体对目标公司提出收购要约时，其出价是现金、股票、公司债券、认股权证、可转换债券等多种形式的组合。管理层收购集产权改革和股权激励优势于一体，适用范围广，能够在较大程度上实现所有者利益与经营者利益的统一。一般而言，实施管理层收购具有以下优点：

（1）明晰企业产权。由于历史的局限性和外部因素的干扰，我国大多数集体所有制企业都存在产权界定不清、名义产权界定和事实利益分配不一致等问题。管理层在收购时可以帮助企业理顺现有的产权关系，以规范化制度重新确认企业产权的归属关系。

（2）降低企业代理成本。MBO能够在很大程度上实现公司所有权和经营权的结合，解决委托–代理关系中激励不足、约束乏力的问题，使经营者利益与所有者利益趋于一致，大大降低了交易成本，有利于提高公司的经营绩效和市场价值。

（3）有利于实现管理者的自我激励与自我约束。管理层收购可以将经营者的风险责任和经营业绩挂钩，有力地调动经营者的积极性，提高企业的经营效率。同时，所有权和经营权合一，使经营者获得了自我约束的动力，因为经营失败意味着管理层不仅会损失全部自有资本，还可能为此承担巨大的偿还债务的压力。

（4）有利于国有资产的剥离和重组。通过管理层收购国有企业可以调整现有资产结构，剥离非核心业务，将有限资源集中配置在具有竞争优势的核心业务上，而选择向管理层和员工出售股权是最稳妥、最快捷的方式，不仅可以保持经营队伍的稳定性，提高资产经营效率，而且可以通过与原母公司达成合作协议，使被剥离的资产继续为其服务。

实施管理层收购的程序一般分成三个阶段：方案策划阶段、收购操作阶段、后续整合阶段。在方案策划阶段，由于企业的情况不同，各地对国有或集体资产的管理归属等问题又有各种不同的规定，同时有效运用当地的政策法规可极大地促进管理层收购的成功运作，因此，一个成功的管理层收购首先要有好的方案，主要包括组建收购主体，协调参与各方的工作进度，选择战略投资者，收购融资安排等。在收购操作阶段的主要工作包括评估、定价、谈判、签约、履行。实施这一阶段的焦点是收购价格及其他附加条款的确定。在后续整合阶段主要是对企业进行重新设计和改造，包括未来发展规划的制定、对公司业务和资产的重整、资产结构的改善等。通过本阶段的工作，解决MBO过程中形成的债务问题，同时实现MBO操作的各种终极目标。

实施MBO首先要聘请在MBO方面具有权威的专家担任顾问，以保证MBO顺利实施。其次在员工中进行无记名调查，以掌握持股者心态，寻找他们都能认同和接受的临界点和平衡点，作为持股方案的立足点。最后做好相应的宣传工作及未来的战略发展规划，兼顾好各方面的利益。

中国企业MBO是由其特殊的时代背景和制度变迁逻辑所形成的，MBO有利于解决集体企业和国有企业长期存在的产权不清问题，有利于完善管理层的激励和约束机制，是实现企业长期可持续发展的有效制度创新途径之一。

本章小结

本章从绩效与薪酬的基本论述谈起，对绩效的概念有着三种不同的理解：绩效就是行为；绩效就是结果；绩效就是能力。本章的内容还包括：绩效的概念和绩效薪酬相关概念；绩效薪酬的分类。

本章对绩效薪酬做了总结性的定义，即绩效薪酬是包括短期奖励（如业绩奖金）和长期奖励（如利润分享、股票期权计划）等形式的能够与工作绩效完成情况相联系的一种薪酬形式，其具体形式包括个人绩效薪酬、团队绩效薪酬和组织绩效薪酬。

个人绩效薪酬包括四种形式，即计件工资制、计时工资制、个人绩效的短期奖励、个人绩效的长期奖励。团队绩效薪酬中团队绩效激励计划的种类有：班组或小团队奖励计划、收益分享计划、风险收益计划。在组织绩效薪酬中常见的组织激励计划有：利润分享计划、员工持股计划和股票分享计划。

本章也对绩效考评的概念进行了定义，认为绩效考评是指根据人力资源管理的需要，对员工的工作结果、履行现任职务的能力以及担任更高一级职务的潜力进行的有组织的、尽可能客观的考核和评价的过程。常见的绩效考评的基本方法有图尺度考评法、交替排序法、配对比较法、强制分布法、关键事件法、行为锚考核法和目标管理法等。在员工绩效评价决定绩效薪酬的过程中，组织一般会采用三个层次的绩效评价结果来设计薪酬：基于个人的绩效评价与薪酬设计、基于团体的绩效评价与薪酬设计、基于组织的绩效评价与薪酬设计。本章最后一节详细讲述了股票期权、虚拟股份、管理层收购的相关知识。

本章案例

IBM在绩效管理上的变革

有句老话，叫作"船大难调头"。这是不是意味着：企业组织规模越大，历史越久，会愈加保守，不会轻而易举地进行变革呢？对于拥有110年历史、业务遍及全球170个国家和地区的IT蓝色巨人——IBM公司来说，想对它的传统绩效管理进行变革绝非易事。

IBM传统的绩效管理方式已经存在多年，即业内鼎鼎大名的基于个人业务承诺（PBC）的绩效考核。这种方式被国内众多企业所模仿和学习。这种方式的特点是：年初时，经理们利用KPI工具为员工设立年度工作目标，年中时对员工进行中期评估，到了年底，经理们利用这些目标对员工1年以来工作完成情况进行评价、打分，以决定员工的考核等级，从而决定他们奖金的分配和职位的升迁。

这种绩效管理方式，在以前相对稳定的环境下，所暴露出来的问题并不太多。然而，当世界进入了乌卡（VUCA）时代时，这种传统绩效管理方式的弊端就显露无疑。其中最大的两个问题是：第一，环境的变化性、复杂性以及不确定性都在与日俱增。企业年初设立的目标，可能经过短期的运营之后，就因为政策、行业、客户、竞争对手等方面发生变化而需要修改。传统的绩效管理方式明显在应变上落后，按半年/1年的周期进行反馈，这个时间太长了，已经跟不上变化的节奏。第二，员工在这样一种考核形式下，所获得的反馈非常有限。特别是90后、95后、00后大量进入职场，这些现代年轻人的特点是需要实时地获得关注、获得认同和支持，显然已有的绩效反馈已经不能对他们产生激励，不能帮助他们获得提示以及职业上的发展。

IBM在传统的绩效管理方式下，同样出现了类似的问题。怎么解决，必须进行变革！IBM在变革之前做足了充分的准备，邀请了全体员工共同参与调查和讨论新的绩效管理系统应该具备什么样的特点，这种全员参与的做法是IBM的传统。

IBM首席人力资源官戴安娜·赫森（Diane Herson）透露，IBM当时在公司内部的社交媒体"Connections"上发表文章，让全球38万的员工参与调查，最终这篇文章获得了7万多次的点击，2 000+的评论。虽然这不是一篇10万+的"爆文"，但IBM能从这些员工评论中了解员工的需求。他们希望能更频繁地反馈，不想进行自我评价，而且也不想有所谓的绩效排名。经过一系列的铺垫之后，IBM终于下定决心，在2016年年底，对于其全球的绩效管理方式进行变革。它使用了一个新的绩效管理系统"checkpoints"，对原有的绩效管理进行变革。

IBM的绩效管理变革主要表现在三个方面。

（1）在目标设定中，IBM借鉴平衡计分卡中的思想，从以下5个维度来设立目标：

①可衡量的业务成果。

②对客户成功的影响。

③创新。

④个人对他人的责任。

⑤技能。

在IBM旧的系统里面，员工只有1个评分，而如今会有5项评分，而且这5项评分最终不会进行合并。

（2）从反馈频率来说，新的系统要求每个部门的经理每个月都要向员工至少征求1次反馈意见，而每年中经理和员工至少要进行4次关于目标的讨论和改变。为了保证高频率反馈工作有效开展和运行，IBM专门开发了一个叫作"ACE"的App，ACE在这里还有特定的含义，分别代表感激（appreciation）、教练（coaching）、评价（evaluation）。这实际上也点出了IBM新的反馈制度所包含的作用，用感激来认可、激励员工，用教练和评估来帮助员工提升。

在ACE程序中，除了经理之外，他们还可以随时向其他人征求反馈意见，包括下属或同事，而且反馈时必须实名。比如，员工可以提交一个开放性的问题："请告诉我1件我可以做得更好的事情"，让你的经理或同事回答。

新的系统将关注短期目标和员工满意度。今后，经理们将不得不在员工的职业发展中发挥更积极的作用。而定期的检查反馈能确保团队走在正确的道路上，团队目标可以更快、更持续地实现。

（3）IBM将原来5档的考核等级变成了3档，分别是优秀、合格和待改善，分别代表对员工工作情况的判断和说明，来自刚才提到的5个维度目标完成情况。

资料来源　HRsee.IBM在绩效管理上的变革［EB/OL］.［2020-08-02］. http：//www.hrsee.com/？id=1568.

思考题：请具体分析IBM进行绩效改革的方式，并说明其能起到激励作用的原因。

复习思考题

1.什么是绩效？如何理解绩效加薪、绩效红利、激励薪酬计划、可变薪酬、绩效付酬？

2.什么是收益分享计划？它包括哪些类型？这些类型的特点和相互之间的区别有哪些？

3.什么是绩效考评？绩效考评的方法有哪些？

4.什么是平衡计分卡？如何理解平衡计分卡的四个维度？

5.如何在组织内部不同团体之间分配绩效薪酬？

6.什么是管理层收购？它的基本内容是什么？

第 6 章

员工福利与津贴制度

学习目标

通过本章的学习，了解福利的基本概念，员工津贴的含义、特点、类型及作用，以及如何制定和管理员工的津贴和补贴制度，理解福利的主要构成部分，掌握员工福利设计的内容，并且对福利管理方式的创新有一定了解。

6.1　福利与津贴制度概述

6.1.1　福利的内涵

提起福利，人们也许会想到如养老、医疗等基本社会保险，也许还会想到各种如住房、交通等补贴，以及带薪假期、集体旅游等。那么究竟什么是福利？福利是不是社会保险？福利与人们所关注的薪酬存在什么样的关系？本节将从多角度对员工福利进行诠释。

（1）员工福利是基于广义的福利与雇主所支付的整体报酬的交叉概念。从广义福利的角度而言，员工福利是由企业雇主专门面向其内部雇员所提供的、用以改善雇员及其家庭生活水平的一种辅助性措施和公益性事业。在从广义的角度理解福利时，应将社会福利、社会保险和员工福利三者区分开来。

从整体报酬的角度而言，员工福利是企业向员工支付的，不以员工向企业供给的工作时间为单位来计算的，有别于工资、奖金的间接性薪酬支付，是全部报酬的一部分。

（2）员工福利的给付形式多样，包括现金、实物、带薪假期以及各种服务，而且可以采用多种组合方式，要比其他形式的报酬更为复杂和灵活，更加难以计算和衡量。

（3）员工福利中某些项目的提供要受国家法律的强制性约束，如基本的社会保险、法定休假等，而企业所自行举办的其他一些福利也由于要获得政府最为优惠的税收待遇，而必须满足某些条件或受到一些重要规章制度的制约，如各项企业补充保险等。

（4）无论企业的规模、性质如何，总会为员工提供一些福利，福利已经成为某些制度化的东西。

由此可以看出，员工福利是一个综合性的概念，可将其界定为：员工福利是企业基于雇佣关系，依据国家的强制性法令及相关规定，以企业自身的支付能力为依托，向员工所提供的、用以改善其本人和家庭生活质量的各种以非货币工资和延期支付形式为主的补充性报酬与服务。

6.1.2　福利对主体的作用

在企业薪酬体系中，工资、奖金（激励薪酬）和福利是三个不可或缺的组成部分，它们各自发挥着不同的作用。工资具有基本的保障功能，奖金具有明显而直接的激励作用，福利的激励作用则是间接而隐约，但又是巨大而深远的。随着员工工作、生活质量的不断提高，人们对福利的要求也越来越高，因为相对于工资、奖金满足员工单方面需求，福利具有满足员工多方面、多层次需要的作用，无论对于企业还是员工都有着十分重要的作用。

1）员工福利对企业的作用

（1）增强薪酬管理的合法性，提高企业形象

大多数国家对劳动者在就业过程当中以及退出劳动力市场之后所应当享受的福利都有强制性的规定，其中最为集中地体现在很多有关社会保障的法律法规方面。劳动者是一个国家公民群体中相当大的一个组成部分，企业员工的基本福利状况不仅对一个国家的社会福利水平有着重大影响，而且还对一个国家的社会稳定程度起着很大的作用。一般情况下，法律规定的、企业必须提供的员工福利项目包括养老保险、失业保险、工伤保险、带薪休假、法定节假日休息等。同时，各国政府还通过法律对企业所应当提供的福利的最低水平施加一定的

限制。我国政府一直非常重视劳动者的福利，在计划经济时期，政府甚至直接插手企业员工的福利提供。在市场经济时期，我国政府同样通过立法以及制定政策法规的形式以确保企业员工能够得到养老、失业、医疗、生育等社会保障方面的福利，同时能够享受带薪休假、法定节假日等其他各种法定福利项目。因此，福利薪酬的设置也是薪酬管理合法性的必然要求。

此外，公司通过提供各种福利和保险，可以获得政府的信任和支持以及社会声望，如有责任感、以人为本、关心员工等。为员工创造良好的福利津贴是企业以人为本经营思想的重要体现，也是政府一直所大力提倡的。

（2）增强企业在劳动力市场上的竞争力，吸引优秀人才

为了增强企业在劳动力市场上的竞争力，很多企业会在除了国家法定的一些福利项目之外，自主设立其他福利项目。这是因为，很多员工在选择企业的时候，越来越把优厚的福利作为重要的选择标准。因此，依靠福利的优势，可以帮助企业吸引优秀人才。

（3）培养员工的忠诚度，留住人才

福利是一种很好的吸引人才的工具，同样也是留住人才的工具。福利计划有助于营造和谐的企业文化，强化员工的忠诚感。组织通过福利的形式关怀员工的生活，会让员工感到企业和员工之间的关系不仅仅是一种单纯的经济契约关系，从而在雇佣关系中增加一种类似家庭关系的感情成分，以提高员工的工作满意度。员工工作满意度的上升容易带来生产率的上升以及缺勤率和离职率的下降。另外，很多福利是与员工工龄相联系的，员工没有达到一定的工龄离开企业将失去这部分福利（如住房），这样的福利客观上起到保留员工的作用。

此外，还有一种特殊的情形：当企业希望保留某些核心员工，但是又不能提高这些人的基本薪酬水平时，福利就成为一种非常有利的报酬形式。比如，一家企业希望获得稳定、可靠的员工队伍，因此希望增加本企业劳动力队伍中中年人（尤其是有孩子的中年人）的构成比例。但是如果企业根据这种特征单独向中年人提供较高的薪酬待遇，又有可能会导致其他人向法庭提出歧视诉讼。在这种情况下，如果企业向它试图吸引的那些劳动力群体的成员提供某些特殊的员工福利，就有可能有效地避免这种法律困境。比如，为员工及其家庭成员提供健康保险，这会使有家庭的员工享受更多的福利，或为上大学的员工子女提供学费资助，也会达到同样的目的。

（4）享受优惠税收政策，提高企业成本支出的有效性

在许多市场经济国家，员工福利计划所受到的税收待遇往往要比货币薪酬所受到的税收待遇优惠，比如免税或是税收递延。这就意味着，在员工身上所花出去的同等价值的福利比在货币薪酬上所支出的同等货币能够产生更大的潜在价值。企业可以通过发放福利达到合理避税，而员工的总薪酬水平不受影响的目的。这样，企业就一定的收入以福利的形式而不是以现金的形式提供给员工更具有成本方面的优势。

2）员工福利对员工的作用

（1）税收的优惠。福利不仅对企业来说存在税收优惠，对员工来说也同样如此。以福利形式所获得的有些收入是无须缴纳个人所得税的，而有些收入是等到员工退休以后再交的。因此，在企业薪酬成本一定的情况下，员工直接从企业获得福利，比自己用拿到手里的薪酬收入再去购买福利，其成本要低许多。

（2）集体购买的优惠或规模经济效应。员工福利中的许多内容是员工工作或生活所必需的，即员工福利具有其自身的实际价值。即使企业不为员工提供这些福利，员工自己也要花

钱去购买。而在许多商品和服务的购买方面，集体购买显然比个人购买更具有价格方面的优势。企业在代表员工与保险服务提供商或者医疗服务提供商进行谈判时，其谈判力度显然比单个的员工更强。此外，企业还可以以较低的成本为员工提供某些项目的服务，因为它可以将固定成本分散到较多的员工身上，从而降低每位员工所承担的成本。

（3）满足员工的多样化需要。不同的员工，甚至同一个员工在其职业生涯的不同阶段，对福利的项目偏好都是不同的。现在很多企业都在实行的弹性福利计划就是针对这些多样化的需要而设计的。有的员工比较看重各类保险和企业对自己的安全保障，而另外的员工可能更看重企业对子女的优惠，还有的员工可能更倾向于获得住房上的优惠等。企业可以通过让员工选择不同的福利套餐来满足员工各方面的需要。

当然，福利对于企业和员工来说也不是只有好处，没有不足。比如，对于企业来说，推出的福利项目越多，企业的管理成本就会越高。有时候，过于优厚的福利还会导致员工的工作动机弱化，比如带薪病假有可能会导致员工缺勤率的上升。对于员工来说，福利实际上剥夺了他们自由选择对自己有价值的商品或者服务的机会，从而变成了一种强制性的消费。

尽管如此，由于员工福利对于企业和员工双方具有以上种种独特的价值，因此企业员工福利的多样化和福利水平的不断提高，仍然是一种不可阻挡的社会趋势。

6.2　几种福利项目的选择

6.2.1　法定福利

法定福利是国家立法强制实施的对员工福利的保护政策，在我国包括社会保险和住房公积金制度以及各类休假制度。

1）社会保险和住房公积金

社会保险是国家通过立法手段建立的，旨在保障劳动者在遭遇年老、疾病、伤残、失业、生育及死亡等风险和事故，暂时或永久性地失去劳动能力或劳动机会，从而全部或部分丧失生活来源的情况下，能够享受到社会给予的物质帮助，维持其基本生活水平的社会保障制度。

2010年10月28日，《中华人民共和国社会保险法》由十一届全国人大常委会第十七次会议审议通过，并自2011年7月1日起施行。它的颁布实施，是我国人力资源社会保障法制建设的又一个里程碑，对于建立覆盖城乡居民的社会保障体系，使公民共享发展成果，促进社会主义和谐社会建设，具有十分重要的意义。社会保险具有以下特点：

（1）强制性。社会保险是国家立法强制实施的社会政策，被保险人必须参加，承保人（企业）必须接受。

（2）保障性。社会保险是一项收入补偿制度，其目标是保障被保险人的基本生活。

（3）公益性。与商业保险不同，社会保险不以营利为目的，注重社会效益。

（4）普遍性。工薪劳动者（在中国）或全体公民（发达国家）都可以参加社会保险。

（5）互济性。社会保险基金通过收入再分配（保险费和税收）的手段筹集和建立，当被保险人发生风险时，可以享受社会保险待遇。因此，社会保险具有风险共担、互助互济的作用。

社会保险的目的是风险的补偿和预防，现代社会经济生活的风险决定了社会保险的内容，对于我国企业职工来说，主要是养老保险、医疗保险、失业保险、工伤保险和生育保险。

法定福利主要包括以上五大险种以及住房公积金，下面我们将详细介绍这几种福利项目。

（1）养老保险

养老保险是社会保险的一个重要险种，也是企业员工的一项基本福利。

养老保险是国家为劳动者或全体社会成员依法建立的老年收入保障制度。当劳动者或社会成员达到法定退休年龄时，由国家或社会提供养老金，保障退休者的基本生活。

目前各国的养老保险制度大体可以分为以下三种模式：

普遍养老金保障计划，也叫全民平均津贴计划。这是在英国、北欧国家及一些英联邦国家普遍使用的养老金计划。其特点：一是无论个人的收入和工作经历有什么差别，达到法定退休年龄后均可领到相同的养老金；二是它的覆盖面通常十分广泛，既包括本国全体公民，有时也包括居住在该国一定年限的外侨（如瑞典、丹麦等）；三是养老保险金主要来源于国家的税收，尽管在少数国家，政府要求公民缴纳少量的社会保险费或税（如英国）。普遍养老金保障计划更加关注养老金的公平分配机制。

收入关联养老金计划，也叫社会保险计划。在这种养老金计划下，缴费和养老金的多少与个人的工资水平直接相关。德国、法国和美国是推行这种模式的主要代表。养老保险费由雇主和雇员共同承担，一般缴费比例为雇员和雇主各占一半。当实际支付超过预测时，政府给予财政补贴。收入关联养老金的给付通常是根据劳动者的工资收入水平、就业年限、缴费期限、收入替代率及调节系数等基本要素共同确定的，侧重于体现收入关联和收入再分配的特征。

强制储蓄养老金计划，是通过建立个人退休金账户的方式，逐渐积累养老保险基金。当劳动者达到退休年龄时，将个人账户储存的基金、利息和其他投资收入返还给账户本人作为养老金。这种模式以新加坡的中央公积金制和智利的市场经营的个人账户制为代表。新加坡的中央公积金制，是由雇主和雇员按照雇员工资的一定比例按月分别缴纳保险费，并全部记入雇员的个人账户；个人账户的资金由中央公积金局管理和运作；雇员的退休金就是个人账户积累的保险金。智利也实行个人账户制度，但与新加坡不同的是，智利是完全由个人缴费建立个人账户，雇主不缴费；另外，个人账户的资金由相互竞争的基金公司负责管理和运作，通过基金的投资营运来保值增值。个人账户制度强调个人保障，注重养老金的效率和激励机制。

我国在1951年颁布了《中华人民共和国劳动保险条例》（简称《劳保条例》），这是我国第一部社会保障法律，为在全国建立统一的劳动保险制度确立了法律依据。根据《劳保条例》，职工个人不缴纳任何保险费，社会保险费全部由企业负担，缴费率为企业职工工资总额的3%。在这部分基金中，30%上缴中华全国总工会，作为社会保险统筹基金，70%存于企业工会基层委员会。企业工会留用的资金，用于退休金、医疗保险、工伤保险救济金、丧葬补助等开支，资金不足支付时向上级工会组织申请弥补。

关于养老保险待遇，根据《劳保条例》的规定，退休条件是：男年满60岁，女年满50岁；本企业工龄10年，一般工龄男25年，女20年。退休金每月由保险金按本人工资的35%～60%支付。1953年，中国的经济状况有了根本好转，为了适应大规模经济建设的需要，劳动部对《劳保条例》作了修改，于1953年1月26日颁布《劳动保险条例实施细则修正案》。这次修订扩大了养老保险的实施范围和提高了待遇标准。至1956年，全国执行《劳保条例》的职工达到1 600万人，比1953年增加了3倍，《劳保条例》已覆盖全体职工的94%。

《劳动保险条例实施细则修正案》规定，退休条件是：男年满60岁，女年满50岁；本企业工龄5年，一般工龄男25年，女20年；从事井下、有毒有害工作的，男年满55岁，女年满45岁。退休金每月由保险金按本人工资的50%～70%支付。

《劳保条例》实行了40多年，随着我国经济体制的转轨和现代企业制度的建立，原有的制度已经不适应新形势发展的需要。经过多年的改革实践，终于形成了新型的社会养老保险制度，其标志是1997年国务院颁发的《国务院关于建立统一的企业职工基本养老保险制度的决定》。该决定按照社会统筹与个人账户相结合的原则，从四个方面统一了企业职工基本养老保险制度。

① 统一企业和职工个人的缴费比例。企业缴费比例一般不得超过企业职工工资总额的20%，具体比例由各省、自治区、直辖市人民政府确定；个人缴费比例1997年不低于本人缴费工资的4%，以后每两年提高1个百分点，最终达到8%。

② 统一个人账户的规模。按本人缴费工资的11%为每个职工建立基本养老保险个人账户，个人缴费全部记入个人账户，其余部分从企业缴费中划入。随着个人缴费比例的提高，企业划入的部分应降至3%。

③ 实行社会统筹与个人账户相结合。企业缴费部分，按一定比例记入职工个人账户，其余部分划入社会统筹基金，成为职工退休后的基础养老金。

④ 统一基本养老金计发办法。基本养老金包括基础养老金和个人账户养老金两部分。基础养老金月标准为省、自治区、直辖市或地（市）上年度职工月平均工资的20%，个人账户养老金月标准为本人账户储存额除以120。

2005年12月3日，国务院发布《关于完善企业职工基本养老保险制度的决定》，提出逐步做实个人账户。从2006年1月1日起，个人账户的规模统一由本人缴费工资的11%调整为8%，全部由个人缴费形成，单位缴费不再划入个人账户。此文件中还提出改革基本养老金计发办法，退休时的基础养老金月标准以当地上年度在岗职工平均工资和本人指数化月平均缴费工资的平均值为基数，缴费每满1年，发给1%。个人账户养老金月标准为个人账户缴存额除以计发月数，计发月数根据职工退休时城镇人口平均预期寿命、本人退休年龄、利息等因素而定。

2011年6月13日，国务院决定，从2011年起开展城镇居民社会养老保险试点。国务院就试点工作提出15条指导意见，要求建立个人缴费、政府补贴相结合的城镇居民养老保险制度，2012年年底基本实现城镇居民养老保险制度全覆盖。在此之前，我国城镇职工有基本养老保险，到2010年年底参保职工已达2.57亿，农民有新型社会养老保险，到2010年年底参保人数达1.43亿，而城镇非从业居民养老一直是空白，此次城镇居民养老保险试点后，对于实现人人有基本养老保险意义重大。

（2）医疗保险

医疗保险是为了分担疾病风险带来的经济损失而设立的一项社会保险制度。具体来说，医疗保险是由国家立法，按照强制性社会保险原则，由国家、用人单位和个人集资（缴保险费）建立医疗保险基金，当个人因病接受了医疗服务时，由社会医疗保险机构提供医疗费用补偿的社会保险制度。狭义的医疗保险只负担医疗费用的补偿。广义的医疗保险则除了补偿医疗费用以外，还包括：补偿因疾病引起的误工工资；对分娩、残疾及死亡给予经济补偿；用于预防和维持健康的费用。目前我国的医疗保险制度属于狭义的概念，即只按规定负责补偿医疗费用的开支。

根据《劳保条例》的规定，我国在 20 世纪 50 年代初建立了企业职工的劳动医疗制度，享受对象为全民所有制企业的正式职工及其直系家属，城镇集体企业参照执行。劳保医疗的经费来源于企业的福利基金。与此同时，按照政务院《关于全国各级人民政府、党派、团体及所属事业单位的国家工作人员实行公费医疗预防措施的指示》，建立国家机关和事业单位工作人员的公费医疗制度，享受对象为机关事业单位职工、在校大学生。公费医疗的经费来自各级财政拨款。

原有医疗保险制度的弊病有：公费和劳保医疗制度对医患双方缺乏有效的制约机制，致使医疗费用增长过快，超出了国家和企业的承受能力；原有制度只覆盖了体制内的职工，不能适应多种所有制经济发展的客观需要；企业负责职工的医疗保险，筹资来源不稳定，企业间的负担也不均衡，使不少企业职工得不到医疗保障。

针对上述问题，自 20 世纪 80 年代中期起，各地就开始探索医保制度的改革。经过 10 多年的改革实践，国务院于 1998 年颁布《关于建立城镇职工基本医疗保险制度的决定》（简称《决定》），形成了新时期职工医疗保险制度的基本构架。新制度中与企业有关的基本内容可以概括如下：

① 确立了城镇职工基本医疗保险制度的基本原则，即：基本医疗保险坚持"低水平，广覆盖"；基本医疗保险费由用人单位和职工双方共同分担；基本医疗保险基金实行社会统筹与个人账户相结合。

② 确定了基本医疗保险的覆盖范围、统筹层次和缴费比例。基本医疗保险适用于一切城镇用人单位和职工；基本医疗保险原则上以地市级为统筹层次，确有困难也可以县为统筹单位；缴费比例的分配：用人单位缴费率为职工工资总额的 6% 左右，职工缴费率为本人工资收入的 2%。

③ 明确了基本医疗保险统筹基金和个人账户基金的各自来源和使用范畴。基本医疗保险基金由统筹基金和个人账户构成。职工个人缴纳的保险费全部记入个人账户；用人单位缴纳的保险费一部分用于建立统筹基金，一部分划入个人账户。统筹基金和个人账户的支付范围要分别核算，不能相互挤占。同时《决定》还规定了统筹基金的起付标准和最高支付限额：起付标准原则上控制在当地职工年平均工资的 10% 左右，最高支付限额原则上控制在当地职工年平均工资的 4 倍左右。起付标准以下的医疗费用，从个人账户支付或个人自付。在统筹基金支付的范围内（起付标准以上，最高支付限额以下），个人也还要负担一定的费用比例。

在 2018 年新修正的《中华人民共和国社会保险法》中，基本养老保险制度和基本医疗保险制度覆盖了我国城乡全体居民，即用人单位及职工应当参加职工基本养老保险和基本医疗保险，农村居民可以参加新型农村社会养老保险和新型农村合作医疗保险，城镇未就业居民可以参加城镇居民社会养老保险和基本医疗保险，进城务工的农村居民依照本法规定参加社会保险，公务员等工作人员参加养老保险的办法由国务院规定。

（3）失业保险

失业保险是国家以立法形式，集中建立失业保险基金，对因失业而暂时中断收入的劳动者在一定期间内提供基本生活保障的社会保险制度。

（4）工伤保险

工伤保险是国家立法建立的，对在经济活动中因工伤致残，或因从事有损健康的工作患职业病而丧失劳动能力的劳动者，以及对职工因工伤死亡后无生活来源的遗属提供物质帮助的社会保险制度。在世界范围内，工伤保险是产生最早、实施国家最多、制度设计最严密的社会保险制度，这是因为工伤保险关系到职工的生命、家庭的幸福。

在现代工伤保险制度中，普遍实行"补偿不究过失原则"或"无责任补偿原则"。根据该原则，劳动者因工负伤或死亡，不管过失在谁，均可获得收入补偿。另外，与养老保险、医疗保险、失业保险不同的是，工伤保险费只由企业或雇主缴纳，雇员个人不缴纳。

国务院于2003年4月16日颁布了《工伤保险条例》，自2004年1月1日起实施，工伤保险正式纳入法律体系。工伤保险制度由工伤保险基金、待遇给付和工伤或职业病认定三部分构成。待遇项目主要包括：工伤医疗费用；根据劳动能力丧失程度确定的伤残补助金、伤残津贴、伤残护理费；因劳动者工伤死亡直系亲属领取的丧葬补助金、供养亲属抚恤金和一次性工伤死亡补助金等。享受工伤保险待遇的主要条件是：职工在工作时间、工作区域内，因工作原因发生意外事故伤害或患职业病。

2010年12月20日公布了《国务院关于修改〈工伤保险条例〉的决定》，修订后的《工伤保险条例》于2011年1月1日起施行。新条例是《中华人民共和国社会保险法》的重要配套法规，对于进一步保障工伤职工合法权益，分散用人单位工伤风险，促进工伤保险制度的完善具有重要意义。

（5）生育保险

生育保险是国家通过立法，筹集保险基金，对生育子女期间暂时丧失劳动能力的职业妇女给予一定的经济补偿、医疗服务和生育休假的社会保险制度。生育保险的内容一般包括：①产假。给予生育女职工不在工作岗位的时间期限，通常是产前和分娩后的一段时间。②生育津贴。在法定的生育休假（产假）期间，对生育者的工资收入损失给予一定的经济补偿。③生育医疗服务。生育保险承担与生育有关的医疗服务费用，从女职工怀孕到产后享受一系列的医疗保健和治疗服务，如产前检查、新生儿保健、产褥期保健等。

我国早在1951年《劳保条例》中就制定了有关生育保险的实施办法，1953年进行了部分修正，规定：生育保险费包括在劳动保险费之中，实行全国统筹和企业留存相结合的基金管理制度。女职工生育，产前产后共给假56日，产假期间，工资照发。对生育女职工给予生育补助费，其数额为"5市尺红布"，后变为现金4元。女职工怀孕期间身体检查和分娩的费用由企业承担。

1988年，国务院颁布《女职工劳动保护规定》，女职工产假由原来的56天增加至90天（其中产前15天）。1994年劳动部发布的《企业职工生育保险试行办法》，是与中国经济体制转型相适应的一个部颁生育保险规章。新办法规定：①生育保险的实施范围是所有城镇企业及其职工。②生育保险实行社会统筹。参加统筹的企业，按照规定的比例缴纳生育保险费，职工个人不缴纳。具体缴费比例由地方政府确定，但最高不超过企业职工工资总额的1%。③参保职工享受生育津贴和生育医疗服务。生育津贴按照本企业上年度职工月平均工资计发，以《女职工劳动保护规定》订立的产假时间为期限。生育医疗待遇包括妊娠、分娩全过程。女职工生育期间的检查费、接生费、手术费、住院费和药费均由生育保险基金支付。

目前国家通过立法和制定办法，强制企业职工参加的社会保险主要是以上介绍的养老保险、医疗保险、失业保险、工伤保险和生育保险。社会保险制度是职工享受的社会福利，也是职工应有的权益，受到《宪法》和《劳动法》的保护。在中国经济转型时期，社会保险制度对保障职工的切身利益具有十分重要的作用。但同时，对于企业来说，这五项保险应缴纳的保险费，总体约占企业职工工资总额的30%，也是一笔不小的成本。但无论怎样，企业都不能拒绝参加社会保险，因为社会保险是企业职工的法定福利。

（6）住房公积金

除了上面论述的法定福利以外，目前中国企业还要实行国家通过立法强制实施的住房福利，即住房公积金制度。

20世纪80年代国家开始进行住房制度改革。为推动我国住房体制改革的深化与发展，克服改革中所遇到的种种困难，1999年4月3日，国务院颁布了《住房公积金管理条例》（简称《条例》），此后，又于2002年3月24日，根据在《条例》的具体实施过程中所出现的问题对其进行了进一步的修订。

企业实行住房公积金制度，按照国家规定，雇主和员工都要按照员工工资的一定比例（5%或以上）缴纳住房公积金，记入职工的公积金账户。职工个人缴存的住房公积金和职工所在单位为职工缴存的住房公积金归职工个人所有。住房公积金应当用于职工购买、建造、翻建、大修自住住房。没有动用的公积金或公积金账户有剩余资金的，在员工退休时按规定返还给职工。

这里特别要说明的是，住房公积金在我国属于法定福利范畴，是我国特定历史时期为员工提供的住房福利计划。而在国外，住房福利大多属于企业自主提供的非法定福利计划。其实在我国的企业中，除了住房公积金制度外，企业还为员工提供其他形式的住房福利计划，这方面的内容我们将在下一节"企业福利"中加以论述。

2）休假制度

法定假期，是企业职工依法享有的休息时间。在法定休息时间内，职工仍可获得与工作时间相同的工资报酬。《劳动法》规定的职工享有的休息休假待遇包括6个基本方面：劳动者每日休息时间；每个工作日内劳动者的工间、用餐、休息时间；每周休息时间；法定节假日放假时间；带薪年休假；特殊情况下的休息，如探亲假、病假等。

（1）法定节假日

法定节假日，又称法定休假日，是国家依法统一规定的休息时间。根据2013年12月11日国务院第三次修订颁布的《全国年节及纪念日放假办法》，我国有两类法定节假日，一类是全体公民放假的节日：①新年，放假1天（1月1日）；②春节，放假3天（农历正月初一、初二、初三）；③清明节，放假1天（农历清明当日）；④劳动节，放假1天（5月1日）；⑤端午节，放假1天（农历端午当日）；⑥中秋节，放假1天（农历中秋当日）；⑦国庆节，放假3天（10月1日、2日、3日）。另一类是部分公民放假的节日及纪念日：①妇女节（3月8日），女职工放假半天；②青年节（5月4日），14~28周岁的青年放假半天；③儿童节（6月1日），不满14周岁的少年儿童放假1天；④中国人民解放军建军纪念日（8月1日），现役军人放假半天。法定节假日是带薪休假。在法定节假日，劳动者有权休息，工资照发。按《劳动法》的规定，如果在法定节假日安排劳动者工作，应支付不低于300%的劳动报酬。

（2）公休假日

公休假日是劳动者工作满一个工作周后的休息时间。按《劳动法》第38条的规定，用人单位应当保证劳动者每周至少休息一天。根据国务院1995年发布的《国务院关于职工工作时间的规定》，每周休假日为星期六和星期天。

（3）带薪年休假

《劳动法》第45条规定，国家实行带薪年休假制度。劳动者连续工作1年以上的，可享受带薪年休假。职工累计工作已满1年不满10年的，年休假5天，已满10年不满20年的，年休假10天，已满20年的，年休假15天。

（4）其他假期

在员工福利中通常还包括病假。在美国等一些国家中并无关于病假的明确法律规定，通常由企业自行决定。在我国，员工还可以享受探亲假、婚丧假、产假和配偶生育假等。除了各种带薪休假之外，国外还出现了一些非带薪计划。在休假的政策方面，国外还有一种极为灵活的休假方式，为每一位员工提供一个休假账户，将员工可享受的各种休假统统纳入此账户中，以待员工在需要时动用这个账户中储存的天数。

6.2.2　企业福利

如果说法定福利是保障员工基本生活的话，企业福利则是企业为满足员工更高层次需求，提高员工生活水平和生活质量而提供给员工的附加福利。企业福利的形式是多样的，提供的服务也是多方面的，其目的是使员工对组织产生一种依赖感和忠诚感，提高组织的凝聚力。同时，企业福利也为组织树立了良好的社会形象，使其在人才市场上更具竞争力。

企业福利主要包括企业补充养老保险、健康医疗保险、集体人寿保险、住房或购房支持计划、员工服务福利和其他补充福利。

1）企业补充养老保险

社会基本养老保险制度虽然覆盖面宽，但收入保障水平较低。随着我国人口老龄化加剧、国家基本养老保险负担过重的状况日趋严重，补充养老保险开始成为企业建立的旨在为其员工提供一定程度退休收入保障的养老保险计划。2000年企业补充养老保险正式更名为"企业年金"，是我国社会保障制度改革的重要内容。企业可以根据自身经济能力，从自有资金的奖励、福利基金中提取。企业年金是社会基本养老保险制度的重要补充，与各种养老保障方式有机组合在一起，以实现国家总体老年经济保障目标。

2003年党的十六届三中全会决议中明确"鼓励有条件的企业建立补充保险，积极发展商业养老、医疗保险"，并逐步出台税收政策、监管政策、保障法律等系列配套政策法规，鼓励企业逐步建立和发展企业年金。

企业补充养老保险可以由雇主一方缴纳，也可以由雇主和员工双方共同缴纳，但企业是主要的出资人。它采取基金管理的方式，一般存入银行专用账户或由企业委托专门机构从事基金运营，这样可以有效避免行政管理的一些弊端，减少管理成本，为投保人带来丰厚的利润。另外，即使公司倒闭，退休员工仍然可以享受养老保险。

企业补充养老保险一般分为两种形式：（1）缴费型。企业建立养老保险账户，由企业和职工定期按照一定比例缴纳保险费，等职工退休时再按资金积累规模和投资收益确定给付金额。（2）给付型。企业按照职工的经验、资历和其他条件，为职工支付养老金。企业支付养老金在世界各国情况不同，但基本做法是用退休前5年平均工资额的1.5%乘以员工受聘年限。如果这项保险金与社会保险金合并在一起，可达到最终平均工资的50%以上。等职工到了一定年龄（男55~60岁，女50~55岁），企业按规章制度及企业效益提供给员工的养老金，可以每月提取，也可以每季度或每年提取。

理想的养老金计划应该能够根据生活费用变化逐年进行调整，以保持恒定的购买能力。想要达到此种效果，就得把一个适当比例的更大数额的资金储蓄起来。据估算，消费价格指数每增加1%，储备金就将扩大6%~10%。

2）健康医疗保险

健康医疗保险的目的是减少当员工生病或遭受事故时本人及其家庭所遭受的损失。这种企业补充保险形式主要被美国等一些经济发达国家所采用。企业通常以两种方式提供这种福利：集体投保或者加入健康维护组织。

集体投保是指企业向保险公司支付一笔费用作为保险费，当员工或其家庭发生某些事故时，保险公司可以部分或全部地赔偿其损失。从长期来看，企业所交的保费应该等于保险公司向员工支付的赔偿金与保险公司的管理费用之和。但是保险项目必须明确界定保险的范围以及赔偿金的比率。有些时候，有些企业还采取自保的形式，也就是说，企业自己划出一部分资金作为员工的保险金，而不再向保险公司投保。这是一种控制健康保险成本的方式，但是，这种做法会将原来转嫁到保险公司的风险重新转移给企业自己。

此外，企业还可以采取加入健康维护组织的方式来为员工提供健康医疗保险服务。健康维护组织在美国比较普遍，它是保险公司和健康服务提供者的结合。它提供完善的健康服务，包括对住院病人和未住院病人提供照顾等。同时，和其他保险计划一样，它也有固定的缴费率，但是这种做法通常有助于降低企业的保险成本。

3）集体人寿保险

人寿保险是市场经济国家的一些企业所提供的一种最常见的福利。大多数企业都是为其员工做团体人寿保险，因为这是一个适用于团体的寿险方案，对企业和员工都有好处。员工可以以较低的费率购买到相同的保险，而且团体方案通常适用于所有的员工（包括新进员工），而不论他们的健康或身体状况如何。在多数情况下，企业会支付全部的基本保险费，承保金额相当于员工两年的薪酬收入，而附加的人寿保险则要员工承担部分资金。在个别情况下，即使是基本保险费率也按一定的比率在企业和员工之间分摊，比如企业占50%，个人占50%。在我国，也已经有不少企业开始为员工办理集体人寿保险。

4）住房或购房支持计划

除了住房公积金之外，企业为更有效地激励和留住员工，还采取其他多项住房福利项目支持员工购房，主要有以下几种形式：

（1）住房贷款利息给付计划

这是目前众多企业普遍推行的一种较先进的方案，即根据企业薪酬级别及职务级别确定每个人的贷款额度，在向银行贷款的规定额度和规定年限内，贷款部分的利息由企业逐月支付。也就是说，员工的服务时间越长，所获利息给付越多。

（2）住房津贴

住房津贴指企业为了使员工有一个良好的居住环境而提供给员工的一种福利。企业按照员工的资历、工龄等给予员工一定的住房津贴，以缓解其在购房、租房时的经济压力，协助其在尽可能短的时间内，拥有自己的住房。

（3）其他形式

其他形式如住房货币化，包含在工资中；企业购买或建造住房后免费或低价租给或卖给员工居住；为员工的住所提供免费或低价装修；为员工购买住房提供免息或低息贷款；全额或部分报销员工租房费用；为员工提供购买住房贷款担保等政策。

5）员工服务福利

很多企业根据需要，扩大了福利的范畴，通过为员工提供各种服务，来达到激励员工的目的。员工服务福利主要包括以下方面：

（1）员工援助服务

目前很多企业开始实行员工援助计划，帮助员工处理、分析他们面临的各种问题，如提供法律援助、职业发展咨询、家庭问题咨询和心理咨询等。员工在职业生涯当中，可能会遇到一些法律方面的问题困扰其工作和生活，企业利用聘请的法律专家为员工提供免费或优惠价的法律咨询，可以更好地解决员工的问题。另外，有些员工对自己的职业发展并不清楚，给予员工指导和建议，使员工对自己有一个合理的定位，不仅有利于员工的职业发展，还使企业资源得到合理配置，促进企业的发展。

（2）再教育辅助

随着外部市场环境的变化、知识技术的更新，员工需要不断学习才能跟得上时代的步伐。企业为增强对环境的灵活应变能力，就需要把自己改造成为具备持续学习能力的学习型组织。这对企业和员工来说都是一个挑战。企业需要对员工持续进行培训和再教育，而员工也需要不断学习和接受培训，才能有利于自己的职业发展。很多企业采取了各种方式为员工开展再教育辅助。如有的建立企业大学，为员工提供再教育；有的企业为员工设计与员工职业开发相对应的培训计划，并激励员工不断提高技能；还有的企业为降低成本，鼓励员工自主学习，并为员工支付部分或全部与正规教育课程和学位申请有关的费用；有的企业为将精力集中在主营业务上，将培训和再教育业务外包。

（3）健康服务

企业提供的健康服务通常包括健康教育计划和健身设施计划。

健康教育计划是一种最常见的员工健康服务。健康教育计划有两个目的：一是增强员工对与健康有关问题的意识水平；二是告诉人们一些与健康问题有关的事情。在这一类计划中，通常由一位健康指导员来进行课堂传授或者在午餐时间举办讲座（或者联系外部的授课人），也可以开展各种健康促进活动（比如每年的长跑或者戒烟行动等），同时运用简报报告一些当前的健康问题。

另一种员工健康服务是健身设施计划。在这种计划中，企业建立健身训练中心，不仅配有增氧健身器材、锻炼肌肉的健身设备，同时配备持有证书的专业运动培训师。这些在企业内部是公用的，员工可以自由地在他们个人能够支配的任何时间从事锻炼。

在提供健康服务时，为增强效果，企业可采取指导与跟踪模式。有专门的咨询顾问向员工提供一对一的指导，并且为每一位员工提供量身定做的、完全个性化的健康修炼计划。这些量身定做的健康修炼计划一般都包含各种各样的基准性衡量指标（体重、血压、肺活量等），以对员工在健康方面所取得的进步进行衡量。这些计划还为员工确定一定的目标并且向那些实现目标的员工提供象征性的小礼物。

6）其他补充福利

（1）交通费

企业出于缓解员工上下班交通不便的考虑，为员工提供交通费补助，弥补员工在交通方面的支出。其主要形式有：企业派专车到员工家接送其上下班；企业派专车按一定的路线行驶，上下班员工到一些集中点等车；企业按规定为员工报销上下班交通费；企业每月发放一定数额的交通补助费。

（2）节日津贴

这是指在各种节假日发给员工的过节费等。目前，大多数企业借节假日为员工提供一些实物、货币的补助，以提高员工的整体福利水平。

（3）子女教育辅助计划

子女教育费用已成为令有些工薪阶层十分头疼的一项支出，企业适时推出"投资小人才，留住大人才"的计划，正好迎合了他们的需求。一些企业为员工年幼的子女提供看护的场所和服务，办托儿所、幼儿园等，使员工能将精力更多地投入到工作中去。有的企业提供子女入托津贴和子女教育补助，以缓解员工的经济压力。

除了上面介绍的福利项目之外，不同的企业还有很多特色的福利项目。如有的企业提供旅游补助、服装津贴、免费工作餐、健康检查、俱乐部会费，有的企业组织员工参加各种集体活动，以丰富员工的业余生活，提高员工的生活质量，还有的企业为员工提供其他的生活性服务，如餐厅及各种文化、体育、卫生、娱乐等设施，以免费或减费等优惠待遇供员工使用，也有企业提供生日礼金、节日贺礼、结婚礼金、生育补助及取暖津贴等。这些都体现了"人本主义"管理的思想。

6.2.3 弹性福利制度

在实际生活中，福利薪酬往往难以产生较为理想的激励效果。统一型的福利计划模式往往无法考虑员工多样化的需求，从而削弱了福利实施的效果。从另一角度讲，这反而增加了企业无谓的成本。从20世纪70年代开始，西方发达国家的一些企业开始针对员工不同的需求提供不同的福利，弹性福利模式逐渐兴起并成了福利管理发展的趋势。

弹性福利制就是由员工自行选择福利项目的福利管理模式。它还有几种不同的名称如"自助餐式福利计划""菜单式福利模式"等。在实践中通常是由企业提供一份列有各种福利项目的"菜单"，然后由员工依照自己的需求从中选择其需要的项目，组合成属于自己的福利"套餐"。这种制度非常强调"员工参与"的过程。当然员工的选择不是完全自由的，有一些项目，如法定福利就是每位员工的必选项。此外，企业通常根据员工的薪水、年资或家庭背景等因素来设定每一个员工所拥有的福利限额，同时福利清单的每项福利项目都会附一个金额，员工只能在自己的限额内选择喜欢的福利。

1）弹性福利的基本特点

（1）个性化

弹性福利制强调让员工按照自己的需求从企业所提供的福利项目中选择组合属于自己的福利"套餐"。每一个员工都有一个自己专属的福利组合。

（2）可选性

员工在规定的时间和金额范围内，有权按照自己的意愿选择自己的一揽子福利计划，他们享受的福利待遇将随着他们选择的改变而改变。比如，有的员工喜欢以工资中代扣的形式享受更高档次的福利项目，如用薪水来支付汽车保险（由公司出面为其购买汽车保险，由于是团体购买，因此其价格肯定比个人购买要便宜得多）。再比如，有的员工放弃医疗保险，因为他的配偶的医疗保险已将他包括在内，他可以用这部分福利工资去抵消购买汽车保险的支出。

（3）灵活性

这是指福利项目随着人才市场及不同类型员工需要的变化而改变。在上海的贝尔公司，员工平均年龄较小，正值成家立业之际，购房置业是他们生活中首先考虑的问题，上海贝尔推出了无息购房贷款，给员工在房价高涨之下的购房助一臂之力，而且员工工作满规定年限，此项贷款还可以减半偿还。

（4）激励性

弹性福利制的激励性体现为员工选择福利的水平与项目往往和他们的工作业绩相挂钩。只有当员工的工作业绩达到某一个标准时，他们才会拥有百分之百，甚至额外的福利选择权。因此，为了获得更加优厚的福利待遇或增加福利的选择范围，员工就需要付出更多的努力，取得更好的工作业绩。这样，原本作为保健因素出现的福利计划便带上了激励的成分。

2）弹性福利的类型

在实践过程中，弹性福利主要有以下几种类型，企业可以根据自己的实际情况和不同需要加以选择：

（1）附加型弹性福利

附加型弹性福利计划是最普遍的弹性福利计划。所谓附加，顾名思义就是在现有的福利计划之外，再提供其他不同的福利措施或扩大原有福利项目的规模，让员工选择。例如，某家公司原先的福利计划包括房租津贴、交通补助费、意外险、带薪休假等。如果该公司实施这种类型的弹性福利计划，它可以将现有的福利项目及其给付水准全部保留下来当作核心福利，然后根据员工的需求，额外提供不同的福利措施，如国外休假补助、人寿保险等。通常都会标上一个"金额"作为"售价"。

有些企业则根据员工的薪资水准、服务年资、职务高低或眷属数等因素，确定分给员工数目不等的福利限额，员工以分配到的限额去认购所需的额外福利。有些公司还规定，员工如未用完自己的限额，余额可折发现金。此外，如果员工购买的额外福利超过了限额，也可以从自己的税前薪酬中扣除。

这种类型的优点是增加了员工的选择范围，进而充分满足了员工的需求；缺点是因为选择增多，导致操作复杂，且成本将比以前有较大增加。

（2）核心加选择型弹性福利

核心加选择型弹性福利就是由核心福利项目和选择福利项目组成福利计划，核心福利是所有员工都享有的基本福利，不能随意选择；选择福利项目包括所有可以自由选择的项目，并附有购买价格，每个员工都有一个福利限额，如果总值超过了所拥有的限额，差额就要折为现金由员工支付。福利限额一般是未实施弹性福利时所享有的福利水平。

这种类型的弹性福利计划同第一种计划有些类似，都是附加选择福利项目的计划。不同的是第一种计划是在企业原有福利组合基础上扩大范围，让员工附加选择，而第二种是确定核心福利计划，再附加选择。

这种类型的优点是可避免员工做出不适当的选择而造成自身利益受损；缺点是弹性选择的范围比单纯附加型小。

（3）弹性支用账户式福利

弹性支用账户是指员工每年可以从其税前收入中拨出一定数额的款项作为自己的"支用账户"，并以此账户去选购各种福利项目的福利计划。由于拨入该账户的金额不必缴纳所得税，因此对员工具有吸引力。为了保证"专款专用"，一般都规定账户中的金额如果本年度没有用完，不能在来年使用，也不能以现金形式发放，而且已经确定的认购福利款项也不得挪作他用。

这种类型的优点是账户内的钱免缴税，等于增加净收入；缺点是由于每位员工的支用账户需要随时登录数据，导致操作手续烦琐，增加了管理成本。

（4）福利"套餐"

福利"套餐"是由企业同时推出不同的福利组合，每一个组合所包含的福利项目或优惠水准都不一样，员工只能就其中一个做选择。就好像西餐厅所推出来的A套餐、B套餐一样，食客只能选其中一种套餐，而不能要求更换套餐里的内容。在规划此种弹性福利时，企业可根据员工的背景（如婚姻状况、年龄、有无眷属、住宅需求等）来设计。

这种类型的优点是行政作业手续比较简化；缺点是福利内容不能调整，因此它的可选择性比前三者都弱。

（5）选择型弹性福利

选择型弹性福利是在原有固定福利的基础上，提供几种项目不等、程度不同的福利组合供员工选择。这些福利组合的价值，有些比原有固定福利高，有些则比原有固定福利低。如果员工选择比原有固定福利价值低的组合，就会得到其中的差额，但是员工必须对所得差额纳税；如果员工选择了价值较高的福利组合，就要扣除一部分直接薪酬作为补偿。

这种类型的优点是员工的选择性较强，也比较富有弹性；缺点是增加了行政管理的程序。

3）弹性福利制度的优缺点

（1）弹性福利制度的优点

①有效满足员工的需求。

由于每个员工个人的情况是不同的，因此他们的需求可能也是不同的。弹性福利计划的实施充分考虑了员工个人的需求，使他们可以根据自己的需求来选择福利项目，这样就满足了员工不同的需求，从而提高了福利计划的适应性。这是弹性福利计划最大的优点。

②提升员工的工作满意度。

弹性福利制度让员工选择自己所需要的福利项目，借此使员工有机会参与福利制度的制定，这样可以提升员工的福利参与度，进而提升员工整体的工作满意度。

③增进员工对福利制度的了解。

弹性福利制度通常会给出每个员工的福利限额和每项福利的金额，这样就会促使员工更加注意自己的选择，从而有助于进行福利成本控制，同时还会使员工真实地感觉到企业给自己提供了福利。

④福利成本控制。

由员工自行选择所需要的福利项目，企业就可以不再提供那些员工不需要的福利，这有助于节约福利成本。

⑤减轻福利规划人员的心理负担。

以前规划福利制度的人员必须绞尽脑汁地设计各种福利项目，但这却是一项"费力不讨好"的工作，现在，将更多的选择留给员工自己，所以很难产生抱怨，同时也减轻了规划人员的心理负担。

⑥提升企业形象，吸引人才。

形象良好的企业在劳动力市场上有较强的竞争力。因为实施弹性福利制度的企业给人以高瞻远瞩、与时俱进以及以人为本的印象，所以，它们在劳动力市场上与其他企业争夺人力资源时，往往更具竞争力。同时，它们还可以借助良好的形象招揽优秀的人才和留住人才，这对未实施弹性福利制度的公司形成极大的竞争压力。

弹性福利计划既有效控制了企业福利成本，又照顾到了员工对福利项目的个性化需求，是一个双赢的管理模式。正因如此，弹性福利制正在被越来越多的企业所关注和采纳。

（2）弹性福利制度的缺点

① 它使管理更加复杂。由于员工的需求是不同的，因此自由选择大大增加了企业具体实施福利的种类，从而增加了统计、核算和管理的工作量，这会增加福利的管理成本。

② 这种模式的实施可能存在"逆向选择"的倾向，员工为了使享受的金额最大化而选择了自己并不最需要的福利项目。

③ 由员工自己选择可能还会出现非理性的情况，员工可能只顾眼前利益或者考虑不周，从而过早地用完了自己的限额，这样当他再需要其他的福利项目时，就可能无法购买或者需要透支。

④ 允许员工自由选择，可能造成福利项目实施的不统一，这样就会减少统一性模式所具有的规模效应。

6.3　津贴制度

人们的生产活动多数是在正常劳动条件下进行的，但也有很多是在特殊条件下进行的，例如，井下、高空作业，在有毒有害气体或高温环境中工作以及野外工作等。在特殊条件下工作的员工，其劳动消耗及生活费用的支出要大于在正常条件下工作的员工的劳动消耗及生活费用的支出。他们的这种额外支出，应该得到合理的补偿，而基本工资制度和其他的工资形式不能完全做到这一点。因而，必须采用津贴的形式。这对于保护员工的身体健康，弥补员工的额外支出，保障员工的生活水平，保证生产的持续发展，是很有必要的。

人们一般把属于工作性质的称作津贴，属于生活性质的称作补贴。津贴、补贴的种类、发放范围和标准等，一般由国家统一规定。对国家没有统一规定的，用人单位可以根据生产需要，在政策允许的范围内，自行设立一些津贴、补贴项目。

6.3.1　员工津贴的含义和特点

津贴是对员工在特殊劳动条件（时间、地点、岗位、环境）下工作，支出了超额劳动及额外的生活费用，或有损身心健康所给予的报酬，是工资的补充形式。

津贴同其他工资形式相比，有以下特点：

（1）补偿性。津贴是一种补偿性的劳动报酬，是对劳动者在特殊的环境和条件下超常劳动消耗和额外支出的一种补偿。大多数津贴所体现的主要不是劳动本身，即劳动数量和质量的差别，而是劳动所处的环境和条件的差别，主要功能是调节工种、行业、地区之间在这方面的工资关系。

（2）单一性。津贴具有单一性的特点，往往是一事一贴。多数津贴是根据某一特定条件，为了某一特定要求而制定的，这与工资制度综合多种条件与因素的情况是不同的。这就要求在确定津贴的条件、范围、对象时，界限必须十分明确。

（3）灵活性。津贴具有较大的灵活性，随着工作环境、条件的变化而变化，可增可免，而不像标准工资那样，一经确定，在较长一段时间内难以变动。

（4）均等性。同一劳动条件下工作的员工，津贴标准大致相同。同一个单位的员工生活补贴大致相同。

6.3.2 员工津贴的类型与作用

津贴可以分为薪酬性津贴和非薪酬性津贴两种。与工资制度有关的主要是薪酬性津贴，即工作津贴。这也是我们主要研究的对象。传统的工作津贴主要指补偿特殊劳动条件下企业员工所付出的额外劳动、生活费支出及工作对身体健康的损害等。现代薪酬管理中津贴的内涵和外延都在扩大，一些带有奖励、激励和政策倾斜性质的津贴纷纷出现，而在补偿性薪酬中所占比例日益提高。

1）员工津贴的类型

员工津贴可细分为岗位性津贴、工作性津贴、地区性津贴和生活性津贴。

（1）岗位性津贴

岗位性津贴指为了补偿员工在某些特殊劳动条件岗位劳动的额外消耗而建立的津贴。员工在某些劳动条件特殊的岗位劳动，需要支出更多的体力和脑力，因而需要建立津贴，对这种额外的劳动消耗进行补偿。这种类型的津贴具体种类最多，使用的范围最广。例如，高温津贴，是对从事高温繁重劳动的工人建立的临时性补贴。冶金企业中的炼铁、烧结、炼焦、炼钢、轧钢等工种，根据其作业环境的温度、辐射强度和劳动繁重程度的不同，建立甲、乙、丙不同标准的津贴。另外，有毒有害津贴、矿山井下津贴、特殊技术岗位津贴、特重体力劳动岗位津贴、夜班津贴、流动施工津贴、盐业津贴、邮电外勤津贴等，都属于岗位性津贴。

（2）工作性津贴

现代的劳动条件与传统的有所不同。日益激烈的竞争环境、紧张复杂的脑力劳动、频繁变换的工作地点和工作内容、对全面复合型人才的要求的提升等，都需要员工额外付出，同时，企业也应该给予特殊的补偿。因此，在很多企业中现代岗位津贴的性质已经发生了变化，在很多情况下，与员工的工作津贴结合。

一些工作的环境和条件虽然不特殊，但是对员工的劳动数量、质量以及个人能力和责任付出有特殊要求，这就需要企业以工作性津贴的方式给予补偿。企业的高级管理人员在企业中具有指挥和决策的特殊作用，对于企业的发展至关重要，需要个人特殊性的付出，对此，需要通过对其发放工作性津贴予以补偿。企业的技术骨干在特殊工作岗位和技术上的超额付出，也需要工作性津贴予以补偿。还有一些工作如会计、保安等职位的工作性津贴，也是一种对于特殊责任付出的补偿。

（3）地区性津贴

地区性津贴是指为了补偿员工在某些特殊的地理自然条件下生活费用的额外支出而建立的津贴。如林区津贴，是为了照顾林区工业员工的生活，鼓励员工在林区安心工作，发展林业生产而建立的津贴，并根据林区的具体条件和各类人员的不同情况，分别确定不同的标准。另外，还有高寒山区津贴、海岛津贴等。这类津贴一般是由国家或地区、部门建立的。企业所在地区如属这些津贴的执行范围，即可照章执行。

（4）生活性津贴

生活性津贴是指为保障员工实际工资收入和补偿员工生活费用额外支出而建立的津贴。

在跨国企业外派人员的薪酬管理中，生活性津贴是一项很重要的内容，主要是指用于海外工作和生活的食物、服装、娱乐、交通、医疗等项目的支出。提供生活性津贴的目的在于保证外派人员在国外任职期间能够维持原有的可自由支配的收入水平，维持原有购买力。此外还考虑到外派人员初到一个国家，因为不适应陌生的生活环境，也会带来额外的生活成本，如语言不通、环境不熟悉等，都需要公司给予生活性津贴。

2) 员工津贴的作用

建立合理的津贴制度，对于鼓励员工到生产急需而工作条件又十分艰苦的地区或工作岗位工作，保护员工的身体健康，增强员工的体质，保证生产的持续发展，有着重要的意义。

（1）津贴是企业内部分配的重要手段。在建立市场经济的过程中，随着进一步扩大企业自主权，除了某些涉及全局而必须由国家统一制定、管理的津贴、补贴以外，企业可以根据生产和工作需要，在按规定提取的本单位工资基金（效益工资或奖励基金）范围内，对在特殊劳动条件下工作的员工实行津贴制度，及时而准确地对他们的额外支出给予合理补偿，从而更好地体现津贴的特点，以进一步搞好内部分配，合理调节企业内部各类人员的工资关系。

（2）津贴是国家对工资分配进行宏观控制的手段之一。国家通过制定某些必须由国家建立的津贴、补贴，可以调节不同地区、行业之间员工的工资关系。例如，国家通过制定林区津贴、井下津贴、海岛津贴、艰苦台站津贴等，起到照顾在林区、井下、海岛、艰苦台站工作的员工的生活，鼓励员工在艰苦的劳动环境和劳动条件下工作的作用，同时，也起到了宏观调节的作用。

（3）津贴是企业激励员工的有效手段。员工看到自己的额外付出得到了津贴补偿，心里会感到公平合理。根据双因素理论，保健因素是企业应该首先重视的因素，员工在保健因素上感到满意才会在激励因素上感到满意，津贴制度使员工在保健因素上得到满足，因此能有效激励员工努力工作。

6.3.3　员工津贴制度的制定和管理

1) 员工津贴制度的制定原则

企业在制定津贴制度时，首先，要达到以下目的，即津贴必须是对员工在特殊劳动条件和工作环境下特殊劳动消耗的补偿，是为了保障员工身体健康和实际生活水平不下降而采取的特殊办法。不符合这一目的，就不应建立津贴。其次，企业制定津贴制度，要符合按劳分配原则，要做到六个有利：有利于调动员工的劳动积极性；有利于鼓励员工到艰苦条件下劳动；有利于鼓励员工做好本职工作；有利于促进员工提高专业技能；有利于员工内部团结合作；有利于保护员工的身体健康。

另外，在确定津贴的范围、种类及标准时，还应与计时工资和计件工资的标准统筹考虑。如果在工资标准上已经对劳动条件差别等因素加以考虑并适当体现了，一般就不宜再建立有关津贴，以免重复享受，即使有必要建立，标准也不能定得过高。

2) 员工津贴制度的制定

企业在制定津贴时，要做好以下工作：

（1）确定建立津贴的条件。凡是要求建立津贴的单位或工种，必须对有关的条件和环境进行认真调查研究，有的还要采用科学技术手段进行测定，如有毒、有害成分的含量等。就是说，建立每一项津贴，都要有充足的理由和科学的根据。

（2）规定津贴的种类和实行的范围。要对相近工种的有关因素进行分析对比，全面权衡，再决定津贴的种类，并确定哪些工种、岗位可纳入实行津贴的范围，否则，就会出现该享受的享受不上，不该享受的却享受了，以致产生新的矛盾。因此，在津贴的条件、范围、对象等方面要规定得十分明确、具体，执行时便于对号入座，一般不宜留有伸缩和变通的余地，以免造成执行中的混乱。

（3）制定津贴的标准。津贴标准有两种制定方法：一种是按照员工本人标准工资的一定比率制定；另一种是按绝对额制定。这两种制定方法，适用于不同的情况，一般来说，对于保证员工实际工资水平和保障员工生活的津贴，按本人标准工资的一定比率制定比较适宜；其他性质的津贴，按绝对数制定比较恰当。在确定津贴标准时，除了应与计时工资和计件工资的标准统筹考虑外，还应考虑以下因素：一是员工在特殊条件下劳动的繁重程度；二是在特殊条件下劳动对员工身体的危害程度；三是员工在特殊条件下劳动生活费用支出增加的程度。另外，还应考虑劳动保护设施情况、工作时间的长短等不同情况。一般来说，在特殊条件下劳动强度越大，对身体危害越严重，生活费用越高以及劳动保护设施越差的工种或岗位，津贴标准应越高；反之，则应越低。

（4）确定津贴的发放方式。津贴主要以货币形式来支付，根据员工的出勤日按月发放。特殊的行业如纺织行业、水泥行业、煤矿行业等，为确保员工身体健康，可部分发放实物津贴，如定期发木耳、保健茶等。

3）员工津贴制度的管理

由于津贴制度是整个工资制度的重要组成部分之一，因此，加强津贴制度的管理，对于搞好企业内部分配，调动员工积极性，提高企业经济效益都有重要意义。企业在加强津贴制度管理上应做好以下三方面的工作：

（1）企业要认真制定并搞好津贴的日常管理工作。要制定出一整套加强津贴管理的规章制度和合理的支付办法，定期检查各种津贴、补贴的支出情况，防止津贴、补贴的不合理支出。

（2）及时调整和改进企业自定的津贴制度。津贴制度的一个显著特点是可以随情况的变化及时调整和改进。过去，由于津贴基本上是由国家统一制定和管理，津贴的灵活性体现不出来，往往劳动条件和生活环境已经发生了变化，津贴制度却不能及时做出相应的调整。随着经济体制改革的深入进行，企业进一步扩大了内部分配自主权，可以在按规定提取的本单位工资基金总额内，根据变化了的情况，及时调整和改进自己制定的各种津贴制度、补贴制度，使之有效地发挥积极作用。

（3）严格执行国家、地区或部门规定的各种津贴制度，不能擅自扩大实行范围，任意提高津贴标准，否则，将影响津贴的积极作用，还会不合理地增加国家和企业的负担，影响员工内部关系。因此，企业主管部门应对企业执行国家、地区规定的津贴制度情况进行监督、检查，企业应增强自我约束能力，认真贯彻国家、地区有关津贴的政策，严格按照统一的津贴制度规定的条件、范围、对象和标准执行。主管部门应该加强对津贴工作的监督指导，发现问题及时纠正。

6.3.4 补贴管理

1）补贴和津贴的区别

从维持生活水平不变或者提高员工薪酬这个基本职能角度考虑，补贴和津贴一样，都是补偿性薪酬的重要形式。虽然在日常生活中补贴和津贴经常被混淆，但是两者还是有区别的。主要区别是：津贴是为特殊劳动付出而提供的劳动补偿性报酬，支付对象仅与工作性质有关，发放对象仅限于部分从事特殊工作的人员。而补贴多是对因为企业的外部环境因素的变化或者企业内部经营方式的变化导致员工收入损失而提供的一种补偿，发放范围包括全体员工。所以，津贴与工作岗位、地点和工种相关，而补贴与员工的生活和收入水平有关，与工作性质没有直接关系。划分津贴和补贴的简单方法是，属于工作性质的称作津贴，属于生活性质的称作补贴。

2）补贴的种类

补贴大体可以分为两类：

（1）政策性补贴，主要是指受一些外部因素的影响，如物价上涨、国家福利政策的变动等，造成员工实际收入水平下降而提供的补偿形式。

（2）企业补贴，主要是指企业为补偿员工过去的劳动付出，维持当前的实际薪酬水平，或者防止员工外流等而发放的补贴性收入。

3）补贴发放管理

补贴发放中，应该掌握两个基本原则：

（1）员工现有工资水平不降低的原则。补贴的目的在于保证员工的实际薪资水平不因为外在因素而降低。因此，维持原有薪资水平是发放补贴的下限。

（2）发放比例适度原则。如果发放比例过小，就起不到补贴的实际作用。而当前多数观点认为员工补贴的比例不宜过大，甚至有观点认为，应该把补贴纳入基本工资中，这样有利于管理，但缺点在于，如果将补贴纳入基本薪酬，就成为企业永久性的人工成本支出，而不利于享受国家相关税收优惠。

6.4 福利设计

6.4.1 福利设计的内容

1）员工福利计划的内容

员工福利计划，是指企业为实施员工福利所做出的规划和安排。企业应该根据自身情况和企业员工的特点来设计福利制度，这样才能充分发挥福利制度的有效性。一般来说，一个相对完整的员工福利计划需要包含以下几个方面的内容：

（1）Why：企业为什么要向员工提供福利？这是企业在设计员工福利计划时需要考虑的首要问题。如果企业向员工提供福利的目的是保障和提高员工的生活水平，那么福利水平就要依据当地的生活水平，提供的福利也要侧重于实物和服务；如果企业提供福利的目的是保证整个薪酬水平的外部竞争性，那么福利水平就要根据市场水平来确定。

（2）What：企业要向员工提供什么样的福利？也可以理解为向员工提供福利的内容是什么，福利的内容直接决定着员工需求的满足程度，是员工满意度的主要影响因素。因此，企业必须合理地确定福利的内容，这样才能保证福利实施的效果。在实践过程中，有些企业对这个问题并未给予足够的重视，因此往往会出现"出力不讨好"的尴尬局面，虽然企业也耗费了大量的财力、物力来实施员工福利，但是员工并没有感到满意。

（3）How：企业以什么样的形式来向员工提供福利？这也可以理解为向员工提供福利的方式是什么，与基本薪酬和激励薪酬不同，作为间接薪酬的福利，其发放的形式更具灵活性，并非必须以货币的形式发放给员工，还可以借助其他形式。因此，企业需要对福利的各种形式进行比较，从中选择最为合适的形式。

（4）Who：由谁来向员工直接提供福利？也就是说员工福利的实施主体是谁，员工福利的责任主体和实施主体是两个不同的概念，虽然员工福利的最终责任主体是企业，但是这并不意味着企业就一定要直接向员工提供福利，它可以将具体的实施责任委托给外部的组织或机构。这两种实施方式各有利弊，因此需要企业综合考虑后做出决策。

（5）Whom：企业要向哪些员工提供福利？虽然从整体上来讲，福利实施的对象应当是企业全体员工，但是这并不是说每一项具体的福利都要针对全体员工来实施。由于不同的福利项目具有不同的特点，其适合的对象也是不同的，因此企业应当根据福利的具体内容来选择实施对象。此外，为了增强福利的激励作用，也需要对员工享受福利的资格条件做出规定，这同样也会产生选择福利实施对象的问题。

（6）How much：企业要向员工提供多少福利？企业提供的福利应当是什么水平的？在实践中，福利水平体现为企业的福利开支。福利水平的确定主要包括两个层次的内容：一是确定企业整体的福利水平；二是确定员工个人的福利水平。由于福利是薪酬的重要组成部分，因此福利水平就成为反映企业薪酬水平的一个重要方面，企业就需要对自身的福利水平做出决策。此外，现在越来越多的企业在福利的实施中已经抛弃了平均主义的做法，开始实行差异化的员工福利，而福利水平的差异则是其中重要的内容，因此就有必要确定员工个人的福利水平。

（7）When：在什么时间向员工提供福利？这主要是指福利实施的时机。即便是同样水平和同样内容的福利，在不同的时间提供给员工，给员工带来的效用也是不同的。因此，为了使福利的效用最大化，企业应当恰当地确定福利实施的时机，要在最合适的时间把福利提供给员工，从而充分地发挥福利对员工的激励效果。按照激励理论的观点，福利提供的时机应当遵循两个主要的原则：一是及时性的原则，要及时地把福利发放给员工；二是需要性的原则，要在员工最需要某种福利的时候给他们提供这种福利。

2）员工福利设计

企业有很多福利项目可以选择，而不同的福利组合又会产生不同的影响。因此，在设计福利计划时，企业应该从以下几个方面着手：

（1）了解国家法律。企业必须在遵循国家相应法律的基础上对本企业的福利进行设计。

（2）开展福利调查。要做好福利设计工作，需要对企业现有的福利项目与员工需求、偏好进行分析比较，可以通过组织内部的问卷调查，让员工对列举出来的组织可能提供的福利项目进行排序，将问卷调查的分析结果与企业现有福利进行比较，找出两者之间的差距。福利也应对外有竞争力。企业也需要通过市场调查了解其他企业的福利种类和福利水平，以保证能够吸引和留住员工，保持在劳动力市场上的竞争力。

（3）寻求与组织战略目标、企业文化相匹配的福利模式。设计福利制度，不仅要考虑市场导向和员工需求，更要对企业本身进行系统分析，明确企业经营目标、企业文化和员工队伍构成等，在此基础上对福利功能进行定位，设计出符合企业特色的福利计划。

（4）强化个性化的福利观念。目前多数企业采用自助餐式福利，即提供给员工多种福利项目，员工可以根据自身需要在规定福利总金额内选择自己喜欢的福利项目。这样给员工更多自由选择权，激励效果更加明显。

（5）福利设计要有助于加强团队合作。企业进行福利设计时，应该有意识设立一些基于团队合作目标实现的福利或者一些集体项目福利，以加强团队合作意识。

（6）企业财务状况分析。企业支付能力取决于企业财务状况。因此，企业要从将成本与员工需要相结合的角度来对企业的福利状况进行总体设计。

（7）将福利计划纳入企业的整体薪酬计划，全面考虑，配套实施。企业增加福利项目以及对福利的投入，要充分考虑企业的整体薪酬费用，以保证既能增强企业吸引力，又能提高资金使用效率。

6.4.2　福利计划的管理

1）福利计划管理的定义及重要性

福利计划管理是指为了保证员工福利实现预期的效果而采用各种管理措施和手段对员工福利的具体内容进行控制或协调的活动。

员工福利计划管理的目标就是在员工福利的发展过程中进行控制和调节，使员工的发展按照预设的途径进行，实现各阶段的既定目标，促使企业发展，达到员工满意。福利计划管理的重要性在于：

（1）各种发展目标都需要有效的管理来实现。制定相应的制度，对员工福利进行管理，才可能使员工福利的各项目标得以实现。

（2）各项福利项目需要有效的管理来理顺。福利项目种类繁多，通过相应的管理机制和手段，对各种福利项目分门别类地规划，有利于顺利进行多样的福利项目的管理。

（3）设计规划各阶段需要有效的管理。福利计划应该针对各个规划阶段的内容、目标和特点采取适当的管理措施。通过相应的管理系统，结合企业的经济实力、员工满意度、制度的激励性等，对现状进行评估，有利于决定是否晋升到更高级别的员工福利规划阶段。

（4）福利计划需要有效的成本控制。通过理顺员工福利各项目之间的关系，减少无端的浪费，有利于提高员工福利管理效率，减少管理成本。

（5）福利计划实施效果需要有效管理来评估、改进。通过对实现结果进行客观的评估和评价，有利于改善员工福利管理制度，进行目标修订。

2）福利计划管理的职能

员工福利计划管理具有计划、组织、指挥、实施、调节和控制等职能。

（1）计划职能

员工福利规划作为一个宏观的行动纲领必须细化，分解为一个个具体的员工福利计划才能指导员工福利的具体实践。员工福利的执行和实施又离不开员工福利计划，计划是否周全和详细，在很大程度上决定着员工福利的实施效果。

（2）组织职能

组织职能包含两个层面：一是要确定员工福利管理的组织。具有主观能动性的人力资源部门的重要性已得到人们的共识，目前大部分企业由人力资源部门管理员工福利。二是决定如何进行员工福利的管理，这是管理员工福利的部门应该解决的问题。

（3）指挥职能

在员工福利的管理过程中，需要采用适当的领导方式，掌握领导的艺术。因此，指挥不同于简单地依靠职位所赋予的职权进行"管"，而是含有领导的成分，组织的领导者应发挥自己的领导才能，在员工福利管理过程中运筹帷幄，全面指挥。

（4）实施职能

其一方面是指在考虑各种影响因素和可能遇到的问题的基础上，制订详细的实施方案。实施方案应包括实施主体、实施步骤、实施依据、实施手段等。另一方面是指员工福利管理实践活动本身。从本质上讲，员工福利的管理就是对员工福利每个实施过程的改善与提高。

（5）调节职能

员工福利的实施可以依照计划行事，但计划是在预测一些问题的基础上得到的，而预测难免与实际情况发生偏差，实践过程中难免出现这样那样的特殊情况，可能使计划难以执行，因此必须对既定的计划进行调整。即使不发生特殊情况，也不能确保计划是百分百成功的，需要进行阶段性的检验和评估。如果阶段性的实施效果不够理想，没有达到既定目标，也需要对员工福利的计划、目标进行调整。因此，在员工福利管理过程中对预定的计划进行必要的调节是员工福利规划目标得以实现的又一保证。

（6）控制职能

控制职能是对员工福利的实施进行全面的控制，最终达到控制成本的目的。为了实现成本的控制，管理者应对管理的对象、管理的时间进度、福利项目种类、时间成本进行把握和控制。

3）福利计划管理的流程和内容

按照福利计划管理的各项职能来安排，应该遵循以下流程，如图6-1所示。

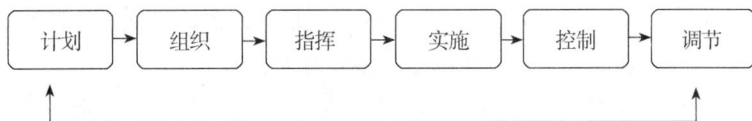

图6-1 福利计划管理的流程

福利计划管理包括方案制订、财务预算、管理机构安排、人员配备、成本控制、调整和评估等内容。

4）福利计划管理方法

员工福利计划管理方法是指将现代科学技术的最新成果运用于员工福利的管理中，主要有如下几种方法：

（1）员工福利人本管理方法。它是将在现代心理学和社会学基础上发展起来的行为科学管理方法，应用于企业的员工福利管理工作中，如"快餐式的福利"制度。

（2）员工福利规划管理方法。它是将在运筹学基础上发展起来的各种规划方法，运用于公司员工福利管理活动中，如"公司的三年红利分红规划"等。

（3）员工福利微机管理方法。它是将在计量经济学的基础上，结合计算机科学的发展而采用的各种资料统计和数据分析方法，应用于企业员工福利管理工作中，如统计数据报告分析等，原来用手工操作，现在都用计算机处理。

5）福利计划管理方式

根据权限关系和组织结构来分析，员工福利计划管理方式可以分为集中管理（纵向管理）和民主管理（横向管理）。

（1）集中管理。集中管理也就是集权管理，指权限集中于组织高层，员工福利的诸多问题是由高层主管人员决定的。

（2）民主管理。民主管理就是员工福利事务的决策权分散于下层管理人员甚至员工。

集中管理与民主管理并不是两者必居其一的关系，民主与集中不是绝对的，而是相辅相成的，关键在于把握民主与集中的度，即在多大程度上分权和多大程度上集权。民主管理与集中管理各有利弊，如集中管理协调统一但决策效率低，而民主管理在增加员工的参与意识的同时也带来协调困难的弊病。如何把握员工福利管理的权限关系，是选择民主还是集中或在多大程度上集中，要看特定阶段员工福利工作的内容复杂程度和专业程度，可以分散决策项目的多少和重要程度。具体地讲，员工福利管理是选择集中管理还是民主管理，取决于员工福利管理的体制、人员规模、所处阶段、信息沟通是否便捷顺畅和对环境变化的反应灵敏度等因素。

6）福利计划管理原则

（1）合理性原则。福利设施和服务项目应在规定的范围内，力求以最小费用达到最大效果。对于效果不明显的福利应当予以撤销。

（2）必要性原则。国家和地方规定的福利政策，企业必须严格执行。此外，企业提供的福利应当最大限度地与员工要求保持一致。

（3）计划性原则。凡事要计划先行，福利制度的实施应当建立在福利计划的基础上，依照计划实施。

（4）协调性原则。企业在推行福利制度时，必须考虑到与社会保险、社会救济、社会优抚的匹配和协调。已经得到满意的福利要求没有必要再次提供，确保资金用在"刀刃"上。

（5）平等性原则。平等性主要强调的是"同"，员工拥有同样的权利，接受同样的管理方式和模式，不会因级别的差别和所在部门的差异有太大的区别。

（6）激励性原则。通过设置符合员工需要的福利项目，改进员工福利管理的方式、方法，改进员工福利的效果，增加员工对福利的满意度，从而达到激励员工为企业努力工作的目的。

（7）经济性原则。企业强调福利对外具有竞争性和对内具有感激性，也要重视经济性，尽量降低员工福利的管理成本，提高管理效率，追求利润最大化。

（8）动态性原则。为了更好地实现福利目标，以适应现实经济环境的变化，必须实施员工福利的动态管理。

6.4.3　企业福利管理方式的创新

福利在员工心中的地位日益提高，因此也得到了企业的重视。福利支出成本在企业中所占比重也在增加。但是目前福利管理中存在很多问题。一些企业虽依法合理科学预算，但效果低下；一些企业还存在福利平均主义的落后意识，影响了福利效用的发挥。所以，福利管理方式的革新迫在眉睫，而且随着福利支出的增加，企业也纷纷开始寻求新的福利管理模式，以求得以最小成本获取最大效用。

福利管理创新方式的主要做法是：

1）凸显福利项目的特色

众多企业为了提高福利管理的效益，也越来越热衷于员工福利项目的设计，并显示如下特点：

（1）越来越重视对员工多层次需求的满足。以更多的福利形式满足员工的多层次需求是近年来企业福利项目实施的一个重要特点。

（2）越来越重视对员工高层次需求的满足。以往的企业福利多是考虑满足员工及其家属的一些物质和生活需求，很少考虑员工对精神和文化方面的高层次需求。随着社会的进步和员工生活质量的提高，福利也向高层次、高质量发展。

（3）越来越重视开发性福利项目。将福利管理纳入企业战略目标和企业人力资源的开发，并与员工的薪酬管理组成有机的报酬管理体系，是企业福利发展的又一方向。其中，许多企业的员工教育培训项目就很具代表性。

2）管理方式的创新

目前，比较流行的企业福利项目管理方式有：

（1）"一揽子"薪酬福利计划

许多企业不再将薪酬与福利管理分成互不搭界的两项管理工作，而是让两种手段互相配合，共同围绕企业目标运转。

（2）"自助餐式"的福利管理方式

员工可以在多种福利项目中根据自己的需要进行选择。例如，单身员工不选择儿童保健，但可选择附加养老金福利；夫妻双方可以选择不同的福利项目，比如一方选择子女保健，另一方选择住房或休假。

（3）"低成本，高收益"的福利项目

为了提高福利服务效率，减少浪费，许多企业积极推广一些投入低、质量高的福利项目，并注意在实施中严格进行成本控制。

（4）企业和员工"双受惠"的福利项目

如员工在职学习的学费资助，是许多企业提供的一项员工福利，对促进员工人力资本投资很有益处。

本章小结

本章对员工福利的含义进行了介绍，分别从企业和员工的角度考察了福利的作用，并分析了福利的产生和发展历程。法定福利包括社会保险、住房公积金及各类休假制度。企业福利主要包括企业补充养老保险、健康医疗保险、集体人寿保险、住房或购房支持计划、员工服务福利和其他补充福利，并指出福利发展的新趋势——弹性福利制度及其概念、特点、类型及优缺点。

津贴是对员工在特殊劳动条件（时间、地点、岗位、环境）下工作，支出了超额劳动及额外的生活费用，或有损身心健康所给予的报酬，是工资的补充形式。同其他工资形式相比，它具有补偿性、单一性、灵活性、均等性等特点。

员工福利计划，是指企业为实施员工福利所作的规划和安排。一个相对完整的员工福利计划包含 Why、What、How、Who、Whom、How much、When 等方面的内容。

本章案例

腾讯公司2021年员工最新福利

腾讯一直被外界戏称为"鹅厂"，先不论它的薪酬水平，腾讯在互联网企业中一直有着高福利的美名。

虽然高福利容易产生一定的问题，但是出于员工关怀的目的，出于对员工的一种保障，腾讯在福利建设上从来都没有停止过步伐。仅在2021年，腾讯就为自己的员工提供了不少的优厚福利，下面我们就来进行简单的盘点。

（1）2021年4月30日，腾讯宣布推出安居计划Plus方案，对员工买房福利启动新一轮升级。腾讯安居计划是在2011年启动的，将在3年内为首次买房的员工提供总计10亿元的免息贷款，员工最高可申请30万元的额度。2021年的升级版，员工最高可以从公司申请90万元的免息借款。

这次安居计划的升级，是该计划推出10年来的第三次调整。据悉，腾讯公司调整升级计划考虑的因素包括政策、市场、行业对标等。这种灵活调整的福利计划极大地满足了腾讯员工"购房安家"的实际需求，受到员工的普遍欢迎。据说，腾讯公司为了能尽可能地惠及基层员工，中层以上的管理干部和专家均不参与该计划，而享受福利的条件仅仅要求司龄2年，绩效考核为优者1年。

（2）2021年11月，腾讯相继推出员工"退休福利""职业里程碑"：员工入职5年可获得"长期健康保障"；入职15年可获"终身健康保障"以及"可自主提前解锁长期服务回馈"；而到了法定退休阶段的员工，根据此前披露的退休方案，除国家发放的社保养老金之外，还可同时享有由腾讯提供的定制纪念品、长期服务感谢金、退休荣誉金三项福利。

在新的腾讯员工"职业里程碑"中，将从原先的入职"1年、10年、20年"3个节点，升级为"入职1年、入职5年、入职10年、入职15年、入职20年、法定退休"6个节点，每个节点都能享受到不同的实物礼品或特色权益。由每隔10年改为每隔5年，使关怀方案的覆盖范围大幅度增加，新增的"5年、15年、法定退休"3个节点更侧重于权益和荣誉。据悉，在原有的3个节点中，员工入职1年可领取寓意"启航"的周年纪念册；入职10年可领取寓意"十年有你，十分精彩"的钻企鹅，以及"十年长期服务假"；入职20年可以领取寓意"时间和空间"的时光企鹅。

在新增福利中，"终身健康保障"是指在原5周年长期健康保障基础上，另外再赠予入职15年员工一份终身健康保障的保险。而"可自主提前解锁长期服务回馈"，则让持续服务15年及以上的员工，当有了新的个人生涯规划时可主动申请解锁这份"长期服务回馈权益"，权益执行标准参照集团推出的"退休福利"。这意味着入职15年又尚未达到法定退休年龄的员工将可以自由选择是否提前领取"退休大礼包"。

至于"退休福利"，员工在法定退休时，除了国家发放的社保养老金之外，还可享有由公司提供的定制纪念品、长期服务感谢金、退休荣誉金三项福利，其中：长期服务感谢金为6个月固定工资；退休荣誉金共有"服务年限金"和"50%的未解禁股票期权"两个方案，体现为股权形式，员工可自选其一。

以上消息发布在腾讯的官方微信号"鹅厂黑板报"中。其中，最吸引人的福利就是满足入职15年还未到达退休年龄的员工可以自己决定提前领取"退休大礼包"。很多人认为这就是自己的理想：在"鹅厂"工作15年为生活、为家庭，15年之后可以为自己。还有一些已经离职的腾讯员工都想回流，甚至想把之前的工龄都算上。

这波福利着实赚足了眼球，腾讯再次成为"别人家的公司"。最高赞的一句评论最能说明问题："有鹅选鹅，无鹅延毕，延毕无鹅，建议读博，毕业再鹅。"

资料来源　HRsee.腾讯公司2021年员工最新福利 ［EB/OL］. ［2021-12-12］. http://www.hrsee.com/?id=2657.

思考题：请分析腾讯公司薪酬福利政策的特点及可借鉴之处，总结其政策所产生的激励效果。

复习思考题

1. 员工福利可以分为哪些主要类型?
2. 什么是弹性福利计划? 它有哪些优缺点?
3. 你认为员工福利的未来发展趋势如何?
4. 福利计划管理的原则包括哪些内容?
5. 员工津贴有什么重要作用?

第7章

薪酬设计的基础

学习目标

　　通过本章的学习，了解和掌握工作分析与职位评价的含义、工作分析的操作程序、职位评价的流程；掌握工作分析与职位评价的主要方法；了解两种代表性的要素计点法的基本内容；能够编写工作说明书。

7.1 工作分析

7.1.1 工作分析概述

1）工作分析的概念

工作分析又称职位分析，是指从组织战略、经营目标及业务流程出发，对组织中各个工作岗位的设置目的、职责、工作内容、工作关系、工作环境等工作特征以及对该岗位任职员工的素质、知识、技能要求等任职条件进行调查、分析后进行客观描述的过程。工作分析的结果是形成工作流程、工作关系图及岗位说明书，其目的是保证企业活动的有序和规范。薪酬设计中的工作分析就是先把要做的事情"看"清楚，然后再进行相关人员、绩效等其他方面的分析。

2）工作分析的作用

现代人力资源管理体系不是孤立存在的，而是与一个企业的组织目标、组织战略、组织设计相联系的。建立合理的人力资源管理体系的目的是服务于企业的发展战略，使企业平稳、通畅地运作。但是如何将人力资源体系与企业的组织体系有机地结合起来，工作分析在这其中起到了极其重要的作用。

（1）在人力资源规划方面。人力资源规划对于企业的持续发展是很重要的，而工作分析可以为人力资源规划的制定提供基本的信息，如组织中有哪些工作任务、多少个职位和岗位，这些职位的权力传递链条及汇报关系如何，每一职位目前是否产生了理想的结果，组织中人员年龄结构、知识结构、能力结构、培训需求和工作安排等。如果没有进行切实的工作分析，就没有对企业人力资源现状的充分认知，也不可能制定出适合企业发展的人力资源规划。

（2）在人员招聘与甄选方面。通过工作分析增强了组织人力资源规划的准确性和有效性。招聘人员不是对所有的工作都有充分的认识和了解，有些招聘人员对某些工作可能完全是外行。工作分析可以提供职位的任职资格要求（工作规范），从而为人员招募、甄选决策提供依据，大幅度提高人员甄选技术的效度和信度，降低组织的用人风险，提高员工的整体素质与工作适应性。没有工作分析基础的人员招聘和甄选是盲目的、缺乏标准的。

（3）在培训与开发体系建设方面。企业进行任何活动都是有目的的，培训的目的就是让员工学习某种工作需要的技能等。工作分析中明确说明了每个岗位任职者所需要的技能、知识和素质，这为有针对性地设计培训、开发计划提供了依据，从而有利于提高整个培训活动的效率。

（4）在绩效考核方面。绩效考核实际上是将员工的实际工作业绩与要求达到的工作绩效标准进行比较。职位说明书描述了工作职责、工作内容和任职要求等，这些可以帮助考核人员针对不同的职位设计考核指标，从而使绩效评价有据可依，大大减少了绩效评价的主观性和随意性，使其能用于员工的报酬决策和人员晋升、调派、奖惩。并且，明确的绩效标准还为任职者设立了一个标杆，使其能够有目标地改进自己的工作，提高工作绩效。只有建立在工作分析基础上的考核指标体系才有可能全面、准确地对员工进行评价，达到对员工激励的目的。

（5）在薪酬管理方面。要让员工全心全意为企业服务，就需要建立合理的薪酬体系，让员工有一种公平感。报酬通常都是同工作的复杂性、职责大小、工作本身的难度，以及工作要求的任职资格等联系在一起的，而所有这些因素都必须通过职位分析才能得到确定。通过工作分析，员工可以对工作的职责、技能要求、教育水平要求、工作环境等有明确的了解和认识，企业也可以根据这些因素判断一项工作对于企业的重要程度，从而形成一种工作相对重要程度的排序，并通过职位评价的量化形式来帮助组织确定每个职位的报酬水平。因此，工作分析是职位评价的基础，也是建立薪酬体系的基础。通过职位分析与职位评价，可以优化企业内部的工资结构，提高报酬的内部公平性。

通过以上分析可以看到，工作分析在人力资源管理中扮演着相当重要的角色，工作分析是人力资源各项工作的基础，影响着人力资源各个方面的运作。

3）工作分析需要搜集的信息及来源

工作分析不仅仅是单纯的关于工作的描述，还应包括岗位外部环境信息、与工作相关的信息、与任职者相关的信息三个部分，见表7-1。

表7-1　　　　　　　　　　　　　　**工作分析信息搜集表**

岗位外部环境信息	
•组织远景、目标与战略 •组织年度经营计划与预算 •组织经营模式 •组织结构、业务流程/管理流程 •人力资源、财务、营销管理等 •组织提供的产品、服务 •组织采用的技术 •有关研发、采购、生产、销售、客户服务的有关信息 •组织文化类型与特点	•行业标杆岗位情况（以行业中领先者和主要竞争对手为主） •客户（经销商）信息（包括客户档案、客户经营管理模式、客户投诉记录等） •顾客信息包括内在需求特点、顾客调查、顾客投诉等 •外部供应商信息 •主要合作者与战略联盟信息 •主要竞争对手信息

与工作相关的信息	
工作内容/工作情景因素	工作特征
•工作职责	•职位对企业的贡献与过失损害
•工作任务	•管理幅度
•工作活动	•所需承担的风险
•效率标准	•工作的独立性
•关键事件	•工作的创新性
•沟通网络	•工作中的矛盾与冲突
•工作成果（报告、产品等）	•人际互动难度与频繁性

与任职者相关的信息	
任职资格要求	人际关系
•教育程度 •专业知识 •工作经验（一般经验、专业经验、管理经验） •各种技能 •各种能力倾向 •各种素质要求（包括个性特征、职业倾向、动机、内驱力等）	•内部人际关系（与直接上级、其他上级、下属、其他下级、同事之间的关系） •外部人际关系（与供应商、客户、政府机构、行业组织、社区之间的关系）

7.1.2 工作分析的操作程序

工作分析作为一项复杂而又细致的工作，一般包括四个阶段，即准备阶段、调查阶段、分析阶段和结果反馈阶段。

1）准备阶段

在正式启动工作分析项目之前，需要做好准备工作：了解情况，建立职位分析小组，制定职位分析的规范，采取必要的宣传方式等。

2）调查阶段

调查阶段的主要任务是根据调查方案，对职位的相关情况进行认真、细致的调查研究，取得所需的数据和资料。调查阶段一般分为以下几个步骤：

（1）选择信息来源

信息的来源决定了信息的真实程度以及倾向性，同时也决定了不同信息之间的关联性，进而影响工作分析的信度和效度。提供信息的可以是目前职位的任职者、任职者的上级、任职者的同事、与任职者打交道的内外部顾客、工作分析人员、相关工具书等。

（2）按照选定的方法和程序进行信息搜集工作

在进行信息搜集工作时，应该选择恰当的工具和方法，并从不同的分析层次准确、客观地搜集信息。

（3）对收集到的数据及资料进行分析

根据上一步所收集的相关数据和资料进行工作分析。

3）分析阶段

工作分析不仅是收集与职位相关的数据和资料，其核心是要全面考察职位的特征和要求，揭示职位的主要特征和关键因素。通过对收集到的数据和资料的整理，最终形成职位描述、工作规范以及工作说明书，作为工作分析的最终结果。

4）结果反馈阶段

当得出了工作分析的结果以后，就形成了职位描述、工作规范和工作说明书等文件，此时就要向在职员工验证工作分析结果的准确性，即进行工作分析结果的反馈工作，这也是工作分析的最后一个步骤。

在进行结果反馈时，要召集本职位的在职者及其主管，由他们判断职位描述、工作规范以及工作说明书的内容是否准确和全面。工作分析者与他们一道就每一项内容进行讨论，并记录存在的所有问题，后期进行补充调查，修正分析结果。

7.1.3 工作分析方法

在进行工作分析前，首先要根据分析目的搜集岗位工作重点信息，如为绩效考核而进行的工作分析侧重于工作绩效产出的衡量与组织在相应时期对工作岗位的要求，为岗位评价而进行的工作分析侧重于岗位间不同的工作责任、所需技能、努力程度和不同工作环境间可量化的比较。确定搜集的重点信息后，可以选用不同的信息搜集方法。

1）实践法

实践法是指工作分析人员亲自从事所需研究的工作，由此掌握工作要求的第一手资料。这种方法的优点是可以明确地了解工作的实际任务和体力、环境、社会方面的要求，适用于那些短期内可以掌握的工作；缺点是不适用于需要进行大量训练和危险的工作。

2）观察法

观察法指分析人员从旁观察员工的工作活动，并用文字或图表形式记录下工作过程、行为、内容、特点、工具、环境等，然后进行分析与归纳总结。这种方法主要用来搜集强调人工技能的那些工作信息，如门卫、流水线上的作业工人所做的工作。

（1）观察法的优缺点

通过直接观察员工的工作，分析人员能够比较全面和深入地了解工作要求，适用于那些主要是由身体活动来完成的工作。而且采用这种方法收集到的资料多为第一手资料，排除了主观因素的影响，比较客观和正确。但观察法也有其自身的缺点。首先，它不适用于工作周期较长和以脑力劳动为主的工作，如设计师、精算师的工作。其次，它不宜观察紧急而非常重要的工作，如急救护士的工作。最后，观察法工作量太大，要耗费大量的人力和财力，时间也过长。有关任职资格方面要求的信息，通过观察法也难以获得。此外，有些员工对于观察法难以接受，因为他们会感到自己正在受到监视甚至威胁，所以会在内心对分析人员产生反感，同时也可能导致动作变形。因此，使用观察法时，应将分析人员以适当的方式介绍给员工，便于分析人员被员工接受。

（2）观察法的使用原则

① 被观察的员工的工作应相对稳定，即在一定时间内，工作内容、程序、对工作人员的要求不会发生明显的变化。

② 适用于大量标准化的、周期较短的工作，不适用于包含了许多难以测量的脑力活动的工作以及偶然发生的重要工作。

③ 不能只观察一名任职者的工作，应尽量多观察几名任职者，然后综合工作信息。同时要选择有代表性的样本。

④ 观察人员尽可能不干扰被观察员工的工作。

⑤ 观察前要有详细的观察提纲，这样观察才能及时、准确，见表7-2。

表7-2 **工作分析观察提纲（部分）**

被观察者姓名：_____   日期：_____
观察者姓名：_____   观察时间：_____
工作类型：_____   工作部门：_____
观察内容：_____
1.什么时候开始正式工作？_____
2.上午工作多少小时？_____
3.上午休息几次？_____
4.第一次休息时间从_____到_____。
5.第二次休息时间从_____到_____。
6.上午完成产品多少件？_____
7.平均多长时间完成一件产品？_____
8.与同事交谈几次？_____
9.每次交谈约多长时间？_____
10.室内温度_____℃。
11.上午抽了几支香烟？_____
12.上午喝了几次水？_____
13.什么时候开始午休？_____
14.出了多少次品？_____
15.搬了多少次原材料？_____
16.工地噪声_____分贝。

3）访谈法

对许多工作，分析人员不可能实际去做（如飞行员的工作）或者不可能去观察（如设计师的工作），在这种情况下，需要请员工讲述他们自己的工作目标、工作内容、工作性质与范围及所负的责任等，这就是访谈法。和观察法一样，访谈时也应使用标准格式来收集资料，这样才能使所有的问题和回答限制在与工作有关的范围内。更重要的是，使用标准格式便于比较调查过程中不同的人所反映的情况。

在搜集工作分析信息时，可以使用以下三种访谈法：个人访谈法、群体访谈法和主管人员访谈法。个人访谈法适用于各个员工的工作有明显差别，工作分析时间又比较充分的情况。群体访谈法适用于多名员工做同样工作的情况。需要注意的是，在进行群体访谈时，应使这些工作承担者的上级主管人员在场。如果主管人员当时不在场，事后也应请主管人员谈一谈他对于被分析工作中所包含的任务和职责持有何种看法。主管人员访谈法指同一个或多个主管人员面谈。因为主管对工作内容有相当的了解，主管人员访谈法可减少工作分析时间。采用访谈法时，必须使被访者明确访谈的目的，由于访谈常常被误解为对员工的绩效评价，若被访者是这样理解的话，他们往往不愿意对自己或下属的工作进行较为准确的描述。

访谈法适用面广，通过与工作承担者面谈，员工可以提供从任何其他来源都无法获得的资料，特别是平常不易观察到的情况，使分析人员了解员工的工作态度和工作动机等较深层次的内容。此外，访谈还为组织提供了一个良好的机会来向大家解释工作分析的必要性及功能。访谈也可以使被访者有机会释放因受到挫折而带来的不满。最后，访谈法还是一种相对来说比较简单但却十分迅速的信息搜集方法。

访谈法最主要的问题是所搜集的信息有可能是被扭曲的。由于员工可能对访谈人员及访谈动机持怀疑态度（他们常常将工作分析看成工作绩效评价，并且认为这种"工作绩效评价"会影响他们的报酬），加上访谈人员可能会问一些含糊不清的问题，从而使信息失真，被访者可能会强化或弱化某些职责。为了避免这种情况，分析人员可以使用群体访谈法，或先与员工面谈，然后再与员工的直接上级主管接触，获得其他信息，以检验从员工那里获得的信息的准确性。

4）问卷法

这是工作分析中最常用的一种方法，也是获取工作信息的一种较好的方法，就是让员工通过填写问卷来描述其工作中所包括的任务和职责。问卷法适用于脑力工作者、管理工作者或工作不确定因素很大的员工，比如软件开发人员、行政经理等。问卷法比观察法更便于统计和分析。

（1）问卷法的形式及特点

问卷通常包括结构化问卷、开放式问卷两种。结构化问卷由分析人员事先准备好的项目组成，代表了分析人员希望了解的工作信息。问卷回答者只需要在问卷项目后填空、选择或对各个项目进行分数评定。回答结构化问卷简单、明确，不占用任职者太多时间，但回答方式比较呆板，不允许回答者有发挥的余地。如果问卷中有的项目表达模糊或不切实际，回答者也只能勉强作答或空着不答。开放式问卷让回答者用一段话表达自己的意见，这就给他们提供了发表不同看法的机会，如"请叙述工作的主要职责"。最好的问卷介于两者之间，既有结构化问题，也有开放式问题。

（2）问卷法的优缺点

问卷法有许多优点：第一，它能够从许多员工那里迅速得到进行工作分析所需的资料，节省时间和人力，费用低，速度快；第二，问卷可以让任职者在工作之余填写，不会占用工作时间；第三，它可以使分析的样本量增大，因此，适用于需要对很多工作进行分析的情况；第四，分析资料可以数量化，由计算机进行数据处理。

问卷法也存在着一些缺点：首先，设计理想的调查问卷要花费大量的时间、人力和物力，费用比较高。而且，问卷使用前，还应该对其进行测试，以了解员工理解问卷中问题的情况。为了避免误解，还经常需要工作分析人员亲自解释和说明。其次，问卷缺乏面对面交流带来的轻松气氛，缺乏对被调查者回答问题的鼓励或支持等肯定性反馈，因此被调查者可能不积极配合与认真填写，从而影响调查的质量。工作分析中使用的典型问卷见表7-3。

表7-3　　　　　　　　　　　　**工作分析问卷（卡恩制造公司）**

姓　　名：_____　　工作名称：_____

部　　门：_____　　工　　号：_____

主管姓名：_____　　主管职位：_____

1.任务综述：请用你自己的语言简要叙述你的主要工作任务。如果你还负责写报告或做记录，请同时完成第8部分的内容

_____

_____

2.特定资格要求：请列举为完成由你的职位所承担的那些任务，需要具有哪些证书、文凭或许可证

_____

_____

3.设备：请列举为了完成本职位的工作，你通常使用的所有设备、机器、工具（比如打字机、计算器、汽车、车床、叉车、钻机等）

机器名称　　　　　　　　　　　平均每周使用小时、次数

_____

_____

4.常规工作任务：请用概括的语言描述你的常规工作任务。请根据各项任务的重要性以及每个月每项任务所花费时间的百分比将其从高到低排列，并尽可能多地列出工作任务。如果此处空白不够，请另外附纸

_____

_____

5.工作接触：你所从事的工作要求你同其他部门和其他人员、其他公司或机构有所联系吗？如果是，请列出要求与他人接触的工作任务并说明其频繁程度

_____

_____

6.监督：你的职位负有监督职责吗？（　　）有（　　）没有。如果有，请另外填写一张附加的监督职位工作问卷，并把它附在本表格上。如果你的职位对其他人的工作还负有责任但不是监督职责的话，请加以解释

_____

_____

7.决策：请解释你在完成常规工作的过程中所要做的决策有哪些

_____

_____

如果：(a) 你所做出的判断或决定的质量不高；(b) 所采取的行动不恰当，那么可能会带来的后果是什么？
_____
_____

8.文件记录责任：请列出需要由你准备的报告或保存的文件资料有哪些，并请概括说明每份报告都是递交给谁的

(a) 报告　　　　　　　　　　　　　　递交给
_____
_____

(b) 保存的资料
_____
_____

9.监督的频率：为进行决策或决定采取某种正确的行动程序，你必须以一种怎样的频率同你的主管或其他人协商

(　) 经常　　　　(　) 偶尔　　　　(　) 很少　　　　(　) 从来不

10.工作条件：请描述你是在一种什么样的条件下进行工作的，包括内部条件、外部条件、办公区域条件等。请一定将所有令人不满意或非常规的工作条件记述下来
_____
_____
_____

11.资历要求：请指出为令人满意地完成本职位的工作，工作承担者需要达到的最低要求是什么

(a) 教育：

最低学历_____

受教育年限_____

专业或专长_____

(b) 工作经验：

工作经验的类型_____

工作经验的年限_____

(c) 特殊培训：

类　型　　　　　　　　　　　　　　　　年限
_____
_____

(d) 特殊技能：

　打字：　　　　字/分钟　　速记：　　　　字/分钟

　其他：

12.其他信息：请提供前面各项中未能包括，但你认为对你的职位来说是十分重要的信息
_____
_____

员工签名：　　　　　　　　日期：

5）工作日志法

工作日志法，又称工作写实法，是由员工本人自行进行的一种工作分析方法。要求从事工作的员工每天写现场工作日志，即让他们每天按时间顺序记录下他们在一天中所进行的活

动。通过对员工工作日志的分析来了解员工实际工作内容、人际关系及工作负荷等，从而搜集工作信息。

　　工作日志法的优点是可以长期对工作进行忠实、全面的记录，提供一个非常完整的工作图景，不至于漏掉一些工作细节。这是其他方法所不具备的特点。它的缺点是任职者每日程式化的日志记录活动对他们来说缺乏长久的动力，难免马虎和敷衍，员工可能会夸大某些活动，同时也会对某些活动低调处理，可能存在一些误差。因此，工作日志法最大的问题可能是工作日志内容的真实性问题。这就要求事后对记录和分析结果进行必要的检查。检查工作可由工作者的直接上级来承担。工作日志的实例见表7-4、表7-5。

表7-4　　　　　　　　　　　　　　工作日志（实例）

姓名：＿＿＿＿＿＿＿

年龄：＿＿＿＿＿＿＿

岗位名称：＿＿＿＿＿＿＿

所属部门：＿＿＿＿＿＿＿

直接上级：＿＿＿＿＿＿＿

从事本业务工龄：＿＿＿＿＿＿＿

填写日期：自＿＿＿＿月＿＿＿＿日至＿＿＿＿月＿＿＿＿日

表7-5　　　　　　　　　　　　工作日志填写实例（正文）
5月29日　工作开始时间：8：30　工作结束时间：17：30

序号	工作活动名称	工作活动内容	工作活动结果	时间消耗	备注
1	复印	协议文件	4页	6分钟	存档
2	起草公文	贸易代理委托书	8页	1小时15分钟	报上级审批
3	贸易洽谈	玩具出口	1次	40分钟	承办
4	布置工作	对日出口业务	1次	20分钟	指示
5	会议	讨论东欧贸易	1次	1小时30分钟	参与
⋮					
16	请示	货代数额	1次	20分钟	报批
17	计算机录入	经营数据	2屏	1小时	承办
18	接待	参观	3人	35分钟	承办

6）典型事例法

　　典型事例法，也称关键事件扩展法，是指对实际工作者特别有效或者特别无效的行为（即关键事件）进行简短的描述，通过积累、汇总和分类，得到实际工作对员工的要求。关键事件记录既能获得有关工作的静态信息，也能获得工作的动态信息。例如，一项有关销售的关键事件记录，总结了销售工作的12种行为：

　　（1）善于捕捉用户、订货和市场信息；

　　（2）善于提前制订工作计划；

　　（3）善于与销售部门的管理人员交流信息；

（4）对用户和上级忠诚老实，讲信用；

（5）能够说到做到；

（6）坚持为用户服务，了解和满足用户的需求；

（7）向用户宣传企业的其他产品；

（8）不断掌握新的销售技术和方法；

（9）在新的销售途径方面有创新精神；

（10）保护公司的形象；

（11）结清账目；

（12）工作态度积极、主动。

在此基础上，可以设计销售人员的选拔方案、销售工作的考评表、销售人员的薪资标准和培训方案等。

典型事例法直接描述工作者在工作中的具体活动，因此可以揭示工作的动态性质；由于它所研究的工作可以观察和衡量，因此用这种方法获得的资料适用于大部分工作；又因为它所收集的都是典型的事例，所以，它对于防范事故、提高效率能起到较大作用。该种方法的缺点在于收集归纳事例并把其进行分类需要大量时间。另外，由于描述的是具有代表性的工作行为，这样可能会漏掉一些不明显的工作行为，很难对通常的工作行为形成总体概念，因此难以非常完整地把握整个工作的实际情况。

7）美国联邦公务员委员会工作分析程序

为了制定一套能够对不同的工作进行比较和分类的标准化程序，美国联邦公务员委员会专门发明了一种工作分析技术，所有的信息都被编排在一张工作分析记录单中，见表7-6。首先在表中列出工作标识信息以及工作简述，再由专家按重要性顺序列出工作中所包含的各项任务，然后由分析人员根据知识要求、技术要求、能力要求、工作中所包含的身体活动、工作的特定环境条件、典型工作事件、对员工兴趣的要求等要素来分别对每一项任务进行分析。

表7-6　　　　　　　　**联邦公务员委员会工作分析记录单（节选）**

工作标识信息

任职者姓名：	A.艾德勒
组织/单位名称：	福利委员会
职位名称：	福利资格审查员
日期：	11/12/1992
访谈者：	E.琼

工作简述

进行面谈，审查申请，确定申请人的福利享受资格，向社区公众提供食品券计划方面的信息，向无资格获得食品券的人推荐其他可以求助的社区服务机构

工作任务

1.以福利管理政策为指导，确认申请人是否有申请食品券的资格，保证只有合格的福利申请人领到食品券

所要求的知识：

　　了解标准化申请表格中的内容以及表格中各项目的含义

　　了解社会健康服务食品券管理政策

　　了解与社会健康服务食品券计划有关的其他知识

所要求的技术：

　　无
所要求的能力：
　　阅读和理解比较复杂的工作指导书的能力，如对福利管理政策的阅读和理解能力
　　阅读和理解各种程序性指导书，并且将书面或口头的指导转化为适当行为的能力
　　运用简单数学知识的能力：加法和减法
　　将申请食品券的要求用外行人也能明白的语言讲述出来的能力
身体活动：
　　坐着
环境条件：
　　无
典型工作事件：
　　同那些既不是发出指令也不是接收指令的人打交道
兴趣要求：
　　信息交流的兴趣
　　与人保持工作接触的兴趣
　　为别人的可能利益工作的兴趣
2.为了帮助申请人从其他社区机构获得服务，运用对其他社区机构的了解以及对申请人所提要求的了解，确定申请人应求助于哪一机构并向申请人进行说明和解释
所要求的知识：
　　有关各种求助机构功能的知识
　　有关社区机构及其地点的知识
　　求助程序方面的知识
所要求的技术：
　　无
所要求的能力：
　　从口头谈话中总结（推理）出申请人需要的能力
　　对申请人进行简单的口头和书面指导的能力
身体活动：
　　坐着
环境条件：
　　无
典型工作事件：
　　同那些既不是发出指令也不是接收指令的人打交道
兴趣要求：
　　信息交流的兴趣
　　与人保持工作接触的兴趣
　　抽象地、创造性地解决问题的兴趣
　　为别人的可能利益工作的兴趣

　　注：这一工作比较典型地包括了5~6项任务，对于每一项任务都分别列出知识、技术、能力等7项要素，此处省略了其他几项任务的具体内容。

8) 其他标准化分析方法和工具

（1）职位分析问卷法

职位分析问卷（position analysis questionnaire ，PAQ）法基本上是用于对职务本身的统计分析，难以确定人员行为方面的影响。与此相对照，人员定向的信息内容则描述如何完成某一工作，注意对工作人员的行为做出一般概述。职位分析问卷正是以对人员定向的工作要素的统计分析为基础。该表由194个项目或职务要素构成，这些项目分为6个主要方面：信息输入（员工在何处及怎样得到某职务所需要的信息）、心理过程（完成职务所需的推理、计划、决策等）、工作输出（员工操作所需的体力及他们所使用的工具和设备）、人际活动（人际信息交流、人际关系、个人联系、管理和相互协调等）、工作情境与职务关系（工作条件、物资和社会环境）、其他方面（工作时间安排、报酬方法、职务要求、具体职责等）。每一个项目既要评定其是否是一个职务的要素，还要在一个评定量表上评定其重要程度、花费时间及困难程度。PAQ给出了6个计分标准，即信息使用度（U）、所需时间（T）、适用性（A）、对工作的重要程度（I）、承担责任（P）、其他特殊计分（S）。在使用职位分析问卷时，用这些评价因素对所分析的职务一一分析核查，按照PAQ给出的计分标准确定职务在职务要素上的得分。

职位分析问卷法的优势在于，它对工作进行了等级划分并提供了一种量化的分数顺序或顺序轮廓，于是，就可以运用职位分析问卷法所得出的结果对工作进行对比，以确定比如说哪一种工作更富有挑战性，或者可以依据这一信息来确定每一种工作或工资的等级。职位分析问卷法的缺点主要表现在以下两个方面：第一，由于没有对职务的特殊活动进行描述，因此，职务中行为的共同之处就使任务之间的差异变得模糊了。第二，PAQ的可读性差，具备大学水平以上者才能够理解各个项目，任职者和主管人员如果没有受过相应的教育就难以明白。尽管如此，PAQ仍是劳动心理学领域中使用最广泛、最受欢迎的职务分析问卷之一。

（2）管理职位描述问卷法

管理职位描述问卷（management position description questionnaire，MPDQ）法是以工作为中心的工作分析方法。这种问卷法是对管理者的工作进行定量化测试的方法。它涉及管理者所关心的问题、所承担的责任、所受的限制以及管理者的工作所具备的各种特征。一般分析管理人员的工作应使用管理职位描述问卷法。该方法是由托纳（W.W.Tornow）和平托（P.R.Pinto）于1976年提出的，包括208个问题，被划分为13个类别。这些类别包括：

① 产品、市场和财务规划，是指进行思考并制订计划以实现业务的长期增长和公司的稳定。

② 与组织其他部门和人事管理工作的协调，是指管理人员对自己没有直接控制权的员工个人和团队活动的协调。

③ 内部业务控制，是指检查与控制公司的财务、人事和其他资源。

④ 产品与服务责任，是指控制产品和服务的技术方面以保证生产的及时性和质量。

⑤ 公众与客户关系，是指通过与人们直接接触的办法来维护公司在客户与公众中的名誉。

⑥ 高级咨询，是指发挥技术水平来解决企业中出现的特殊问题。

⑦ 行为的自治，是指在几乎没有直接监督的情况下开展工作。

⑧ 财务审批权，是指批准企业的大额财务投入。

⑨ 职能服务，是指提供诸如寻找事实和为上级保持记录这样的服务。

⑩ 员工监督，是指通过与下属员工面对面的交流来计划、组织和控制这些人的工作。

⑪工作的复杂性与压力，是指在很大的压力下工作以在规定的时间内完成所要求的工作任务。

⑫高层财务管理责任，是指制定对公司的绩效构成直接影响的和大规模的财务投资决策和其他财务决策。

⑬广泛的人事责任，是指从事公司中对人力资源管理和影响员工的其他政策具有重大责任的工作。

在应用管理职位描述问卷法时，管理人员自己填写问卷，与 PAQ 方法相似，分别对每个项目进行评分。分析人员以上述 13 个要素为基础来分析、评价管理工作。

（3）功能性工作分析法

功能性工作分析（functional job analysis，FJA）法是分析非管理性工作最常使用的一种方法。它既适用于对简单工作的分析，也适用于对复杂工作的分析。所谓功能性工作分析法，就是从工作行为单元职能作用的角度对工作进行分析的一种方法。在这种方法中，分析者把工作行为单元职能作用划分为三类：对人员的作用、对实物的作用、对信息的作用。对每一类的功能又按由低到高的水平划分为若干层次，最后对所分析岗位的工作功能做出具体的评价。

功能性工作分析法不仅仅对信息、人、物三个方面的工作进行分类，还必须考虑以下因素：在执行工作时需要得到多大程度的指导？执行工作时需要运用的推理和判断能力应达到什么程度？完成工作所要求具备的数学能力有多高？执行工作时所要求的口头及评议表达能力如何？功能性工作分析还确定了工作的绩效标准以及工作对任职者的培训要求。在工作职能分析中，功能定义是最为重要和基本的，它们是整个职能分析的基础与依据。

7.1.4　工作分析结果描述

工作分析不仅涉及对工作内容的分析，也涉及对分析结果的报告。这些结果通常以工作说明书和工作规范的形式呈现出来。工作说明书强调按当前进行的情况来对它进行描述。它以书面的形式解释一项工作叫什么、要做什么、在哪里做和怎样做。工作规范强调完成工作所需要的特性，它描述工作承担者为了完成工作所必须具有的能力、教育和经验方面的资格。工作规范可以做成一份独立的文件，或者作为工作说明书的结尾部分。

1）工作说明书的编写

（1）工作说明书的内容

工作说明书的确立可以对人力资源管理的各项工作起到有力的支持作用。工作说明书的基本内容因不同的情况而异。一般的工作说明书应包括以下内容：

① 工作标识，包括工作岗位名称、部门、汇报关系、岗位编号、工作分析日期等，根据需要还可以增加工资等级、工资水平、定员人数等，视具体情况而定。

② 工作概要，即用简单的语句对工作总体职责、性质的描述。

③ 职责与任务，列明任职者从事的工作、在组织中承担的职责、所需完成的工作内容。

④ 工作联系，描述因工作与组织内岗位、部门的上下、平行等关系或组织外的机构所

发生的联系，并简要列举发生联系的频次、接触目的和重要性情况。

⑤ 绩效标准，为了让员工在明确工作职责的同时，清楚自己努力的目标，应尽量在此说明绩效要求。根据岗位的职责、任务、内容的要求，还可以列举出各项工作的绩效要求，包括考核的指标及其权重、晋升和转换的岗位等。

⑥ 工作条件，说明岗位所在的工作环境条件，如工作场所、工作环境的危险性、职业病的危险性、工作时间特征、工作的均衡性、工作环境的舒服程度等。

⑦ 任职条件，也叫工作规范，可细分为三个方面：一是任职者的思想、心理、身体、知识、能力等素质要求；二是任职者所需的最低学历、工作年限、工作经验（从事过的岗位）、职称要求等；三是任职者所需的培训要求（应说明培训的内容、方式、时间等）。此外，还可增加一栏备注部分，以方便个别岗位的需要。

此外，有的工作说明书还包括工作的操作过程、步骤和程序。

（2）工作说明书的编写流程

① 组建编写小组。组成人员及职责为：公司高层领导任组长；各部门负责人负责本部门的岗位编写审核；人力资源部提供方法、工具，指导培训；分析人员操作；顾问提供咨询。

② 小组对问卷和访谈结果进行总体统计、审核、评估，针对同一职位但回答差异很大的项目要进行商议，以取得统一意见。

③ 工作小组全体成员讨论制定工作说明书的编写规范，如按行政和业务分类展开工作职责和内容。

④ 定期、定时进行全组成员沟通，以便及时纠正偏差。

⑤ 编写。工作说明书的编写最好在一个固定的办公地点由小组成员统一进行，以便于及时沟通。每个成员侧重编写本部门或个人最为熟悉的工作说明书，一个部门完成后再进行下一个部门。每个成员在编写过程中要及时与相应部门主管及相应职位工作执行人进行沟通，使工作说明书尽可能与职位的实际情况相符。

⑥ 工作说明书编写完毕后，要经过岗位成员确认和有关领导的审核确认。

（3）工作说明书编制的注意事项

① 工作说明书中如有需个人填写的部分，应运用规范用语，字迹要清晰。

② 使用浅显易懂的文字，用语要明确，不要模棱两可。

③ 工作说明书应运用统一的格式书写。

2）工作规范的编写

工作规范要说明对承担一项工作的员工在教育、经验和其他特征方面的最低要求。在建立工作规范时要考虑以下三个方面：第一，某些工作可能面临法律上的要求。例如，在美国，飞行员必须具备空中运输资格，这就要求具备 1 500 小时的飞行经历，在书面和飞行测试中表现出很高的分析水平、良好的道德品质。第二，职业传统。例如，员工在进入某些行业以前必须经过学徒阶段。第三，被认为是胜任某一工作应该达到的标准和具备的特征。这在很大程度上取决于组织管理者的主观判断。这通常是通过综合工作说明中的信息，对现在承担该工作的员工和其主管人员的特征进行概括之后总结出来的。例如，申请秘书工作的人经常被要求录入速度在100字/分钟以上。

7.2　职位评价

7.2.1　职位评价的概念、目的、原则及理论假设

1）职位评价的概念

职位评价，又被称为工作评价、工作岗位评价、岗位评价，是企业内部建立薪酬公平机制的重要手段。它是以岗位为中心，依据一定的标准和程序来判断不同岗位对组织的价值大小，以职位的价值点数来反映职位的价值，并据此建立岗位价值序列的一项专门的人力资源管理技术。

2）职位评价的目的

职位评价的目的有两个：一是比较企业内部各职位的相对重要性，得出职位等级序列；二是为进行薪酬调查建立统一的职位评价标准，消除不同公司间由于职位名称不同或即使职位名称相同但实际工作要求和工作内容不同所导致的差异，使不同职位之间具有可比性，为确保薪酬的公平性奠定基础。它是工作分析的自然结果，同时又以职位说明书为依据。

3）职位评价遵循的原则

（1）对岗不对人原则。职位评价的对象是岗位，而非岗位上的员工。

（2）员工参与和认同原则。员工应充分参与到职位评价的过程中，充分发表个人见解，以使职位评价具有公平性、合理性及完整性，并让员工认同职位评价的结果。

（3）一致原则。职位评价选择相同的评价技术工具、相同的评价因素、相同的评价标准，以确保评价的客观公平。

（4）反馈原则。对职位评价的结果应进行及时反馈。岗位工作增减、岗位技术要求的提高，以及职位评价产生的误差，都应该及时地反映并进行及时的调整。

（5）公开原则。主要是指评价结果的公开。

4）职位评价的理论假设

职位评价是基于这样一些基本假设的：①根据职位对组织目标的达成所做出的贡献大小来支付薪酬的做法是合乎逻辑的；②在基于员工所承担的职位的相对价值来确定员工报酬的情况下，员工会感到比较公平；③组织能够通过维持一种基于职位相对价值的职位结构而促成企业目标的实现。

7.2.2　职位评价的流程

职位评价的流程如图7-1所示。

7.2.3　职位评价方法

职位评价方法可以分为职位排序法、职位分类法、因素比较法、要素计点法，见表7-7。

准备阶段

列出职位名称目录

完成职位说明书

评价前各项准备工作

组建职位评价委员会

培训阶段

对职位评价委员会成员进行培训，确认评价方案

与职位评价委员会成员讨论样本职位的选择

对样本职位进行试评价

与职位评价委员会成员共同确定对结果的评判标准

评价阶段

以部门为单位依次对各部门内的职位进行评价

对部门内的职位进行评价

对已经进行评价的职位的结果进行讨论

进行下一部门的评价

总结阶段

完成所有的职位评价后，对全部职位进行排序，评价委员会公布结果

对其中大家普遍认为不合理的部分职位重新进行评价

完成所有的职位评价工作

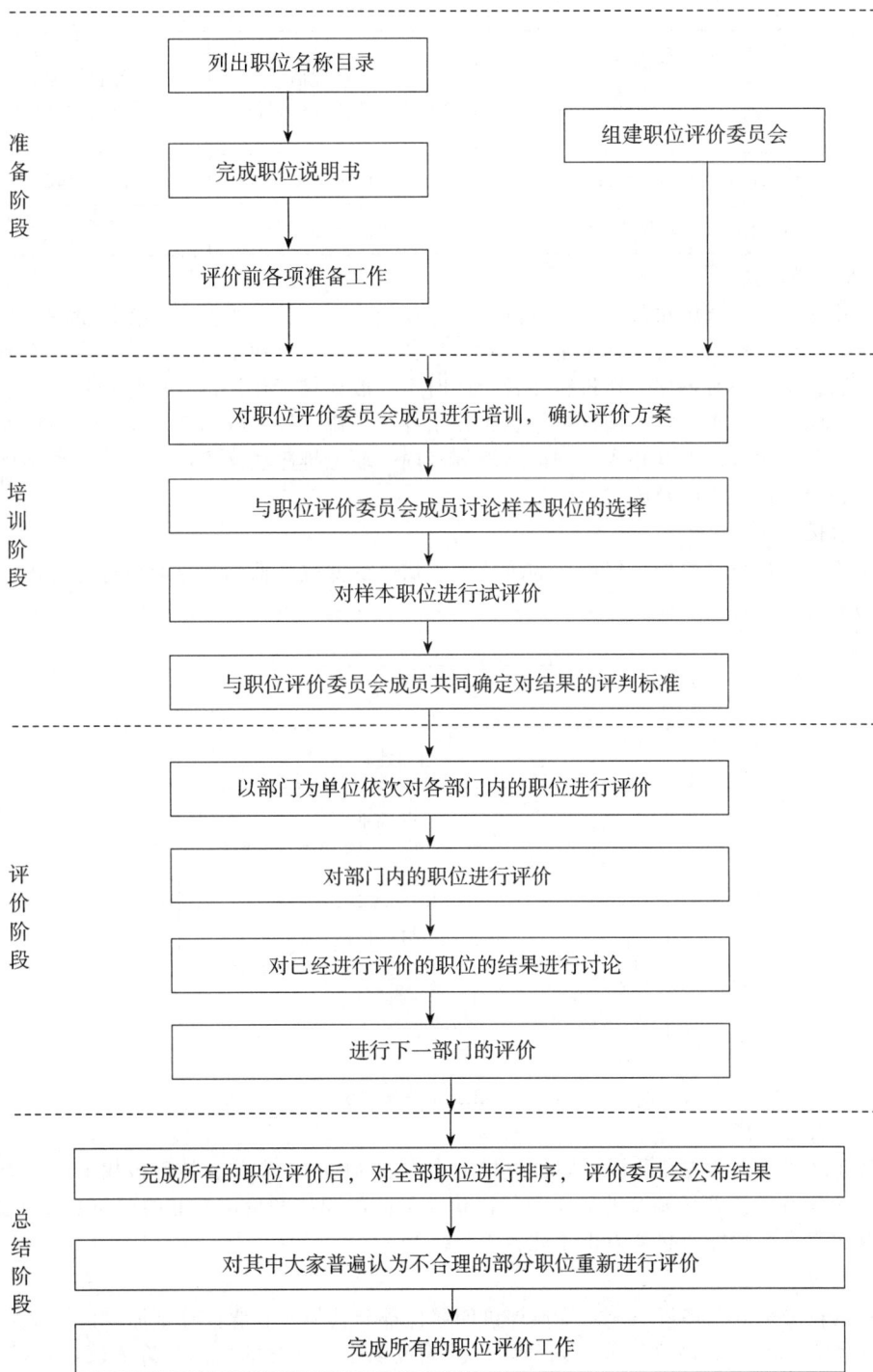

图7-1 职位评价流程图

表 7-7   职位评价的方法

量化程度和评价对象 比较方法	非量化评估 对职位整体进行评估	量化的评估 对职位要素进行评估
在职位与职位之间进行比较	职位排序法	因素比较法
将职位与特定的级别标准进行比较	职位分类法	要素计点法

1）职位排序法

职位排序法是最原始也最简单的一种方法。职位排序法就是由负责工作评价的人员，根据其对企业各项工作的经验认识和主观判断，对各项工作在企业中的相对价值进行整体的比较，并加以排队。在对各项工作进行比较排序时，一般要求工作评价人员综合考虑以下各项因素：工作职责、工作权限、岗位资格、工作条件、工作环境。权衡各项工作在各项因素上的轻重程度并排序后，将其划入不同的薪酬等级内。职位排序法又可以划分为三种类型：直接排序法、交替排序法以及配对比较法。

（1）直接排序法

直接排序法是指简单地根据职位的价值大小从高到低或从低到高对职位进行总体上的排队，如图 7-2 所示。

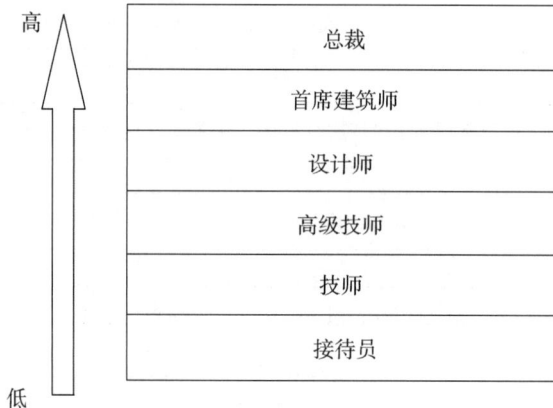

图 7-2 直接排序法举例

（2）交替排序法

交替排序法是指首先从待评价职位中找出价值最高的一个职位，然后再找出价值最低的一个职位，然后再接着从剩余的职位中找出价值最高的职位和价值最低的职位，如此循环，直到所有的职位都被排列起来为止，见表 7-8。

（3）配对比较法

配对比较法是首先将每一个需要被评价的职位都与其他所有职位分别加以比较，然后根据职位在所有比较中的最终得分来划分职位的等级顺序，评分的标准是价值较高者得 1 分，价值较低者失去 1 分，价值相同者双方得 0 分。从实质上来看，配对比较法类似于体育比赛中通过循环赛来排座次的做法。如表 7-9 所示，7 种职位分别在水平和垂直两个维度上进行排列。"×"表示方格所对应的水平维度上的职位比垂直维度上的职位重要，对每个方格所

表7-8 交替排序法举例

排列顺序	职位价值高低程度	职位名称
1	最高	市场部部长
2	高	人力资源部部长
3	较高	财务审计主管
⋮	⋮	⋮
3	较低	安全生产主管
2	低	行政采购主管
1	最低	总经理办公室行政秘书

对应的职位进行相同的比较之后，"×"数最多的行所对应的职位最重要，其次是"×"数第二多的行所对应的职位。例如，在表7-9中，最重要的职位是A——总裁，最不重要的职位是E——秘书/接待员。

表7-9 配对比较法举例

项目	A	B	C	D	E	F	G	总计
A	—	×	×	×	×	×	×	6
B	○	—	×	×	×	×	×	5
C	○	○	—	×	×	×	○	3
D	○	○	○	—	×	○	○	1
E	○	○	○	○	—	○	○	0
F	○	○	○	○	×	—	○	1
G	○	○	×	×	×	×	—	4

注：表中的A代表总裁；B代表副总裁/首席建筑师；C代表高级技师；D代表技师；E代表秘书/接待员；F代表评估师；G代表设计师。

职位排序法的主要优点是简单，无需复杂的量化技术，不必请专家，主管者可自行操作，因而成本较低。但是这种方法缺点也很明显：①缺乏详细具体的评价标准，主观性较强，甚至完全凭借评价者的主观感觉进行排序。②缺乏精确的度量手段，只能找出各项工作之间的相对价值，并不能确定它们之间价值差异的具体大小，因而无法据此确定某项工作的具体薪酬额，比如出纳和会计，我们只知道会计的价值比出纳大，具体大多少，就不得而知了。③职位排序法只适用于那些规模较小、结构简单、职务类别较少而员工对本企业各项工作又比较了解的小型企业。

2）职位分类法

所谓职位分类法，就是首先制定出一套职位级别标准，然后将职位与标准进行比较，将它们归到各个级别中去。职位分类法的操作步骤为：

首先，对职位进行工作分析，得到职位描述和职位规范信息。其次，同职位排序一样，建立一个评估小组对职位进行分类。最后，也就是最关键的一步，建立职位级别体系，包括确定等级的数量和为每一个等级进行定义与描述。等级的数量没有固定的规定，只要根据需要设定、便于操作并能有效地区分即可。对每一个等级的定义和描述要依据一定的要素进行，这些要素可以根据组织的需要来选定。例如，美国联邦分类体系中所使用的要素有：工作的复杂性和灵活性；接受和实施的监督；所需要的判断能力；所要求的创造性；人际关系的特点和目的；责任和经验；要求的知识水平。最后，就是要将组织中的各个职位归到合适的级别中去。销售人员类职位分类标准见表7-10。

表7-10　　　　　　　　　　　　**销售人员类职位分类标准**

职位等级	职位等级描述
实习行销员（1）	不独立开展业务，协助资深行销员处理订单、交货、回款等业务，根据资深行销员的安排与客户进行联系。在资深行销员的指导下洽谈业务、签订销售合同
行销员（2）	在行销员岗位上实习满1年。独立开展销售业务，但业务仅限于公司划定的某市或县范围内，定期向资深行销员汇报业务开展情况
资深行销员（3）	担任行销员职务满3年以上。负责某省范围内的业务工作，指导、监督行销员开展业务，负责策划所在省范围内的营销活动并组织实施
片区经理（4）	担任资深行销员3年以上。负责某区（辖数省）范围内的业务工作，负责在本辖区内落实公司的营销策略
销售中心经理（5）	担任片区经理3年以上。主持公司的产品销售和市场开拓工作，在营销副总经理的指导下制定公司的营销策略，确保完成公司的营销计划

职位分类法也是一种简便、易理解和操作的职位评价方法。它克服了职位排序法只能适用于小型组织、少量职位的局限性，可以对较多的职位进行评估，而且，这种方法的灵活性比较强，尤其适用于组织中职位发生变化的情况，可以迅速将组织中新出现的职位归类到合适的类别中去。但是，这种方法也有一定的不足，那就是对职位等级的划分和界定存在一定的难度，有一定的主观性。如果职位级别划分得不合理，将会影响对全部职位的评估。另外，这种方法对职位的评估也是比较粗糙的，只能得出一个职位归在哪个等级中，到底职位之间的价值量化关系是怎样的也不是很清楚，因此将其用于薪酬体系中时会遇到一定困难。职位分类法也是较适合于小型公司及公司结构比较稳定的公司，对于大公司及需要发挥员工创造力的行业的公司不太适合。

3）因素比较法

因素比较法是一种量化的工作评价方法，是在确定关键岗位和付酬因素（即企业认为应当并愿意为之支付报酬的因素）的基础上，运用关键岗位和付酬因素制成关键岗位排序表，然后将待评岗位就付酬因素与关键岗位进行比较，确定待评岗位的工资率。

因素比较法的实施步骤为：

（1）选择适当的付酬因素。付酬因素包括：

①智力条件，包括记忆力、理解力、判断力、所受教育程度、专业知识、基础常识。

②技能，包括工作技能和本岗位所需要的特殊的技能。

③责任，包括对人的安全，对财务、现金、资料、档案、技术情报保管和保守机密的责任，对别人的监督或别人对自己的监督。

④ 身体条件，包括体质、体力、运动能力，如持久性、变动性、运动程度等。

⑤ 工作条件，如工作地的温度、湿度、通风、光线、噪声等。

（2）确定关键岗位。选择在企业中涵盖面广、足以代表不同难度的同类型职位，一般选择 15～20 个，并对每个岗位进行详细的岗位职责说明和岗位规格描述。

（3）将每一个主要岗位的每个影响因素分别加以比较，按程度的高低进行排序。例如，某公司办事机构中的主要岗位是：A. 会计；B. 出纳；C. 文书；D. 司机；E. 勤杂工。可分别按上述五项条件对五个岗位进行评定排序，见表 7-11。

表 7-11　　　　　　　　　　　　　五岗位智力条件排序

智力条件平均序数	1	2	3	4	5
岗位	A	B	C	D	E

（4）确定关键岗位的工资率。评定小组应对每一个岗位的工资总额，经过认真协调，按上述五种影响因素分解，找出对应的工资额，其结果见表 7-12。

表 7-12　　　　　　　　　　　五岗位按五条件分解的工资额　　　　　　　　　　单位：元

（每月） 岗位工资	智力条件		技能		责任		身体条件		工作条件	
	序号	工资额	序号	工资额	序号	工资额	序号	工资额	序号	工资额
A（125）	1	32	1	26	2	36	4	16	4	15
B（110）	2	21	4	20	1	40	5	15	5	14
C（100）	3	18	3	22	4	26	3	17	3	17
D（101）	4	5	2	23	3	28	2	19	2	26
E（69）	5	9	5	5	5	9	1	20	1	26

（5）表 7-12 中的结果是由评定小组商定的，会出现序号与工资额高低次序不一致的情况。如表 7-11 中，智力条件栏 D 岗位（司机）与 E 岗位（勤杂工）两者序列号分别为 4 和 5，而表 7-12 中工资额却为 5 元和 9 元。从序列号上看，D 岗位的相对价值高于 E。出现这种不一致的情况时，评定小组应重新协商，使两者顺序一致，有时，实在无法调整修正，也可以将有争议的岗位取消，重新选择一个主要的具有代表性的岗位。

（6）将待评岗位就不同付酬因素与关键岗位逐一进行比较，并参考关键岗位各付酬因素的薪酬额，确定待评价岗位在各付酬因素上的薪酬额。某岗位某要素与哪一主要岗位某要素相近，就按相近条件的岗位工资确定薪酬额。假定有一个 G 岗位，其与主要岗位比较的结果见表 7-13。

表 7-13　　　　　　　　　　　　　G 岗位工资比照表

智力条件	G 与 B 相似	按 B 岗位的智力条件工资额为 21 元
技能	G 与 D 相似	按 D 岗位的技能条件工资额为 23 元
责任	G 与 A 相似	按 A 岗位的责任工资额为 36 元
身体条件	G 与 B 相似	按 B 岗位的身体条件工资额为 15 元
工作条件	G 与 B 相似	按 B 岗位的工作条件工资额为 14 元

（7）将待评岗位各付酬因素的薪酬额相加，得到待评岗位整体工资额。上例中各项结果相加，则：21+23+36+15+14=109（元）。

故职位 G 的月工资定额为 109 元。

（8）当每个给定的工资总额确定以后，按其价值归级列等，编制出岗位系列等级表。

因素比较法是一种较为系统和完善的工作评价方法，可靠性比较高，并且根据评价结果可直接得出相应的具体薪酬额。另外付酬因素的赋值标准无上下限之分，故较灵活，增加了企业操作过程中的灵活性，可根据各企业特点乃至具体待评职务的特殊情况（如某一因素反常地高，或职位有某种特别的要求，像品酒师的味觉、服装模特的外貌与风度等）作相应的特殊处理，这是其余方法所不能做到的。

不过因素比较法运用起来难度较高，须聘请专家指导方可进行，因此成本较高。而且各影响因素的相对价值在总价值中所占的百分比完全是靠人的直接判断，这就必然影响评定中的准确度，又加之不易被员工理解，因此会使一部分员工对其公平性产生怀疑。

4）要素计点法

要素计点法是目前国内外最广泛应用的一种职位评价方法，也是一种定量化的职位评价方法，也称因素计点法、点值法等。美国有 60%～70% 的公司采用这种方法。我国政府从 20 世纪 90 年代初开始，在国有企业中大力提倡职位技能薪酬制，与之相配套的确定职位等级的方法就是要素计点法。

（1）要素计点法与职位分类法的异同

要素计点法与职位分类法的不同之处在于不作职位间的相互比较，而是先研发出一套职位比较评价标准的量表。它与职位分类法的不同之处还在于，不是对各待评职位作总体评价，而是找出这些职位中共同包含的"付酬因素"（或成分、要素），即与履行的职责有关，因而企业认为应当并愿意为之支付报酬的因素，这些因素反映了企业对职务占有者的要求。例如，典型的主要付酬因素有学历（职务专业知识）、年资（工作经验）、要求花费的体力及智力上的功夫（难度）、所承担的责任（风险）、劳动条件等。

（2）在职位评价中使用付酬因素的原因

不同类型的职位会有不同的付酬因素。例如，"工作中的危险"这一因素，对于一线从事体力劳动的蓝领员工，尤其是在井下、高空、强辐射、有毒介质等环境下工作的员工，当然是不可缺少而且很重要的付酬因素，但对在有空调而宽敞明亮的办公室中工作的白领员工，则显然是不必考虑的。同时，科研、开发、设计、广告、经销等类职务，"独创性"这一因素十分重要，但对必须按严格的既定规程来工作的岗位，如对机场航行控制员的工作来说，这个因素便无关宏旨了。所以，上述"量表"必须根据企业具体特点及职业类型来制定，虽可参考一定已有的类型，但切忌照搬，以免误事，必须作具体分析。付酬因素最少时仅两三种，最多时可达 20 余种。

（3）要素计点法的实施步骤

下面我们就通过一个具体的例子来说明要素计点法的实施步骤：

第一，确定岗位评价的主要因素。岗位评价所选定的因素是与执行岗位工作任务直接相关的重要因素，归纳起来有以下几个方面：

① 岗位的复杂难易程度，包括执行本岗位任务所需的知识、技能、受教育程度，必要的训练，必要的实际工作经验。

② 岗位的责任，包括对所使用的设备、器具、原材料、产品等的责任，对下属监督的

责任，对主管上级应负的责任，对保管的文件资料、档案的责任等，即对涉及岗位的人、财、物方面的责任。

③ 劳动强度与环境条件，包括执行岗位任务的体力消耗、劳动姿势、环境、温度、湿度、照明、空气污染、噪声等因素。

④ 岗位作业紧张、困难程度，如操作时精神上的紧张程度，视觉、听觉器官的集中注意程度及持续时间的长短，工作单调性等。

这些评价因素即付酬因素。付酬因素应是在衡量职务对企业的价值中较重要的。次要的、关系不大的、意义重叠不易明确界定的、待评职务不含有的即不是职位性而是个人性的因素，应避免纳入量表中。

第二，根据岗位的性质和特征，确定各类岗位评价的具体项目，包括：

① 车间内各生产岗位的评价项目，一般包括：体力劳动的熟练程度，脑力劳动的熟练程度；体力和脑力劳动强度、紧张程度；劳动环境、条件对劳动者的影响程度；工作危险性；对人、财、物以及上级、下级的责任等。

② 对职能科室各管理岗位的评价项目，一般包括：受教育程度；工作经验、阅历；工作复杂程度；工作责任；组织、协调、创造能力；工作条件；所受的监督、所给予的监督等。

第三，确定评价要素时，无论何种性质的岗位，比较普遍应用的评价项目一般包括：①劳动负荷量；②工作危险性；③劳动环境；④脑力劳动紧张疲劳程度；⑤工作复杂程度；⑥知识水平；⑦业务知识；⑧熟练程度；⑨工作责任；⑩监督责任。确定岗位评价的主要因素及具体项目之后，为了提高评定的准确程度，还应对各评定因素区分出不同的级别，并赋予一定的点数（分值）。

除此之外，还要将付酬因素分级。等级的多少应取决于赋予各该因素的相对权重及各等级界定与相互区分的难易；因素越重要，权重越大，等级越易决定，相互间越易区分，则级数应越多，然后要对付酬因素等级进行定义。找出付酬因素并各自分好等级后，就必须对每一因素总体及各等级分别作简要的说明，以便于职位评价的操作过程中据此评定每项职务在一定因素方面的等级。

例如，某岗位所需要的受教育程度可区分为：

A.具有简单的阅读、书写能力；

B.小学毕业；

C.初中或初级职业学校毕业；

D.普通高中、职业高中、中专毕业；

E.大学专科、大学本科毕业；

F.硕士研究生毕业；

G.博士研究生毕业。

再如，岗位所需要的体力可区分为：

A.极轻的体力；

B.较轻的体力，如在舒适的坐座椅上，有规律地从事办公室工作所需要的体力；

C.重复连续地在座椅上完成操作所需要的体力，如电子生产线上的装配工、检验工；

D.重复连续地站立进行操作所需要的体力，如机械制造企业中的车工、铣工、钳工等；

E.较重的连续性、重复性操作所需要的体力，操作通常是由举、推、拉、搬等动作组成，并占总作业时间20%左右；

F.重体力劳动,其作业中举、推、拉、搬重物时间占总作业时间50%以上;

G.极重体力劳动所需要的体力,如煤矿挖掘、手工装卸重物等。

第四,要对付酬因素指派分数,即对每一付酬因素应指派多少总分及这些分数应在各该因素的各等级间如何分配。最常见的一种评分标准的总分取500分,但定为400分、800分、1 000分或其他都可以。至于总分在一种因素的各等级之间应如何分配,也并无一定之规,不同标准会有不同规律,如可按恒定百分比或几何级数分配,如2、4、8、16、32等。这一步很重要,最好由职务评价专家按科学的统计学方法来制定。

本例是将全部评定项目合并成一个总体,根据各个项目在总体中的地位和重要性,分别给定权数(f_i)。一般来说,重要项目给以较大权数,次要项目给以较小权数。权数的大小应根据企业的实际情况,以及各类岗位的性质和特征来确定。表7-14是某企业对某岗位评价的权数分配表。设第i评定项目的权数为f_i,某一岗位第i项目的评定结果为X_i,则该岗位的总点数为X,它等于各项目评定点数的加权之和。

表7-14　　　　　　　　　　　　某企业对某岗位评价的权数分配表

序号	评价项目	f_i	$\sum f_i$	权数比	备注
1	劳动负荷量	7			
2	工作危险性	7			
3	劳动环境	7			
4	脑力劳动紧张程度	7	66	2	劳动生产要素 (1～8)
5	工作复杂程度	7			
6	知识水平	12			
7	业务知识	7			
8	熟练程度	12			
9	工作责任	17	34	1	领导管理要素 (9～10)
10	监督责任	17			

$$X = \sum X_i f_i$$

例如,某企业评定小组对某岗位的10项因素的评定结果见表7-14,按上式合计后,可知该岗位的总点数(见表7-15)为:

$$X = \sum X_i f_i = 1\ 400$$

表7-15　　　　　　　　　　　　对某岗位的10项因素评定结果表

评价项目序号	1	2	3	4	5	6	7	8	9	10	合计
评定点数 X_i	10	8	20	10	38	10	14	20	10	10	
权数 f_i	7	7	7	7	7	12	7	12	17	17	100
$X_i f_i$	70	56	140	70	266	120	98	240	170	170	1 400

第五，对每个职位付酬因素进行打分，评出职位总分数。评分法与职位分类法相比，不但要对付酬因素进行逐一评价，而且要请专家利用定量技术来为每一因素划分等级和分配分数，因此成本较高，过程复杂。但一旦标准制备，职务评价即评级的操作就较简单而容易，即将待评的诸职务，就每一付酬因素，逐一对照每一等级的说明，评出相应分数，并将各因素的小计值求出，这小计值便代表了该职务对本企业的相对价值。

第六，将职位分数转换为薪酬金额。利用一张表或转换线，便能据此将分数转换为相应的薪酬金额了。评分时较可取的程序是将所有待评职务就同一因素先依次评完分，再转而评另一因素，直至所有因素都评完，而不要将一项职务的诸因素都评完，再去评下一项职务。

通常，不是给每一职务都确定一个与其总计分相对应的工资额，而是将所有的职务合理组合，划分成一些职级，给每一职级指派与其价值相当的薪酬或薪幅（薪酬范围），在同一职级中的诸职位按同一工资付酬或在那一薪酬范围内付酬。

（4）要素计点法的优缺点及适用范围

优点是：它通过明确的定义来进行比较，每个岗位都是若干评定要素平均的结果，并且有很多的专业人员参与评定，从而大大地提高了评定的正确性。另外，这种方法的适应性和稳定性较好，能适用于所有人员，而且当出现新的岗位或现有岗位重组时，也很容易将其分类归等，而不必与其他同类岗位进行比较。

缺点是：工作量大，较为费时费力，在选定付酬要素和权数时还带有主观性。

要素计点法适用于生产过程复杂、岗位类别和数目多的大中型企业。

7.2.4　两种具有代表性的要素计点法

要素计点法由于评价因素、评价因素尺度以及综合评价函数的不同，出现了形形色色的具体评价方法。下面介绍两种具有代表性的方法：

1）海氏评价法

海氏评价法是由美国薪酬设计专家爱德华·海（Edward N.Hay）和戴尔·珀维斯（Dale Purves）于 1951 年研发出来的工作评价系统。这是目前较为流行的一种工作评价方法。它有效解决了不同职能部门、不同职务之间相对价值的相互比较和量化的难题，在世界各国上万家大型企业中推广应用并获得成功。海氏评价法更适用于经理、主管及专业技术等职位的工作评价，在评价如办公室秘书、蓝领员工、机械师等职位方面也有广泛的应用。

海氏评价法结合了因素比较法和计点法两种方法，属于因素评价法，并采用了选择基准工作的方法。海氏工作评价系统实质上是一种评分法，是将付酬因素进一步抽象为具有普遍适用性的三大因素，即知识、技能等因素，解决问题能力因素和风险责任因素，相应设计了三套标尺性评价量表，最后将所得分值加以综合，算出各个工作职位的相对价值。根据这个系统，所有职务所包含的最主要的付酬因素有三种，每一个付酬因素又分别由数量不等的子因素构成，具体见表 7-16。海氏工作评价系统将三种付酬因素的各子因素进行组合，形成三张海氏工作评价指导图表。

表7-16　　　　　　　　　　　海氏工作评价系统付酬因素描述

付酬因素	付酬因素定义	子因素	子因素释义
技能水平	要使工作绩效达到可接受的水平所必需的专门知识及相应的实际运作技能的总和	专业理论知识	对该职务要求从事子行业领域的理论、实际方法与专门知识的理解。该子系统分八个等级，从基本的第一级到权威专门技术的第八级
		管理诀窍	为达到要求绩效水平而具备的计划、组织、执行、控制、评价的能力与技巧。该子系统分五个等级，从起码的第一级到全面的第五级
		人际技能	该职务所需要的沟通、协调、激励、培训、关系处理等方面主动而活跃的活动技巧。该子系统分"基本的""重要的""关键的"三个等级
解决问题能力	在工作中发现问题，分析、诊断问题，提出、权衡与评价对策，做出决策等的能力	思维环境	指定环境对职务行使者思维的限制程度。该子因素分八个等级，从几乎一切按既定规则办的第一级（高度常规的）到只做了含糊规定的第八级（抽象规定的）
		思维难度	解决问题时对当事者创造性思维的要求。该子因素分五个等级，从几乎无须动脑，只需按老规矩办的第一级（重复性的），到完全无先例可供借鉴的第五级（无先例的）
承担的职务责任	职务行使者的行动对工作最终结果可能造成的影响及承担责任的大小	行动的自由度	职务能在多大程度上对其工作进行个人性指导与控制。该子因素包含九个等级，从自由度最小的第一级（有规定的），到自由度最大的第九级（一般性无指引的）
		职务对后果形成的作用	该因素包括四个等级：第一级是后勤性作用，即只在提供信息或偶然性服务上出力；第二级是咨询性作用，即出主意与提供建议；第三级是分摊性作用，即与本企业内外其他几个部门和个人合作，共同行动，责任分摊；第四级是主要性作用，即由本人承担主要责任
		职务责任	可能造成的经济性正负后果。该子因素包括四个等级，即微小、少量、中级和大量，每一级都有相应的金额下限，具体数额要视企业的具体情况而定

（1）技能水平

技能水平，是指使绩效达到可接受程度所必须具备的专门业务知识及其相应的实际操作技能，具体包含三个层面：

① 有关科学知识、专门技术及操作方法，分为基本的、初等业务的、中等业务的、高等业务的、基本专门技术的、熟练专门技术的、精通专门技术的和权威专门技术的八个等级。

② 有关计划、组织、执行、控制及评价等管理诀窍，分为起码的、有关的、多样的、广博的和全面的五个等级。

③ 有关激励、沟通、协调、培养等人际关系技巧，分为基本的、重要的和关键的三个等级。

这三个层面的每一种组合分值见表 7-17，即为该职位技能水平的相对价值。表 7-17 中各数值的相对差异遵循心理测量学所谓的 15% 韦伯分级定律。表 7-17 是供技能水平评价用的。

表 7-17　　　　　　　海氏工作评价指导图表之一——技能水平

技能水平		管理技巧														
		起码的			相关的			多样的			广博的			全面的		
		基本的	重要的	关键的	基本的	重要的	关键的	基本的	重要的	关键的	基本的	重要的	关键的	基本的	重要的	关键的
专业理论知识	基本的	50	57	66	66	76	87	87	100	115	115	132	152	152	175	200
		57	66	76	76	87	100	100	115	132	132	152	175	175	200	230
		66	76	87	87	100	115	115	132	152	152	175	200	200	230	264
	初等业务的	66	76	87	87	100	115	115	132	152	152	175	200	200	230	264
		76	87	100	100	115	132	132	152	175	175	200	230	230	264	304
		87	100	115	115	132	152	152	175	200	200	230	264	264	304	350
	中等业务的	87	100	115	115	132	152	152	175	200	200	230	264	264	304	350
		100	115	132	132	152	175	175	200	230	230	264	304	304	350	400
		115	132	152	152	175	200	200	230	264	264	304	350	350	400	460
	高等业务的	115	132	152	152	175	200	200	230	264	264	304	350	350	400	460
		132	152	175	175	200	230	230	264	304	304	350	400	400	460	528
		152	175	200	200	230	264	264	304	350	350	400	460	460	528	608
	基本专门技术的	152	175	200	200	230	264	264	304	350	350	400	460	460	528	608
		175	200	230	230	264	304	304	350	400	400	460	528	528	608	700
		200	230	264	264	304	350	350	400	460	460	528	608	608	700	800
	熟练专门技术的	200	230	264	264	304	350	350	400	460	460	528	608	608	700	800
		230	264	304	304	350	400	400	460	528	528	608	700	700	800	920
		264	304	350	350	400	460	460	528	608	608	700	800	800	920	1 056
	精通专门技术的	264	304	350	350	400	460	460	528	608	608	700	800	800	920	1 056
		304	350	400	400	460	528	528	608	700	700	800	920	920	1 056	1 216
		350	400	460	460	528	608	608	700	800	800	920	1 056	1 056	1 216	1 400
	权威专门技术的	350	400	460	460	528	608	608	700	800	800	920	1 056	1 056	1 216	1 400
		400	460	528	528	608	700	700	800	920	920	1 056	1 216	1 216	1 400	1 600
		460	528	608	608	700	800	800	920	1 056	1 056	1 216	1 400	1 400	1 600	1 800

（2）解决问题能力

解决问题能力与工作职位要求承担者对环境的应变能力和要处理问题的复杂度有关，海氏评价法将之看作"技能水平"的具体运用，因此以技能水平利用率来测量，进一步分为两个层面：

① 环境因素，按环境对工作职位承担者紧松程度或应变能力，分为高度常规性的、常规性的、半常规性的、标准化的、明确规定的、广泛规定的、一般规定的和抽象规定的八个等级。

② 问题难度，按解决问题所需创造性由低到高分为重复性的、模式化的、中间型的、适应性的和无先例的五个等级。表7-18是用来评定解决问题能力的。

表7-18　　　　　　　　海氏工作评价指导图表之二——解决问题能力（%）

项目		思维难度				
		重复性的	模式化的	中间型的	适应性的	无先例的
思维环境	高度常规性的	10~12	14~16	19~22	25~29	33~38
	常规性的	12~14	16~19	22~25	29~33	38~43
	半常规性的	14~16	19~22	25~29	33~38	43~50
	标准化的	16~19	22~25	29~33	38~43	50~57
	明确规定的	19~22	25~29	33~38	43~50	57~66
	广泛规定的	22~25	29~33	38~43	50~57	66~76
	一般规定的	25~29	33~38	43~50	57~66	76~87
	抽象规定的	29~33	38~43	50~57	66~76	87~100

（3）承担的职务责任

承担的职务责任，是指工作职位承担者的行动自由度、行为后果影响及职位责任大小。

① 行动自由度是工作职位受指导和控制的程度，分为有规定的、受控制的、标准化的、一般性规范的、有指导的、方向性指导的、广泛性指引的、战略性指引的和一般性无指引的九个等级。

② 行为后果影响分为后勤性和咨询性间接辅助作用与分摊性和主要性直接影响作用两大类、四个级别。

③ 风险责任分为微小、少量、中级和大量四个等级，并有相应的金额范围。

技能水平、解决问题能力和承担的职务责任这三个因素，在加总评价分数时实际上被归结为两个方面：

① 技能水平与解决问题能力的乘积，反映的是一个工作职位人力资本存量使用性价值，即该工作职位承担者所拥有的技能水平（人力资本存量）实际使用后的绩效水平。

② 承担的职务责任反映的是某工作职位人力资本增量创新性价值，即该工作职位承担者利用其主观能动性进行创新所获得的绩效水平。表7-19是用来对职务责任进行评定的工具。

海氏评价法认为职务具有一定的"形状"，这个形状主要取决于技能和解决问题的能力两因素相对于职务责任这一因素的影响力之间的对比和分配，如图7-3所示。

表7-19　　　　海氏工作评价指导图表之三——承担的职务责任　　　　单位：分

职务责任 / 职务对后果形成的作用 / 行动的自由度		微小 间接 后勤	微小 间接 辅助	微小 直接 分摊	微小 直接 主要	少量 间接 后勤	少量 间接 辅助	少量 直接 分摊	少量 直接 主要	中量 间接 后勤	中量 间接 辅助	中量 直接 分摊	中量 直接 主要	大量 间接 后勤	大量 间接 辅助	大量 直接 分摊	大量 直接 主要
行动的自由度	有规定的	10	14	19	25	14	19	25	33	19	25	33	43	25	33	43	57
		12	16	22	29	16	22	29	38	22	29	38	50	29	38	50	66
		14	19	25	33	19	25	33	43	25	33	43	57	33	43	57	76
	受控制的	16	22	29	38	22	29	38	50	29	38	50	66	38	50	66	87
		19	25	33	43	25	33	43	57	33	43	57	76	43	57	76	100
		22	29	38	50	29	38	50	66	38	50	66	87	50	66	87	115
	标准化的	25	33	43	57	33	43	57	76	43	57	76	100	57	76	100	132
		29	38	50	66	38	50	66	87	50	66	87	115	66	87	115	152
		33	43	57	76	43	57	76	100	57	76	100	132	76	100	132	175
	一般性规范的	38	50	66	87	50	66	87	115	66	87	115	152	87	115	152	200
		43	57	76	100	57	76	100	132	76	100	132	175	100	132	175	230
		50	66	87	115	66	87	115	152	87	115	152	200	115	152	200	264
	有指导的	57	76	100	132	76	100	132	175	100	132	175	230	132	175	230	304
		66	87	115	152	87	115	152	200	115	152	200	264	152	200	264	350
		76	100	132	175	100	132	175	230	132	175	230	304	175	230	304	400
	方向性指导的	87	115	152	200	115	152	200	264	152	200	264	350	200	264	350	460
		100	132	175	230	132	175	230	304	175	230	304	400	230	304	400	528
		115	152	200	264	152	200	264	350	200	264	350	460	264	350	460	608
	广泛性指导的	132	175	230	304	175	230	304	400	230	304	400	528	304	400	528	700
		152	200	264	350	200	264	350	460	264	350	460	608	350	460	608	800
		175	230	304	400	230	304	400	528	304	400	528	700	400	528	700	920
	战略性指引的	200	264	350	460	264	350	460	608	350	460	608	800	460	608	800	1 056
		230	304	400	528	304	400	528	700	400	528	700	920	528	700	920	1 216
		264	350	460	608	350	460	608	800	460	608	800	1 056	608	800	1 056	1 400
	一般性无指引的	304	400	528	700	400	528	700	920	528	700	920	1 216	700	920	1 216	1 600
		350	460	608	800	460	608	800	1 056	608	800	1 056	1 400	800	1 056	1 400	1 840
		400	528	700	920	528	700	920	1 216	700	920	1 216	1 600	920	1 216	1 600	2 112

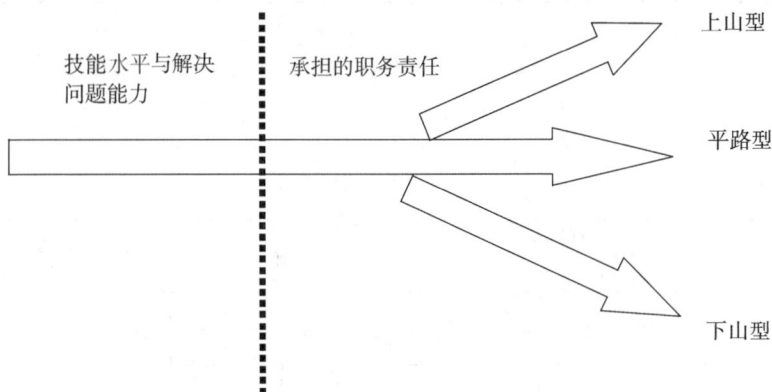

图 7-3　职务的形态构成

　　根据三种职务的"职务形态构成"，赋予三种职务三个不同因素不同的权重，即分别向三个职务的技能水平、解决问题的能力两因素与责任因素指派代表其重要性的百分数，这两个百分数之和为100%。根据一般性原则，我们粗略地确定"上山型""下山型""平路型"三组因素的权重分配分别为40%+60%、70%+30%、50%+50%。

　　加总时，可以根据企业不同工作职位的具体情况赋予它们权重。职务评价的最终结果可用以下计算公式表示：

$$W_i = \gamma [f_i(T，M，H) \cdot Q] + \beta [f_i(F，I，R)]$$

式中：W_i——第 i 种工作职位的相对价值。

　　　　$f_i(T，M，H) \cdot Q$——第 i 种工作职位人力资本存量使用性价值。

　　　　$f_i(F，I，R)$——第 i 种工作职位人力资本增量创新性价值。

　　　　γ、β——第 i 种工作职位人力资本存量使用性价值和增量创新性价值的权重，$\gamma + \beta = 1$。

　　　　　　　　一般情况下，γ、β 的取值大致有三种情况：

　　　　　　　　$\gamma = \beta$，如会计、技工等工作职位的情形（平路型）；

　　　　　　　　$\gamma > \beta$，如工程师、营销员等工作职位的情形（下山型）；

　　　　　　　　$\gamma < \beta$，如总裁、副总裁、经理人员等工作职位的情形（上山型）。

　　T——专业理论知识（科学知识、专门技术及操作方法）。

　　M——管理诀窍（计划、组织、执行、控制及评价等管理诀窍）。

　　H——人际技能（有关激励、沟通、协调、培养等人际关系技巧）。

　　Q——解决问题的能力。

　　F——行动自由度。

　　I——职务对后果形成的作用（行为后果影响）。

　　R——职务责任（风险责任）。

　　下面结合案例对小车司机班班长、产品开发工程师、营销副总这三个职位进行评价，以全面了解和运用海氏工作评价系统。

　　根据技能水平评价图表对小车司机班班长、产品开发工程师、营销副总这三个职务作相应技能因素的相对价值的评价。

　　营销副总在企业中全面主管营销事务，而营销工作往往是企业中最难应付的工作，需要很高的管理技巧，因此在管理技巧方面应是"全面的"。营销副总要精通营销管理的各项专门知识，并要在下属当中树立起自己的权威性，方可充分调动广大营销人员的积极性，因此在专业知识方面应是权威、专门的。在人际技巧方面，他需要有熟练的人际技能，这是关键的。因此，营销副总的技能水平价值为1 400分。

产品开发工程师负责企业的研发工作，要求有很高的专门知识，因此在技能水平方面应是"精通专门技术的"。在管理技巧方面，因其主要是独立开展研究工作的，无须管理或很少有开展管理活动的必要，因此应为"起码的"。在人际技能方面，应为"基本的"。因此，产品开发工程师的技能水平价值为304分。

对小车司机班班长在技能水平方面没有太多的要求，只需"高等业务的"。在管理技巧方面，管理一批司机，工作简单，只需"起码的"。在人际技能方面，小车司机文化虽然不高，但均是为企业高级管理人员提供服务的，长期与高级管理人员在一起，因此在某种程度上有一定的特权，应付起来不太容易，需要最高一级即"关键性"的人际处理技巧。所以，其技能水平价值为175分。

在解决问题能力方面，对这三个职位的评价分析如下：

营销副总是企业市场的开拓者，每天都要面对瞬息万变的市场独立做出营销决策，很多情况下企业都缺乏明确的政策指导，其思维环境属"抽象规定的"。为了占领市场，营销副总需要开展高度的创造性工作，这些工作在企业无先例可循，其思维难度可列入"无先例的"。因此，其解决问题能力便评价为技能的87%。

产品开发工程师在产品开发过程中受到行业规范、各种技术标准等的限制，其思维环境属"广泛规定的"，但由于产品开发属于高度创造性的活动，其思维难度属"无先例的"。因此，其解决问题能力便评价为技能的66%。

司机班班长属于最基层管理者，管理活动受到企业各种规章制度和上级的约束，其思维环境属"标准化的"；其管理不需要太多的创造性，基本上是"模式化的"。因此，其解决问题能力便评价为技能的25%。

在承担的职务责任方面，对这三个职位的评价分析如下：

营销副总在企业内部地位很高，享有广泛授权，行动的自由度高，属于"战略性指导的"；全面主管企业的营销工作，所起的作用是最高的第4级"主要的"；其决策有时直接决定企业的生死存亡，职务责任是"大量的"。该职务在这一因素的整体评分为1 056分。

产品开发工程师的行动自由度比较大，属于"方向性指导的"；其职务责任不大，只有少量的影响；对后果形成的责任比较大，由于其对企业新产品开发和企业进一步发展有直接影响，因此属于"分摊的"。该职务在这一因素上的整体评分为264分。

小车司机班班长行动自由度小，只属第3级"标准化的"；但其为小车司机班的带头人，所起的作用是最高的第4级"主要的"；不过级别太低，对经济后果的责任也属最低级"微小的"。该职务在这一因素上的整体评分为57分。

根据海氏工作评价系统，营销副总属于"上山型"，该职务的责任比技能与解决问题的能力重要；产品开发工程师属于"下山型"，该职务的责任不及解决问题的能力重要；小车司机班班长属于"平路型"，技能和解决问题的能力与责任并重。

将这三个职务在三个因素上的工作评价得分及其相应权重汇总如下：

营销副总评价总分=1 400×（1+87%）×40%+1 056×60%=1 680.8（分）

产品开发工程师评价总分=304×（1+66%）×70%+264×30%=432.448（分）

司机班班长评价总分=175×（1+25%）×50%+57×50%=137.875（分）

2）美世国际职位评估法

职位（岗位）评估是通过"因素提取"并给予评分的职位价值测量工具。早在20世纪七八十年代，职位评估就风靡欧美，成为内部人力资源管理的基础工具。调研结果表明，当时美国有70%以上的企业使用职位评估系统来帮助搭建职位系统以及作为薪酬给付的依据。但是当美国逐渐将人力资源管理重点从"职位"转至"绩效"以后，作为总部在美国的全球最大的人力资源管理咨询公司——美世咨询公司却始终没有抛弃这个工具，而是将其进一步开发，使其适合全球性企业，尤其是欧洲和亚洲国家的企业使用。2000年美世咨询公司兼并了全球另一个专业人力资源管理咨询公司CRG（国际资源管理咨询集团，Corporate Resources Group）后，将其评估工具升级到第三版，成为目前市场上最为简便、适用的评估工具——国际职位评估系统（international position evaluation，IPE），不但可以比较全球不同行业不同规模的企业，还适用于大型集团中各个分公司的职位比较。

这套职位评估系统共有4个因素、10个纬度、104个级别，总分为1 225分。评估的结果可以分成48个级别。这套评估系统的4个因素是指：影响（impact）、沟通（communication）、创新（innovation）和知识（knowledge）。这是在原先这一系统第二版7个评估因素的基础上经过大量科学提炼简化的结果。100多位美世人力资源首席咨询顾问和众多企业人力资源资深从业者的共同研究证明，事实上真正相互之间不存在相关性的因素只有两个——影响和知识。但为了减少评估过程中由于主观因素造成的偏差，还是保留了另两个相对重要的因素——沟通和创新。

与其他职位评价方法比较，IPE方法的独特之处表现在：考虑了组织规模因素，这一点是其他绝大多数职务计点方法所没有的。在进行具体职位的评估之前，首先要确定企业的规模。IPE方法认为，对于一个万余人的国际性机构和一个二三十人的小公司，如果不进行调整是不能在同一个平台上进行比较的。在这个特殊的因素中，需要考虑企业的销售额、员工人数和组织类型（制造型、装配型、销售型还是配送型），来放大或缩小组织规模。比如一个带研发机构和销售部门的"全功能"制造型企业，可以获得销售额20倍的乘数，从而极大地放大其组织规模。销售型企业一般的乘数为5，而配送型企业一般的乘数为4。另外，员工人数也是一个重要规模因素，管理500人和管理5个人的职位要求显然不可同日而语。借助这个因素进行调整，美世系统可以把不同规模不同类型的企业置于同一个比较平台之上。当然，IPE方法如此考虑组织规模因素有多大合理性还有待于进一步的讨论。本书认为，与IPE采用的通过组织规模变量来衡量大企业与小企业之间同样职务不同价值差异比较，通过不同价值人才之间的供求比来量化可能更合理。

本章小结

工作分析是从组织战略、经营目标及业务流程出发，对组织中各个工作岗位的设置目的、职责、工作内容、工作关系、工作环境等工作特征以及对该岗位任职员工的素质、知识、技能要求等任职条件进行调查、分析后进行客观描述的过程。工作分析的结果是形成工作说明书和工作规范。

工作分析是从企业战略组织向人力资源管理体系过渡的纽带。工作分析所获信息可以应用于人力资源规划、招聘与甄选、培训与开发、绩效考核、薪酬管理与职业生涯规划等人力资源管理工作。

工作分析是对工作的一个全面评价过程，这个过程可以分为四个阶段：准备阶段、调查阶段、分析阶段和结果反馈阶段。

工作分析方法包括实践法、观察法、访谈法、问卷法、工作日志法、典型事例法、职位分析问卷法、管理职位描述问卷法、功能性工作分析法等。

工作说明书指明了一项工作叫什么、要做什么、在哪里做和怎样做。工作规范描述工作承担者为了完成工作所必须具有的能力、教育和经验方面的资格。

职位评价是企业内部建立薪酬公平机制的重要手段。它是以岗位为中心，依据一定的标准和程序来判断不同岗位对组织的价值大小，以职位的价值点数来反映职位的价值，并据此建立岗位价值序列的一项专门的人力资源管理技术。

职位评价的方法包括职位排序法、职位分类法、因素比较法和要素计点法。其中，海氏评价法和美世国际职位评估法是两种比较有代表性的要素计点法。

本章案例

国企人事处长的困惑

A公司是一家20世纪60年代建厂、年产120万吨钢材、拥有3万名职工的老国有大型企业。在市场经济的冲击下，A公司也进行了公司化制度改革，初步建立了现代企业制度，公司生产、经营业绩显著提高，职工收入明显增加。但随着形势的发展，公司面临着降低成本的巨大压力，公司高层经分析论证认为：产品成本太高的主要原因在于公司闲杂人员太多，人未尽其事。因此，公司给人事处下达了2001年的工作任务：在引进高层次人才的同时将企业总职工人数降至2.5万人。面对5 000人的减员计划，公司人事处制定了一系列的考核政策，采取下岗分流、内退、工龄买断、提前退休等措施。

经过第一季度的政策实施，在季度工作总结中发现公司减员成绩显著，仅钢铁生产部就减少员工300人，加上其他部门，第一季度总共减员1 500人，人事处对这一成绩感到振奋，认为5 000人的裁员目标指日可待。但是在季度生产工作总结会上，人事处长却受到了各生产部门经理的责难。会上公司总经理认为第一季度钢材产量和质量都不如从前，要求各部门经理找出原因。

生产部经理说，第一季度从我部门离职的员工有300人，其中有150人是刚毕业不久的大学生以及有5~10年工作经验的工程师。刚毕业不久的大学生都是主动离职的，而有工作经验的工程师大多是通过买断工龄或提前退休离职的。申请离职的大学生反映，从大学里出来，本来以为可以有一个很好的环境去发挥自己所学知识，没想到自己卖力工作拿的工资与成天闲聊的技校生没区别，真没劲。离职的工程师说，都为企业工作几年了，小孩都快上小学了，一家人还挤在一间屋子里。高素质的技术人员都走光了，产品质量能上得去吗？该走的没有走，不该走的全走了。我手里现在还有几个大学生的辞职报告，你说我批还是不批。

技术部经理也说，自己部门里大学生流失严重，高级技术人员抱怨得不到再学习的机会，对前途没有信心，成天对工作不投入，技术革新缓慢，更谈不上开发适应市场需求的新产品，要求人事部对此负责。

市场部经理抱怨，市场部业务员无论业绩多好，工资也得不到提升，仍然拿固定工资，奖金微薄工作没有积极性。

对此，公司经理要求人事处长做出书面解释，并制定有效的措施。

资料来源　HRsee.工作分析教学案例：国企人事处长的困惑［EB/OL］.［2016-10-28］. http：//www. hrsee.com/? id=341.

思考题：如果你是人事处长，你会做出何种书面解释？采取哪些措施？

复习思考题

1.工作分析的含义和作用是什么？它包括哪些过程？

2.工作分析有哪些方法？它们各自有何特点？

3.工作说明书的主要内容有哪些？

4.职位评价的原则有哪些？

5.职位评价主要有哪几种方法？各种方法的主要内容是什么？

6.海氏评价法和美世国际职位评估法各有何特点？

7.工作分析已经被认为是人力资源管理的基石，请描述工作分析是如何支持管理者制定薪酬决策的。

8.结合实际谈谈职位评价对企业有哪些重要意义。

第 *8* 章

基于职位的薪酬体系设计

学习目标

　　通过本章的学习，能够了解薪酬体系的设计原则，掌握薪酬体系的设计流程；理解薪酬内外部调查的含义及作用，掌握薪酬内外部调查的实施步骤，进行薪酬水平定位策略的选择；掌握薪酬纵向结构的设计流程，学会薪酬等级、幅度、重叠区域的设计，掌握宽带薪酬体系设计的三个阶段；在薪酬横向结构设计方面，理解薪酬构成要素不同组合模式的设计策略。

8.1　薪酬设计概述

8.1.1　薪酬设计的原则及价值因素分析

1）薪酬设计的理念与目标

薪酬体系的设计，要考虑组织的情景变量问题。许多企业薪酬设计的误区在于一下子进入薪酬模块的设计，而忽视了与组织情景变量的匹配。因此，企业在进行薪酬体系设计时，应该综合考虑各因素对薪酬体系可能带来的影响，特别是要以公司战略作为基本出发点。设计者应考虑组织要求员工具备什么样的行为方式，拟设计的薪酬体系能否达到组织所希望的绩效目标和行为改进。同时，需考虑组织的结构和技术特征，使得薪酬体系的设计灵活而不僵化。薪酬设计的目标如图8-1所示。

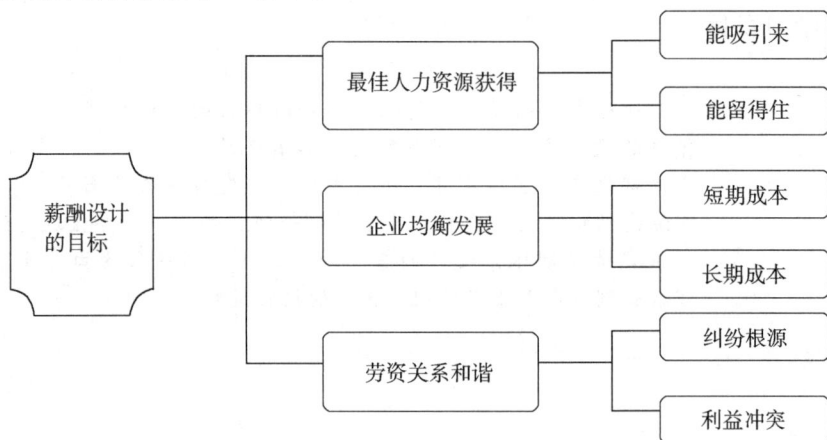

图 8-1　薪酬设计的目标

2）薪酬设计的原则

薪酬设计的五个原则如图8-2所示。

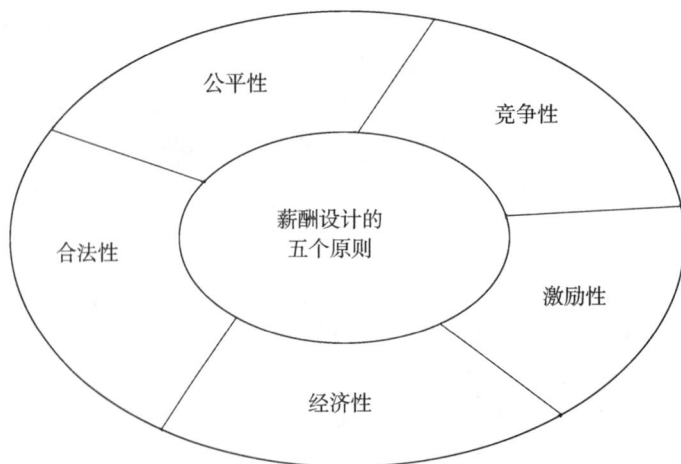

图 8-2　薪酬设计的五个原则

（1）公平性原则。公平性原则是薪酬设计中最基本和最重要的原则，它解决的是企业薪酬中的内部一致性、外部一致性、纵向一致性和横向一致性的问题，考虑员工的投入产出比。

（2）竞争性原则。竞争性原则保证企业所设计的薪酬在劳动力参考市场上有竞争力。企业要想吸引和留住优秀的人才，就应该根据企业的实际情况和所需要的人才类型，制定出一整套对人才有吸引力并在同行业中处于较优水平的薪酬政策，并较好地发挥薪酬的激励作用。同时，正确的薪酬价值取向和灵活多元化的薪酬结构也可以增强薪酬的竞争力。

（3）激励性原则。薪酬的根本目的在于激励员工的工作积极性和创造性，提高工作效率。激励是薪酬最基本的功能，对一般企业来说，通过薪酬系统来激励员工的责任心和工作积极性是最常运用的方法。一个科学合理的薪酬系统对员工的激励是最持久也是最根本的，因为科学合理的薪酬系统解决了人力资源所有问题中最根本的分配问题。

薪酬设计的激励性原则包括两个层面的含义：一是，要求企业尽可能地满足员工的实际需要，不同的员工需求各异，同样的激励在不同的时期和不同的环境中对同一员工起到的激励作用可能也不同；二是，薪酬系统在各岗位或职位的标准上要设定合理的差距，要与员工的能力、绩效、岗位的责任标准等结合起来。

（4）经济性原则。一般来说，薪酬系统应该接受成本控制，也就是在成本许可的范围内制定薪酬系统。企业为了满足激励性和竞争性原则，提高薪酬标准，一方面，提高了企业的人工成本；另一方面，根据边际收益的递减性，当企业的薪酬标准达到一定程度后，增加的薪酬为员工所带来的边际效用和为企业带来的收益递减，这时企业的管理者所考虑的因素就不仅仅是薪酬系统的吸引力和激励性了，还会考虑企业承受能力的大小、利润的合理积累等问题。企业的分配制度都是在有限的资源和资金内寻求一种最有效的薪酬和福利组合，以确保在最低的成本下保持企业在人才市场的竞争力和员工的满意度。

（5）合法性原则。薪酬的合法性必不可少，这是任何一个企业在设计薪酬系统时所必须遵循的原则。国家和地方的法规，如国家关于最低工资的规定、工资支付的规定、禁止使用童工、保障妇女和残疾人的权益等，企业都必须严格遵守和执行。

3）薪酬设计的价值因素分析

我们采用布朗德薪酬设计价值分析四叶模型来说明薪酬设计必须考虑的价值因素（如图8-3所示），进而通过评估确定相应因素的薪酬支付标准。四叶模型中，市场因素表明企业在设计薪酬时离不开对人才薪酬市场的分析和判断，市场人才需求大于市场供给时企业所需的人才在设计薪酬时必须给付较高的薪酬水平，市场人才供给大于市场需求时企业所需的人才在设计薪酬时可以给付较低的薪酬水平。

四叶模型中必须考虑的第二个因素是岗位因素，即薪酬支付对象（员工）所在岗位责任的大小和相对重要性（价值判断），并通过岗位评价制定相应的岗位薪酬标准。

四叶模型中必须考虑的第三个因素是能力因素，即薪酬支付对象身上所承载的企业发展所需的知识、能力和经验的多少和相对重要性（价值判断），并通过能力评估来制定相应的能力薪酬标准。

四叶模型中必须考虑的最后一个因素是绩效因素，即薪酬支付对象为企业创造业绩的多少和相对重要性（价值判断），并通过绩效考核和评估确定相应的绩效薪酬标准。

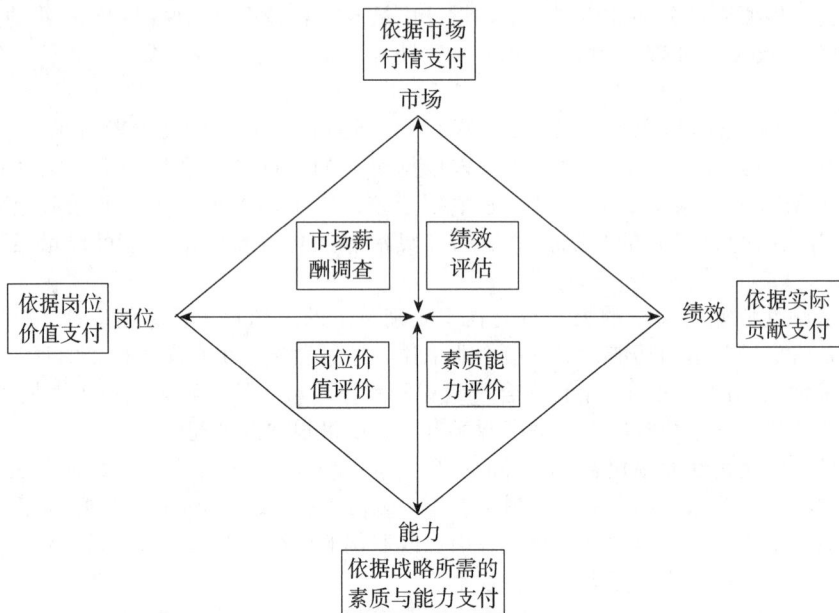

图 8-3 布朗德薪酬设计价值因素分析

资料来源 周斌. 现代薪酬管理［M］. 成都：西南财经大学出版社，2006：293.

8.1.2 薪酬体系设计流程

薪酬设计的要点在于"对内具有公平性，对外具有竞争力"。一般而言，薪酬的设计牵涉相当多的因素，有的与公司政策相关，有的受外界行业水平的制约等。现代企业要建立的是一种能让大多数员工满意，同时又能保证企业利益的双赢薪酬设计模式，流程大致分为以下几步（如图 8-4 所示）：

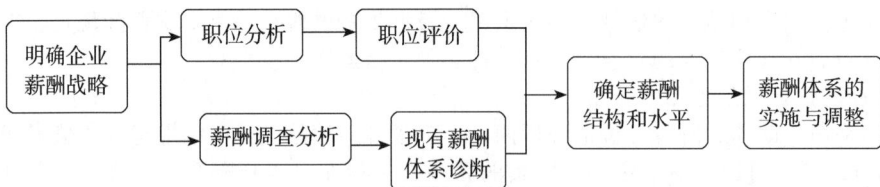

图 8-4 薪酬体系设计流程

1）明确企业薪酬战略

在既定的企业战略之下，企业需要制定的战略性薪酬决策包括：①薪酬管理的目标是什么？如何支持企业战略的实施？如何调整薪酬战略，以适应经营和文化的压力？②如何达成薪酬的内部一致性，即在本企业内部，如何对不同职位和不同技能/能力支付不同的薪酬？③如何达成外部竞争性，即相对于企业的竞争对手，企业在劳动力市场上的薪酬水平应该如何定位？④如何认可员工个人的贡献？其中包括：基本薪酬调整的依据是什么？是个人还是集体，或是知识、经验、技能、生活费用的变化等？⑤如何管理薪酬体系？谁来设计和管理薪酬决策？薪酬决策的过程应该如何设计？⑥如何提高薪酬成本有效性？

2）职位分析与职位评价

职位分析是人力资源管理的基础工作，即编制组织的工作结构图和组织系统内所有职务工种的说明、要求、标准等文件，并以货币金额显示每一职务工种在本组织中的相对价值。企业的培训、考核、薪酬等管理工作都建立在职位分析的基础上。职位评价是职位分析的自然结果，同时又以职位说明书为依据。科学的职位评价体系是通过综合评价各方面因素得出工资级别，而不是简单地与职务挂钩，这有助于解决"当官"与"当专家"的等级差异问题。

3）薪酬调查分析

进行薪酬调查分析，了解本行业本地区尤其是主要竞争对手的薪酬状况，以保证组织薪酬制度（类型、水平和结构）的合理性和外部公平性。同时，进行企业内部的薪酬满意度调查（见表8-1），以了解企业内部的薪酬现状及需求，发现企业现实的薪酬制度存在的问题，弄清楚问题产生的原因、背景和条件，明确改革需求，确定改革方向，是保证做出正确设计的基础。

表8-1　　　　　　　　　　　　　企业薪酬现状调查内容

（1）企业现行组织结构、工作职位分布、各职位工作内容和作用
（2）各类人员的构成及薪酬水平，各类人员的薪酬在企业薪酬总额中的比例
（3）企业员工对现行工资制度的满意度及最不满意的问题
（4）企业经营绩效、各种技术经济数据
（5）劳动力成本对整个成本的影响程度
（6）各项成本和费用对企业利润的影响程度
（7）利润增长潜力、空间在哪里
（8）企业产品和生产技术水平

要对企业的经营运行状况、薪酬制度对员工的影响和对企业绩效的影响进行全面、深入、细致的调查分析，以求发现问题。

4）现有薪酬体系诊断

在调查的基础上进行分析和诊断，明确需求，确立改革方向和设计目标。薪酬体系的诊断主要包括以下几方面内容，见表8-2：

表8-2　　　　　　　　　　　　　企业薪酬体系诊断内容

（1）明确本企业所处的发展阶段
（2）提出初步适应当前经营状况的企业薪酬组成和支付方式，确定薪酬弹性幅度等
（3）确定本企业当前最关键的工作职位（岗位）和关键岗位上的人员供需目标
（4）企业组织结构和各类人员组成分布是否适应企业发展战略，确定组织结构再造和各类员工数量增减的方向和目标
（5）明确薪酬政策应向何种工作岗位、何种员工倾斜，确定当前应激励什么、约束什么
（6）提出适应本企业发展阶段的劳动力成本在企业总成本（含费用）中的比例范围

5）确定薪酬结构和水平

确定企业的薪酬结构包括纵向和横向两个维度。纵向薪酬结构包括各薪酬等级、薪酬幅度、重叠范围等的确定；横向薪酬结构主要指固定薪酬和浮动薪酬比例的确定，是高弹性还是高稳定，还有职位工资、绩效工资、能力工资、技能工资、福利等的比重设计等。

薪酬水平包括组织的薪酬总体水平和各职务工种的薪酬标准，是领先、跟随还是混合等。薪酬制度设计需要科学的态度和方法、全面和准确的资料数据、缜密的计划并灵活运用不同的薪酬技巧。

6）薪酬体系的实施和调整

在制定和实施薪酬体系过程中，及时的沟通、必要的宣传或培训是保证薪酬改革成功的因素之一。从本质意义上讲，劳动报酬是对人力资源成本与员工需求之间进行权衡的结果。世界上不存在绝对公平的薪酬方式，只存在员工是否满意的薪酬制度。人力资源部可以利用薪酬制度问答、员工座谈会、满意度调查、内部刊物甚至BBS论坛等形式，充分介绍公司的薪酬制定依据。为保证薪酬制度的适用性，规范化的公司都对薪酬的定期调整做了规定。

在确定薪酬调整比例时，要对总体薪酬水平做出准确的预算。目前，大多数企业是财务部门在做此预算。但有时财务部门并不清楚具体工资数据和人员变动情况，为准确起见，最好由财务部和人力资源部同时做此预算。

薪酬制度运行过程中要形成有效的反馈机制，全面把握其实施效果，及时分析总结，以发现其存在的问题，以更好地实现组织的薪酬目标和经营战略。

8.2　薪酬调查

8.2.1　薪酬调查概述

1）薪酬调查的含义

薪酬调查，是指企业应用各种正常的手段，通过搜集薪酬决策所需要的各种信息来判断其所支付的薪酬状况，从而为本企业建立薪酬体系、制定薪酬策略、进行薪酬预测提供参考的系统的过程。薪酬调查包括组织外部的市场薪酬调查和组织内部的员工薪酬满意度调查两类，需要调查的薪酬信息包括：

（1）外部信息。主要是指相同地区和行业中相似性质、规模的企业的薪酬水平、薪酬结构及其变动情况，同时应该掌握影响组织薪酬制定的各项经济因素、政府的有关法律法规和政策等。一个具有挑战性的薪资设计必须是基于市场的，人力资源市场乃至全国经济领域的各项经济指标都将直接影响工资增长率。对薪酬策略产生影响的经济指标主要是国家的宏观经济政策、失业率、消费指数（CPI）和国民生产总值（GNP）的增长速度等，它们使企业在制订和调整薪酬方案时有可参考的资料。

（2）内部信息。主要是指员工满意度调查和员工合理化建议。满意度调查的作用并不一定在于了解有多少员工对薪酬是满意的，而是了解员工对薪酬管理的建议以及到底对哪些方面不满，进而为制定新的薪酬体系打下基础。

2）薪酬调查的作用

通过组织内外部薪酬调查可以了解外部市场薪酬信息和内部员工对薪酬分配的意见和建议，薪酬调查主要有以下几方面作用：

（1）为组织确定薪酬策略、制定薪酬结构和确定薪酬水平提供决策所必需的信息，从而检视组织的薪酬制度是否具有挑战性和吸引力。

（2）为组织调整薪酬结构和薪酬水平提供依据，使得薪酬的效益最大化。

（3）为组织控制和节省人工成本提供相关预算信息。

（4）提高组织薪酬决策和管理的公平性，使员工对自己的薪酬更为满意，吸引和留住员工，增强组织的外部竞争力和内部凝聚力。

8.2.2　外部薪酬调查的基本步骤

对于绝大多数企业而言，职位薪酬水平都是在薪酬调查的基础上建立起来的。薪酬调查不但有助于增进对竞争对手的了解，还能够使企业及时调整薪酬水平和薪酬结构。此外，市场薪酬调查的结果对企业实现薪酬的公平性、合理性、及时性、竞争性和有效性方面有着重要的作用。

一般来说，薪酬调查可分为以下几个步骤：

1）明确薪酬调查的目的

在进行薪酬调查之前，首先必须明确为什么需要薪酬调查，它的目的是什么。目的不同，调查范围、调查内容以及调查结果的分析方法与应用等都有很大的差异。一般来说，薪酬调查的主要目的是确定在相关的产品市场和劳动力市场上，其他组织对类似的工作支付了多少工资。这一分析的结果是得出市场薪酬线，它表达了职位评价点值（内部的工作价值）和市场工资（外部的工作价值）之间的简单的线性关系。

2）确定调查职位和内容

明确目的后，下一步就是要确定基准职位。基准职位就是组织中能够直接与外部市场工作进行比较的职位。这些职位的内容是相对稳定的，与其他组织中的职位是类似的，并且能够被准确地进行界定。选择什么职位进行调查呢？原则上是选择能够达到目的所必需的、尽可能少的职位。调查越复杂，有资格参加调查的企业越少，数据就越难得到。通常的方式是在职位等级的上层、中层和下层各选取几个基准职位。

可作为"基准类"工作的特征为：（1）工作内容稳定，不随时间变化而变化；（2）承担这种工作的员工的规模很大；（3）这种工作在大量的企业中存在；（4）从事这种工作的员工在劳动力市场上的供求情况稳定；（5）这些职位能代表当前所研究的完整的职位结构。

一般来说，薪酬调查仅包括基准职位。在调查中包括典型职位的描述，以便使用调查结果的组织能把本组织中的职位与调查的职位相比较。图 8-5 中雇主把工作归为四个大类。在每一类别中的不同层次上选择基准职位能确保所调查职位的覆盖面。

在确定基准职位之后，还必须确立调查的内容。一般来说，调查内容可以分为两种类型：基本资料和核心资料。基本资料包括企业名称、行业、组织结构、人员规模、基本财务信息等，通过基本资料可以了解调查对象对劳动力市场的影响以及其薪酬数据的可借鉴程度。核心资料包括详细的职位描述、在职者的基本状况、薪酬体系、薪酬水平、最新薪酬变动状况等。薪酬调查中最重要的资料是支付给在职者的实际薪酬率。最近的工资增长情况也应该包括在内，以便对竞争对手的薪酬支付情况有一个动态的掌握。必须重点指出的是，薪酬调查应该得出的是该职位的总体薪酬的数据，因为各企业的薪酬，包括基本薪酬、浮动薪酬和福利三者之间的构成是有差异的，因此仅得出其中的某一项进行比较是没有意义的。

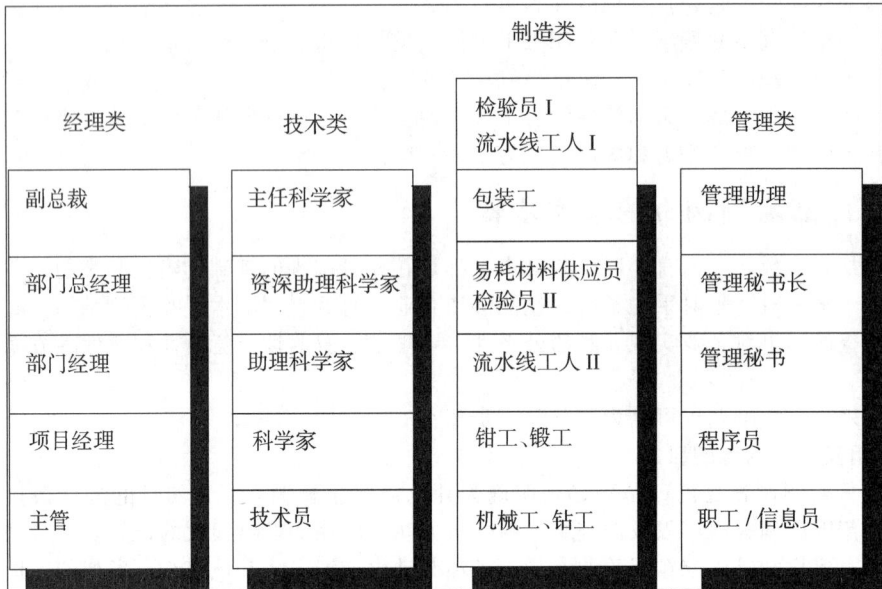

图 8-5　基准职位

3）界定相关的劳动力市场

在基准职位确定以后，下一步就是要界定相关的劳动力市场。相关劳动力市场的界定取决于薪酬调查的目的，以及要检验的特殊的职位和技巧。在调查中，要选择最相近、最有比较价值的企业和职位进行调查，无论企业选择从何种渠道来获得调查数据，重要的是调查中要包含从组织所在的产品市场和劳动力市场中获取的有代表性的样本。界定相关劳动力市场主要包括以下几类组织：与本企业竞争从事相同职业或具有同样技术员工的组织；与本企业在同一地域范围内竞争员工的企业；与本企业竞争同类产品或服务的企业。另外，也应适当考虑与本企业薪酬结构（如以职位定酬或以人定酬）相同的企业。

表 8-3 说明的是在界定相关劳动力市场时，任职资格和地理范围之间相互影响。当任职资格的重要性和责任增加时，地理范围的局限也会随之增加。管理职位和专业技术职位的竞争范围往往是在全国范围内的，而职员和生产工人的竞争范围是在本地或本区域范围内的。

表 8-3　　　　　　　　　　　　　以地域和员工群体划分的相关劳动力市场

地域范围	生产工人	办公室职员	技术人员	科学家	管理人员	主管
本地：在相对小的区域，如城市以及大都市统计区域（如达拉斯都市区）	较类似	较可能	较可能			
区域：一个州或几个州区域特指，如美国西南的石油产区	仅在供给或专业技术方面短缺	仅在供给或专业技术方面短缺	较可能	较可能	较可能	
全国：整个国家				较可能	较可能	较可能
国际：几个国家范围内				仅在供给或专业技术方面严重短缺	仅在供给或专业技术方面严重短缺	有时

资料来源　米尔科维奇，纽曼. 薪酬管理［M］. 董克用，等译. 北京：中国人民大学出版社，2002：208.

一般来说，企业在多个劳动力市场中进行竞争，相关劳动力市场的界定取决于薪酬调查的目的。当企业的薪酬体系更依赖于外部市场资料时，选择具有可比性的市场变得更加重要。

4）薪酬调查的渠道选择

企业在薪酬调查过程中，可以建立和管理自己的薪酬调查系统，也可以获取外部的公共数据资源，还可以从咨询公司或其他卖主那里购买数据。事实上，在员工时间充裕和有专家参与且想控制分析和结论的质量的情况下，企业可以自己组织薪酬调查。另外，咨询公司往往可以提供包括每一职位族和所能想象到的各种产业的市场薪酬数据。大多数组织都是从多种来源获取薪酬调查数据的。不管采取哪种方式获得薪酬调查的数据，薪酬调查的渠道选择都是一个必须关注的问题，因为这直接关系到薪酬调查结果的价值。

5）薪酬调查结果的统计分析

必须对薪酬调查的信息进行统计分析。薪酬调查只是一种手段，得出薪酬调查的数据并不是最终的目的，其最终目的是通过对调查得出的数据进行分析，得到人力资源市场的整体概况和变化趋势，并借此为企业设定薪酬策略和管理薪酬提供依据。

6）提交分析报告，绘制市场薪酬线

绘制市场薪酬线，从数学的角度来看，可以用对基准职位的薪酬调查数据计算出回归方程，使薪酬体系设计者能够在以职位评价点值来表达的内部职位价值和以市场工资率来表达的外部职位价值之间建立起联系。市场薪酬线描述了竞争者为类似职位支付的典型工资是多少，并且还可以推断那些在薪酬调查中没有涵盖到的工作。这是薪酬调查的直接产出结果。

图8-6中的市场薪酬线，反映了工作评价点值与劳动力市场工资之间的关系。这种直线的公式并没有提供关于这些点聚集到这条直线的程度的信息，但我们可以计算相关系数，表明这两个变量之间关联的程度（这里指工作评价点值与劳动力市场工资这两个变量）。

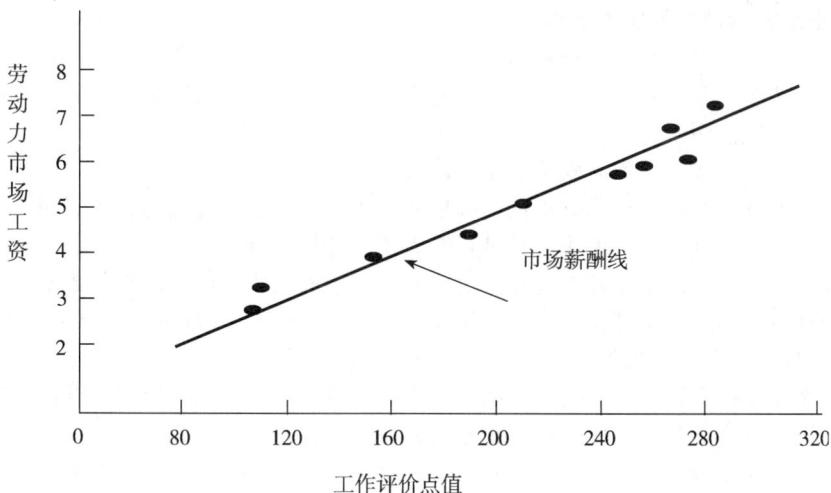

图8-6 市场薪酬线

我们设X为工作评价点值，Y为市场薪酬水平数据，任何回归直线都可以通过等式 $Y=a+bX$ 来表示：

$$\sum Y = na + b\sum X$$
$$\sum XY = a\sum X + b$$

联立两个方程，我们就可以知道 a 和 b 的值。由于 X 代表工作评价得分，所以，我们可以用这个方程来预测每一特定工作的价值。如果组织中关键职位的现行工资与市场状况完全相符，那么这条回归直线的相关系数就为 1，在图 8-6 中我们可以看到所有的数据点恰好落在这条回归直线上。然而更通常的情况是，这条回归直线会显示出，一些点的市场工资高于这条线，而另一些点的市场工资则低于这条线。

7）市场薪酬线的应用调整

在对薪酬结构做出决策之前，企业还需要对市场薪酬线做出以下几方面的调整：第一，我们常常在搜集了几个月以后才能得到市场工资数据并加以总结，所以，这些数据需要进行时间上的推断。第二，因为薪酬体系可能要到未来的某天才会实施，所以，必须对市场工资线进行一个额外的调整，使之与到薪酬体系实施之日时的生活成本和工资水平的变化相一致。第三，企业必须根据自身的薪酬策略做出另外的调整。

8.2.3　员工薪酬满意度调查

1）薪酬满意度调查的内涵

薪酬满意度是指一个员工获得组织回报的各种有形和无形的报酬与他的期望值相比较后所形成的认知状态。美国心理行为学家 Heneman 运用目前已被西方学术界普遍接受的修正差异理论认为，员工薪酬满意度可以被划分为对薪酬四个层面的满意，即员工薪酬水平满意、员工薪酬结构满意、员工薪酬体系满意和员工薪酬形式满意。薪酬管理者只有看到员工薪酬满意度是一个多层面的概念，才能为进一步分析员工薪酬满意度奠定基础，才能更好地解决困扰已久的员工薪酬管理和决策问题，留住企业的人才。

2）薪酬满意度调查的实施步骤

（1）确定调查对象：对象是企业内部所有员工。

（2）确定调查任务：双方讨论决定调查的主要内容，之后以内容决定任务，再以任务决定方法、技术手段和测量目标。

（3）确定调查方式：采用问卷法还是访谈法等。

（4）制订调查方案：设计调查提纲，确定调查指标，列出调查问题，确定调查范围，选取调查对象，提出调查方法（如决定是进行普查还是抽样调查）。

（5）收集调查资料：实施调查过程，完成调查问卷的回收，确保调查的数量和质量。

（6）处理调查结果：整理调查资料（检验、归类、统计），形成调查结果（图表、文字、总体评价），提供综合调查报告。

（7）为企业提供咨询服务：就发现的问题进行分析并提出改革、纠正的具体措施。

（8）对措施的实施实行跟踪调查：包括为企业各级提供培训、咨询，为公司制定新的纪律、政策，检测员工满意度调查的实际效果，准备下一轮的调查或其他相关的、专项的调查。

表 8-4 为某公司薪酬满意度调查表。

表 8-4   **某公司薪酬满意度调查表**

为了配合公司的薪酬改革，了解公司目前薪酬管理中存在的不足，特组织本次薪酬调查。为了了解员工在薪酬方面的真实想法和建议，本次薪酬调查可署名也可不署名，而且在取得调查结果后立即销毁。因此，希望所有员工积极支持，本着认真负责和客观的态度完成本问卷，于　月　日前交人力资源部，谢谢！

您的姓名：(可以不填)　　　　　　所在部门：(可以不填)

年　　龄：　　　　　性　　别：　　　　　入职年限：　　　　职　　位：

学　　历：　　　　　职　　称：　　　　　户口所在地：

1.您对自己目前的薪酬水平：

(1) 非常满意　(2) 比较满意　(3) 一般　(4) 不满意　(5) 非常不满意

2.您认为现有的薪酬制度公平吗？

(1) 非常公平　(2) 比较公平　(3) 一般　(4) 不公平　(5) 非常不公平

如果选择(4)、(5)项，请具体说明原因：_____。

3.请在本公司下列职务类别中选出三个您认为薪酬过高的（按顺序）：

(1) 麦芽车间　(2) 实验室　(3) 销售部　(4) 财务部　(5) 人力资源部　(6) 保安部

(7) 机修部　(8) 电修部　(9) 清洁部　(10) 车队

4.您认为与同行业其他公司相比，本公司的薪酬：

(1) 很高　(2) 比较高　(3) 差不多　(4) 偏低　(5) 很低

5.您对公司目前的福利状况：

(1) 非常满意　(2) 比较满意　(3) 一般　(4) 不满意　(5) 非常不满意

请简要说明理由_____。

6.与本部门的相似资历的员工相比，您对自己的薪酬水平：

(1) 相当满意　(2) 比较满意　(3) 差不多　(4) 比较不满意　(5) 非常不满意

7.与其他部门的相似资历的员工相比，您对自己的薪酬水平：

(1) 相当满意　(2) 比较满意　(3) 差不多　(4) 比较不满意　(5) 非常不满意

8.与其他公司相比，您认为目前本公司主管级人员的薪酬相比普通员工来说：

(1) 太高　(2) 偏高　(3) 合理　(4) 偏低　(5) 太低

9.与其他公司相比，您认为目前本公司经理级人员的薪酬相比普通员工来说：

(1) 太高　(2) 偏高　(3) 合理　(4) 偏低　(5) 太低

10.您能很明确地知道自己的月总收入是由哪些部分组成的吗？

(1) 是，很清楚　(2) 部分项目不清楚　(3) 完全不清楚

11.您知道您身边的同事的收入水平吗？

(1) 是的，非常清楚　(2) 比较清楚　(3) 不太清楚　(4) 完全不知道

12.您认为保密薪酬好还是透明薪酬好？

(1) 保密　(2) 无所谓　(3) 透明

13.您觉得公司大部分员工的辞职：

(1) 因为薪酬而直接导致　(2) 和薪酬有一定的关系　(3) 不明确　(4) 与薪酬关系不大

(5) 绝对与薪酬无关

14.您认为本公司的薪酬结构中最不合理的部分是：

(1) 基本工资　(2) 绩效工资　(3) 涨幅工资　(4) 年资　(5) 福利　(6) 津贴　(7) 加班工资

请简要说明理由：

15.如果公司有 6 000 元要发给您，您认为哪种发放方式对您的吸引力大：

(1) 一次发放　(2) 按月平均，每月 500 元

16.如果公司要制定一个新的薪酬制度，您对新的薪酬制度的建议：_____。

17.您认为目前的薪酬制度对员工的激励：

（1）很好　　（2）较好　　（3）一般　　（4）较差　　（5）非常差

18.您认为多长时间调整一次薪酬比较合理：

（1）3个月　　（2）半年　　（3）一年　　（4）两年　　（5）两年以上

19.如果要降低您的薪酬，您觉得多少比例是您可以接受的极限：

（1）5%　　（2）10%　　（3）15%　　（4）20%　　（5）25%

20.在过去的工作中，您感觉自己的努力在薪酬方面有明显的回报吗？

（1）有　　（2）没有　　（3）有，但不明显

21.您认为决定薪酬最重要的因素是（请按顺序列出前五位）：

（1）个人业绩　　（2）个人能力　　（3）学历　　（4）职称　　（5）职位高低　　（6）资历　　（7）专业

（8）工作复杂程度　　（9）工作中承担的责任和风险

22.您认为薪酬收入中浮动部分（涨幅工资）占总收入的比例应该为：

（1）5%　　（2）10%　　（3）15%　　（4）20%　　（5）25%　　（6）30%　　（7）35%或以上

3）薪酬满意度的调查方法

（1）单一整体评估法

这种方法只要求被调查者回答对自己目前薪酬水平的总体感受，如"就各方面而言，我满意自己目前的薪酬状况"。许多研究表明，这种方法比较简单明了，因为满意度的内涵太广，单一整体评估法成了一种包容性更广的测量办法。不过，这种方法因只有总体得分，虽然可以知道员工对于企业的相对满意度水平，但无法对企业存在的具体问题进行诊断，不利于管理者改进工作。

（2）工作要素总和评估法

这种方法将员工薪酬满意度划分为多个维度进行调查，通常是通过员工对薪酬制度、体系设计、薪酬水平等划分满意度等级评定，得出员工薪酬满意度的结果。其一般程序是：

首先，需要确定薪酬调查中的关键维度，然后编制调查问题，再根据标准量表来评价这些维度。调查表既对各具体要素进行深入调查，同时又通过统计方法计算出整体的满意度状况。相比而言，它比单一整体评估法操作起来复杂一些，但能获得更精确的评价和诊断结果，有利于企业管理者根据存在的问题制定相应的对策，提高员工的薪酬满意度。在调查员工薪酬满意度时可以采用多种调查方法相结合，如在传统的问卷调查法外，还可以与面谈法、焦点小组访谈法、关键指标考核法、专家意见法等方法相结合，而非单纯依赖问卷调查的结果，以保障调查结果的真实性和准确性。

其次，在设计量表或问卷时，可以采用一些方法来检验将来收集的结果的可靠性和有效性，尽量减少误差。如采用测试—再测试的方法、等效形式可靠性分析、分半可靠性分析、预示有效性分析、收敛有效性分析、区别有效性分析等方法来检验度量的结果。

另外，在设计调查活动时还需要综合考虑背景、环境、员工特征等各种因素，最好先请专业人士对调查设计进行整体评估。

8.2.4　薪酬水平概述

1）薪酬水平的内涵

通过薪酬调查，对搜集到的信息进行分析后，在对被调查企业的整体薪酬水平进行比较分析的基础上，企业应结合自身实际情况，对企业薪酬水平进行调整。薪酬水平是指在一定

时期内，某一领域内员工薪酬的高低程度，是企业中各职位、各部门以及整个企业的平均薪酬水平，薪酬水平决定了企业薪酬的外部竞争性。在传统的薪酬水平概念下，人们更关注的是企业的整体薪酬水平，而在当前全球经济一体化以及竞争日趋激烈的市场环境中，薪酬水平开始越来越多地关注职位和职位之间或是不同企业中同类工作之间的薪酬水平对比，而不是笼统的企业平均水平的对比。这是因为，随着竞争的加剧以及企业对于自身在产品市场和劳动力市场上的灵活性的强调，企业在薪酬的外部竞争性方面的考虑越来越多地超过企业对于内部薪酬一致性的考虑。

薪酬水平不仅指货币薪酬，更主要应看其实际薪酬水平。货币薪酬只反映名义薪酬，不能真正反映员工的薪酬水平。而实际薪酬说明了货币薪酬的实际购买力，确切地反映了员工的薪酬水平和生活水平。显然，实际薪酬受到两个因素的制约与影响：其一是货币薪酬的高低，在其他条件不变的情况下，货币薪酬与实际薪酬成正比；其二是物价高低，在其他条件不变的情况下，物价水平与实际薪酬成反比。实际薪酬和货币薪酬同物价之间的依赖关系可以用公式表示为：实际薪酬=货币薪酬÷物价指数。

2）薪酬水平定位策略

企业应该根据自身不同的情况来选择自己的薪酬水平定位。根据米尔科维奇与纽曼的研究，企业采用该策略时要注意以下三点：人力资源市场薪酬水平的调查结果都是"事后"的；企业要依此制定自己的薪酬政策；必须对未来市场薪酬水平加以预测。否则，薪酬政策会远远落后于市场水平。

薪酬水平的高低无疑是企业吸引、保留以及激励人才非常重要的手段。如果企业支付的薪酬水平过低，企业在招募新人时将很难招募到合适的员工，而勉强招到的员工往往在数量与质量上也不尽如人意；而且，过低的薪酬水平还有可能导致企业中原有的员工忠诚度下降和流失率上升，无论在企业文化的塑造还是在人才发展以及人际关系方面都会造成影响。另外，薪酬水平较高的企业在吸引人才方面有很大的优势，但在留住人才尤其是激励人才方面薪酬却不一定起到决定性的作用。实际上，员工流失很大程度上不是薪酬水平高低引起的，很多是企业管理方面或者是个人成长受限导致的，薪酬原因只是员工流失的必要而非充分条件。

8.2.5　薪酬水平与标准的定位

薪酬水平是企业在统筹各个方面的要素、协调企业对人力资源成本和吸引与保持员工需要之间进行权衡的结果。一般来说，企业在对自身发展阶段、经营特点、经营战略及财务承受力进行分析的基础上，通过薪酬调查对外部市场薪酬水平有了充分的把握，就可以对薪酬水平进行战略性定位，以保证企业的薪酬水平符合企业的战略发展需要。具体来说，企业的薪酬总体定位可以采取的主要策略如图8-7所示。

1）市场领先策略

市场领先策略指的是企业采取高于同行业竞争对手或领先于市场平均水平的薪酬水平，在地区同行业中处于领先地位。一方面，市场领先策略具有以下优点：

（1）较高的薪酬水平可以使企业的薪酬具有较强的竞争力，从而吸引足够数量的优秀人才，这也是企业采取市场领先策略的主要目的。

（2）较高的薪酬水平提高了员工的离职机会成本，降低了员工离职率。

（3）较高的薪酬水平可以降低员工的不满意度，有利于员工队伍的稳定。

最大	第三区间：市场领先策略 （20% 的公司高于，80% 的公司低于）
中间	第二区间：市场跟随策略 （50% 的公司高于，50% 的公司低于）
最小	第一区间：滞后型策略 （75% 的公司高于，25% 的公司低于）

图 8-7　薪酬水平定位策略

（4）较高的薪酬水平可以使企业的薪酬政策保持一定的稳定性，不必经常调整，从而减少了薪酬管理成本。

另一方面，市场领先策略也有一定的局限性：

（1）如果该行业薪酬成本比较低，企业的用工成本过高又会影响企业所生产的产品或服务的价格，从而降低其产品或服务的市场竞争力，影响企业的经济效益。

（2）高雇佣风险性企业实施高薪的对象多为高风险性员工，有高薪与高绩效不对等的风险。

（3）增薪问题。高薪在很多情况下是指基本工资，对企业造成的财务压力比较大，而且限制了薪酬的弹性化管理。因而，企业应从各个方面权衡考虑，在一定条件下才能实施。

2）市场跟随策略

市场跟随策略是指企业找准自己的标杆企业，薪酬水平跟随标杆企业的变化而变化，始终紧跟市场的主流薪酬水平。实行这种策略的企业主要是既希望确保自己的薪酬成本得以控制，又可以有一定的员工吸引和保留的能力，不至于在劳动力市场上输给竞争对手。因此，采取这种策略是大多数企业规避风险的选择，它可以吸引足够多的员工为其工作，但是在吸引高级人才方面没有什么优势。

市场跟随策略的采纳者通常将薪酬水平定位在直接对手的薪酬成本上，同时将本企业吸纳员工的能力与对手相接近。这种策略主要考虑避免企业在产品定价或保留员工上处于劣势，而不是企业在劳动力市场上处于优势。

这类企业往往处于竞争比较激烈的行业，薪资承受能力弱，生产经营特点不突出，不能将薪资成本过多转嫁。调薪的策略就是跟随行业薪资水平的变化，做好薪酬调查工作，保证核心员工和市场稀缺人才薪资水平处于市场中等水平，非核心员工和非稀缺人才薪资水平处于市场中下水平。

3）滞后型策略

滞后型策略是指企业制定的薪酬水平主要根据企业自身的成本预算决定，以尽可能地节约企业成本为目的，不大考虑市场和竞争对手的薪酬水平。对于经营相对稳定、人际关系和谐、没有竞争压力的工作环境以及高于市场平均水平的福利待遇的企业来说比较适合，有利于企业的低成本扩张。这种策略的最大优势是节约人工成本，最大劣势是影响企业吸纳员工的能力。

企业是否采取滞后型策略，关键在于是主动采取的，还是被动采取的；是为了克服当前的财务困难，还是企业处于衰退期。如果采取该模式的企业能够确保员工将来获得较高收入（期权），副作用将缩小，员工不满意感也会降低，反而有助于员工提高对企业的忠诚度和团队意识、改进绩效。企业在采取滞后型策略的同时，也应在其他方面处于领先地位（挑战性的工作、理想的工作场所和和谐的人际关系等），否则来自员工的阻力会很大。

从企业生命周期的角度来看，一般企业在初创期和成长期倾向于采取领先策略，在成熟阶段采取跟随策略，在衰退阶段采取滞后型策略，在重组或改制时也有一定的策略调整。

4）混合薪酬策略

顾名思义，混合薪酬策略就是在企业中针对不同的部门、不同的岗位、不同的人才，采用不同的薪酬策略。其最大的优点是具有针对性和灵活性，比如对于企业核心与关键性人才和岗位采用市场领先薪酬策略，而对一般的人才、普通的岗位采用非领先的薪酬水平策略。混合薪酬策略可分为以下两种模式：

（1）上高下低模式：即高级管理人员薪资高于平均水平，而基层人员低于平均水平，这样既有利于吸引高级管理人才，又能适度控制薪资成本，适合于管理型企业。

（2）下高上低模式：即基层人员薪资高于平均水平，而管理人员低于平均水平，适合于已取得明确市场地位、产品处于成熟期的企业。

另外，一些企业还存在不同薪酬形式的组合：基本工资低于市场水平、激励薪酬高于市场水平，这种薪酬策略较好地考虑了外部竞争性和内部差异性的结合，是效率薪酬一种常用的形式。例如，微软的基本工资低于竞争对手；业绩工资与对手持平；有贡献员工持股则是领先型的；同时还为员工提供了富有挑战性的工作。不同的薪酬策略其影响效果不同，如表8-5所示。

表 8-5 薪酬策略与薪酬目标的关系

薪酬策略	吸纳能力	留住能力	成本控制	薪酬满意度	劳动生产率
领先型	+	+	?	+	?
跟随型	−	−	−	−	?
滞后型	−	?	+	−	?
权变型	?	?	+	?	+
雇主抉择	+	+	+	+	?

注：表中"+"代表正相关；"−"代表负相关；"?"代表不确定。

8.3 薪酬纵向结构设计

8.3.1 薪酬结构概述

1）薪酬结构的内涵

薪酬结构即组织内部不同职位或不同薪酬水平的排列形式（如薪酬等级的数目、薪酬级差、幅度）和不同薪酬要素形式（如各种工资和福利）的构成比例。

广义的薪酬结构指的是不同薪酬构成要素之间的不同组合。狭义的薪酬结构是指对同一组织内部的不同职位或技能之间的工资标准所做的安排，是依据公司的经营战略、经济能力、人力资源配置战略和市场薪酬水平等为公司内价值不同的岗位制定不同的薪酬水平，主要是一种纵向的薪酬等级关系。与薪酬结构相关的因素有薪酬的等级数量、薪酬中值、薪酬变动范围与薪酬变动比率、薪酬区间的叠幅、薪酬区间的比较比率及薪酬区间渗透度等方面（如图8-8所示）。广义的薪酬结构反映了员工个人因素在不同薪酬要素上的体现，狭义的薪酬结构反映了职位之间的相对价值关系在薪酬上的体现。本节内容着重介绍薪酬的纵向结构设计。

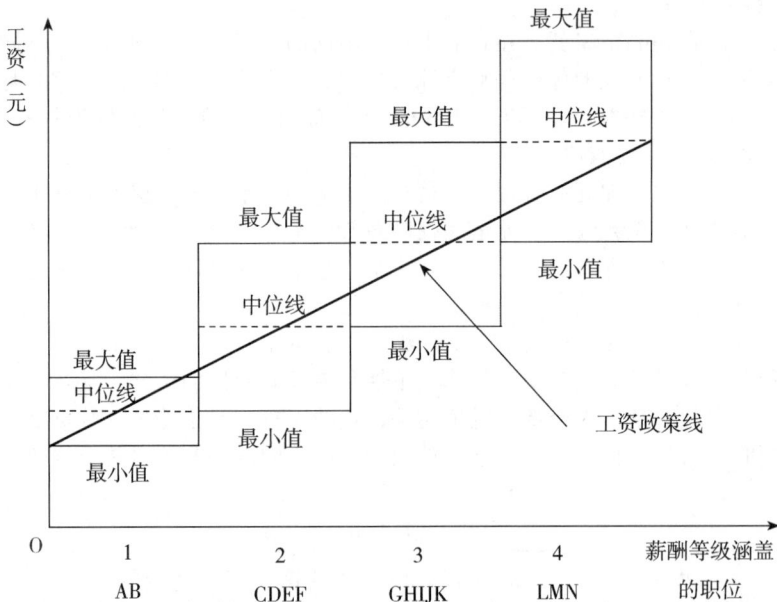

图8-8　薪酬纵向结构设计

2）薪酬结构设计的方法

薪酬结构设计的方法如表8-6所示。

表8-6　　　　　　　　　　　　薪酬结构设计的方法

薪酬水平的确定		职位等级的确定	
		工作评价方法	非工作评价方法
薪酬水平的确定	市场薪酬调查	基准职位定价法	直接定价法
	非市场薪酬调查	设定工资调整法	当前工资调整法

（1）基准职位定价法。这是指利用基准职位的市场薪酬水平和基准职位的工作评价结果建立薪酬政策线，进而确定薪酬结构。这种方法能够较好地兼顾薪酬的外部竞争性和内部一致性，在比较规范和与市场相关性强的企业的薪酬结构中使用比较广泛。

（2）直接定价法。这是指企业内所有职位的薪酬完全由外部市场决定，根据外部市场各职位的薪酬水平直接建立企业内部的薪酬结构。这是一种完全市场导向型的薪酬结构设计方法，体现了外部竞争性，但忽略了外部一致性，比较适合于市场驱动型企业，其雇员的获取及薪酬水平的确定直接与市场挂钩。

（3）设定工资调整法。企业根据经营状况自行设定基准职位的薪酬标准，然后再根据工作评价结果设计薪酬结构。企业设定薪酬水平的典型做法是：首先，设定最高与最低两端的薪酬水平，然后，以此为标杆，酌情设定其他职位的薪酬水平。这种薪酬结构的设计比较重视内部一致性的原则，但忽略了外部竞争性，比较适合与劳动力市场接轨程度较低的组织。

（4）当前工资调整法。这是指在当前工资的基础上对原企业薪酬结构进行调整或者再设计。薪酬结构调整的本质是对员工利益的再分配，这种调整将服从于企业内部管理的需要。

8.3.2 薪酬等级的划分

1）薪酬结构线的确定与调整

确定薪酬结构线，要将职位评价的结果与具体的实付薪酬数额建立起相对应的关系，把企业内部各职位等级的理论价值（顺序、等级、分数或象征工资额）转换为实际的工资额，形成薪酬结构线。它是以工作的相对价值的分数为横坐标，以所付薪酬为纵坐标而绘制的二维曲线，实际上反映着企业的报酬观或分配原则。

图8-9中的a与b两条薪酬结构线都是单一的直线，说明采用此线的企业中所有职务都是按某个统一的原则定薪的，工资值是严格与职务的相对价值成正比的。但a线较陡直，斜率较大，而b线较平缓，斜率较小。这说明采用前者的企业偏向于拉大不同贡献员工的收入差距，是"锦上添花"型的；采用后者的企业则偏向于照顾大多数，不喜欢收入悬殊，是"雪中送炭"型的。

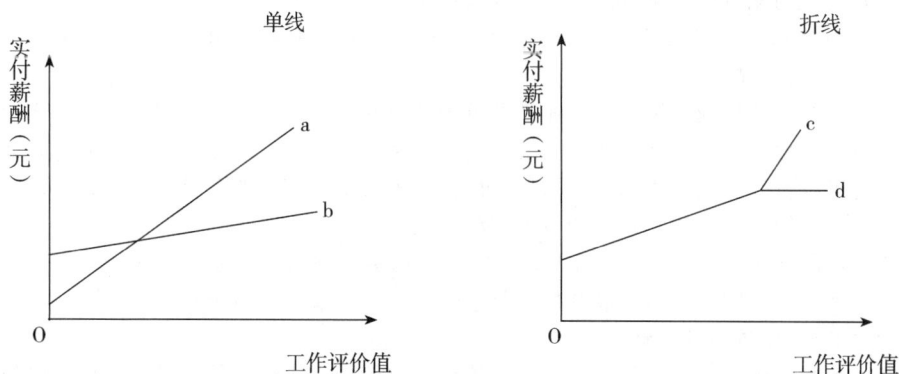

图 8-9 薪酬结构线

c线和d线是两条折线，c线后段斜率增大，d线后段斜率减小。采用c线的企业可能是基于某一职级以上的员工为公司的骨干，对企业经营成败影响很大，是企业宝贵的人力资源，故给予高薪以示激励；采用d线的企业可能是为了平息某一职级以下的员工的抱怨，而降低该职级以上员工的薪酬。

2）最高与最低薪酬值的确定

在建立薪酬结构线之后，需要确定整个薪酬体系的最高薪酬和最低薪酬，主要考虑整个地区和劳动力市场对薪酬水平的影响。在确定最低薪酬的时候，首先要符合当地政府部门所制定的最低工资标准，这是用人单位在支付员工薪酬时的最低限额。同时，企业的整体薪酬水平有时也会受到最低薪酬的影响，最低薪酬高低的设定影响整个职位序列的薪酬水平。如果设定过高，则会造成企业人工成本支出上升，对于人工成本占企业总成本比重大的企业的竞争力有一定的影响。

在确定薪酬上限的时候，则更多地从管理者的激励方面进行考虑。层次越高的职位，其薪酬标准的衡量越困难，越难以用定量的方法来付酬，因此，这类薪酬的支付一般由双方议价或以市场同类职位作为参照付酬。事实上，一般情况下是政府、工会和劳动力市场决定了企业的最低薪酬水平，而组织的经营状况和最高管理者的薪酬决定了最高薪酬水平，即劳动力市场决定了最低薪酬水平而产品市场决定了最高薪酬水平。

3）薪酬等级的划分

在工作分析和职位评价的基础上，理论上每一个职位根据其相对价值都对应了相应的薪酬值，但实际上，并不是每一个职位都有一种独特的薪酬。人们常常把多种类型的工作分成不同的等级，将职位评价后价值相近的岗位归入同一个薪酬等级，并采取一致的管理方法处理该等级内的薪酬管理问题。等级越多，薪酬管理制度和规范要求越明确，但容易导致机械化；等级越少，相应的灵活性也越高，但容易使薪酬管理失去控制。

划分薪酬等级的目的是使价值相同或相近的岗位归入同一薪酬等级，为薪酬管理提供便利。薪酬等级的数量应该适中。一般薪酬等级数量受以下因素的影响：

（1）企业的规模、性质及组织结构。规模大、性质复杂及纵向等级结构鲜明的企业，薪酬等级多；反之，规模小、性质简单、扁平型的企业，薪酬等级少。

（2）工作的复杂程度。薪酬等级结构要能覆盖组织内的全部职位、岗位和工种。在确定薪酬等级数量时，要考虑同一职位族内或不同职位间工作复杂程度的差别。例如，劳动复杂程度高、差别大的职位族，设置的薪酬等级数量多；反之，则少。

（3）薪酬级差。在一定的薪酬基金总额下，薪酬等级数量与薪酬级差呈反向关系，一般情况下，级差大，薪酬等级数目少。

（4）企业的薪酬管理政策。看企业鼓励较大的收入差距还是比较小的差别，一方面，如果企业倾向于拉大差距，那么薪酬结构线就会比较陡直，薪酬等级相应增多；另一方面，如果企业倾向于以晋升政策来激励员工的积极性，可考虑采用较多的薪酬等级。有时，企业为了自身管理上的便利和灵活性，也会减少薪酬等级。

一般企业的薪酬等级为7～10级，目前的主流趋势是薪酬等级数量的减少，每个等级之间的薪酬幅度拉宽，同一薪酬等级内的薪酬差距拉大，出现宽带薪酬趋势。

4）薪酬等级中位值的设计

确定了薪酬等级之后，我们来确定每个等级中位值的大小。一般来说，中位值以外部市场薪酬调查数据和内部职位评价数据根据回归的方式确定下来，中位值通常代表了该职位等级在外部劳动力市场上的平均薪酬水平，企业也可以根据其自身薪酬战略结合市场现状来确定其中位值。多数企业往往将员工的基本薪酬定在薪酬区间中位值上，其主要目的是使本企业的基本薪酬与市场薪酬保持一致。

与薪酬区间中位值相关的一个概念是薪酬比较比率（compa-ratio），我们通常用这一概念来反映员工实际获得的薪酬与相应薪酬等级的中位值（或中位值与市场平均薪酬水平）之间的关系（见表8-7）。大多数组织会力图将自己的实际平均薪酬水平与市场薪酬水平之间的比较比率控制在100%左右，至于员工个人薪酬比较比率则根据员工的资历、绩效等来决定。一般来讲，任职时间长、绩效优秀的员工薪酬比较比率会比新进员工的薪酬比较比率要高，因此，可以利用薪酬比较比率的设计来有效激励员工，提高组织的绩效水平。

表8-7　　　　　　　　　　　不同薪酬比较比率对薪酬差距的影响

项目 \ 员工	公司内部				其他公司
	员工甲	员工乙	员工丙	平均	
基本薪酬（元）	2 250	2 500	2 750	2 500	2 450
中位值（元）	2 500	2 500	2 500	2 500	2 500（市场平均水平）
比较比率（实际基本薪酬/中位值）（%）	90	100	110	100	98

资料来源　刘昕. 薪酬管理［M］. 北京：中国人民大学出版社，2007：174.

5）薪酬等级级差的设计

下一步，我们为了反映不同等级职位由于价值差异、工作复杂性差异等所对应的薪酬状况的差异，来设计薪酬级差。薪酬级差，是指薪酬等级中相邻两个等级薪酬中位值之间的比率。其设计的重要指标是级差百分比，其值等于两个等级中位值差额除以较低等级的薪酬中位值，并用百分比来表示。举例来说，第一个薪酬等级的薪酬中位值为4 000元，第二个薪酬等级的薪酬中位值为5 000元，那么第二等级与第一等级的级差百分比为25%（（5 000-4 000）÷4 000×100%）。

级差是否合理，不仅影响员工对薪酬的满意度，也影响着公司成本。如何用有限的资金达到良好的效果，级差的大小较为重要。确定级差主要有两种方法：一是级差统一化，即不同的等级采用固定的级差，或按比例或按绝对分值；二是级差差别化，即不同的等级采用不同的级差，如采用等比级差、累进级差、累退级差、混合级差等（见表8-8）。

表8-8　　　　　　　　　　　　　不同类型级差比较

工资等级		1	2	3	4	5	6	7	8
等比级差	工资等级系数	1.000	1.181	1.395	1.647	1.945	2.297	2.713	3.200
	级差百分比（%）	—	18.1	18.1	18.1	18.1	18.1	18.1	18.1
累进级差	工资等级系数	1.000	1.130	1.290	1.484	1.721	2.022	2.390	2.844
	级差百分比（%）	—	13.0	14.2	15.0	16.0	17.5	18.2	19.0
累退级差	工资等级系数	1.000	1.270	1.541	1.812	2.082	2.353	2.624	2.894
	级差百分比（%）	—	27.0	21.3	17.6	14.9	13.0	11.5	10.3
混合级差	工资等级系数	1.000	1.120	1.288	1.546	1.855	2.189	2.539	2.894
	级差百分比（%）	—	12.0	15.0	20.0	20.0	18.0	16.0	14.0

资料来源　刘雄，赵延. 现代工资管理学［M］. 北京：北京经济学院出版社，1997.

一般来说，薪酬架构中的岗位等级的数量越少，中位值级差越大，而且低等级之间的级差较小，等级越高，级差越大。目前，国内企业级差设置的基准是：一般员工的级差为10%～15%；专业人员及一般管理人员的级差为20%～25%；高级管理人员的级差为30%～40%。

8.3.3　薪酬幅度的确定

1）薪酬幅度设计的基本概念

由于主观因素的存在，职位评价的结果相同或相近并不意味着在该职位上工作的员工对公司的贡献和价值也相同或相近，为了反映在同一职位级别上的员工在能力、资历和实际贡献等方面的差异，在确定了企业的薪酬等级及每个等级应当涵盖哪些职位后，还应给每个等级设定一个合理的薪酬区间，确定该等级变动范围中的最高值和最低值。这两者的范围，我们一般称之为薪酬幅度，它实际上是指在某一薪酬等级内部允许变化的最大浮动幅度。为了管理方便，企业往往在薪酬等级所对应的薪酬幅度中分为若干档次，员工可以在职位及薪酬等级不变的情况下通过薪酬档次的提升来提高薪酬水平，而不必在每次提薪的时候不得不让他们跳到一个新的等级。

2）薪酬变动比率的设计

这里，我们用薪酬变动比率来作为衡量薪酬等级区间的指标。

薪酬变动比率=［（最高薪酬值-最低薪酬值）÷最低薪酬值］×100%

通常，一个等级内部的最高薪酬值与最低薪酬值是根据薪酬中位值来确定的，这样，就需要以中位值为基础来计算，公式为：

薪酬变动比率=［（最高薪酬值-最低薪酬值）÷薪酬中位值］×100%

上半部分薪酬变动比率=［（最高薪酬值-薪酬中位值）÷薪酬中位值］×100%

下半部分薪酬变动比率=［（薪酬中位值-最低薪酬值）÷薪酬中位值］×100%

通常，薪酬变动比率保持在20%～50%之间，上下部分的薪酬变动比率在10%～25%之间。

在确定薪酬结构过程中，我们经常会根据薪酬的中位值及薪酬变动比率来求最高薪酬值和最低薪酬值，因此，以上公式可以用另外一种方式来表达：

薪酬最低值=中位值÷［（1+薪酬变动比率）÷2］

薪酬最高值=中位值×［（1+薪酬变动比率）÷2］

薪酬中位值=（最高薪酬值-最低薪酬值）÷2

薪酬变动范围随着薪酬变动比率的增减而增减，由于较低职位所需的技能与能力、承担的责任、对组织的贡献都较小，而且在组织内部还有较大的发展空间，可以通过晋升来提高薪酬，因而，薪酬等级较低时，变动比率也比较小。随着薪酬等级的增加，变动比率也会趋于增大。所以，随着薪酬等级的增加，薪酬变动范围也会趋于增大。在薪酬区间中位值与薪酬变动比率这两种因素的作用下，薪酬变动范围比薪酬区间中位值有更快的增加速度。因此，企业在确定薪酬幅度时应当考虑职位价值、职级、职位的差异化、企业文化和薪酬管理政策等的影响（见表8-9）。

表8-9　　　　　　　　　　不同职位对薪酬变动比率的影响

主要职位类型	薪酬变动比率
非豁免员工：生产工人、维修员、交易员	10%～30%
非豁免员工：办公室文员、技术人员、专家助理	25%～40%
豁免员工：一线管理人员、行政管理人员、专业人员	40%～60%
豁免员工：中高层管理人员、专家	50%～100%

资料来源　HENDERSON I R.Compensation Management in a Knowledge-Based World ［M］. New York：Prentice Hall，2000.

3) 薪酬区间内部结构的设计

如果员工的职位没有发生变动，那么员工的薪酬水平将在一个薪酬等级内部由最低值沿薪阶升到最高值。因此，我们来确定该薪酬等级的内部结构，其可分为两种设计方式（见图8-10）：一种是开放式薪酬幅度，仅限定薪酬等级内部的最高值、最低值和中位值，使员工的薪酬水平可以处在等级范围中的任何位置。开放的薪酬幅度与成就导向相匹配，目的是激励员工产生更高的业绩，因此其设计原理与成就工资相似。另一种是阶梯式薪酬幅度，它限定了一系列的薪阶，薪阶之间有一定距离，这样以级来体现职位的价值，以阶来体现个人价值。薪阶距离的设计与薪酬等级中位值的设计相类似，通过个人能力的测量和职位胜任力的匹配来确定阶的变动比率，进而确定各阶的实际给付薪酬。阶的比率可以是常数，也可以根据具体情况呈递增的形式，如下半部分的比率为10%，上半部分的比率为15%，表明越往上晋升越困难，薪酬的提升幅度越大，以体现薪酬的激励性原则。

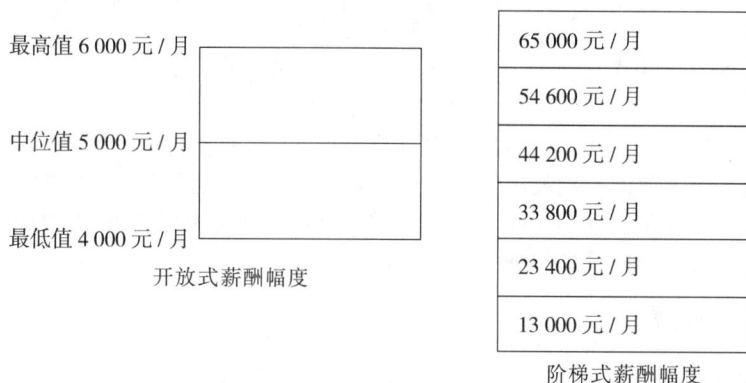

最高值 6 000 元 / 月		65 000 元 / 月
		54 600 元 / 月
中位值 5 000 元 / 月		44 200 元 / 月
		33 800 元 / 月
最低值 4 000 元 / 月		23 400 元 / 月
开放式薪酬幅度		13 000 元 / 月
		阶梯式薪酬幅度

图 8-10 薪酬区间内部结构设计的两种方式

8.3.4 相邻薪酬等级的交叉与重叠

薪酬等级区间的交叉与重叠是指两个相邻的薪酬等级的最高值和最低值之间有一段交叉与重叠的部分，这样的薪酬结构允许薪酬等级低的员工在某一职级内获得较高的薪酬，并且未能得到晋升的员工有足够的薪酬增长空间。这样设计的好处在于一定程度上缓解了员工岗位晋升要求与岗位晋升数量有限的矛盾，有利于配合绩效考核激励员工，有利于岗位轮换与交流。

图8-11中，图A中等级交叉幅度较大，中点之间的差距比较小，这表明相邻两个等级中职位的差别较小。这种结构中，晋升不会引起薪酬发生大的变化。图B中，等级较少和浮动幅度较小，不同等级中点差距较大，相邻等级之间交叉较小，这有利于管理人员强调晋升到一个新的等级，从而使薪酬大幅度提高。有时，差距必须足够大，以引导员工去寻求、接受提升或所需的必要培训。

薪酬等级区间的交叉与重叠程度取决于两个因素，即薪酬等级区间变动比率和区间中位值级差。区间中位值是指各薪酬等级所对应的岗位评价分值的平均数。薪酬结构线越平缓、中位值级差越小，则叠幅越大、重叠越多；薪酬结构线越陡峭、中位值级差越大，则重叠越小。但主要还是取决于薪酬等级的薪酬区间或薪酬变动率。一般来说，薪酬变动比率越大，叠幅越大；比率越小，叠幅越小。因此，在扁平管理模式下的薪酬带宽较大，邻近职级的带宽重叠程度常常超过带宽的一半。而且，岗位价值越低，其对应的带宽就越小，相邻薪酬等

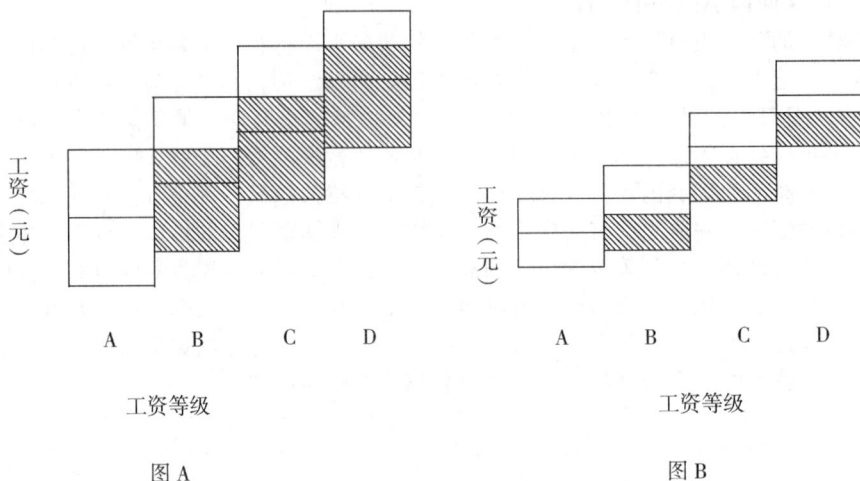

图 8-11　等级交叉

级重叠越小；价值越高，其对应的带宽就越大，相邻等级重叠越大。这是因为：价值越大的工作，任职者工作绩效的差别就越大，只有薪酬的浮动幅度比较大，才能激励那些承担对组织价值比较大的工作的员工努力工作。岗位层级越高，员工继续晋升的空间就越小，因此，需要设置比较大的浮动幅度来激励他们工作。

8.3.5　宽带薪酬

1）宽带薪酬的兴起

随着现代组织管理体系的逐渐建立，薪酬管理也在不断完善和发展之中。相对于传统的金字塔形状分布的垂直型组织结构，在强调个人贡献的文化氛围中，往往采用等级制的薪酬模式，但随着组织结构逐渐趋于扁平，强调团队协作而不是个人贡献，在组织中用较少的工资范围跨度、很大的工资类别来代替以前较多的工资级别。在这种情况下，宽带薪酬模式应运而生，以此减少了工作之间的等级差别。

宽带薪酬体系下，薪酬等级相对较少，而各等级薪酬变动范围相应较宽。一种典型的宽带型薪酬结构可能只有不超过4个等级的薪酬级别，每个薪酬等级的最高值与最低值之间的区间变动比率则可能达到200%～300%。而在传统薪酬结构中，这种薪酬区间的变动比率通常只有40%～50%。因此，在宽带薪酬中，出色的专业技术人员或顶级销售员的薪酬水平有可能比研发部部长或销售部部长还高，这便于理顺企业的薪酬分配关系，激励员工努力工作，引导员工重视个人技能、能力的提高和业绩的增长，有利于促进员工横向发展，缓解员工晋升竞争的压力；同时，员工也易于了解企业的报酬决定因素及发展战略，明确自己未来的发展方向，重视个人与企业发展的一致性，也便于企业调整薪酬战略，促使企业可持续发展，支撑企业战略的实现。传统薪酬结构与宽带薪酬结构的比较如图8-12所示。

2）宽带薪酬体系设计

企业建立宽带薪酬体系，并不是对所有员工都实行宽带薪酬，对不同部门、不同岗位的员工应采取最适合其自身特点的薪酬激励方式。总之，这是一项复杂的系统工程，应分阶段、分类别、按部就班地进行，做好各项衔接工作。

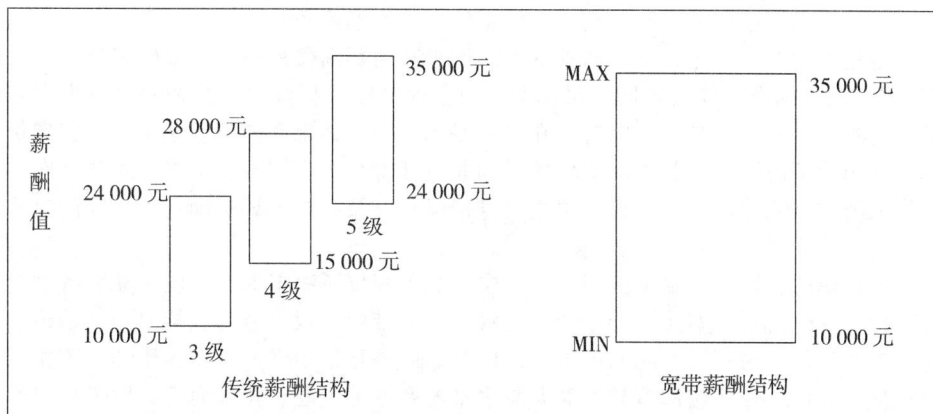

图8-12 传统薪酬结构与宽带薪酬结构的比较

（1）基础准备阶段：确定战略并探析组织现状

当决定纳入宽带薪酬体系时，企业应在前期做好一系列的准备工作。

① 根据企业内外部条件及优势劣势梳理企业经营发展战略，并进行分解，制定企业薪酬战略。在企业薪酬战略中，应明确企业薪酬体系的基本要求，包括企业薪酬水平的确定原则、薪酬结构、薪酬形式的特点等。明确的薪酬战略是企业宽带薪酬体系建立及实施的必要条件及依据。

② 明确改革责任机构，完善企业管理体系。一方面，应明确企业薪酬改革工作的责任部门及责任人，并组成企业薪酬改革专家及领导团队，开展企业薪酬改革工作；另一方面，应根据企业发展战略及组织变革的需要进行工作分析，明确企业各部门、各岗位的工作现状，并对组织机构进行扁平化改造，完善企业整个管理体系，以适应薪酬改革的需要。在此基础上，初步确定各部门及相应岗位在企业建立宽带薪酬体系及日后薪酬管理工作中的责任和分工，以便更好地完成宽带薪酬体系的构建及实施工作。

③ 进行初步调查研究，确定企业薪酬体系框架。根据企业的组织结构特点及工作性质选择适合于运用宽带技术的职务或层级系列。从工作分析中搜集了解企业各部门、各岗位的工作信息，按照部门工作特点及岗位工作性质，对企业各部门、各岗位进行分类管理，明确哪些部门、哪些岗位员工实施宽带薪酬，并确定其他部门、其他岗位人员的薪酬管理模式，初步建立并完善企业的薪酬体系框架。

（2）设计阶段：确定宽带薪酬的主体框架

一般来说，根据企业薪酬战略及管理的实际需要，宽带薪酬体系中基本薪酬单元的结构都是二维的，一是决定"宽带"数量多少，划分薪酬等级的因素；二是决定"宽带"宽幅（各薪酬等级内薪酬的浮动范围）大小，划分薪酬等级的因素。根据宽带薪酬结构两者的要求，前者一般是岗位的价值度、职位级别等，后者一般是技能、业绩水平等。同时，需要进行深入调研，分析企业的特点及所处行业的特点，以及实施宽带薪酬的部门及岗位人员的情况，从而最终确定宽带薪酬体系的设计。

①确定宽带的数量。首先要把职位价值相近的职位进行合并，确定宽带薪酬结构的等级或薪酬带的数量。规划出整个企业分为多少个工作带，明确工作带之间的界限，做到分界合理、无重合、不模糊。在这些工作带之间通常有一个分界点，它处于工作或技能、能力要求存在差异大的地方。每一个工作带对人员的技能、能力的要求都是不同的。要根据不同企业

的特点、员工特点、职位分布特点来决定组织的宽带薪酬体系。

②确定宽带的宽幅与定价。根据外部薪酬调查和内部岗位评估结果来确定每一个工作带的"带宽"，级差标准应体现不同层级和职位对企业战略的贡献率。薪酬幅度越大，表明同等级员工的薪酬上升空间越大，同时，在每一薪酬带中，如果职能部门采用了分别定价的方法，那么各职能部门还要根据市场薪酬情况和职位评价结果来划分级别内的薪酬档次，以确定各档次之间的薪酬差距。同时，要根据自身情况特点及组织需要来确定宽带间的交叉重叠关系。

在宽带薪酬的设计中，薪酬区间的确定主要是由职位所决定的，一般未充分考虑业绩的因素，因此，我们需要对宽带进行定价。在每一个宽带中，很可能都包括财务、采购、开发及营销等各类工作，这就需要我们解决如何向处于同一宽带中但是工作性质却各不相同的员工支付薪酬，如何体现职位的差异性对薪酬水平的影响等问题。一般而言，宽带的定价首先应当照顾到各类职位的情况，并兼顾能力与绩效因素，其中位值可以通过薪酬市场上各职位的平均水平来确定，最低和最高薪酬应能涵盖各职位在市场中的最高水平和最低水平，企业要结合自身实际发展状况，合理进行薪酬定位。

③根据不同工作性质的特点及不同层级员工需求的多样性，设定不同的薪酬结构组合，以有效地激励不同层次员工的积极性和主动性。

A.以职位定级、以绩效定档的组合模式。这是宽带薪酬的主流模式，这种模式较适合于那些有完善的工作说明书、岗位价值明确、员工业绩评定容易的企业。但由于绩效评价的近因效应，以及员工关注短期绩效，而舍弃对组织贡献较大但周期长、风险大的项目，尤其在科研企业当中存在的短视化的科研评价方法，并不利于有重大社会经济效益的科研项目的研发，这对企业的长期发展也有一定的影响。

B.以职位定级、以能力定档的宽带薪酬模式。适合于岗位价值明确、员工业绩评定不易的企业。该模式有利于鼓励员工专注于自身能力的提高与培养，有利于学习型文化组织的建立，但员工的能力界定在操作上较为模糊和复杂，带有一定的主观性，不易对能力进行评定。

C.以职位定级、以工龄定档的模式。这种模式的优点是有利于培养员工的忠诚度，缺点是不能激励员工注重业绩的提高，容易导致人浮于事。而且，在现实工作中，传统薪酬企业里，总是把一个优秀的低层次员工提升到一个无法胜任的工作职位，让其成为一个平庸的高层；而在宽带薪酬情况下，中国固有的人情世态观，同样会在一个工资等级的宽带里，把一个员工的工资提升到宽带的尽头。

以上三种模式的核心要素是以职位定级，在此种模式下，职位的提升可以使员工的薪酬由原来的宽带直接提升至更高一级的宽带。在此基础上，以能力和绩效定档只是使员工薪酬在原宽带内的小等级上提升，即职位的提升是大幅度的粗调，而能力和业绩的提升是相对于职位提升的略微调整，两者是相辅相成的关系。

D.以专业方向定级、以绩效定档的模式。适用于岗位价值难以明确界定、员工业绩评定容易的企业。比如在非流水作业的高技术制造型企业就可以按照技术、生产、行政三个专业方向进行分级，按照公司的战略进行取舍，如果是重技术，可以将技术类职位定为最高级，然后按照员工的年度业绩在薪酬等级不变的情况下进行薪酬档次的提升。这种模式鼓励员工按照专业方向努力工作，实现纵向发展。

E.以专业方向定级、以能力定档的模式。适用于岗位价值不清晰、绩效难以评定的企业。

F.以专业方向定级、以工龄定档的模式。适用于岗位价值不明确、员工业绩不易评定、追求员工忠诚度的企业。

G.以能力定级、以绩效定档的模式。这种模式适用于员工能力层次清晰、职位价值不明确、员工业绩容易评定的企业。其最大优点是将促进员工学习与注重业绩提升并重。

④宽带内横向职位轮换。在同一工作带中，鼓励不同职能部门的员工跨部门流动，以增强组织的适应性，提高多角度思考问题的能力。

⑤建立健全绩效管理与技能评价体系，做好认知资格及评级、晋升工作。在建立宽带薪酬体系的同时，还必须构建相应的绩效管理与任职资格体系，明确工资评级标准及办法，鼓励员工积极进取。同时拉大薪酬差距，限制平庸员工的薪酬上涨，也可以制定惩罚性措施，对工作绩效较差的员工薪酬进行扣减，从而整体限制薪酬的无限制上涨。只有这样才能客观、公平地确定员工薪酬及其变动，营造一个以绩效和能力为导向的企业文化氛围。

（3）实施修正阶段：及时控制与合理调整薪酬方案

在实施过程中，应做好如下工作：一是设置过渡期。按照宽带薪酬所确定的薪酬水平，相较于原薪酬体系下员工的薪酬水平，总会有高有低，但不能相差太悬殊。设置过渡期，可以在过渡期内采取保留工资等办法逐步解决前后薪酬水平相差过大或员工利益受损的问题，以免造成员工思想情绪波动，不利于企业生产经营的稳定。二是试运行。虽然设计方案反复征求了意见，也有相应的过渡办法，但以防万一，在正式实施前，最好试运行一段时间，以免实施过程中出现大的问题及纰漏。

8.4 薪酬横向结构设计

在上面一节我们提到，薪酬结构可以分为纵向和横向两个维度，其中纵向结构主要指薪酬要素内在的等级和层次之间的设计；而薪酬的横向结构，则首先是薪酬类别之间的组合，指员工的薪酬以何种形式发放，主要考虑激励性、时间性等因素，薪酬横向结构的调整主要是固定薪酬和浮动薪酬比例的调整以及各薪酬单元结构比例的调整。固定薪酬和浮动薪酬的特点和功效不同，两者之间保持适当比例有助于提高薪酬的效率。在进行薪酬设计的时候，要根据企业的实际情况，将它们更好地组合起来，从而充分发挥薪酬的功能。

在充分明确薪酬体系各组成部分的作用后，就可以根据企业的实际需要、企业战略、薪酬策略、文化与价值观等因素来组合薪酬的各种分配形式。总的来说，一个理想的薪酬结构应该具有以下基本特征：有适当的基本薪酬和福利保障，能够吸引和留住人才；同时要有足以拉开差距的浮动薪酬，做到合理地拉开差距，奖优罚劣，奖勤罚懒；辅之以长期激励的薪酬，将员工自身利益与企业长期利益结合起来，尽可能避免短期行为；为发挥团队的整体效应，增强员工的团队精神和协同意识，抑制恶性竞争，还应该适当考虑采用收益分享等群体激励计划；对于不同性质、不同层次的职位应当采取不同的薪酬组合形式或薪酬模式。总之，一个企业想要充分发挥薪酬的激励作用，就要灵活运用不同的分配形式组合，使之有机结合起来。

8.4.1   薪酬构成要素不同组合结构设计

1）薪酬构成要素的组合

（1）薪酬不同构成要素的分类

现代意义上，薪酬的本质是交换中的刺激，即薪酬是劳资双方互相进行交换的砝码。一方将劳动力出售给另一方，而另一方则出资购买，双方一旦达成合意，即可成交，也就是所谓的彼此确立劳动关系；反之则视为不能成交。因此，薪酬的不同构成要素主要分为固定薪酬和浮动薪酬。固定薪酬是指在法律的保障范围内，依靠劳资双方达成的契约，劳动者明确可知的、固定获得的报酬。主要是指基本薪酬部分，包括基本工资、职位工资、技能工资、年功工资，也包括福利、津贴等。另外，明确可知的稳定增长的薪酬也在固定薪酬的范畴内。浮动薪酬是指相对于固定薪酬来讲具有风险性的报酬，是绩效薪酬和激励薪酬等各种奖励性薪酬部分，它的获得通常是非固定的和不可预知的，它与劳动者的具体工作表现正相关。例如眼下比较流行的绩效薪酬就是一种浮动薪酬的形式。

一般来说，薪酬应该在充分考虑职位因素的前提下，实行固定与浮动相结合的原则，并注意适当控制固定薪酬的增长，力求将其保持在一般市场水平或略高一点的水平，而将企业的相当一部分薪酬成本用于奖金的发放。因此对绩效考核系统的公平性与准确性提出更高的要求，如考核指标、考核标准的设计与操作规范性方面，使职位之间的晋升或降级有了量化的考核依据，增加公平性。如果相应的考核水平跟不上，不仅不能实现员工薪酬与绩效高度挂钩，反而还可能使薪酬的不公平扩大并带来负面效应，产生平均化倾向。

（2）衡量不同薪酬组成要素之间的绩效

我们可以从薪酬的差异性和刚性两个维度对各种薪酬要素的绩效进行衡量。就差异性而言，不同员工在激励薪酬和基本薪酬上的水平差异明显高于福利薪酬；就刚性而言，基本薪酬和福利薪酬中的法定社会保险主要属于组织的固定人工成本，缺乏弹性，而激励薪酬和福利薪酬中的企业补充福利则属于变动人工成本，其刚性较低。不过，由于企业补充福利种类繁多，相对而言，既有低差异高刚性的，也有高差异低刚性的，把这些薪酬要素用矩阵表示出来，如图8-13所示。

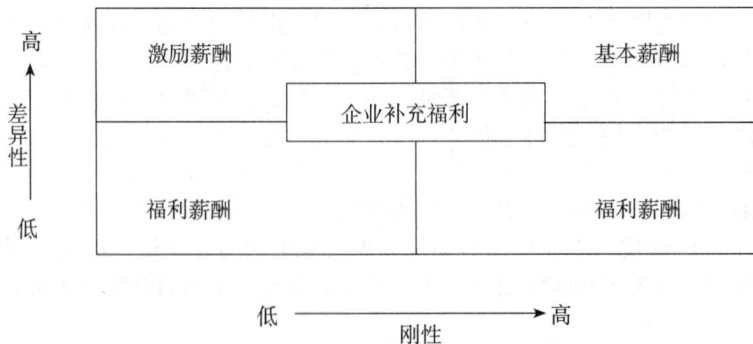

图8-13   薪酬要素绩效矩阵

2）企业选择的薪酬结构策略

（1）高弹性薪酬模式

这是一种激励性很强的薪酬模式，绩效薪酬是薪酬结构的主要组成部分，基本薪酬等处于非常次要的地位，所占的比例非常低（甚至为零），即薪酬中固定部分比例较低，而浮动部分比例较高。在高弹性模式下，奖金和津贴的比重较大，而福利、保险的比重则较小。而且在基本薪酬部分，常常实行绩效薪酬（如计件薪酬）、销售提成薪酬等形式。

这种模式适合员工的工作热情不高、人员的流动率较大、业绩的伸缩范围较大的职位，如营销、开发创新等。采取这种高弹性薪酬模式，加大绩效在薪酬结构中的比重，即增加奖金和津贴的比例，员工能获得多少薪酬完全依赖于工作绩效的好坏，进而能激励员工为企业做出更大的贡献。

这种薪酬模式的长处在于：①激励功能较强，员工为得到高薪会努力工作；②薪酬与绩效紧密挂钩，不易超支，有利于节约管理成本。其弊端为：①薪酬水平波动较大，不易核算成本；②员工缺乏安全感，容易造成短期行为。

实行高弹性薪酬模式，则要加大奖金和津贴的比重，减小福利的比重，基本薪酬一般实行计件工资制、提成制等，该模式要求对员工的绩效考核要及时、准确，并且具有公平和合理性。

（2）高稳定性薪酬模式

这是一种稳定性很强的薪酬模式，基本薪酬是薪酬结构的主要组成部分，绩效薪酬等处于非常次要的地位，所占的比例非常低（甚至为零），即薪酬中固定部分比例较高，而浮动部分较少。在该模式下，员工的薪酬与个人的绩效关系不大，而主要取决于企业的经营状况和员工的工龄，因此员工的收入非常稳定。

薪酬的主要部分是基本薪酬，而奖金则比重很小，而且主要依据公司经营状况及个人薪资的一定比例发放或平均发放。这种模式有较强的安全感，但缺乏激励功能，而且公司人工成本增长过快，企业的负担也较大。目前有许多企业仍然采取这种模式，企业的人工成本负担过重。

这种薪酬模式的长处在于：①薪酬水平波动不大，容易核算成本；②员工安全感强。其弊端为：①缺乏激励功能，员工几乎不用努力就能获得全额薪酬，易造成工作效率低下；②企业人均成本稳定，容易形成较重的负担。

实行高稳定性薪酬模式，则要加大基本薪酬的比重，减少奖金比重。在该模式下，要求在个人奖金设定时应与企业的经营效益挂钩，而非偏重员工工龄。

（3）调和型薪酬模式

这是一种既有激励性又有稳定性的薪酬模式，绩效薪酬和基本薪酬各占一定比例。当两者比例不断调整和变化时，这种薪酬模式既可演变为以激励为主的模式，也可演变为以稳定为主的模式。这种模式既有弹性，能够不断地激励员工提高绩效，又具有稳定性，给员工一种安全感，使他们关注各项规定目标。这是一种比较理想的模式，但它需要根据公司的生产经营目标和工作特点以及收益状况进行合理搭配。使用调和型薪酬模式，能给员工一定的稳定感，还能够不断地激励员工提高绩效为企业创造更多的财富，但该模式对薪酬结构的设计水平要求较高。

这种薪酬模式的长处在于：①既能激励员工的工作绩效，又能给员工带来安全感；②薪酬制度灵活掌握，薪酬成本容易控制。其弊端为：①员工得到的价值表现形式模糊，不能直观地判断薪酬的发放依据；②薪酬理论水平要求较高。

调和型薪酬模式要达到理想的效果，须将薪酬体系的各个部分根据企业的具体生产经营特点、发展阶段和经济效益，进行合理搭配。一般基本薪酬要能够保证员工的基本安全感，再配合与员工个人绩效紧密挂钩的奖励薪酬或与企业经济效益关联的附加薪酬，甚至比较灵活的员工福利等。该模式同样要求企业对员工的绩效考核要及时准确和公平合理。

不同薪酬组合模式比较见表8-10，企业的不同发展阶段及不同的薪酬策略下应采取的薪酬水平和薪酬结构见表8-11。

表8-10　　　　　　　　　　　　不同薪酬组合模式比较

名称	高弹性薪酬模式	调和型薪酬模式	高稳定性薪酬模式
特点	绩效薪酬是该薪酬结构的主要组成部分，基本薪酬等处于非常次要的地位，所占的比例非常低（甚至为零）	绩效薪酬和基本薪酬各占一定比例	基本薪酬是该薪酬结构的主要组成部分，绩效薪酬等处于非常次要的地位，所占的比例非常低（甚至为零）
优点	对员工的激励性很强，员工的薪酬完全依赖于工作的好坏	既对员工有激励性又使员工有安全感	员工的收入波动很小，员工的安全感很强
缺点	员工收入波动很大，员工缺乏安全感及保障	必须制定科学合理的薪酬系统	缺乏激励功能，容易导致员工懒惰
使用条件	员工的工作热情不高，企业的人员流动较大，员工业绩的伸缩空间较大	兼具激励性与员工安全感，薪酬制度灵活掌握，薪酬成本容易控制，适用面比较广	员工的工作热情较高，企业的人员流动率不高，员工业绩的伸缩空间较小

表8-11　　　　　企业的不同发展阶段及不同薪酬策略下应采取的薪酬水平和薪酬结构

发展战略	企业发展阶段	薪酬策略	薪酬水平	薪酬结构类型	
				模式	薪酬结构
以投资促进发展	合并或迅速发展阶段	以业绩为主	高于平均水平的薪酬与高、中等的个人绩效奖结合	高弹性	以绩效为导向
保持利润与保持市场	正常发展至成熟阶段	薪酬管理技巧	平均水平的薪酬与中等的个人、班组或企业绩效奖结合	高弹性	以绩效为导向
				高稳定性	年功工资
				调和型	以能力为导向，以工作为导向，组合薪酬
收获利润并向别处投资	无发展或衰退阶段	着重成本控制	低于平均水平的薪酬与刺激成本控制的适当奖励相结合	高弹性	以绩效为导向
				调和型	以绩效为导向，以工作为导向，组合薪酬

8.4.2　不同导向薪酬结构的设计

我们在探讨薪酬横向结构设计的时候，还应注意另外一种横向组合模式，即以组织的不同薪酬策略为导向，依据布朗德四叶模型所提到的薪酬设计必须考虑的价值因素，以一种付酬因素为主，将各个薪酬组成要素适当搭配组合形成的薪酬结构。如以职位为基础的薪酬结构，就是将职位的相对重要性作为主要考虑因素，在此基础上进行薪酬结构的设计。其他类似的薪酬结构还有诸如基于能力、绩效以及市场的薪酬结构，这四种不同的薪酬支付基础往往在同一家企业中并存，即针对不同的职位类型和人员类型形成分层分类的薪酬体系。表8-12给出了不同导向的薪酬结构比较。

表8-12　　　　　　　　　　　　不同导向的薪酬结构比较

薪酬支付的依据	以职位为导向	以能力为导向	以业绩为导向	以市场为导向
主要适用对象	职能人员；管理人员；一般管理人员	研发人员；工程技术人员；技术生产工人；其他主要依靠知识和技能来创造价值的员工	销售人员；其他业绩容易直接衡量的人员	底层的可替代性很强的操作类人员；企业中的特殊人才；与企业结成战略合作伙伴的人员
表现形式	基本工资（职位、职务工资）	基本工资（知识工资、技能工资和能力工资）	佣金制；绩效工资；奖金	基础工资设计中的市场比较；市场工资；谈判工资

本章小结

本章从薪酬的设计理念与目标出发，提出了公平性、竞争性、激励性、经济性、合法性等传统的薪酬设计原则，在理解薪酬设计原则的基础上，利用布朗德薪酬设计价值分析四叶模型来说明企业在设计薪酬时必须考虑的价值因素，进而确定薪酬的支付标准。

企业薪酬体系设计流程：首先，明确企业的薪酬战略。其次，进行职位分析，展开职位评估和薪酬调查。在此基础上，确定企业横向和纵向的薪酬结构和薪酬水平定位，并进行特殊部门的职位和薪酬体系的设计。最后，把所设计的薪酬制度投入运行并实施规范的运作管理，并随企业内外部经营环境的变化适当进行调整与修正。

薪酬调查主要包括组织外部的市场薪酬调查和组织内部的员工薪酬满意度调查两类。一般来说，市场薪酬调查可分为以下几个步骤：明确薪酬调查的目的；确定调查职位和内容；界定相关的劳动力市场；薪酬调查的渠道选择；调查结果的统计分析；提交分析报告并绘制市场薪酬线；市场薪酬线的应用调整。企业可以通过员工薪酬满意度调查来了解员工对企业薪酬政策的看法，根据调查结果实施改进措施，员工的薪酬满意度调查方法可以分为单一整体评估法和工作要素总和评估法。

通过薪酬调查，对搜集到的信息进行分析后，在对被调查企业的整体薪酬水平进行比较分析的基础上，企业应结合自身实际情况，对企业薪酬水平进行调整。薪酬水平定位策略主要有市场领先、市场跟随、滞后型和混合型几种选择。

薪酬纵向结构设计主要包括薪酬的等级数量、薪酬中位值和薪酬变动范围与薪酬变动比率、薪酬区间的叠幅、薪酬区间的比较比率及薪酬区间渗透度等的设计。宽带薪酬是一种特殊的薪酬结构设计，其薪酬等级相对较少，而各等级薪酬变动范围相应较宽。宽带薪酬体系设计主要经历了基础准备阶段、设计阶段和实施修正这三个阶段。

薪酬的横向结构设计主要包括固定薪酬和浮动薪酬比例的调整以及各薪酬单元结构比例的调整。

本章案例

高盛集团的合伙人激励制度

创建于 1869 年的高盛集团（The Goldman Sachs Group），是一家国际领先的投资银行、证券交易和投资管理公司，总部设在美国纽约的曼哈顿，在全球 30 多个国家拥有办事处，员工总人数超过了 3.6 万人，2018 年营业收入达到了 360 亿美元。

作为无数金融从业者梦想中的殿堂，号称投行界的劳斯莱斯，高盛集团网罗了业界一大批的精英。高盛如何激励这些员工呢？这就不得不说它的合伙人制度。

在美国，早期的投行采取的是合伙人制度，这种制度对企业的发展产生了巨大的推动作用，诞生了像摩根、高盛这样的巨无霸。虽然，高盛从合伙制企业转变成了上市公司，但是它的合伙人制度并没有就此消失，依然在发挥着巨大的激励作用。

高盛现行的合伙人制度可从以下 4 点来进行概括：

1. 投行界至高荣誉的象征

高盛的合伙人，有一句很著名的话，能显示其在金融界的地位：

Being a Goldman partner is like being knighted on the battlefield by king Arthur, only this time the battlefield is the global financial market and the Holy Grail is, well, money.

成为高盛的合伙人就如同骑士收到亚瑟国王的受封一般光耀，只是在这里骑士的战场换成了全球资本市场，而"荣誉"便成为实在的"金钱"而已。

高盛集团采取的是将员工晋升为合伙人的制度，每两年晋升 1 次，在全体员工中进行选拔，历时 7 个多月，搞得就像总统选举一样。而最终能成为合伙人的比例是非常的低，2016 年，高盛合伙人的数量是 484 人，占员工总数的 1.4%，真可谓是百里挑一了。这些被选拔出来的精英中的精英不仅能力出众，业绩优异，而且能够承受极大的压力。

成为合伙人，是许多高盛员工梦寐以求的理想和职业生涯成功的标志。

2. 优厚的薪酬福利待遇

高盛合伙人的薪酬包括基本工资和奖金，基本工资至少为 90 万美元，年薪的范围在 300 万美元到 600 万美元之间，除此之外，还有丰厚的福利。

3. 塑造高风险意识与强责任意识

高盛是一家投资银行，其开展业务风险普遍较高，而合伙人制度将这些风险落实到了高盛的每一个投资人身上。如果公司出现了投资失当、业绩下滑等情况，并造成了收益降低甚至亏损，那么所有合伙人都需要承受损失。因此，高盛合伙人都具备非常高的风险意识以及责任意识，在经营过程对产品质量和投资风险的把控尤为重视，进而获得了投资客户对机构本身的信任。

4.高盛合伙人现状

目前，高盛合伙人的身份已经不再是终身制了，通常能够保持5~8年。

2012年→70人

2014年→78人

2016年→84人

以上数据中前3次新晋合伙人的数量是不断增加的，但是突然在2018年数量猛地下降，据说是近20年最少的一次。高盛透漏，2019年将有15%的合伙人退出。由于高盛公司不断追求多样化，因此在合伙人中女性的比例不断提高。

资料来源 HRsee.高盛集团的合伙人激励制度［EB/OL］.［2020-01-02］. http://www.hrsee.com/? id=1301.

思考题：运用所学知识，请简要评析高盛集团合伙人的激励制度。

复习思考题

1.薪酬体系设计的目标、原则是什么？

2.薪酬体系设计的步骤有哪些？

3.基于职位的薪酬体系有哪些优缺点？

4.市场薪酬调查的目的、步骤有哪些？

5.简述薪酬水平策略的不同类别及含义。哪些因素会影响企业的薪酬水平选择？

6.简述宽带薪酬体系的设计流程。

7.实施宽带薪酬时应注意哪些问题？

第 9 章

基于员工的薪酬体系设计

学习目标

通过本章的学习，理解基于员工的薪酬体系的内涵，了解其与职位薪酬体系的区别；理解技能及技能薪酬的含义和作用，并在明确其特点的基础上，掌握技能薪酬体系的设计流程；理解能力及能力薪酬的含义，掌握能力薪酬体系的设计流程；了解技能和能力薪酬体系实施过程中所需注意的问题及解决方案。

9.1 基于员工薪酬体系的兴起及相关概念的界定

随着经济环境的变化和人力资源管理的发展，更多的组织采用了扁平化的组织结构以提高其灵活性和效率，这就使得通过职位晋升获得薪酬提升的机会变得越来越少。同时，组织建立核心竞争力的战略需要员工有更高的能力、承担更大的责任、解决更复杂的问题，任务的完成更加依赖于团队合作和较少的监督。员工需要做的工作已经不再局限于职位说明书中指定的内容。而当组织内员工的需求已经随着经济和文化价值观向前发展时，组织结构、人力资源政策和薪酬方案却无法保持同步，这必然导致薪酬激励的功效降低甚至不起作用。因此，企业迫切需要新的薪酬体系支持这种新的变化。与此同时，为了留住、吸引和激励员工，新的薪酬体系必须给员工的成长留出空间，正是在这种背景下，基于员工的薪酬体系，是对原有基于职位的薪酬体系的补充，以满足组织复杂多变的需求。

9.1.1 基于职位的薪酬体系向基于员工的薪酬体系的演变

1）演变背景

自泰勒开创科学管理时代以来，组织一直是建立在职位的基础上的。组织被按照职能划分为一系列的工作岗位，每个岗位都有固定明确的工作描述，组织再挑选合适的员工从事这一岗位的工作。工作岗位成为每个组织的细胞，组织结构也呈等级森严的科层结构。应该说以职位为基础的组织（job-based organization）对于20世纪占统治地位的大规模生产经济是适用的。然而，在21世纪的知识经济时代，组织面临的外部环境不断变化，组织必须更具有适用环境变化的能力，组织间的竞争已不再是在大规模生产基础上的竞争，而是在核心能力基础上的竞争。

以职位为基础的组织将工作视为组织中相对稳定的元素，员工的个人价值主要通过他所从事的工作的价值来衡量。然而在当今迅速变化的经济环境中，组织必须提高适应环境变化的能力，工作内容不再是相对稳定的，员工需要迅速学会新的技能以适应新的工作要求。近年来，扁平化一直是组织结构变化的趋势，组织结构的扁平化给以职位为基础的组织带来了特殊的挑战。在日益扁平化的组织中，员工垂直晋升的机会大大减少，而组织又期望员工不断学习，提高自己的技能和能力以适应组织的需要，因此必须找到新的激励员工的方法。这就要求组织的人力资源管理理念发生根本转变，从基于职位的人力资源管理转向基于员工的人力资源管理。

2）基于员工的薪酬体系的内涵

基于员工的薪酬体系是企业在适应知识经济的时代要求和解决企业成长发展中的一系列问题的过程中逐步兴起的。其强调以人付酬（pay for people）的理念，它不是根据职位价值的大小来确定员工的报酬而是根据员工具备的与工作有关的知识、技能和能力的高低来确定其报酬水平。它不仅仅关注职位，而更加关注员工；它不再强调职位说明书规定的工作内容，而关注如何提高员工完成某项工作所需的技能与能力。这种新的管理模式把提高和发挥人的能力作为人力资源管理的第一目标，采用各种方式激励员工提升自己的技能与能力。它把员工能力的提高和发挥程度作为评价组织绩效的重要标准，使人力资源管理能够更好地支撑组织的战略，同时让员工感到更加人性化。

根据薪酬所反映的因素的不同，基于员工的薪酬体系又可细分为技能薪酬体系和能力薪酬体系。相比技能薪酬体系，能力薪酬体系是近年来新兴的尚未完全成熟的薪酬体系。近年来，越来越多的知识型员工迫使更多的组织采用基于能力的薪酬方案。在能力薪酬体系中，支付个人薪酬的依据是员工的能力，薪酬增长取决于他们能力的提高和每一种新能力的获得。与已经用得较为成熟的技能薪酬体系相比，能力薪酬体系的关键是员工的能力是什么、如何界定、如何评价以及如何将能力与薪酬联系起来等。这些问题构成了能力薪酬体系设计的主要环节。

在能力薪酬体系中，决定薪酬的因素是实现高绩效所需的绩效行为能力（competency），它不仅包括知识和技能，还包括行为方式、个性特征、动机等因素。这些对实现高绩效至关重要的能力构成了薪酬支付的基础。能力薪酬体系是建立在素质模型（competency model）基础上的。素质模型包括通用素质模型和专用素质模型。通用素质模型是企业所有员工都应具备的一系列素质组合；专用素质模型是某职类员工应当具备的一系列素质组合。

9.1.2　技能的含义、内容及技能薪酬体系

1）技能的含义与内容

在基于职位的薪酬体系中，我们常常会遇到一些基本概念，例如工作任务、知识、能力、技能以及胜任力。工作任务（task）是指一份用来说明一位员工需要做什么、为什么要做、如何做以及在哪里做的书面任务描述。知识（knowledge）是指人的能力和技能发挥作用的必要的信息性基础。知识包括抽象的知识、经验性知识以及程序性知识。知识只有以脑力、体力和能力相结合才能够产生业绩，仅仅占有知识是不足以保证绩效达成的。能力（ability）是指一位员工完成工作的实际能力。

技能（skill）是能力概念的一种延伸，它包括了一种绩效标准在里面。对技能的理解，还应从其包含的维度来看：

（1）深度技能（depth of skill）。深度技能是指员工掌握了与完成同一种工作有关的更多深层次的知识和技能。员工除了需要胜任一些体力活动之外，还需要从事一些较为复杂的如推理、数学以及语言等脑力活动方面的工作。这些都属于这个岗位所要求的深度技能。例如，对于人力资源部门中负责薪酬的主管来说，要想成为一名薪酬专家，除了要了解薪酬的基本内容、构成和作用等基本知识外，还需要掌握有一定深度的技能，如薪酬调查、激励工资设计以及如何合理设计薪酬才能实现最大化的激励作用等。掌握的有关薪酬的操作技巧越多，薪酬的技能越有深度。

（2）广度技能（horizontal skill）。广度技能指任职者在掌握本职位技能之外还掌握了其他相关职位所需的技能。以需要掌握同级职位所需的多种技能为例，零售商店的办公室职员需要学习完成几种工作，如记录员工出勤率、安排轮岗和监督办公用品的使用。这些工作虽然是商店经营的不同方面，但这三项工作都是以员工档案记录的基本知识为基础的。

（3）垂直技能（vertical skill）。垂直技能指员工能进行自我管理，掌握与工作有关的计划、领导、团队合作等技能。要求员工能够具有时间规划、领导、群体性问题解决、培训及与其他工作群体或员工团体之间的协调技能等。为自我管理团队设计的技能薪酬计划通常强调这类的管理技能，因为这类工作团队的成员经常需要学习如何互相管理。

2）技能薪酬体系的内涵及应用

区别于以往以职位或工作为依据的职位薪酬支付方式，技能薪酬体系（pay for skill, skill-based pay）是一种基于员工个人技能和知识的薪酬支付体系，是相对于职位薪酬体系而言的。它不是根据个人的职称或职位，而是根据不同岗位和职务对技能要求的深度和广度以及员工实际所具备的工作水平来确定薪酬等级。这种薪酬决定制度的一个共同特征是，员

工所获得的薪酬是与一种或多种技能而不是职位联系在一起的。

当组织从传统的职位薪酬体系向技能薪酬体系过渡时，有必要对原有工作流程进行审视和再造。技能薪酬体系带来的并不仅仅是薪酬决定方式的改变，它同时伴随着组织中工作流程再造的过程。传统的职位薪酬体系强调每个员工做好自己分内的工作，不必关注其他人的工作。而在实行技能薪酬体系的组织中，企业不再强调每个员工只完成自己职位说明书中界定的工作内容，而是要求员工拥有完成多项不同工作的技能，鼓励员工不断学习新的技能，引导员工从工作流程的角度看待自己所从事的工作。它适应了工作丰富化和工作扩大化的要求。两种薪酬体系对应的工作方式如图9-1所示。

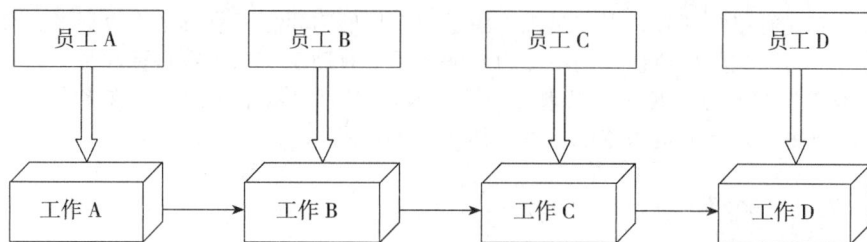

职位薪酬体系下的工作方式

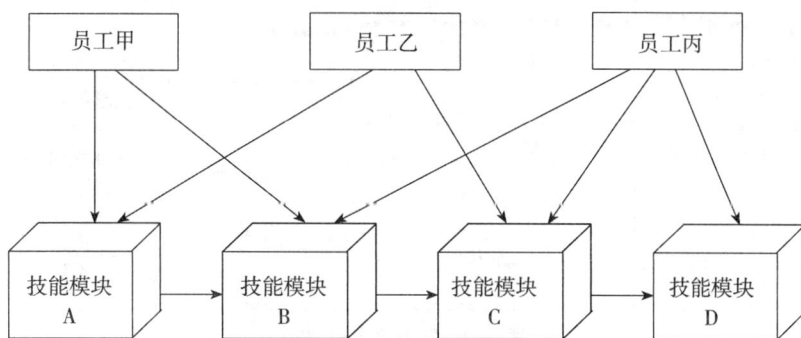

技能薪酬体系下的工作方式

图9-1 职位薪酬体系与技能薪酬体系比较分析

就生产方式而言，技能薪酬较宜应用的行业包括：运用连续流程生产技术的行业、运用大规模生产技术的行业、运用单位生产或小批量生产技术的行业以及服务行业。就职位而言，要求员工同时掌握不同种类、不同复杂程度的技能或进行自我管理的那些职位使用技能薪酬的效果较好。同时，技能薪酬往往很难适用于整个组织，大多被应用于部分部门和独立的生产、设计团队。

9.1.3 能力及能力薪酬体系

1）能力的含义及分类

在人力资源开发与管理当中，能力多指一种胜任力（competence）和胜任特征（competency），即员工所具备的能够达成某种特定绩效或者是表现出某种有利于绩效达成的行为的能力。能力是能够显著地区分绩效优劣的主要特征，又可以被称为素质、绩效行为能力等。

能力薪酬是依据这种能力支付的薪酬，因此我们认为，能力薪酬中的"能力"应当具备以下特征：

（1）能力是技能、知识、行为特征及其他个人特征的总称。能力的载体是人或组织成员，且依附于特定的组织，具有组织的专属性特征，也就说一种能力在一个组织中的高价值性未必在另一个组织中也能体现出来。

（2）从以上对能力的定义可知，能力必须是可测量、可观察因而是可以鉴定的。只有在这种原则下，能力薪酬设计才成为可能。

（3）能够准确地测量和区分员工的绩效水平。关注最佳绩效而不是普通绩效，使得所开发的能力能够提升组织绩效，促使员工不断适应市场的需要，提供其个人发展的机会。

因此，能力的这些性质使我们在能力薪酬体系下有助于实现组织目标和员工目标。为了更好地理解能力的概念，我们可以来看一下美国HAY公司依据与世界上许多大公司长期合作与研究的成果，提出的能力冰山模型，如图9-2所示。

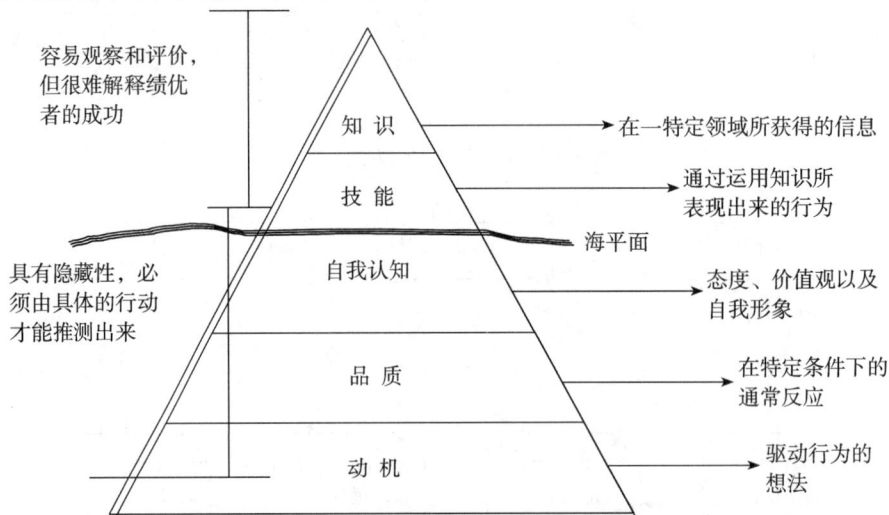

图9-2　能力冰山模型

根据能力冰山模型，个人绩效行为能力由知识、技能、自我认知、品质和动机五大要素构成。前两者易于感知，后三者隐于"水面之下"，是难以被挖掘与感知的潜能。其中，知识（knowledge）是指个人在某一特定领域拥有的事实型与经验型信息，如了解公司的政策以及公司制订年度计划的程序。技能（skill）是指结构化地运用知识完成某项具体工作的能力，即对某一特定领域所需技术与知识的掌握情况，如维修、推销、财务方面所具有的技能。自我认知（self-concept）是一个人形成的关于自己的身份、人格以及个人价值的概念，它是一种内在的自我。比如对自己在组织中的角色的认知，在某一团队中是扮演专家还是激励者的角色？当自我认知被作为一种可观察的行为表达出来的时候，才会成为一个绩效问题。品质即人格特征（trait），是指个人行为中相对稳定的特点，如个性、身体特征对环境与各种信息所表现出来的持续而稳定的行为特征。比如对待工作，有的员工比较感情用事，有的倾向于理性思考。动机（motives）是指在一个特定领域自然而持续的想法和偏好（如成就、亲和力、影响力），它们将驱动、引导和决定个人外在的行为。比如一个人希望达成个人成就并希望影响他人的绩效的想法。

HAY公司发现，冰山显露的部分即知识与技能，能够被观察和评价，并且能够通过培训开发来获得，但很难解释绩优者的成功；而冰山下面潜在的部分即自我认知、品质、动机等因素，必须通过具体的行动才能推测出来，往往是决定一个人成功的关键。从上到下的深度不同，则表示被挖掘与感知的程度不同。在水下越深，通常越不容易被挖掘与感知，越往深层次的能力越重要。

冰山模型说明了能力是怎样潜在地影响人的行为，并预示着未来的相关绩效，我们可以看出，上述五部分能力都与员工的绩效行为有关，但冰山下面的部分是区分普通绩效和优异绩效的关键要素。比如在一个团队环境中，产生绩效差异的因素包括：对团队意识的认同（自我认知）、个人灵活性（品质）和产生结果的动力（动机），这些都属于潜在的能力部分。

2）能力薪酬体系的内涵

自20世纪90年代以来，市场竞争的日益激烈，迫使企业把提升核心竞争能力作为其实现自身价值的重要途径。而核心竞争能力的本质就是附加在企业人力资源（资本）身上的核心知识和技能以及对这些核心知识和技能的整合共享及不断学习和创新的能力。企业间的竞争更加依赖于公司员工所具有的核心竞争力，培育员工的"能力"成为人力资源开发和管理的焦点，正是在这样的背景下，能力薪酬成为提高企业核心竞争力的重要方式之一。

能力薪酬可定义为依据个体对能力的获得、开发和有效使用，为专业人员、管理人员发展与高绩效有关的综合能力而支付的报酬。首先运用一定的方法识别出某项工作取得高绩效所需的知识、技能、能力等因素，建立起工作所需的素质模型。然后通过人力资源管理体系来获取、使用、激励、开发这些工作所需的技能和能力。通过有效整合员工的个人能力，构建组织的核心能力，建立一种把员工个体能力与组织能力整合起来的机制，将员工的个人能力转换为组织的核心能力，从而实现企业战略。

在能力薪酬体系中，支付个人薪酬的依据是员工所掌握的能力，薪酬增长取决于他们能力的提高和每一种新能力的获得。该薪酬方案假定：如果企业对管理人员和专业人员进行薪酬激励，其他员工就会仿效这些"表现最好者"，努力提高自身的能力，从而改善企业整体业绩。与已经较为成熟的技能薪酬相比，能力薪酬方案的关键是能力是什么、如何界定、如何评价以及如何将能力与薪酬联系起来等。

能力薪酬的基本特征与技能薪酬有类似之处，它也是确定基本工资的方法，也需要相当大的设计和试运行投入、组织稳定和员工的高参与。技能更多与具体的作业任务相联系，而能力更综合，更多指向未来岗位要求的综合能力。但在设计方法和适用对象上有不同之处，能力薪酬的设计主要是通过高绩效员工与一般绩效员工的比较，通过笔试、面试、观察和评级来发现能力上的差异，并把胜任力要求和薪酬系统捆绑在一起。

尽管基于能力的薪酬方案跨越较大的行业范围，但并非所有的企业和部门都适于采用该方案。事实上，能力薪酬体系适用于那些把企业员工的能力作为企业成功竞争的关键的行业和部门，如科学研究、计算机软件开发和管理咨询等。这些行业和部门的特点是：知识工作者和职业人员占大多数、组织设计扁平化且具有灵活性、宽带薪酬结构以及支持员工持久发展。通常在这些企业中，传统的薪酬方案不能发挥有效的激励作用。以软件开发人员为例，软件产品投放市场存在一个被市场接受的时滞缓冲区，这将导致在传统薪酬方案下两个软件开发人员的薪酬差异很大，事实上两者的能力可能差异很小。

3）能力薪酬体系的优点与局限性分析

（1）能力薪酬体系的优点

① 员工获得了更多的发展机会，而组织则获得了一支具有灵活性的劳动力队伍。员工

不会被特定的工作描述所束缚，能方便地从一个职位流动到另一个职位，这样就提高了组织内部员工的流动性。能做更多事情的员工对一个组织具有更大的价值。

② 支持扁平型组织结构。能力强的员工队伍要求较少的监督，因此可以削减管理层级。工作的设计可以强调员工在较大范围内的参与，而不仅仅考虑在狭窄的、确定的工作范围内的个人贡献。

③ 鼓励员工对自身发展负责，使员工对自己的职业生涯有更多的控制力，为在组织内推行员工自我管理奠定了基础。同时增强了员工控制自己报酬的能力，因为他们知道要想获得工资增长（获得新的能力）需要做些什么。

④ 对组织学习具有支持作用。组织学习的基础是个人学习，能力薪酬方案可以引导员工不断地、自主地学习，使人力资源政策与组织学习匹配起来，使得企业不断投资于员工学习能力的提高，为促进员工和组织的共同成长做出贡献，并最终建立起学习型组织。

（2）能力薪酬体系的局限性

当然，能力薪酬体系也确实会给企业带来风险，基于能力的薪酬体系设计的局限性主要在于：

① 能力评价的难度大。由于目前对能力的内涵和外延的说法不一，由此界定哪种能力评价方法最佳具有较大的模糊性。能力评价的客观合理是基于能力的薪酬体系达到外部一致性和内部公平性的关键，因此，做出满足一定信、效度的能力评价是摆在采用该体系的企业薪酬管理人员面前的主要任务，也是当前该体系设计研究的重点之一。

② 企业成本上升。据调查，采用基于能力的薪酬体系的企业，工资成本平均上升了15%，培训成本上升了25%。由于企业支付能力的限制和成本的上升对企业竞争优势的负效应，一些企业最终放弃了这一薪酬方案。

③ 为与能力薪酬方案配套，需要为员工提供充足的培训机会，这可能导致培训费用大量增加，而生产率的增长和成本的节约无法弥补这一增长。

④ 除非员工有机会使用他们获得的所有能力，否则这些能力将变得毫无价值，因此，能力薪酬方案高度依赖基于能力的组织文化、人力资源管理的支持。

⑤ 当员工的工资达到了工资结构的顶端时，他们会感到受挫并离开公司，因为再没有机会增长工资了，这将导致流失率提高。由于在控制和鉴定员工能力方面需要花费相当多的时间和人力，人力资源部门将变得臃肿和不灵活，而准确评价一种能力的价值可能是困难的，这也是人力资源管理需要面对的挑战。

总之，能力薪酬方案不是万能的。为了避免成本增长、不公平的感觉和高度复杂的系统，管理者必须仔细将能力薪酬方案与整体人力资源战略和组织战略相匹配。但对高科技公司和致力于建设学习型组织的公司而言，能力薪酬方案所带来的收益也许足以抵消上述可能的麻烦。

9.1.4　基于职位和基于员工的薪酬体系比较

在传统的职位薪酬体系中，员工的薪酬取决于他们所在的职位，职位的价值决定员工的价值，而薪酬增长的前提则是职位出现空缺。这通常会导致薪酬受职位所限，只侧重于对传统价值进行奖励，如以工作职责范围所规定的目标完成情况作为一种衡量标准，不重视员工当前和未来的发展要求，因此可能与强调学习的组织文化相抵触。而当员工的需求已经随着经济和文化价值观念向前发展时，组织结构、人力资源政策和薪酬体系却无法保持同步，这必然导致薪酬体系起不到作用。如果组织的薪酬体系不能激励员工从工作中获得经验和能力、技能得不到提升、个人得不到发展，那么这种薪酬体系的有效性是值得怀疑的，它可能导致组织花费了大量的人力成本，却没有产生相应的生产率和利润。

知识经济的迅猛发展使组织外部环境的不确定性增强和变化加快，更多的组织采用了扁平化的组织结构以提高灵活性和效率，这就使得通过职位晋升获得薪酬提升的机会变得越来越少。也就是说，为了留住核心员工，薪酬体系必须给员工的成长留出空间，必须有职位头衔之外的东西去激励员工。对于影响和强化有利于实现组织目标的行为来说，基于员工的薪酬体系是一种更好的解决问题之道。基于职位与基于员工的薪酬体系的比较分析见表 9-1。

表 9-1 **基于职位与基于员工的薪酬体系的比较分析**

步骤	基于职位的薪酬体系	基于员工的薪酬体系	
		以技能为基础	以能力为基础
分析对象的选择与进行	职位分析、职位描述	技能分析	能力分析
评估对象的选定	"薪酬要素"等职位评定因素	员工技能模块	员工能力
相对价值的确定	要素的权重	技能水平的等级	能力水平的等级
评定结果与薪酬的确定	按职位排列确定其薪酬水平的排列	按技能证书或市场水平确定薪酬	按能力证书或市场水平确定薪酬

基于员工的薪酬体系相对于基于职位的薪酬体系至少有以下三方面的优点：

（1）基于员工的薪酬体系打破了传统职位薪酬体系官僚化的特点，为员工提供了更为广阔的职业生涯道路。在传统的职位薪酬体系下，员工只能通过职位的晋升来获得薪酬的大幅增加，而技能薪酬体系和能力薪酬体系可以让员工通过提升自己的知识、技能和能力来获得薪酬的增加，同时它还能更好地适应组织扁平化的需要。

（2）基于员工的薪酬体系更加有利于鼓励和引导员工不断学习新的知识、技能和能力，从而帮助企业提升人力资源的素质，培养员工的核心专长和技能。

（3）基于员工的薪酬体系在帮助员工获得核心专长和技能的基础上，有效地保证了企业核心能力的培养，有助于企业在未来的竞争环境中赢得竞争优势。

另外，基于员工的薪酬体系也有一些缺点：

（1）技能和能力并不等同于现实的业绩。如果实施技能和能力薪酬导致的成本增长超过了企业现实业绩的增长，企业很可能无法承受。

（2）能力的评价比较困难，并常常带有一定的主观性，能力评价的结果可能不被员工接受。

（3）基于员工的薪酬体系的建立和维持是一项复杂的工作，是对企业人力资源管理的巨大挑战。

9.2 技能薪酬体系设计

技能薪酬主要应用于基层操作者，在整个薪酬计划设计和管理过程中需要员工真正地参与，因为高参与能够充分利用员工所掌握的技能。企业通过工作流程分析可以发现哪些工作流程需要重新设计，哪些工作环节需要强调员工的技能，经过工作流程的审视与再造之后，就可以初步确定哪些工作岗位需要采用技能薪酬方案。然后，要对组织所需的全部技能作全面分析和系统分类，组成不同的技能模块，代表不同的技能单位，员工通过评估系统进入不同的技能模块，通过培训使员工学习新的技能。周期性测试可以证明员工的技能等级，使员工在达到标准之后升入更高的技能等级。

9.2.1　成立薪酬指导委员会和薪酬设计小组

由于每个企业实行的技能薪酬计划都具有其独特性，因此，在进行技能薪酬体系设计时，不能仅仅由企业高层管理者或人力资源部门单方面来制定，而是通常应成立薪酬指导委员会和薪酬设计小组。这两个团体的组成和分工是不同的，它们互相配合，共同完成组织技能薪酬体系的建立和实施工作。

薪酬设计小组的成员应包括：薪酬专家、业务专家、员工代表、部门主管、财务人员等，这些来自不同部门的人组成5～7人的工作团队开展工作。薪酬设计小组的规模取决于准备采用技能薪酬体系的每一类职位或者工作的数量。在通常情况下，某一种职位或工作中的员工数量越多，则这种类型的员工在薪酬设计小组中的人员数量也越多。

薪酬指导委员会的职责包括：

（1）确保技能薪酬体系的设计与组织总体的薪酬管理战略以及长期经营战略保持一致。

（2）制定技能薪酬计划设计小组的章程并且批准计划。

（3）对设计小组的工作进行监督。

（4）对设计小组的工作提供指导。

（5）审查和批准最终的技能薪酬计划设计方案。

（6）批准和支持技能薪酬计划的沟通计划。

此外，还有必要挑选一部分员工作为"主题专家"（subject-matter experts）。这些专家可以包括员工、员工的上级、人力资源管理部门的代表、组织开发和薪酬方面的专家以及一些具备有关技能方面专业知识的人。他们在薪酬设计小组遇到各种技术问题时提供建议与协助。

9.2.2　进行工作任务的技能分析

在进行技能薪酬体系设计时首先要对工作任务所需的技能进行分析。技能薪酬体系准备支付报酬的对象应当是那些对于有效完成任务来说至关重要的技能。如果没有对工作任务进行准确的描述和深入的分析，技能的识别以及技能水平的区分则难以完成，技能薪酬体系的基础也将不复存在。

首先，应在工作分析的基础上对各项工作任务进行详细的描述。在描述工作任务的过程中可以根据劳动分工的细致程度将工作任务分解为更小的单位，即工作要素。

其次，在完成工作任务分析之后，薪酬设计小组应当在主题专家的协助下对工作任务或工作要素进行整合，搜集和整理任务信息，从而为技能模块的界定和定价打下基础。设计小组可以根据具体情况将一项复杂的工作任务分解为几个技能模块，也可以将几项工作要素归并为一个技能模块。技能模块的设置应满足易于理解和便于管理的原则。

9.2.3　确定技能等级

在技能分析之后，还应确定技能等级。确定技能等级时应考虑技能模块所包括的工作任务的难度和重要性。每一个技能等级都包括几个难度或重要性相近的技能模块。比如，一家制造企业技术人员的技能等级按照表9-2中的方式确定（该企业进行通信产品的研发、生产、销售并提供售后技术服务，因此在一些非技术部门如生产部、工程服务部等也安排了技术人员）：

表9-2　　　　　　　　　　　　　某公司员工技能等级的划分

层级	技术部		生产部		工程服务部	
	管理线	技术线	管理线	技术线	管理线	技术线
B1						
B2						
B3	经理				经理	
B4			经理			
B5						
B6						
C1						
C2						
C3		高级工程师				高级工程师
C4						
C5						
C6	主任	主任工程师	主任	主任工程师	主任	主任工程师
D1						
D2						
D3		技术工程师				客户工程师
D4						
D5						
D6	管理员	技术员	管理员	技术员	管理员	技术员
E1						
E2						
E3	文员		文员		文员	
E4						
E5						
E6	员工		员工		员工	

资料来源　成华. 薪酬的最佳方案［M］. 北京：中央编译出版社，2004：223.

企业在确定技能等级时有以下四种模式可供选择：

1）阶梯模式

阶梯模式是企业应用最广的确定技能等级的模式，它主要根据工作中技能深度的不同来确定技能等级。对一项具体的工作来说，技术难度越高，技能等级就越高。比如技术等级为一级的装配技术员要求拥有两项技能——重新进料和货盘分类；技能等级为三级的装配技术员要求掌握五项技能——重新进料、货盘分类、去除毛口、作业线操作、装配焊接。企业可以为不同的工作族设计不同的阶梯模式。这一模式的主要特点是强调员工知识和技能深度的发展。

2）技术单元模式

技术单元模式与阶梯模式有一定相似之处：它们都适用于同一工作族内的工作，员工可以从从事简单工作转变为从事复杂工作。但两者间的区别是：阶梯模式强调技能深度的发展，而技术单元模式强调广度技能和垂直技能的发展，比如公司的一名职员如果掌握文件档案管理和文字处理的技能，他可以评为一级职员，如果他又学会了数据处理和项目日常安排等技能，他可以评为三级职员。

3）工作点累计模式

工作点累计模式鼓励员工扩展技能以便完成不同工作族的工作，这种模式多在一些更加灵活的小型公司中得到采用。公司可以设置几项与增强公司竞争力息息相关的技能，如处理顾客关系、提高响应速度等。如果员工掌握了这些公司迫切需要的技能，他的技能等级就可以得到提升。这种模式可以引导员工改变自己的知识和技能结构以适应公司竞争的需要。

4）跨部门模式

跨部门模式鼓励员工学习其他部门的某些重要技能，以增强员工的工作灵活性。掌握其他部门重要技能的员工可以获得更高的技能等级。跨部门模式可以处理偶然的、短期的人员短缺，也可以帮助公司应对产品和服务需求的季节性波动。比如，公司在节假日的销售量会大幅提高，如果发货部门暂时人手不足，就可以把掌握发货流程的其他部门员工借到发货部门工作。员工的多技能可以帮助企业更好地适应不断变化的竞争环境。

企业不管采用哪种技能等级模式，技能等级的总量不宜过多，也不宜过少。技能等级过多不仅管理上十分麻烦，员工也不易理解；技能等级过少则区分度不强，同时让员工觉得等级提升的希望渺茫，从而失去激励作用。技能等级的数量主要由工作任务的性质决定，一般而言，3~5个等级比较合适。

9.2.4 技能鉴定、培训与认证

1）技能鉴定

实施技能薪酬体系的一个重要方面是进行技能鉴定。企业通常应当成立技能鉴定小组对员工定期进行技能鉴定。技能鉴定小组的成员由人力资源管理者、员工上级以及相关领域的业务专家组成。为确保技能鉴定的公平性，企业还必须建立一套标准化技能鉴定体系。目前我国许多企业在进行技能鉴定时过于依赖学历、职业资格证书、资历等因素，这种方法虽然简便易行，但难以反映企业具体情况和员工工作实际状况，容易造成技能评价失真。因此，企业应根据工作实际情况，建立自己的技能标准，同时参考学历、证书等因素来确定员工的技能水平。

在技能鉴定完成以后，企业每隔一段时间还应对员工的技能进行重新鉴定，这样才能保证员工能够保持原有的技能水平并且在实际工作中运用到这些技能。另外，随着技术的进步，技能要求本身也会发生变化，有的技能可能已经过时，有的技能标准需要提高。所以企业要根据自身技术水平的变化情况对技能标准进行调整，以适应新的工作要求。

2）技能培训

由于技能的鉴定与评价能够确定每位员工所处的实际技能水平，因此，它所提供的信息对于制订员工的培训计划来说是相当重要的。技能培训不但可以帮助员工提高现有技能水平，以使其技能上升至更高模块，而且，技能培训也有利于组织学习型文化的创立，有利于组织整体绩效的提升。一般来讲，技能培训主要应注意两方面问题：其一是技能培训方法的选择，企业要根据工作任务的不同层次来选择不同的技能培训方法，确定哪些方法占主导地位，哪些方法是辅助方法；其二要调查企业内员工的培训需求，了解其技能提升的意愿和职业发展的倾向，以便和组织所要求的导向相符合，达到个人与组织的双赢。

3）技能等级或技能资格的认证与再认证

实施技能薪酬体系最后的一个环节是对员工技能水平的认证计划，该计划应该包括三方面的要素：认证者、认证所包含的技能水平以及员工通过何种方法表现自己具备某种技能水平。技能薪酬水平中，认证者可以来源于企业内部，也可以来源于企业外部，内部认证者主要是企业内的薪酬专家、技术专家以及一些所要求的相关领域内的专家，通常情况下，都是组织一个认证委员会来进行员工技能水平的认证，以显示客观公正。外部认证主要是请各大学、商业机构来进行，或参加由政府发起的认证和资格考试。

在技能认证完成以后，每隔一段时间，还需要对技能进行重新认证，只有这样才可以保证员工能够继续保持已达到的技能水平。同时，随着技术更新的加快，技能等级的含义本身也在发生着变化。因此，企业需要根据内外部的具体情况，随时修订自己的技能等级定义。

9.2.5 确定技能薪酬体系

确定技能薪酬体系包括两个方面：一是确定薪酬的等级数量；二是确定同一薪酬等级内部的薪酬变动范围，即最高值、中间值、最低值。确定薪酬等级数量时可以参考技能等级的数量，一般而言，设置4~6个薪酬等级是比较合适的。技能薪酬矩阵见表9-3。

表9-3 **技能薪酬矩阵**

技能水平	不同绩效水平下每小时工资（美元）		
	差	一般	好
一级	5.25	5.75	6.25
二级	5.50	6.00	6.75
三级	5.70	6.30	7.25
四级	5.95	6.60	7.45
五级	6.20	6.85	8.25

资料来源 马尔托奇奥. 战略薪酬：人力资源管理方法［M］. 周眉，译. 2版. 北京：社会科学文献出版社，2002：142.

在确定每个等级的薪酬时，必须进行外部劳动力市场的薪酬调查以保证薪酬具有外部竞争力。在技能薪酬体系中，薪酬由技能水平决定，但是如果直接用技能水平进行薪酬调查会相当困难。因为实施技能薪酬的企业本来就比较少，用技能水平进行调查时可能难以找到相应的比较对象。因此，企业在进行薪酬调查时，往往需要把技能水平转化为其对应的标杆职位，再调查这些典型职位的市场薪酬水平，从而获得每个等级的市场薪酬水平。

在获得了每个等级的市场薪酬信息之后，企业还应该根据可用于发放的技能工资总额和每个技能等级的人数进行薪酬测算，再参考市场薪酬水平确定每一等级的平均薪酬。这样既能保证技能薪酬具有外部竞争力，又能避免企业承担过大的薪酬压力。为了保证员工把技能运用到工作中去，并转化为实际工作绩效，技能薪酬往往还应考虑员工的实际工作绩效。

根据业绩对技能薪酬进行调整，从而确定每个等级的最高值、中间值、最低值，这样就形成了每个等级的薪酬带。企业确定薪酬带的变动范围的原则是：等级越低，变动范围越小；等级越高，变动范围越大；保证不同等级的薪酬带之间有一定重叠。比如某企业可能采取如图9-3所示的薪酬结构。

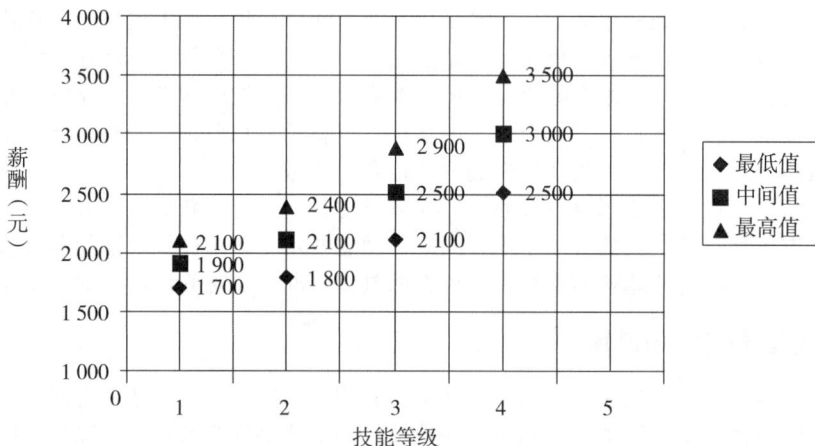

图9-3 某企业技能薪酬结构

9.3 能力薪酬体系设计

建立能力薪酬体系的基本流程包括：（1）分析组织能力（识别组织情景变量）；（2）员工素质模型的构建；（3）员工能力评价；（4）将能力等级与薪酬挂钩，建立能力薪酬体系。

9.3.1 分析组织能力

不同的企业所需的组织能力不尽相同，即使同一企业在不同发展阶段所需的组织能力也不相同。企业采用能力薪酬方案的目的就是激励员工不断提高自己的能力，以保持组织能力的持续提升，从而实现企业战略，获取竞争优势。因此，企业在进行能力薪酬设计之前应当明确组织的战略是什么，组织赖以生存和发展的关键能力是什么，这些问题构成了能力薪酬设计的基础。

（1）要提炼组织核心能力。企业为什么而存在（企业使命）以及企业认为什么是最有价值的（价值观）决定了企业的战略走向和以什么样的资源去实现这些战略选择，从而确定了企业的核心能力。

潘汉尔德和哈默（1990）将核心能力定义为"组织中的积累性学识，特别是关于如何协调不同的生产技能和有机结合多种技术流派的学识"。这些"学识、协调和有机结合"由于其价值性、异质性、无法模仿和难以替代而成为企业竞争优势的源泉。

图9-4是组织能力的提取与分解模型，给出了提取和分解组织能力的基本思路。企业所在的产业和市场的定位决定了公司战略。通过对公司战略的分析，确定公司应该具备什么样的关键成功因素，核心能力就是要确保公司具备这样的关键成功因素。在这个过程中，公司价值观也会起到决定性的作用，而产业的关键成功因素、产业核心竞争力在相应的环节也起到了影响作用。确定公司的核心能力后，还需要把这些能力要求进行分解，首先是针对不同的团队形成能力域的要求，在此基础上分解成为个人需要的能力。所有这些能力最终包括两个部分：能为组织创造竞争优势的能力和其他必要能力。

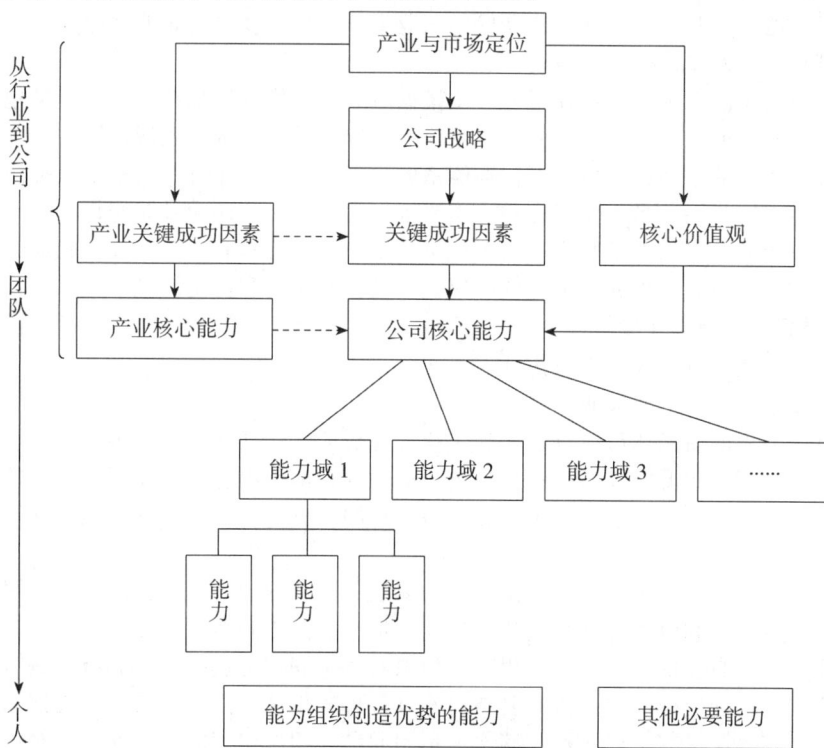

图9-4 组织能力的提取与分解模型

（2）在明确了组织能力之后，企业还必须把组织能力分解落实到员工的具体工作能力上。实现这一过程通常有两种方式：

① 对于一些小规模的企业，如咨询公司和科技开发公司等，员工人数较少，工作差异不大，组织能力可以直接等同于员工的能力。那么组织可以建立一套涵盖组织能力的通用素质模型，并把它作为员工能力的要求标准和决定能力薪酬的基础。

② 对于更多的大型组织而言，组织能力难以直接分解落实到员工身上。这时组织必须首先考虑与组织能力密切相关的是哪些部门或职类，这些部门和职类需要具备哪些能力才能支撑组织的能力。在对各职类进行能力分析之后，就可以建立各职类的素质模型，再用它作为衡量员工能力的标准和决定薪酬的依据。

9.3.2　员工素质模型的构建

1）素质模型的含义及开发原则

素质模型是在对组织所有岗位的能力素质要求进行归纳、整理、细化后形成的。素质模型是区分员工能力高低的一套标准体系，它详细规定了担任企业各个岗位所需要的知识、技能及职业素养要求。这三者之间具有严密的内在逻辑关系：知识是人才发挥作用的基础要求，没有良好的知识底蕴，专业化的程度会大大降低；技能是在知识的基础上，综合运用各种知识的能力，是职位能力素质模型里面的第二组成要素；职业素养简单来说就是态度，良好的知识、技能必须通过符合公司发展要求的职业素养发挥出来。不同层级的岗位以及公司在不同发展阶段对能力素质的要求和侧重点不同，高层管理者除了要具备应有的知识、技能外，更为重要的还是职业素养要求，良好的职业素养会形成优秀的企业文化。

素质模型的开发应遵循以下原则：

（1）基于战略的原则：企业在开发素质模型时必须高度关注战略。素质模型包含的能力不仅要满足企业目前运作所需，还应有一定前瞻性以满足企业未来发展的需要。

（2）源于工作的原则：素质模型标准体系的内容应该从工作分析的基础上推演产生，保证与工作内容密切相关，当工作内容和工作要求发生变化时，还应及时修订。

（3）牵引导向的原则：素质模型应对员工的工作和学习具有指导意义。它应为员工提供明确的努力方向，指导员工的日常工作，促进员工不断学习和提高。

2）素质模型的建立步骤

素质模型的建立过程包括以下步骤：

（1）划分职位，选择职类职种

尽管基于能力的薪酬体系将重心从员工所需完成的工作任务转移到了员工的能力水平上来，但是如果没有对所要完成的工作首先进行准确的理解，没有对员工所要完成的工作任务进行准确描述和深入分析，能力的区分和能力水平的划分都是不可能的，能力薪酬体系也就无法操作。

能力薪酬是对员工在工作中显示出来的并与绩效有关的能力所支付的报酬，因此需要对员工的能力进行定义和分级，并给出相应的能力标准。由于企业现存的职位体系中有很多职位，每个职位都有自己的特定要求和规范，如果对每个职位都进行能力分级和编写标准，显然是不现实的，也会使标准体系过于复杂而不具备可操作性。因此，需要首先把那些工作内容相似的职位归入某一职类或职种，其次为不同职种、职层编写能力标准，针对这些职类或职种建立素质模型。

这样做的目的不仅能减少建立素质模型的工作量，而且还能够引导员工拓展自己的能力。比如，公司可以将职位划分为管理类、研发类、营销类、生产类。每一职系又包括若干职种，如专业类包括财务、人力资源、计划、采购等职种；在管理类职位内部还可以细分为人力资源管理、财务管理等职种；在研发类职位内部还可以细分为软件研发、硬件研发等职种。

（2）明确绩效，对各职类职种的能力进行分级

确定各职类职种的能力等级往往需要部门主管、业务专家以及资深员工的参与。在确定能力等级时主要应考虑两方面的因素：一是要深入分析专业人员成长的自然规律，每类专业人员在成长过程中都会出现某些能力特征明显的阶段，可以把这些阶段设置为几个能力等

级。二是要保证有区分度，如果划分的级别过少，可能导致大量员工被归入同一等级，区分不出员工间的能力差异，从而损害素质模型的实用价值；如果等级设置过多又会导致管理过程过于麻烦。一般而言，设置4~6个能力等级比较合适。

将每一职种分为高、中、初3个职级，每一职级分为3个职等，职等则与薪等（工资等级）一一对应。如初级只需要员工具备基本的核心能力、关键能力和业务能力，工作相当熟练，并能把知识、技术原理应用到工作中；中级要求员工具备核心专长和技能，工作相当熟练，并能把知识、技术原理应用到工作中；高级要求员工具备完全可以胜任该职位工作的核心能力、关键能力和业务能力，如能分析和解决工作中的问题的能力。由此形成组织内职系-职种-职级-职等（薪等）的逻辑关系。表9-4反映了常见职类的能力等级划分，以表中专业职类中的职种——人力资源管理为例，可以分成3个职级7个职等，其中高级包含第7职等，中级包含6至4职等，初级包含3至1职等，这7个职等分别对应7个薪等。每一职级和职等都对应有关的能力要求，这就构成了能力薪酬体系的基础。

表9-4   能力分级示意图

能力等级划分		管理类			专业类					技术类				行政类		
		管理	经营	执行	财务	人力	计划	采购	…	研发	质量	工艺	…	文秘	…	…
高级	9	9														
	8	8														
	7	7				7				7						
中级	6	6	6	6	6	6	6	6		6	6	6		6		
	5	5	5	5	5	5	5	5		5	5	5		5		
	4	4	4	4	4	4	4	4		4	4	4		4		
初级	3			3	3	3	3	3		3	3	3		3		
	2			2	2	2	2	2		2	2	2		2		
	1			1	1	1	1	1		1	1	1		1		

（3）标杆人物分析

标杆人物分析是为了确定各个能力等级的具体评价标准。这一过程需要部门主管和人力资源专家的参与。分析方法可以采用访谈法。薪酬分析小组对应各个级别，选取2~3个标杆人物作为分析对象，分析的能力要素应包括知识技能、行为方式、专业经历及成果等方面。

在划分知识技能的等级时可以根据工作的实际需要从两方面来考虑：一是根据知识技能的深度来划分等级，让掌握知识技能更深的员工获得更高的等级；二是根据知识技能的宽度来划分等级，让有更多知识技能的员工获得较高的等级。在划分行为方式的等级时，应对各个级别的典型人物的工作活动进行排序，选取其中最重要的3~5项活动的情况纳入素质模型中。划分专业经历及成果时，主要考虑任职者的从业年限、专业经历以及取得的专业成果等。对于知识型员工而言，专业经历及成果可以在很大程度上反映他的工作能力。

（4）素质模型的评审和修订

通过对典型人物的分析，企业可以初步建立各职类职种的素质模型。在此基础上，人力资源部门应组织相关部门主管、业务专家以及核心员工对素质模型进行评审和修订，以保证素质模型的有效性和可操作性。素质模型的评审应主要关注以下方面：

① 素质模型的整体构架是否合理，能力要素的界定和划分是否准确。

② 素质模型的内容是否完整，有无重要的能力要素被遗漏。

③ 素质模型在应用时的可操作性如何，如果在评审时发现素质模型中存在不合理的地方应当及时进行修正。

9.3.3　员工能力评价

员工能力评价是实施能力薪酬方案的关键步骤。能力评价为确定员工的能力薪酬提供了依据。此外，能力测试和评价还可以引导员工的行为符合企业的要求，促进员工自我完善，不断提高自身能力，以实现更高的工作绩效。这里需要再次强调的是，我们所要评价的员工能力不是宽泛、抽象的一般能力（ability），而是那些在目前和未来工作中所需要的与实现高绩效密切相关的绩效行为能力（competency）。只有对能力进行明确的界定，才能对能力进行客观评价，能力评价的工作才有实际意义。

为确保能力评价的客观公正，能力评价应遵循以下原则：

（1）工作导向的原则。评价的能力一定是与工作紧密相关的能力。

（2）公平公开的原则。能力评价必须对员工公平公开，不能采取"暗箱操作"的方式进行。企业还应公开排名前50%员工的评价结果，以保证评价结果的透明度。

（3）测试与评议相结合的原则。能力评价的方法采取标准化测试和小组评议讨论相结合的方式，以求最大限度保证能力评价结果的客观公正。

在能力评价之前，应首先成立能力评价小组，评价小组通常由1~7人组成，成员包括人事测评专家、业务专家、部门主管、人力资源管理者等。能力评价的主要过程如下：

1）员工培训

在能力评价时，人力资源部应对所涉及的员工进行培训。通过培训使被评价者能正确理解能力标准的内容和要求，掌握能力评价的过程和方法。另外，培训还能向员工阐明能力评价的目的，消除员工对能力评价的抵触情绪。员工培训计划需要确定两个要点：一是明确员工的培训需要；二是采取何种方法进行培训最为合适。通过能力评价来确定培训需要，要形成一种完善的培训计划，对与工作相关的各项能力进行分析。

2）自我评价与证据资料收集

被评价人首先对照素质模型确定的能力标准进行自我评价，填写自评表并收集整理相关证据资料。证据收集和整理是能力评价的关键环节。证据是员工在典型工作活动中的行为记录，通过证据收集和整理，员工可以按照能力标准体系回顾和展示自己的工作过程，证明自己的工作能力。员工需要收集的材料包括工作文件、关键事件、第三方意见等方面。

（1）工作文件

工作文件是员工根据公司要求，在工作过程中产生的规范书面资料。它主要包括工作报告，如项目策划报告、市场规划报告等；工作计划与工作总结；工作成果以及其他业务技术资料。工作文件必须是员工过去工作的真实输出，能够反映员工典型的工作活动，并且可以证明员工是否符合能力要求。只有符合这些条件的工作文件才能作为能力评价的证据。

（2）关键事件

关键事件是员工过去工作中的一些客观事实和数据，而非个人的主观判断，它反映了员工的工作或活动过程。员工在进行关键事件描述时应尽量使用行为动词描述自己工作上的行为，注意避免一些主观感受和判断的描述，如积极主动，认真负责等。对关键事件的描述要尽量全面深入，除描述工作行为外，还应描述事件的原因、当时的情景、事件的结果等。

（3）第三方意见

第三方意见是由员工的周边同事和内外部客户对其日常工作行为的评价。在收集第三方意见时可以采取灵活多样的形式，如对第三方进行访谈、让第三方提供书面说明、让第三方直接参加能力评价会等。

3）能力水平测试

在通常情况下，能力水平测试以知识考试为主。通过知识考试可以检验员工的专业知识水平。知识考试应由人力资源部组织各业务部门编制考卷进行考试。考试每年进行1~2次，以考试成绩作为评价知识水平的主要依据，考试成绩当年有效。有条件的企业还可根据需要进行其他能力测试，如文件筐、无领导小组讨论、情景模拟、角色扮演、案例分析等。但是应当指出的是，这些测试方法实施起来难度较大，且受环境和人为因素的制约，测试结果可能引起争议，企业应当有所选择。

4）能力评价与讨论

（1）专业知识评价。实行学分制，员工要申请某一任职资格等级，必须首先要达到该等级的知识考核积分要求。

（2）专业经验与成果评价。组织根据能力标准要求，制定专业经验与成果评价细则，由员工本人提供经验与成果方面的资料，由专家小组进行集体鉴定。

（3）专业技能评价。组织根据技能标准要求，制定专业技能评价细则，由员工本人提供技能方面的资料，由专家小组进行集体鉴定。

（4）行为评价。组织可将行为评价与绩效管理结合起来，由员工的直接主管评价，评价结果作为任职资格等级调整的依据之一。

为进行以上评价，组织需组建任职资格评价组，由高级主管、业务专家和外部专家组成。在完成证据收集和能力测试以后，人力资源部应组织被评价人参加能力评价讨论会。在评价讨论会上，被评价人对关键事件进行陈述，并回答评价小组成员的提问。评价小组成员在核实证据和参考能力测试结果的基础上，经过充分讨论，最终确定被评价人的能力等级。

表9-5为简化了的一般企业任职能力评价表，该表左边0分区域表示员工某评估项目完全不具备胜任该岗位所要求的能力素质要求；右边6分区域表示员工某评估项目超出了该岗位所要求的最高能力素质要求。按照表9-5的标准，我们可以对每个员工的任职能力进行评估打分。如表9-6所示，财务部经理赵某某的实际评估得分为56分（4×1+3×2+5×3+3×5+4×4）。在正常情况下，评估得分的范围应在15~75分之间，如果得分小于15分，则可以认定该员工的任职能力完全达不到该岗位能力的要求；如果得分大于75分，则可以认定该员工的任职能力完全超过了该岗位的能力要求。出现这两种情况都应该对该员工的岗位进行调整。

表9-5   一般企业任职能力评价表

项目	重要系数	0分	1分	2分	3分	4分	5分	6分
工作年限	1	一年以下	两年以下	三年以下	四年以下	五年以下	五年以上	—
学历	2	初中	高中/中专	大专	大本	双学士	硕士	博士
岗位综合知识	3	岗位知识非常差，完全不熟悉该项工作	对该岗位有少量的知识和片面的认识	具备了胜任该岗位所要求的一部分知识，还有部分知识待进一步学习	基本具备了该岗位所要求的大部分知识，但都处于普通状态	具备了胜任该岗位所要求的绝大部分知识，而且有些方面已经比较出色	完全具备了胜任该岗位所要求的各方面的知识，而且非常出色	—
岗位综合技能	5	技能非常差，完全不能独立完成该项工作	掌握了最简单的几项技能，但还不能有效胜任该项工作	基本掌握了胜任该岗位所要求的大部分技能，但都处于普通状态	掌握了胜任该岗位所要求的绝大部分技能，而且有些方面已经比较出色	完全掌握了胜任该岗位所要求的各方面的技能，而且有些方面非常优秀	完全掌握了胜任该岗位所要求的各方面的技能，而且非常优秀	以卓越的技能和优秀的成果给企业带来了直接的经济（社会）效益
职业素养	4	职业素养非常差，完全背离了公司的价值观	职业素养偏低，自我控制力较弱，经常出现背离公司要求的行为	职业素养一般，比较自我，需要进一步提高	职业素养处于普通状态，基本能按公司要求实现自我控制和管理	具备了良好的职业素养，经常得到他人的称赞	具备优秀的职业素养，以榜样影响身边的人	以优秀的人格魅力影响公司的每一个人

资料来源　冉斌. 宽带薪酬设计［M］. 广州：广东经济出版社，2005：91.

表9-6   任职能力评分表

员工姓名	岗位名称	评价因素及重要性因素					合计
		工作年限 1	学历 2	岗位综合知识 3	岗位综合技能 5	职业素养 4	
赵某某	财务部经理	4	3	5	3	4	56
钱某某	检验主任	2	3	2	3	3	41

　　能力评价的结果是形成个人能力描述。个人能力描述能够详细说明需要个人完成的任务以及怎样衡量任务的执行情况。该描述是决定个人是否具有与工作相关的必要技能和知识的基础，是企业薪酬设计的基石。通过个人能力描述可以相对容易地开展市场调查，使企业的

注意力集中于个人价值而不是个人从事的工作，这样能使企业和员工充分了解什么样的技能和知识组合是有价值的。如普华永道咨询公司为每位咨询者编制了个人能力描述，概括了每位咨询者所需的技术性知识和行业部门知识的范围及种类。

5）结果反馈与修正

能力评价结果确定后，人力资源部应及时向被评价人反馈评价结果和改进意见，让被评价人知道自己的成绩和不足，并制定相应的改进措施，以继续提高能力和工作绩效。

9.3.4　将能力等级与薪酬挂钩，建立能力薪酬体系

企业在建立能力薪酬体系时，首先要考虑是建立一套适合于所有员工的能力薪酬体系还是根据职类的不同分别建立几套能力薪酬体系。一般而言，对于人数较少的小型公司或公司内的某些项目小组和工作团队，如果员工工作性质大致相似，就可以建立一套能力薪酬体系。如果企业需要在几个工作差别较大的部门应用能力薪酬体系，就应该分别建立几套能力薪酬体系。

企业在评估能力和薪酬之间的关系时，通常可以采用四种基本形式：第一种，在职位评估中体现能力，将职位价值与薪酬直接挂钩。采用这种方法进行评估，既加大了能力的权重，又说明了能力的重要性；第二种，在职位薪酬的同一工资等级内部体现能力，将薪酬同个人能力部分挂钩，即员工的职位工资等级根据职位评价结果来确定，同一工资等级内部的工资档次依据能力评定结果确定；第三种，将薪酬与胜任能力挂钩，也就是将个人角色与薪酬挂钩，角色确定员工做什么事，需要什么能力；第四种，将薪酬和能力直接且完全挂钩，也就是说，个人的薪酬直接取决于个人能力，忽略员工做了什么事。

建立能力薪酬体系主要包括以下步骤：

1）确定薪酬等级数量

在确定薪酬等级数量时一般可以参照素质模型中的能力等级数量，尽量保证每一个能力等级都对应于一个薪酬等级。通常，设置 4 ~ 6 个薪酬等级就比较合适。

2）确定每个等级内部的薪酬区间

能力等级越高，薪酬幅度越宽，层级之间的薪酬差别也应该越大。这样考虑的原因是，能力等级和层级越高，能力跨度越大，对于组织的贡献和绩效影响越大，能力提升所需的难度越大和时间越长。这样的设计方式就是为了激励员工通过不断的学习和进步来提升自己的能力，从而提升组织能力和绩效。薪酬区间主要取决于公司的薪酬战略和外部市场水平。

在确定薪酬区间之后，就要为每一层级确定薪酬水平。比较通用的方法是首先确定能力模型中能够胜任相对应职位所需要的最低能力分数。这个分数所对应的薪酬层级即为职位胜任层级，把这个层级作为基准层级，根据公司薪酬战略或通过市场调查，如调查同类行业相同职位薪酬水平来确定其薪酬水平。确定好基准层级的薪酬水平后，就可以按照公司要求、薪酬策略和专家建议依次为其他层级确定薪酬水平。需要说明的是，这个环节是薪酬设计中关键的一环，要在充分掌握相关地域、相关行业的市场信息的基础上，根据公司自身的特点、所处的环境、战略发展的要求来制定薪酬水平。

3）确定等级间的薪酬交叉

不同等级间的薪酬交叉为员工提供了一段薪酬缓冲的区间。由于不同等级间的薪酬存在一定程度的重叠，员工在能力等级变动后，薪酬并不会立即发生较大变化，这样就可以大大减少人事摩擦。更重要的是，等级间的交叉可以激发每个等级内员工的工作积极性，避免员

工在能力等级晋升后立即获得大幅加薪，从而失去继续努力的动力。确定等级间薪酬交叉的原则是：越低的等级间薪酬交叉越少，越高的等级间薪酬交叉越大。

9.3.5　能力薪酬设计需要注意的问题

1）辨别组织是否适合采用能力薪酬

能力薪酬并不适用于组织中的每一个部门和每一个人，它只在员工能力对于成功绩效至关重要的情形下是合适的，比如科技开发、计算机软件和管理咨询公司等。对知识员工和专业人员起主要作用的部门更是如此，尤其是对一些基础性的研发工作岗位，因为这些岗位的人员需持续地更换角色和任务，而他们工作中的一大部分任务是以失败而告终的。适用能力薪酬的组织往往具有较宽、扁平化和灵活的组织结构，宽带的薪酬结构，具有持续的员工发展计划。如果是一个高度专业化的组织结构，实行低成本战略，能力薪酬显然不适合。

2）建立综合的以能力为焦点的人力资源管理系统

如果组织没有建立一个良好的以招聘和员工发展为目的的能力框架，采用能力薪酬也就缺乏基础。薪酬系统通常通过支持和加强人力资源系统使组织更有胜任力，而不是薪酬系统本身直接导致这些变化。随着在招聘、员工发展和绩效管理系统中能力的应用，薪酬系统也随之与能力结合。这可以保证薪酬系统与能力的联系不会导致冲突或限制能力的发展。很多组织已经在寻找和发展自身的能力框架，而不是套用其他公司或员工的标准框架。能力薪酬的引入，通常需要1~2年的时间，所以，它并不是一个速成而是一个逐步适应的过程。

3）综合的薪酬决策过程

通常，工资并不是全部根据能力来支付，很多组织在进行薪酬决策时，需要综合考虑工作内容的多少、目标和结果的取得、市场支付水平以及胜任力的要求等。总体来讲，能力薪酬并不是取代了传统的薪酬方法，而是与它们结合在一起，同时，基础工资既考虑了个体绩效，也考虑了能力。这样一种结合有助于传统的绩效薪酬与能力薪酬的统一。这样一来，对员工来说，并不是拥有技能就可以了，还要考察其将评估能力运用到工作中时对绩效产生影响的程度。另外，传统的绩效薪酬过分地强调了个体取得的结果以及过去的绩效，而没有考虑这些结果是怎样获得的，以及如何才能增加未来成功的可能性，能力薪酬可以在这个方面弥补缺陷。

9.4　实施基于技能与能力的薪酬体系遇到的问题

9.4.1　基于技能与能力的薪酬体系的挑战

基于技能与能力的薪酬体系的实施有相当大的难度。从国内外企业目前的应用情况看，实施这一薪酬体系还存在以下挑战：

1）实施基于技能与能力的薪酬体系可能会大大增加企业成本

首先，由于工资具有刚性的特点，组织实施这一薪酬体系往往意味着人工成本的增加。随着时间的推移，员工掌握的技能和能力不断提高，企业面临的加薪压力会越来越大。其次，为了保证技能与能力薪酬体系的顺利实施，企业需要为员工提供大量的培训机会以满足员工不断增长的培训需求。培训费用的增加、员工参加培训对本职工作的影响都会在短期内增加企业的成本。最后，基于技能与能力的薪酬体系的引入、维持和更新都是一个费时费钱的过程，它通常会带来管理成本的大大增加。如果这些成本的增加超过了企业收益的增长，影响了企业的利润，企业很可能无法继续坚持采用这一薪酬体系。美国的一项研究显示，成本是导致能力薪酬体系失败的主要因素，企业采用能力薪酬体系后，工资成本平均上升了15%，而培训成本上升超过了25%。如何克服成本增加带来的负面影响，已成为实施这一薪酬体系必须解决的重要问题。[①]

2）基于技能和能力的薪酬体系在推行过程中可能会受到抵制

许多有较长历史的组织在思想意识和管理制度上比较保守和僵化，对企业变革有本能的抵制倾向。从原有的长期实施的薪酬体系转向这种新的薪酬体系的过程必然会带来组织内部的冲突和摩擦。从群体角度而言，技能与能力薪酬体系可能会影响一些部门或群体的利益，这些原有的既得利益集团很可能竭力抵制这一薪酬体系的实施。从个人角度而言，薪酬体系的改变会带来员工收入的变化，在这种体系实施初期，员工不能确定自己收入是否下降，因而可能抵制这种引起不确定性的薪酬体系。另外，该体系更有可能受到那些技能与能力成长空间不大的员工的反对，因为，新体系不会给他们带来太多薪酬增长的机会。

3）员工在实际工作中难以应用自己的全部技能和能力

企业如何有效利用员工所掌握的技能和能力是基于技能与能力的薪酬体系面临的另一个现实问题。如果企业无法为员工提供应用新的技能和能力的机会，员工依然长期从事与过去相同的工作，那么企业将无法达到实施这一薪酬体系的目标——通过激励员工不断学习，改善工作绩效，提高企业适应力和竞争力。知识、技能和绩效之间并没有必然的因果关系，虽然绩效的提高需要相应的技能和能力的支撑，但是技能的增多、能力的增强并不一定能导致绩效的提高。因此，企业在实施技能与能力薪酬方案时必须解决好能力有效利用的问题，重新设计员工担任的工作，要将能力薪酬和绩效薪酬相结合，用业绩来调整员工的收入。

4）技能与能力的评价比较困难

对员工的技能与能力进行评价是实施技能与能力薪酬体系的核心环节，也是企业在操作过程中最大的难题。技能与能力并不像收入、成本、生产率这些指标那么容易进行定量分析，它的评价涉及较多定性甚至主观的因素。尤其对于能力评价而言，它不仅要包括对容易观察的知识、技能的评价，还要包括对行为方式、个性特征甚至动机等难以观察的因素的评价。对技能和能力的评价有相当大的难度，评价过程费时费力，评价结果可能难以被所有员工接受，容易导致冲突和矛盾。同时，企业评价要素的确定没有结合企业的实际情况、突出本企业特点、保证这些要素与企业的业务相关。而评价等级数目的多少也不好把握，过多的等级操作起来非常烦琐，过少的等级又对能力区分不够。技能和能力评价是对企业相当大的挑战，这也是一些企业对技能和能力薪酬体系望而却步的原因。

5）基于技能与能力的薪酬体系实施过程比较复杂

企业在实施技能与能力薪酬体系时会涉及众多的环节。这一薪酬体系在引入之前需要做大量的基础工作，如工作分析、技能分析等，在引入之后需要外部专家、部门主管和员工的充分合作。这一薪酬体系的建立通常需要1~2年的时间，建立以后还需要持续的维护和更新。企业要不断丰富技能与能力评价要素，及时更新评价体系，对员工的技能和能力定期进行重新评价等，这些要求都是对企业人力资源管理的挑战。

9.4.2　解决问题的思路及对策

为解决上述难题，成功实施技能与能力薪酬体系，企业应做好以下几方面的工作：

---

① 文跃然. 薪酬管理原理［M］. 上海：复旦大学出版社，2004：123.

1）判断组织是否适合采用基于技能与能力的薪酬体系

组织的性质、组织的战略、组织结构以及组织的发展阶段等因素对实施这一薪酬体系的效果有很大的影响。一般而言，适合采用技能与能力薪酬体系的组织具有如下特征：

（1）组织是涉足高新技术产业或新型服务业的知识型组织。这种组织通常迫切需要员工不断学习新的知识和技能，以增强组织核心能力，适应环境的变化。

（2）组织实行差异化的竞争战略。实施差异化竞争战略的组织更加强调创新，更加重视发展员工的技能和能力以满足未来竞争的需要。

（3）组织采用灵活的、扁平化的组织结构。这样的结构有助于实行工作丰富化和工作扩大化，让员工有充分的机会应用自己掌握的技能和能力。

（4）组织处于迅速成长期或变革期。处于这一时期的企业往往在思想上更加开放，更具有进取意识，各项制度还尚未定型，这时候实施薪酬制度改革，遇到的阻力相对较小。

（5）组织有健康的财务状况。在财务方面比较宽松的企业可以承受短期内成本上升的压力。特别是对于那些技术密集型的企业来说，人工成本占总成本的比重较小，人工成本的上升不会对总成本产生较大影响。而那些处于财务危机中的企业并不适合推行这套薪酬体系。

（6）组织文化强调创新和能力发展。鼓励员工能力发展的组织文化对实施这一薪酬体系的企业具有重要的作用。只有这种文化下的组织才能为能力出众的员工提供充分施展自己才华的机会，才能创造出不断学习、积极迎接挑战的氛围。相对而言，那些处于传统行业、奉行低成本战略、采用机械式组织结构的企业并不适合采用这一薪酬体系。

2）先建立基于能力的人力资源管理系统，再实施薪酬方案

基于技能与能力的薪酬体系本身是企业以能力为基础的人力资源管理系统的一部分，它只是以人为本而非以职位为本的新型人力资源管理思想在薪酬领域的体现。如果企业在人力资源管理的各个环节如招募、培训、晋升、绩效管理等方面都实行了基于能力的管理方式，那么在薪酬领域实施基于技能与能力的薪酬体系就是水到渠成的事。反之，如果企业没有建立基于能力的人力资源管理系统，技能和能力薪酬体系就会失去基础，即使勉强推行，实际效果也往往不佳。因此，企业不应将技能和能力薪酬体系与人力资源管理的其他方面分割开来，最好在以能力为基础的人力资源管理系统比较成熟之后再实施技能和能力薪酬体系。

3）合理选择技能与能力薪酬体系的实施对象

企业中员工的工作往往是千差万别的，如果对所有员工都推行技能与能力薪酬体系，不仅费时费力而且也没有必要。企业应当考虑员工的工作特点，合理选择实施对象。企业在进行实施对象选择时，应主要考虑以下两方面的因素：

（1）员工的技能和能力与企业核心能力间的关系。如果员工的能力与企业核心能力间的关系十分密切，员工能力的强弱直接影响着企业的竞争力，那么这些员工是企业的核心资源，有必要对他们采用技能与能力薪酬体系。

（2）员工工作的性质。如果员工是从事知识密集型工作，工作内容灵活多变，而且工作绩效在短期内难以评价，那么可以考虑对这些员工实施技能与能力薪酬体系。在通常情况下，适合采用技能与能力薪酬体系的员工有以下几类：①高科技公司的研究开发人员；②生产制造类专业技术人员；③管理咨询公司的咨询师以及金融机构的金融分析师等。

技能与能力薪酬体系并不太适合企业内工作内容比较稳定的普通行政管理人员和销售人员。对他们而言，职位薪酬体系和绩效薪酬体系更加适合。

4）解决好能力培养和能力利用问题

基于技能与能力的薪酬体系要求员工不断提高技能和能力以适应未来工作的需要，因此

员工的培训需求必然大大增加。如果企业的培训体系无法满足员工的需求，不仅会导致员工的不满，而且技能和能力薪酬体系也难以维持。企业应当高度重视培训工作，在培训内容上应具有一定的前瞻性，既要满足当前工作所需的技能和能力，又要满足企业未来发展所需的技能和能力。在培训方法上可以采用企业组织培训和员工自主培训相结合的方式，以适应员工个性化的培训需要。在培训费用方面应形成培训费用合理分摊的机制，以免企业承担过高的培训成本。企业在重视能力培养的同时还要解决能力利用问题，只有让员工有机会应用自己掌握的技能与能力才能激励员工继续学习新的技能与能力，企业也才有可能从员工技能与能力的提高中获得实际的收益。一方面，企业可以通过工作再设计或流程再造，采用更加灵活的工作方式以实现工作丰富化，让员工承担新的任务，增强员工的灵活性，提高企业的适应能力；另一方面，企业还可以根据员工的技能与能力的实际运用状况对其技能与能力薪酬进行调整，比如采取在支付薪酬时考虑员工的工作绩效和工作态度、在员工尚未应用某些技能时暂不发放与之相关的技能薪酬等措施，避免员工过于追求技能与能力的提高而忽视目前的本职工作。

5）建立科学合理的技能、能力评价体系，客观评价员工的技能和能力

评价员工的技能和能力是建立基于技能与能力薪酬体系的关键环节。企业必须建立一套科学合理且动态发展的技能、能力评价体系以保证技能和能力评价的客观公正。实际上，并不存在一套适合所有企业的技能、能力评价体系和评价方法，企业必须根据自身实际情况，逐步建立一套适合自己需要的技能、能力评价体系。在成立评价机构时可以邀请企业自身的专业人员与外部专家一起组成能力评价委员会。在确定技能、能力评价要素时要符合企业实际情况，突出企业特点，保证这些评价要素与目前和未来的工作紧密相关。在评价员工行为时应主要考察与工作相关的知识、技能、经验和行为，不要涉及那些与工作无关的方面。在选择评价方法时，可以在专家的帮助下，根据实际需要灵活选用知识考试、技能测试、行为事件访谈、评价中心技术等多种评价工具，保证评价结果的客观公正。另外，企业还要不断调整和更新技能、能力评价要素，并对员工的技能和能力定期进行重新评价。这样才能保证技能、能力评价体系适应企业不断发展的需要，并促进员工保持和提高自己的技能和能力。

6）企业在实施技能与能力薪酬体系的同时有效结合其他薪酬体系

基于技能与能力的薪酬体系并不会完全替代传统的基于职位和基于绩效的薪酬体系。因为传统的薪酬体系反映的是员工工作的价值和过去的业绩，而技能和能力薪酬体系主要反映的是员工未来创造价值的潜力，它们之间并不矛盾，只是各自的侧重点不同而已。

因此，企业应考虑任职者能力（ability）、职位（position）、绩效（performance）三方面的因素，将它们有机结合起来，形成优势互补，共同构成一套完整的薪酬体系。在对员工实施技能与能力薪酬体系的同时辅以绩效薪酬体系或职位薪酬体系，这样员工可能更容易接受，实施效果也更好。比如，对生产技术人员可以根据其技能水平确定基本工资，再根据个人绩效和团队绩效确定其奖金；对研发类员工可以实施能力工资和项目奖金相结合的薪酬体系；对企业核心员工，在实施能力薪酬体系的同时辅以股权、期权等长期激励计划。多种薪酬体系的有机结合可以引导员工在重视技能、提高能力的同时也关注现实绩效的提高，从而让企业获得实实在在的收益。

7）在原有薪酬体系向技能与能力薪酬体系转换时设立一段过渡期

在薪酬体系改变时，设立一段过渡期有助于减小阻力、缓和矛盾。在这段过渡期内企业应与员工充分沟通，让员工理解薪酬改革的意图和目的，消除员工的顾虑心理，为薪酬体系的顺利实施打好基础。在这段过渡期内，企业可以对员工的技能和能力进行测试和评价，然

后修改和调整评价体系，以保证评价体系客观公正并被大多数员工所接受。评价结束后要把结果及时反馈给员工，让员工明确自己未来的努力方向。在过渡期内企业还可以做好工作再设计以及根据员工的技能和能力适当调整其工作内容等基础工作。在过渡期内暂时不对目前的薪酬进行变动，等过渡期结束以后，再全面实施技能与能力薪酬体系，将薪酬同员工的技能和能力联系起来。

┃┣ 本章小结

　　基于员工的薪酬体系是企业在适应知识经济的时代要求和解决企业成长发展中的一系列问题的过程中逐步兴起的。其强调以人付酬（pay for people）的理念，它不是根据职位价值的大小来确定员工的报酬而是根据员工具备的与工作有关的知识、技能和能力的高低来确定其报酬水平。根据薪酬所反映的因素的不同，基于员工的薪酬体系又可细分为技能薪酬体系和能力薪酬体系。

　　在技能薪酬体系设计这一节中，我们首先明确了技能的含义，其包括深度技能、广度技能和垂直技能三个方面。技能薪酬主要应用于基层操作者。在进行技能薪酬体系设计时，首先应成立薪酬指导委员会和薪酬设计小组，经过对组织工作流程的审视与再造，来初步确定哪些工作岗位需要采用技能薪酬体系。然后，要对组织所需的全部技能作全面分析和系统分类，组成不同的技能模块，代表不同的技能单位，员工通过评估系统进入不同的技能模块，通过培训使员工学习新的技能，周期性测试可以证明员工的技能等级，使员工在达到标准之后升入更高的技能等级。

　　在能力薪酬体系设计这一节中，我们通过美国HAY公司的能力冰山模型更好地了解了能力的含义。根据这一模型，个人绩效行为能力由知识、技能、自我认知、品质和动机五大要素构成。前两者易于感知，后三者隐于"水面之下"，是难以被挖掘与感知的潜能。进而介绍了建立能力薪酬体系的基本流程：首先，分析组织能力（识别组织情景变量），提炼组织的核心竞争力。其次，建立员工素质模型，它详细规定了担任企业各个岗位所需要的知识、技能及职业素养要求。再次，进行员工能力评价，为确定员工的能力薪酬提供依据。最后，能力测试和评价还可以引导员工的行为，使之符合企业的要求，以实现更高的工作绩效，最终确定能力薪酬体系。同时，我们介绍了实施技能与能力薪酬体系所面临的问题与挑战，并提出了建议性解决方案。

┃┣ 本章案例

华为公司薪酬体系的发展变迁

　　在很多人眼中，高薪几乎成了华为的代名词，但实际上，华为的薪酬体系也不是一朝一夕就建成的，是几经变迁才发展到如今的模样。我们在这里简单梳理一下华为薪酬体系发展的几个阶段，从而能够对薪酬管理产生一些深刻的认识。

　　第一个阶段：1988—1994年

　　在这个阶段，华为正处于创业期，内部资源匮乏。按照理论学者的说法，华为正处于组织生命周期中的导入期。对于企业来讲，这个时期急需大批优秀的生产技术人员和销售人员，但企业又没有资金实力来支付高额的工资，因此只能用股权、未来收益或未来职务等长期激励形式来代替高薪。

华为也正是这样做的。比如：华为会让一个19岁的"小孩"晋升为高级工程师；会让一个只毕业两年的大学生"菜鸟"管理一个五六十人的部门；年终的时候发的不是现金而是股权（后来改为虚拟股票）。在这个阶段，华为的薪酬和福利都低于市场平均水平，采取滞后性薪酬策略，也许华为就是靠创业的豪情和对成功的憧憬，以及支付员工非经济性薪酬来吸引优秀人才的。

值得一提的是，在创业初期，华为员工收入的主要来源是基本工资，在发展的低潮期，一度连工资都难以按时发放。

第二个阶段：1995—2005年

在这个阶段，华为处于高速发展期，属于组织生命周期中的成长期。此时，华为的薪酬结构已经变成了"基本工资+股票+福利"。由于对优秀人才有着巨大的需求，华为开始实施领先型薪酬策略，平均工资水平已经比深圳一般公司高出了15%~20%。2000年，华为应届本科生起薪是税前每月4 000元，硕士生税前5 000元，要知道2000年深圳职工平均月工资是1 920元，并且华为每3个月左右都要对员工进行一次加薪，加薪幅度200~3 000元不等。

除了工资，华为员工的收入还来自所持股票分红及年终奖金。1997年及其以前进入华为的老员工，基本上是华为高速发展的最大受益者。有一名1997年年初到华为的员工，工作满6年的时候拿到了40万股内部股票，2001年税后分红在20万元左右。

华为的高收入无疑对国内的人才极具诱惑力，高薪酬作为企业第一推动力开始将华为推上高速发展的轨道。

也就是在这个阶段，华为推出了任职资格管理体系，几乎所有岗位都有自己的任职资格标准，并且与员工的切身利益挂钩，如果员工绩效考核不达标，就会"易岗易薪"，以杜绝在功劳簿上养老的行为，也给认同企业文化的奋斗者带来了机会，进而提高了企业的发展速度。

第三个阶段：2006年至今

在这个阶段，华为已经处于发展的成熟期，战略的重点在培养和开发内部人才，强调组织效率和团队协作，薪酬体系的重点是内部公平，团队薪酬。因此，在任职资格管理体系的基础之上，华为进一步推行了薪酬改革，开始实行按责任、绩效、贡献付酬，而不是按资历付酬。

岗位级别对应基本工资。2015年，华为应届本科生、硕士生入职13级，博士生14级，内部公开查阅只显示至22级，超过22级总裁级别不公开显示级别。据多位华为员工透露，在2014—2015年大幅度提升工资基线后，每级工资差距大概在4 000元。13级在0.9万~1.3万元，14级在1.3万~1.7万元，15级在1.7万~2.1万元，16级在2.1万~2.5万元，17级在2.5万~2.9万元，越往上工资薪酬差距越大。

在奖金方面，华为实行"分灶吃饭制度"，不同部门、不同体系差别很大。例如，同为15级，同为绩效B+，无线研发可能税前15万元，业软研发可能5万元，终端研发可能20万元，GTS服务可能18万元，海外销售业绩好的代表处销售经理可能30万元，表现差的可能只有10万元。

在股票方面，华为依照《2015年虚拟受限股分红预通知》，每股分红1.95元，升值0.91元，合计2.86元，工作5年基本可达15级，饱和配股（包括TUP）9万股，分红+升值达

2.86×9万元（25.74万元），即使不饱和配股，基本分红也可以达到税前20万元。工作10年，17级配股普遍超过20万元，税前分红+升值超过50万元，而23级虚拟股票超过200万股，税前分红+升值超500万元。

华为所有的加薪、配股和奖金，都与所在的团队、代表处的组织绩效及个人绩效挂钩。组织绩效取决于年初设定的目标完成情况，以及横向、纵向部门的比较。而个人绩效评比更残酷：10%~15%考评为A，不超过45%为B+，40%~50%考评为B，5%~10%考评为C或D。考评为C或D者3年不能涨工资及配股，奖金当年为0，号称"一C毁三年"。在一手"萝卜"、一手"大棒"的驱动下，华为员工级别越高，责任心也越强，因为公司的业绩和团队的绩效跟个人的收入强相关，这支"军队"以超强的战斗力不断攻城略地。

从以上变化可以看出，随着华为从最初的创业到发展、壮大、成熟，它的薪酬体系也在不断发生变革。这说明，薪酬体系必须与企业的发展阶段和战略相匹配，这样才能为企业赢得人才上的竞争优势。不同企业都有自己所处的阶段和不同特点，切记不要盲目模仿，要根据自身的情况和外界的环境制定出与之配套的薪酬体系，这样才能发挥它应有的作用。

资料来源　HRsee.简单梳理华为薪酬体系的发展变迁［EB/OL］.［2019-01-13］. http://www.hrsee.com/? id=957.

思考题：

1.评价并分析华为公司薪酬体系的发展过程及特点。

2.华为公司薪酬体系的发展变迁对其他企业有何借鉴意义？

复习思考题

1.简述基于职位的薪酬体系与基于员工的薪酬体系之间的区别。

2.技能等级的确定有哪些选择模式？

3.技能薪酬体系中需要做出的几项重要决策是什么？

4.在实施能力薪酬体系的过程中应注意什么问题？

5.简述员工素质模型的含义、原则及建立步骤。

6.简述建立技能与能力薪酬体系所要面临的挑战，有何应对策略？

第 10 章

薪酬系统运行及调整

学习目标

　　通过本章的学习，了解和掌握薪酬成本与薪酬预算的含义；掌握薪酬预算的编制方法；了解控制薪酬成本的方法、薪酬系统监控的主要内容及方法；掌握薪酬体系调整的主要内容；熟悉员工薪酬调整的各种方法。

10.1　薪酬成本管理

10.1.1　薪酬成本及薪酬成本分析指标

薪酬成本管理是薪酬体系运行中最重要、最困难的管理环节。薪酬成本管理的基本任务就是在贯穿企业薪酬战略、保证薪酬公平性和薪酬功能正常发挥的前提下，减少一切不必要的薪酬开支，尽可能节省薪酬支出，以提高利润水平；同时把薪酬成本控制在企业所预期、所能承担的范围内。

1）薪酬成本与人工成本

（1）薪酬成本的分类

薪酬成本有广义和狭义之分。按联合国的国民账户体系，狭义的薪酬成本通常包括雇主支付给员工的所有现金报酬和实物，以及代员工向社会保障项目、私人抚恤项目、人身保险以及其他类似项目的缴款。薪酬成本实际上相当于企业人工成本中的员工工资总额、社会保险费用和员工福利费用三项之和，是人工成本的主要组成部分，对人工成本的变动起着决定性作用。广义的薪酬成本即企业的人工成本，除狭义的薪酬成本外，还包括企业为员工支付的教育培训费用、住房费用、劳动保护费用和其他人工成本。

传统的薪酬成本管理比较侧重于对狭义薪酬成本的管理，但随着经济与社会的发展，狭义薪酬成本以外的人工费用在急剧上升，人工成本总额与狭义薪酬总额的比例大约为1.7∶1，大公司由于福利待遇好和员工培训费用高，该比例高达1.9∶1。所以，当前的薪酬成本管理应当是广义的薪酬成本管理。

（2）薪酬成本与人工成本的区别和联系

人工成本（也称人工费用、人事费用）是指在报告期内，企业在生产、经营和提供劳务活动中，使用劳动力而支付的所有直接费用和间接费用的总和。在1966年10月召开的第11次国际劳动统计学家会议上，形成了《关于人工成本统计的决议》。根据该决议，人工成本包括工资总额、社会保险费用、福利费用、教育经费、劳动保护费用、住房费用、工会经费和其他人工成本支出等。

薪酬成本是人工成本的重要组成部分，与人工成本密切相关，但与通常使用的人工成本的界定并不完全吻合。值得注意的是，员工招募成本、员工培训成本以及工作场所的设施和服务，如员工餐厅、员工诊所以及一些公益服务等，均不包括在内。一些研究发现，在可以获得相关数据的国家，人工成本未被包含在薪酬成本中的部分所占的比例较小。

2）薪酬成本分析指标

薪酬成本管理中要正确判断企业目前的薪酬水平是否合理、薪酬成本是否在企业所能承受的范围内及未来可能变化的趋势，必须有一套量化的指标体系以准确地反映企业的薪酬支出状况及其变化动向。这是薪酬成本分析和控制的基本依据。薪酬成本分析常用的指标有：

（1）水平指标

薪酬成本水平指标反映的是企业薪酬成本总量水平。薪酬成本水平指标主要用人均薪酬成本和企业产品薪酬成本来反映。

由于不同企业的员工人数不同，因此常用人均薪酬成本来反映企业薪酬成本水平的高低。该指标可以显示本企业员工平均收入的高低、企业聘用一名员工大致需要多少薪酬成本支出，以及企业在劳动力市场上对人才的吸引力有多大等。人均薪酬成本既可以表示企业员工的工资和保险福利水平，又能作为企业向劳动力市场发出的劳动力价格信号。

企业产品薪酬成本可以显示本企业生产每个产品需要投入的薪酬成本量，反映企业生产的产品在市场上的竞争力。如果薪酬成本高于平均水平，则表示本企业的生产效率低下，需要采取相应的管理措施进行调整。

①人均薪酬成本。人均薪酬成本是指一定时期企业平均花费在每个员工身上的薪酬成本。

人均薪酬成本=报告期薪酬成本总额÷同期同口径员工人数

式中：员工人数是指在企业内工作并由其支付工资的人数。

人均薪酬成本反映出一定时期员工收入水平的高低，以及企业在劳动力市场上的竞争能力。它可以用来分析企业间薪酬成本的结构差异，以及对各自的竞争潜力和用工效率产生的影响，对于研究薪酬成本与相关经济指标之间的关系具有重要意义，为调整薪酬成本的使用方向和提高其使用效率提供参照，也是各类企业进行横向和纵向比较的重要依据。

②企业产品薪酬成本。

企业产品薪酬成本=报告期薪酬成本总额÷同期产品产量

式中：同期产品产量应按单一产品或价值量（或工作量）折算成同一产品产量计算。

企业产品薪酬成本可以反映企业产品竞争能力的强弱以及产品成本水平状况，表明了企业生产某种产品的薪酬成本耗费（投入）水平。

（2）结构指标

薪酬成本结构指标由两大类构成：一是薪酬成本中各组成项目占薪酬成本总额的比例。具体是指员工工资总额、社会保险费、员工福利费、员工教育费、劳动保护费用、员工住房费用和其他薪酬成本费用七大项占薪酬成本总额的比例。二是薪酬成本占总成本的比重。

①报告期内薪酬成本某组成部分所占比重。

报告期内薪酬成本某组成部分所占比重=（报告期内某组成部分数量÷同期薪酬成本总额）×100%

总薪酬成本中各组成部分所占比重指标，可以说明各组成部分在人工成本中的结构比例的变化。企业应根据指标的变动，分析其中具体的结构性变动原因，并采取措施加以控制。

在各项指标中，工资比重是最为重要的指标，反映工资占薪酬成本的比重。

工资比重=（报告期内工资总额÷同期薪酬成本总额）×100%

②薪酬成本占总成本的比重。薪酬成本比重是企业、行业和国家间商业竞争的重要指标，因为在市场经济条件下，商品的竞争主要是质量和价格的竞争，其中价格的竞争主要是成本费用的竞争，而成本费用的竞争又与薪酬成本的竞争相关。

总成本中薪酬成本比重=（报告期内薪酬成本总额÷同期成本费用总额）×100%

成本费用总额，是指企业为生产经营商品和提供劳务所发生的各项支出，具体来说，应包括五部分：销售成本、销售（货）费用、管理费用、财务费用和其他业务支出。简单地说：

成本费用总额=物化成本+薪酬成本

在计算出基期和报告期内薪酬成本某组成部分所占份额后，利用比较法分析该部分所占份额在薪酬成本总额中的变化情况，从而反映薪酬成本各组成部分的此消彼长及合理程度。在实际操作中，可以采用比较法确定本企业合理的指标比率。比较法分横向比较和纵向比较。所谓横向比较，是指本企业的某一指标与本地区或者本行业的相应指标的平均水平作比较；所谓纵向比较，是指根据本企业的历史数据，得出某一指标的平均值，以此来观察该指标在过去多期的变动情况。横向比较分行业和地区，行业分行业内外，地区分地区内和地区外，且行业内有规模和产权属性等差异；纵向比较分年度、季度和月度。

（3）投入产出指标

薪酬成本投入产出指标采用薪酬成本利润率、劳动分配率、薪酬费用率来反映。

①薪酬成本利润率。

薪酬成本利润率=（一定时期企业利润总额÷同期企业薪酬成本总额）×100%

对企业主管部门来讲，薪酬成本利润率的变动趋势基本可以说明企业经营环境的变动趋势。如果薪酬成本利润率下降，就应分析其原因：如果是由于产品卖不出去，就应加大销售力度，或尽快进行产品结构调整；如果是因为原材料价格上涨或薪酬成本增长过快，就应采取措施，努力降低物耗成本或薪酬成本。

②劳动分配率。

劳动分配率=（报告期内薪酬成本总额÷同期增加值总额）×100%

劳动分配率指标表示在报告期内新创造的价值中有多少比例用于支付薪酬成本，它反映劳动投入对企业净产出的影响，以及薪酬成本要素的投入产出关系。同一企业在不同年度的劳动分配率比较，以及同一行业内部不同企业之间劳动分配率的比较，可以说明薪酬成本相对水平的高低。

企业增加值是指报告期内（如一年）企业新创造的价值。如果按生产法计算，企业增加值=总产出-中间投入。由于对大多数行业来说，这种方法计算起来比较困难，因此可以按照分配法计算。计算公式为：

企业增加值=劳动者报酬+生产税净额+固定资产折旧+营业盈余

这里的劳动者报酬不是工资的概念，如果不考虑在企业薪酬成本中，有一小部分企业利润用于支付部分住房费用，则劳动者报酬与薪酬成本相差无几。因此，计算公式可改写为：

企业增加值=薪酬成本+生产税净额+固定资产折旧+营业盈余

③薪酬费用率。

薪酬费用率=（报告期内薪酬成本总额÷同期销售收入总额）×100%

薪酬费用率反映薪酬成本占销售收入的比重，即薪酬成本占销售收入比率。由于总销售收入中不仅包括企业增加值，而且包括生产经营及销售中的其他物耗成本，因此薪酬费用率能反映企业劳动力要素投入在企业整体价值生产和价值实现过程中的效率。薪酬费用率越低，表明企业薪酬投入的产出效益越高。

（4）成本指数指标

①薪酬成本总额增长率。

薪酬成本总额增长率=（报告期内薪酬成本总额-基期薪酬成本总额）÷基期薪酬成本总额×100%

②人均薪酬成本增长率。

人均薪酬成本增长率=（报告期内人均薪酬成本-基期人均薪酬成本）÷基期人均薪酬成本×100%

人均薪酬成本增长率即增薪率，是相对指标，其数值大小与企业的总体薪酬水平直接相关。原来薪酬基数高，则增薪绝对数额即使很大，增薪率也不一定高；反之亦然。所以，企业应当参考主要竞争对手的增薪率或行业平均增薪率来确定本企业的增薪率。

10.1.2　薪酬预算及薪酬总额的确定

企业在每一个财政年度开始前会制定下一年度的财务预算，其中包括薪酬预算。那么何为薪酬预算，如何合理制定并有效实施企业的薪酬预算就显得更为重要。所谓预算，简单地说是指一个特定的主体准备以何种成本或代价来实现一个特定目标的过程。由于薪酬问题对于企业财务状况起着重要的影响，因此，薪酬预算也就成了企业财务预算的一个重要组成部分。

1）薪酬预算的含义和目标

所谓薪酬预算，实际上是指管理者在薪酬管理过程中进行的一系列成本开支方面的权衡和取舍。举例来说，在新的财务年度，管理者需要综合考虑外部市场的薪酬水平、员工个人的工作绩效、企业的经营业绩以及生活成本的变动情况等各种要素，并权衡这些要素在加薪中所占据的比重；这种权衡还发生在长期奖金和短期奖金之间——绩效加薪和根据资历加薪之间以及直接货币报酬和间接福利支出之间；此外，是主要以薪酬作为激励手段还是用其他人力资源管理手段来激励员工，同样是一个值得管理者考虑的问题。事实上，在企业的财务资源一定的情况下，企业在薪酬管理、人员配备、员工培训和其他的一些管理措施之间所投入的财务预算存在着一种此消彼长的关系。因此，薪酬预算的多少可以很清楚地反映出企业的人力资源战略重心，它同时也是整个人力资源管理的重要组成部分，直接关系到企业的经营成果和员工们的心理感受。在这种情况下，如果企业在薪酬预算方面不存在正式的制度而是任由管理者自由决定，那么就很可能在各种人力资源管理手段的投入方面出现较大偏差，而员工们可能也无法受到公平和公正的对待。为了避免这种情况，任何管理系统，包括薪酬预算，都应该追求操作的规范化，以利于企业实现提高效率、促进公平以及手段合法等几个方面的薪酬管理目标。

从某种意义上讲，薪酬实际上是企业和员工之间达成的一项隐性契约，它体现了雇用双方就彼此的付出和给予达成的一致性意见。正是凭借这一契约，员工和企业之间的交换才得以实现。因此，在进行薪酬预算的时候，企业一般会希望凭借这一举措实现以下两方面的目标：

（1）合理控制员工流动率，同时降低企业的劳动力成本

和所有的交换一样，发生在企业和员工之间就劳动力和薪酬所进行的交换也要遵循经济学中最基本的规律：双方都想在提供最小投入的情况下从对方身上获得最大的产出。具体到企业方面，当从员工方面得到的收益逐渐增多的时候，企业在购买劳动力时需要支付的成本也在逐渐上升。因此，在企业劳动力成本的变动过程中，一定会出现能够满足企业的边际劳动力成本等于它所获得的边际劳动力收益，即达到所谓的均衡状态的一点。而薪酬预算最为重要的目标就在于找到这一均衡点，以实现劳动力成本和企业收益之间的平衡，保证企业所有者的收益最大化目标能够得以实现。

（2）有效影响员工的行为

具体来说，薪酬预算能够施加影响的员工行为主要包括两个方面，即员工的流动率和他们的绩效表现。

① 员工的流动率受到雇佣关系中诸多因素的影响，而薪酬水平是其中非常重要的一个影响因素。企业期望与大多数员工建立起长期而稳定的雇佣关系，以充分利用组织的人力资源储备，并节约在招募、筛选、培训和解雇方面所支出的费用；而员工通常会要求得到至少等于、最好超过其自身贡献的回报，否则就有可能会终止与企业的雇佣关系。鉴于此，企业在进行薪酬预算的时候，必须考虑如何才能有效地控制劳动力成本，同时还能保持一个较合理的员工流动率。

② 员工的绩效表现对于企业而言也至关重要。为促使员工产生优良的绩效，一种最简单的方法就是直接把绩效要求与特定岗位结合在一起，员工在与企业建立起雇佣关系的同时

就已经明确了其需要达到的绩效标准。从薪酬预算的角度来说，如果企业在绩效薪酬或者浮动薪酬方面增加预算，而在基本薪酬的增长方面则注意控制预算的增长幅度，然后再根据员工的绩效表现提供奖励，那么，员工们必将会重视自身职责的履行以及有效业绩的达成，而不是追求岗位的晋升或只是在加薪方面的盲目攀比。

2）薪酬预算的内部环境因素

薪酬预算应着重考虑如下内部因素的影响：历史薪酬增长率和企业薪酬支付能力。

（1）历史薪酬增长率

企业必须保持历史薪酬增长率的稳定性，以减少因为薪酬预算不稳定而给企业财务带来的冲击，并按照战略部署要求员工行为。年度薪酬增长率的计算公式为：

年度薪酬增长率=（年末平均薪酬−年初平均薪酬）÷年初平均薪酬×100%

（2）企业薪酬支付能力

企业薪酬支付能力源于企业经济附加价值和劳动分配率情况。企业附加价值越高，薪酬支付能力就越高；劳动分配率越高，薪酬支付能力也越高。附加价值的计算方法有两种：

扣除法：

附加价值=销售额−外购部分

　　　　=销售额−（直接原材料+购入零配件+外包加工费+间接材料）

相加法：

附加价值=利润+薪酬成本+财务费用+租金+税金+红利+内部留存收益+折旧

附加价值率=附加价值÷销售额

附加价值增长率=（年末附加价值率−年初附加价值率）÷年初附加价值率×100%

平均每人附加价值增长率=附加价值增长率÷本年平均人数×100%

劳动分配率=薪酬成本÷附加价值×100%

企业薪酬支付能力的分析步骤为：

① 依照过去3年的财务损益表，计算各年度的附加价值；

② 分析各年度的附加价值，以掌握其趋势与效率；

③ 检查各年度附加价值和劳动分配率是否恰当；

④ 观察平均每人附加价值增长率与平均每人薪酬增长率，如果前者高于后者，说明企业薪酬支付能力较强，如果后者高于前者，那么企业薪酬支付能力较弱。

3）薪酬总额的确定

组织的收入是决定薪酬支付能力的决定性因素，也是决定薪酬总额的前提条件。除了由国家财政拨款的组织，其他生产经营性组织的收入取决于销售收入总额。所以，企业确定薪酬总额本质上是以不同方法、按不同比例确定薪酬总额占销售收入总额的比重。

（1）按薪酬费用比率确定薪酬总额

根据薪酬费用比率推算合理的薪酬费用总额。在企业采取的各种薪酬预算方法中，这是最简单、最基本的分析方法之一。对于经营业绩稳定且适度的企业来说，可使用本企业过去的经营业绩，推导出适合本企业的薪酬比率，以此来对未来合理的薪酬总额做出预算；若本企业经营状况不佳，则应参考行业的一般水平，来确定合理的薪酬比率，并由此推断合理的薪酬总额。薪酬费用比率的计算公式如下：

薪酬费用比率=薪酬总额÷销售额

　　　　　　=（薪酬总额÷员工人数）÷（销售额÷员工人数）

　　　　　　=薪酬水平÷人均销售额

由上式可以看出，要维持一个合理的薪酬比率，同时使薪酬总额有所上升，必须增加销售额，即薪酬水平的提高必须在员工平均销售额的上升范围之内。根据一般经验，薪酬总额与销售额的比例大致为14%，其具体情况又因企业的规模和行业而异。

（2）按盈亏平衡点确定薪酬总额

成本、销售量和利润三者之间存在着内在的联系。盈亏平衡点是指组织的销售量所获得的总收入正好与总成本（固定费用+变动费用）费用相等，即组织处于不亏不盈时所必须达到的销售额（见图10-1）。其计算公式为：

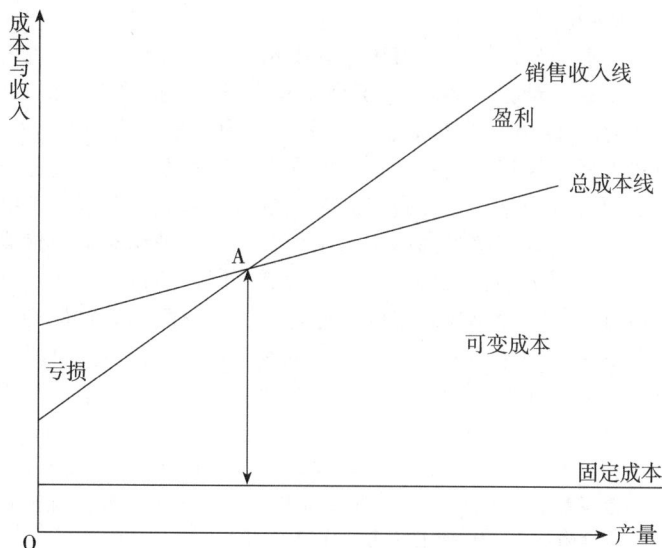

图10-1 盈亏平衡点图形

资料来源 徐斌. 薪酬福利设计与管理［M］. 北京：中国劳动社会保障出版社，2006：114.

盈亏平衡点=固定费用÷［1-（单位产品费用÷单位产品销售额）］

　　　　　=固定费用÷临界利益率

临界利益=单位产品销售额-单位产品变动费用

临界利益率=临界利益÷单位产品销售额

计算出盈亏平衡点后，就可以计算出组织薪酬支付的最高限度（最高薪酬比率），其计算公式为：

最高薪酬比率=薪酬成本总额÷盈亏平衡点销售额

例如，某公司固定费用为2 000万元（含薪酬成本费1 000万元），临界利益率为40%，则盈亏平衡点的销售额为5 000万元（2 000÷40%）。该公司的最高薪酬比率为20%（1 000÷5 000×100%）。公司必须将薪酬支出控制在销售额的20%以内，超过20%公司就会亏损。

如果其他条件不变，该公司决定实现200万元利润，其销售额和最高薪酬比率将发生下列变化：

目标销售额=（固定费用+目标利润）÷临界利益率

　　　　　=2 200÷40%=5 500（万元）

最高薪酬比率=薪酬成本总额÷目标销售额×100%

　　　　　　=1 000÷5 500×100%=18.2%

以盈亏平衡点为基准确定薪酬总额的优点，是通过量本利分析（CVP分析），能精确计算出保本或达到某个利润目标所需的销售额，以此为基础去控制薪酬总额，更有利于实现组织的经营目标。

（3）按劳动分配率确定薪酬总额

劳动分配率是企业薪酬总额占企业附加价值的比率，是指在企业获得的附加价值（增加值、纯收入）中用于员工薪酬分配的份额。附加价值是企业经过努力创造的部分，是企业通过生产或销售活动所产生的价值，它是生产价值中扣除从外面购买材料或劳动力的费用之后，附加在企业上的价值；附加价值是企业可用来进行分配的收入，是企业进行劳动力和资本分配的基础。劳动分配率的计算公式为：

劳动分配率=薪酬总额÷附加价值

此公式说明的是企业所赚的附加价值中有多少用于薪酬发放，同时也说明了企业赚取的附加价值比率（即100%-劳动分配率），它类似于马克思所说的剩余价值率。

合理的劳动分配率应以全国平均企业劳动分配率为尺度。它与企业的资产负债构成因素，即资本构成或资本效率、资本周转率、折旧率等紧密联系。如果过分依赖负债来大幅度地进行固定资产投资而导致利息与折旧费膨胀时，该膨胀率大于薪酬总额增长幅度时，劳动分配率就有可能下降。劳动分配率过高则表明两种情形：一是相对附加价值生产性而言，由于人均薪酬总额过高或人员太多，浪费严重而使薪酬总额过高；二是薪酬总额若仅达一般水平，则表明附加价值过少。一种比较理想的状况是，劳动分配率大致保持不变，而作为分子的薪酬总额或人均薪酬总额与作为分母的附加价值或人均附加价值同时提高，这样劳资双方都能得到良好的收益，古典科学管理理论创始人泰勒所谓的"思想革命"或"大饼理论"提倡的就是这种思想。

通过劳动分配率，还可以计算出企业的合理薪酬费用比率：

合理薪酬费用比率=薪酬总额÷销售额=（附加价值÷销售额）×（薪酬总额÷附加价值）
=目标附加价值比率×目标劳动分配率

例如，假设某公司目标附加价值比率为40%，目标劳动分配率为45%，目标薪酬总额为3 000万元，按薪酬比率计算，其目标销售额为：

目标销售额=薪酬总额÷薪酬比率
=薪酬总额÷（目标附加价值比率×目标劳动分配率）
=3 000÷（40%×45%）=16 666.67（万元）

又如，假定某公司目标销售额为4 000万元，其目标附加价值比率为40%，目标劳动分配率为45%，则企业不应超过的薪酬总额为：

薪酬总额=目标销售额×薪酬比率
=目标销售额×目标附加价值比率×目标劳动分配率
=4 000×40%×45%=720（万元）

10.1.3　薪酬预算编制方法

企业在制定薪酬预算时，首先要对企业所处的内部和外部环境有充分的了解，这样可以清楚地知道企业目前的处境、竞争对手的情况以及面临的机遇与挑战，有助于企业预测下一个预算期需要支付的薪酬成本。企业常用的预测方法有两种：宏观接近预测法和微观接近预测法。

1）宏观接近预测法

宏观接近预测法与人们常谈到的"自上而下法"类似。通过对下一年度企业的计划活动进行评估后，以企业过去的业绩和以往年度的薪酬预算作为预算的根据，按照企业下一年度总体业绩目标，确定出企业该年度的薪酬预算。常用的操作方法较多，企业一般可以根据本企业的实际情况来选择一种适合自身的薪酬预算方法。

（1）在企业经营业绩较稳定的情况下，通常可以采用比较简单便捷的方法，即根据企业以往的经营业绩和薪酬费用来估测出本企业的薪酬费用比率（薪酬费用比率=薪酬费用总额÷销售额），并以此为依据对未来的薪酬费用总额进行预算（薪酬费用预算总额=预算年度预期的销售额×薪酬费用比率）。

（2）如果本企业经营业绩不佳，可以参考同行业一般水平来确定薪酬费用比率，进而确定薪酬费用总额。薪酬费用比率会因企业规模和行业的不同而有所不同。企业确定薪酬费用比率的方法也有多种，如依照劳动分配率来推算、根据盈亏平衡点来推算等，无论哪种方法目的都是相同的，就是通过确定薪酬费用比率来计算出预算期内的薪酬费用总额。

2）微观接近预测法

微观接近预测法与人们常谈到的"自下而上法"类似。首先，企业机构内各部门根据企业确立的预算期目标提出该部门在预算期内的人员配置数量和人员标准，以及员工薪酬调整建议；同时人力资源部门根据劳动力市场现有状况、企业内部环境、生活成本变动水平等方面的因素对薪酬水平造成的影响，确定出适合于本企业的薪酬水平增长率（薪酬水平增长率=（年末平均薪酬–年初平均薪酬）÷年初平均薪酬×100%）。其次，依据相关数据和建议，逐个确定出各部门的员工数量及薪酬水平，从而确定出该部门预算期内的薪酬预期总量，将各部门的数据整理汇总，就可以得出企业的薪酬预算。在具体实施过程中应包括以下步骤：

（1）告知经理们薪酬政策和技术。对经理们进行正确的绩效工资概念如使用工资增加指导线和预算等薪酬技术方面的培训。同时，向经理们传递工资范围和市场数据的有关信息。

（2）分发预测说明书和表格。为经理们提供表格和使用说明书。

（3）为经理们提供咨询。应要求为经理们提供建议和工资信息方面的服务。

（4）核查数据和编辑报告。审计预测的增加额，以确保它们没有超过工资指导线和合理的范围。然后用这些数据来反馈工资预测和预算的结果。

（5）分析预测。检查每一位经理所做的预测，对于所观察到的不同经理之间的差异，建议其进行修正。

（6）与管理层共同回顾并修改预测与预算。向做分析和建议修改的经理咨询，获得高层对于预测的许可。

（7）为管理层提供反馈。对部门预测的数据进行统计分析，总结并设定部门目标。

（8）监控预算和实际的增加。通过追踪和向管理层报告周期状况，来控制预计的增加与实际的增加。

预测循环的结果是形成每个组织下一年的预算，同时形成每个员工的薪酬水平。预算并不是限制管理层对员工的薪酬进行调整；相反，它仅仅代表了一个计划，因为能预见的改变如绩效改进以及未能预见的晋升等而导致发生偏离是很正常的。

图10-2列出了微观接近预测法编制薪酬预算的步骤。

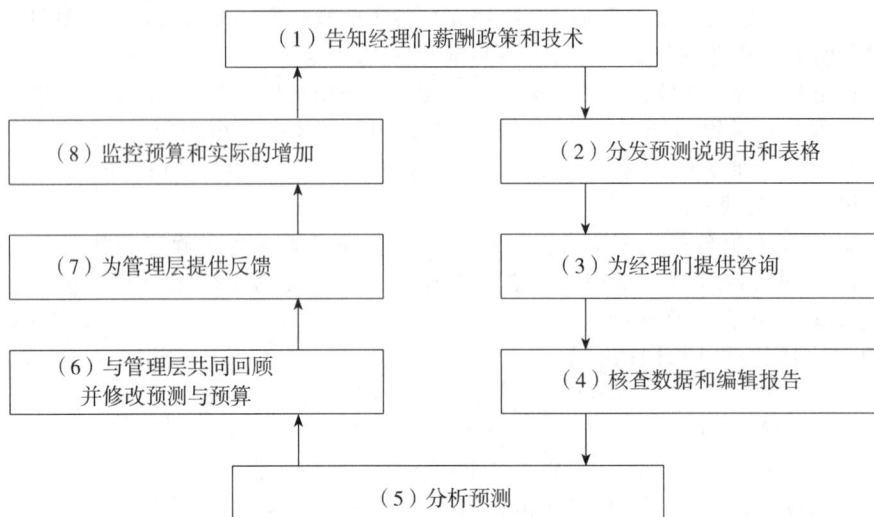

图 10-2　微观接近预测法编制薪酬预算的步骤

3）两种预测方法的综合运用

单一地使用宏观接近预测法来制定企业的薪酬预算，会因为忽略外部变化（社会薪酬水平的变化、行业发展状况的变化等）和内部变化（企业内部机构的调整等）对企业的影响，而使薪酬预算缺乏科学与合理性；单一地使用微观接近预测法会因为其不能从企业总体角度考虑人力成本的分配，而导致薪酬预算无法正确有效地分配使用。

因此，在制定预算的实际操作中应把两种预测方法结合起来使用：首先采用宏观接近预测法确定薪酬费用比率的浮动范围，充分考虑内外部变化对企业的影响及企业对这些影响的承受能力，确定薪酬费用总额的浮动范围；再运用微观接近预测法，确定出各部门的员工数量及薪酬水平，从而确定出该部门预算期内的薪酬预期总量，将各部门的数据整理汇总，得出薪酬费用总额。将通过两种方法得出的结果进行对比，将差异进行分析后，找出计算过程中数据的不合理之处，经过反复讨论、推敲修改，最终得到两种计算方法基本一致的结果，这时可以确定趋于科学合理的薪酬预算。

10.1.4　薪酬成本控制

现代企业在走出"重物质要素，轻人力要素"传统观念的同时，却极易走上另一个极端——人力资源高消费。因此，在保证企业效益的基础上，如何优化人力资源配置、控制企业的薪酬成本就成为现代企业的一个重要课题。

1）外部人力资源市场下的薪酬成本控制

在企业外部人力资源市场中，人力资源作为一种特殊的社会资源，是通过由人力资源供求关系决定的薪酬水平竞争机制来进行配置的。薪酬水平的高低对企业的人力资源流动起着引导作用，人力资源总是由薪酬水平较低的企业向薪酬水平较高的企业流动，形成了人力资源的动态流动机制。

（1）外部人力资源市场下薪酬成本控制的前提

在一定社会平均薪酬水平下的企业薪酬成本，应在保证外部竞争力和效率性原则的基础上来进行控制。

外部竞争力强调的是本企业的薪酬水平同其他企业薪酬水平的比较优势。薪酬的比较优势是企业优化人力资源配置的保证：一方面，薪酬的比较优势对外部的人力资源具有吸引力，可以保证企业的人才供给；另一方面，薪酬的比较优势有利于树立企业形象、稳定员工队伍和减少市场雇佣风险。当然，外部竞争力的保证不能完全以提高企业的薪酬成本为代价。

效率性原则是指企业在外部人力资源市场上的人力资源配置效率。在外部人力资源市场上如何高效率地找到适合的人选，一方面取决于外部人力资源市场的供给水平；另一方面与企业的包括薪酬政策在内的整体形象密切相关。效率性原则与外部竞争力是相关的，竞争力的提升有利于提高配置效率，但竞争力并不直接导致配置效率。人力资源配置效率与企业的薪酬水平直接相关，在保证效率的基础上，可以针对不同供给水平的人力资源，建立区别的薪酬政策，以此来控制企业的薪酬成本。

（2）外部人力资源市场下薪酬成本控制的措施

在保持竞争力和保证配置效率的前提下，企业可以通过调整不同层次员工的薪酬水平来控制薪酬成本。

① 企业员工整体薪酬水平略高于（或不低于）外部市场及同类企业的薪酬水平，保持相对于外部人力资源市场的薪酬比较优势，形成外部竞争力。因此，在进行薪酬政策设计时，企业各类成员的整体薪酬水平应略高于外部人力资源市场的水平。

② 企业急需的各类紧缺人才和高级人才的薪酬政策应与国内乃至国际人才市场定价接轨。

③ 低层次员工的薪酬水平应低于（或不高于）外部市场及同类企业的薪酬水平。低层次员工在外部人力资源市场上的一个显著特点是大量性，而且低层次员工对于企业的发展来说，其作用处于次要地位。略低于平均水平的薪酬政策不影响企业吸引低层次员工，但可以降低薪酬成本，并促进低层次员工的进步。

2）内部人力资源市场下的薪酬成本控制

内部人力资源市场理论是近20年来西方劳动经济学的最新理论进展。内部人力资源市场有不同于外部人力资源市场的特征及资源配置效率，并对企业薪酬设计的思路和方法提出了新要求。

（1）内部人力资源市场下薪酬成本控制的决定因素

内部人力资源市场下的企业薪酬成本控制，主要取决于两个因素：内部公平性和经济性。

传统理论将公平的概念绝对化，这实际上是对在能力上有差异的员工的不公平。区别于传统的平均分配，公平是指企业员工对薪酬制度的认同感，也就是对薪酬是否公正和合理的认识和判断。在企业中工作的员工都希望自己被公平地对待，企业内分配的不公平往往比企业间的差距更受员工的关注。公平不等于平等，它要求企业按照员工的贡献大小进行分配，适当拉开分配差距，体现薪酬差别，这也是薪酬内在激励和促进良性竞争的要求。

薪酬是企业使用人力资源所必须付出的成本，经济性是最基本的原则。薪酬设计要全面考虑企业的薪酬状况，以求在满足公平与效率的基础上实现薪酬成本最小化目标。

（2）内部人力资源市场下薪酬成本控制的措施

薪酬成本控制应建立在绩效导向的基础上，内部人力资源市场下的薪酬成本控制，出发点是一份薪酬发挥一份作用。

　　① 企业应坚持以企业需要来配置人力资源。企业内部的薪酬水平主要是由企业目标的实现程度、企业所处的内外部环境、企业内部人力资源需求总量与结构、宏观经济形势等多种因素共同控制的。企业内部的薪酬成本控制，要求企业的人力资源配置以企业需要为依据，以保证企业经济效益的提高为前提。其首要问题在于控制人力资源总量与结构，严格按照企业需要的原则来进行人力资源配置。

　　② 通过促进人力资源的内部合理流动来控制薪酬成本。内部人力资源市场形成的根本原因在于，企业追求人力资源使用成本的最小化。优化人力资源的内部配置，可以大幅减少薪酬成本，主要体现在以下三个方面：一是追求人力资源替换成本的最小化；二是追求岗位特殊性及原有员工流失而造成的人力资源投资损失的最小化；三是为规避外部人力资源市场上由于信息不对称而造成的雇佣人员风险。

　　③ 引入竞争机制，充分发挥薪酬的激励作用。引入竞争机制，合理拉开薪酬差距，可以促进企业人力资源合理流动，淘汰不适用员工，保持人力资源的动态平衡，实现人力资源的优化配置。

10.2　薪酬系统监控和诊断

10.2.1　薪酬系统监控和诊断的任务及要求

　　许多企业由于薪酬体系的设计未能符合企业的实际情况，因而在实施中出现了薪酬成本占产值的比率过高、分配方法低效的现象，致使企业因无法留住有贡献的员工而丧失了竞争力。企业薪酬体系的监控和诊断就是要了解和分析企业在薪酬体系方面存在的问题，并针对这些问题提出有效的解决方法，以恢复和改进薪酬体系的功效。因此，薪酬体系监控和诊断是企业进行薪酬调整的前提，也是企业新的薪酬政策实施的必要途径。

1) 薪酬系统监控和诊断的任务

　　基于战略性薪酬管理的思想，薪酬监控和诊断并不仅限于薪酬系统本身，而是从企业战略的角度来对薪酬体系进行监控和诊断。其任务主要包括：

　　（1）诊断薪酬系统设计的合理性和实施的可行性，薪酬系统是否提出了实现组织目标所必需的当前和未来的首要条件。

　　（2）考核薪酬体系运转在贯彻组织的薪酬战略和政策中的作用，测试薪酬系统的执行运作是否产生预期的效果，以及实际效果与预期目标的偏离度。

　　（3）当组织内部和外部环境发生变化时，需要通过薪酬系统的诊断，为调整薪酬系统或制订一套新的薪酬方案提供依据。

2) 薪酬系统监控和诊断的要求

　　（1）测试过程的科学性和采集信息的真实性。只有科学的测试方法和真实的数据资料，才能客观地反映薪酬系统的运行效果和存在的问题。

　　（2）薪酬系统监控和诊断的制度化和规范化。薪酬系统监控和诊断不是临时性、突发性的工作，应该制定相应的规章制度，保证这项经常性、长期性工作的有序进行。

　　（3）持续的薪酬监控与定期的薪酬诊断相结合。在监控中发现问题，以诊断去分析问题并提出解决问题的思路。

　　（4）薪酬系统监控的灵敏性和诊断的前瞻性。薪酬管理不能等到薪酬系统严重恶化、各种问题纷纷暴露时才开始解决，因为此时往往深层次的矛盾积累已经形成并给组织造成了严重损失，甚至回天乏术。所以该系统应能敏锐地及早发现问题，薪酬诊断时应未雨绸缪，从蛛丝马迹中预见其可能产生的后果，及早予以解决。

10.2.2　薪酬系统监控和诊断的主要内容

对薪酬系统的监控和诊断首先应从战略的角度予以把握，在战略指导下，薪酬系统监控和诊断包括以下内容：

1）薪酬目标和战略的监控与诊断

（1）现行的薪酬政策和薪酬制度是否与组织的经营战略、核心价值观、发展目标相一致。

（2）薪酬系统的运行是否与组织人力资源管理系统及其各个环节相协调。

（3）对薪酬系统实际运行效果与薪酬系统设计时的预期效果进行对比分析，找出偏差程度及其原因，尤其要重视薪酬系统设计中的先天性缺陷。

2）薪酬水平的监控与诊断

（1）组织总体薪酬水平的状况如何，现行的薪酬标准是否具有外部竞争力，尤其是对核心员工是否具有吸引力。

（2）薪酬水平是否与组织的经营状况和财务状况相适应，与平衡薪酬预算的目标是否矛盾。

（3）薪酬水平与薪酬结构的关系是否协调，现行的各等级薪酬标准是否与工作等级标准相符合。

（4）组织的薪酬政策线与外部市场的市场薪酬水平线的差异状况，这种差异是否体现出组织的薪酬战略意图。

3）薪酬结构的监控与诊断

（1）薪酬的纵向结构在体现内部公平性要求中的状况是否存在问题。例如：①现行的薪酬等级数目和级差是否合理，是否真实反映不同岗位职位对组织贡献的相对价值。②决定薪酬结构的薪酬要素是否符合实际，工作流程中是否有新的变化，需要调整薪酬要素及其组合。③各类各级员工的薪酬关系是否协调，员工对薪酬的申诉状况如何，是否体现公平对待每个员工的原则。

（2）薪酬的横向结构在体现发挥薪酬激励功能、调动员工积极性方面是否存在问题。例如：①现行的薪酬组合比例（外在薪酬和内在薪酬、固定薪酬和变动薪酬、各种薪酬形式的比例）是否合理。②现行的激励薪酬方案是否合理，其激励效应状况如何。

10.2.3　薪酬系统监控和诊断的方式

1）正规方式和非正规方式

从薪酬问题的解决过程是否正式的角度可以将薪酬系统监控和诊断的方式分为正规方式和非正规方式两种。

（1）正规方式。在薪酬问题获得、分析、监控和诊断三方面都有正式的途径和方式。

①薪酬问题的获得，主要是通过正常的管理途径反映、搜集和反馈一些企业薪酬管理方面的信息、资料和问题。例如，对一些经常性的薪酬资料的统计和分析；企业的管理例会制度；员工的小组会以及与管理者的对话制度等。

②薪酬问题分析。企业组织专门的问题分析小组、薪酬专家和管理人员对薪酬问题进行及时分析。

③薪酬问题监控和诊断。将分析结果与诊断报告和诊断方案的正式形式递交有关管理和决策部门。

正规方式中最常用的是员工薪酬满意度调查。通过定期或不定期的薪酬满意度调查，可以了解到最基层员工对薪酬制度和薪酬管理各方面的意见。

（2）非正规方式。这包括通过一些内部的灵活的沟通方式，及时反映薪酬管理中的问题；企业薪酬主管和基层主管应及时听取员工对薪酬政策和管理中的意见、建议，甚至抱怨，以便发现问题，及时处理。

2）内部人员诊断和外部人员诊断

从薪酬诊断人员的来源看，薪酬诊断一般可分为内部人员诊断和外部人员诊断两种。

内部人员诊断即由企业内部人员，如总经理、人力资源部门主管与员工等组成诊断小组，运用专家咨询、公司决策层集中会诊、员工面谈等方法对企业薪酬管理全过程进行诊断。这种诊断方式具有费用低、时间机动灵活、诊断人员熟悉企业文化及其相关运作等优点，其最大的缺点是内部人员对企业存在的问题往往习以为常，不易发现问题及其原因。

外部人员诊断则是请外部人力资源方面的专家学者或有丰富企业管理知识和经验的企业家来进行薪酬管理诊断。这些专家不属于某一企业，分析问题的立场较为客观公正。他们有着不同的社会经历和知识背景，具有深刻的洞察力，易于发现问题及其原因。他们受过企业诊断技术的系统训练，因而对企业的人力资源管理有较深入和独到的见解，分析问题的手段和方法较先进，这在一定程度上保证了诊断的完整性和科学性。专家的分析，可以使企业了解自己在本国乃至全球的总体水平、所处阶段、未来趋势以及可能出现的问题，有利于企业跳出自身的思维定式。不过，这种诊断方式的缺点是费用较高，诊断时间需协商，诊断人员对企业特有的环境和文化不熟悉，需要一定的适应时间，所以对诊断人员的素质和能力的要求较高。而对于企业来说最需要解决的是自身的实际问题，不是知识传播和经验介绍，所以有些诊断人员如果缺乏实践经验，则其提出的薪酬改进方案可能会缺乏可操作性和有效性。

10.2.4　薪酬系统监控和诊断的难点

对于任何一个企业而言，对日常经营活动（包括薪酬管理）进行监控和诊断都不是一件很轻松的事情。实际的监控和诊断要受到多种因素的制约甚至阻碍。这种情况之所以会出现，主要由监控和诊断行为本身的复杂性所致。具体来说，这种复杂性主要体现在以下几个方面：

1）监控和诊断力量的多样性

在企业中，每个人都为实现组织的整体目标而完成自己的工作，同时也为实现自己的个人目标而进行种种努力。他们不可避免地因为受到监控而要承受来自企业和其他员工的压力，同时也在向他人施加一定的压力。概括来说，企业的监控和诊断力量主要有以下三种：企业现有的正式监控和诊断体系、来源于小团体或特定个人的社会监控以及员工的自我监控。为了对企业的各项事宜（包括薪酬）进行有效监控，通常要求这三种监控力量整合在一起，对员工发挥相同方向的作用。但事实上，真正实现这种和谐的可能性是小之又小的，员工在大多数时候都必须在各种冲突力量之间进行选择。这也是企业的监控和诊断体系为什么总是处于次优状态的一个重要原因。

2）人的因素的影响

企业的监控和诊断体系在不同的时间、处在不同的环境下、面对不同的对象会发挥出不同的作用。举例来说，如果各项工作职责的设计和履行之间彼此独立，工作周期本身又比较短，监控体系的作用效果就会比较明显；如果从事工作的是一名新员工，对监控力量本身有着较强的需求，监控的效果应该也不会太差。但是，如果某项工作职责在最终结果出来以前要求在职者接受多年的培训并且在很长一段时间内与不同职位的员工打交道，对其进行监控就不会有很明显的效果了。在这种情况下，借助社会监控和自我监控的力量往往能够收到更为理想的效果。

3）结果衡量的困难性

在企业的日常运营过程中，对一些工作行为（例如管理人员经营决策的正确与否）进行观察往往是很困难甚至不太可能的。出于有效监控的目的，企业往往会针对其希望得到的结果制定出若干衡量指标。这种做法在一定程度上是有效的，但它容易使员工把注意力集中在衡量指标而不是目标上。举例来说，一名管理者可能会把他所有下属的绩效表现都评定为优秀。之所以那样做，可能并不是因为他们的绩效表现真的很优秀，而只是因为获得优秀评价能够加薪10%，管理者希望他的下属得到这10%的加薪。在这种情况下，衡量指标的制定和评价也就成为监控行为的一部分了。

10.3　薪酬调整

10.3.1　薪酬调整的策略基础及影响因素

企业薪酬体系在运行一段时间以后，随着企业经营业务的变化而产生的用人政策的变化，往往使得现行的薪酬体系难以适应企业业务运营的需要，这时企业就必须对其现有的薪酬体系进行全方位的检测，以确定相应的调整措施。薪酬调整是保持薪酬关系动态平衡、实现组织薪酬目标的重要手段，也是薪酬系统运行管理的一项重要工作。

在进行薪酬体系调整时，我们除了要考核薪酬设计的几个公平性（内部公平性、外部公平性、员工公平与过程公平性）外，还必须考虑以下因素来综合思考薪酬的调整策略。

1）人才市场的定位

了解公司对核心人才的需求层次。充分考虑企业的产业特点、技术研究、经营方式以及参与市场人才竞争等因素，明确企业在国内同类行业人才市场中的定位，以建立薪酬外部竞争力。

2）吸引人才、激发潜能的薪酬水平

依据人才的市场定位，企业为了留住、吸引以及激励人才，须针对同类行业的市场薪酬数据确定市场薪酬曲线的分位线。

3）经济承受能力

企业有竞争力的薪酬调整策略必须以企业的经济承受能力为基础，否则，将失去整个薪酬调整的坚实基础。因此，企业在确定每个岗位的薪酬级别与福利水平以后，要对薪酬总量进行测算，以满足在提供有竞争力薪酬的同时，能有充足的资金支撑公司的经营发展。

10.3.2　薪酬体系调整

企业薪酬体系的调整，是指企业对薪酬水平、薪酬结构以及薪酬组合的调整，特指为促进薪酬管理的有效性所进行的薪酬体系的调整或改变。

1）薪酬水平的调整

薪酬水平的调整，是指薪酬结构、等级要素、构成要素等不变，调整薪酬结构上每一等

级或每一要素的数额。

（1）薪酬水平调整的类型

按调整的性质划分，薪酬水平调整可分为：

① 主动型薪酬水平调整。这是组织为了达到一定的目标，主动采取增薪或减薪的行为。主动增薪的动机：一是为了提高与竞争对手争夺人才和维系员工队伍的能力；二是组织的经营业绩有了大幅度提高，以加薪来回报和激励员工；三是组织薪酬战略发生变化。提出减薪通常是组织经营效益和财务支付能力处于严重恶化状态，除非减薪否则无法度过危机，以此来维护组织的生存，以图将来的发展。

② 被动型薪酬水平调整。这是组织在各种强制因素作用下，不是出于主观意愿而是被动采取增薪或减薪（极少出现）的行为。这些强制因素主要有：国家法律和政府干预因素，如最低工资标准的法规、工资指数化的立法、冻结工资或规定最高工资标准的行政命令；严重的通货膨胀因素迫使组织提高薪酬水平；工会或员工集体要求增加工资并采取了各种行动产生的强大压力、行业雇主协会对组织施加的压力等。

按调整的内容划分，薪酬水平调整可分为：

①奖励型薪酬水平调整。奖励型薪酬又称功劳型薪酬，是指依据员工对组织的贡献或功劳给予相应的薪酬增加，以奖励员工做出的优良工作绩效。奖励型薪酬水平调整一般在员工取得突出成绩后使用，旨在促使受奖员工保持这种良好的工作状态。奖励的薪酬形式和方法灵活多样，有货币性或非货币性的，有立即支付或未来支付的，也有一次性享受、分阶段享受或终身享受的。

②生活指数型薪酬水平调整。生活指数型薪酬水平调整是指为了补偿因通货膨胀而导致的员工实际收入的减少和损失，而普遍调高薪酬的类型。企业应该根据一定的物价指标，建立薪酬与物价挂钩的指标体系，在保持指标体系的数值稳定的同时，实现薪酬对物价的补偿。

③年资（工龄）型薪酬水平调整。年资（工龄）型薪酬水平调整是指随着员工工龄的增加，逐年等额调升员工工资。它的激励原理是把员工的资历和经验当作一种能力和效率，依据间接度量的工龄予以奖励。它常见形式有两种：

A.等额递增法。专门设置工龄工资或薪酬部分，工龄工资调整实行人人等额逐年递增的做法。但这种做法未考虑工龄中含有绩效的成分。

B.工龄与绩效结果相结合法。这种方法把员工工龄与其考核结果结合起来，作为提薪时考虑的依据，并开发出"成熟曲线图""员工生涯发展曲线""薪酬定期调整指导表"等工具，利用它们来控制员工的工资调整。表10-1就是这种方法的一个实例。

表10-1　　　　　　　　　　　**某特定职务的典型定期调资指导表**

现有工资	在职务工资范围中的位置（占平均值的百分比）									
	80%以下		80%~90%		90%~100%		100%~115%		115%~125%	
绩效	周期（月）	调幅（%）	周期（月）	调幅（%）	周期（月）	调幅（%）	周期（月）	调幅（%）	周期（月）	调幅（%）
优异	6~12	10~12	9~12	8~11	9~15	6~9	12~21	4~7	12~24	5
良好	6~15	8~10	9~18	6~9	12~24	4~7	12~24	5	—	—
及格	15~20	6~8	18~24	4~7	24~26	5	—	—	—	—

④效益型薪酬水平调整。这是指根据组织经济效益的变化状况，全体员工都从中分享利益或共担风险的薪酬水平调整方法。调整对象范围必须是全体员工，否则有失公正。调整应当采用浮动性、非固定性的方式。

（2）薪酬水平调整的操作技术

①等比调整法。这是指所有员工以原有薪酬为基数，按同样的百分比调整。其优点是可以保持组织薪酬结构的相对级差；缺点是不同薪酬等级的员工薪酬绝对量变化差异较大，在加薪时易使低薪员工产生"不公平"的逆反心理，在减薪时又会使高层员工产生怨言。

②等额调整法。这是指所有员工都按同样的数额调整薪酬。其优点是在薪酬级差较大的组织中有利于缩小过大的级差；缺点是平均主义色彩较浓。

③不规则调整法。根据员工的岗位重要性、相对价值贡献大小、员工资历等不同状况，确定不同的调整比例。其优点是针对性、激励性较强；缺点是操作复杂，主观因素影响较大。

④经验曲线调整法。经验曲线是波士顿咨询公司开发出来、广泛用于现代管理的分析工具。它是指员工对其从事工作的熟练程度、经验积累会随着工作时间的延续而逐步增加，产生工作效率提高、成本降低的效应。这种经验随着时间的推移和经验累积速度的放慢会递减直至停止，而且经验曲线在不同性质工作之间的效应也不同，它与工作的技术含量、劳动的复杂程度正相关。如机械工程师与打字员相比，其经验积累速度慢、持续时间长，但这种经验积累所能提高的效率和创造的价值远大于打字员（见图10-3）。

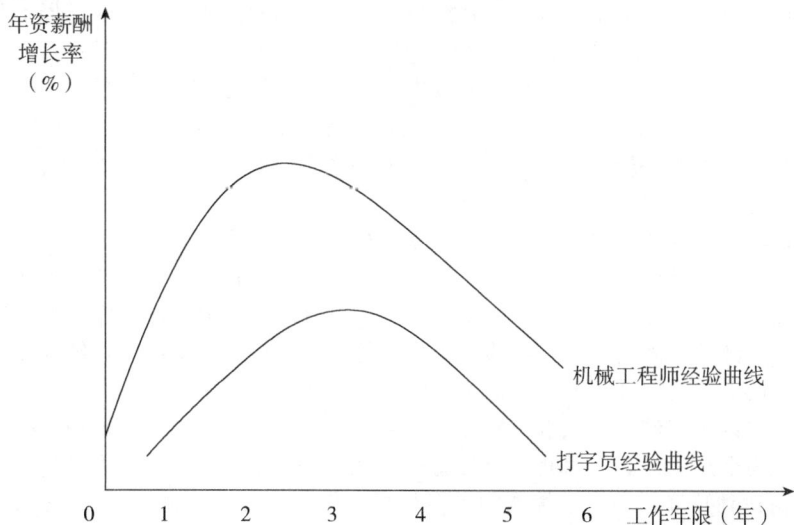

图 10-3　经验曲线图

员工资历（工龄）是薪酬水平调整中一个重要而又较难以精确测评的因素，应用经验曲线有助于解决年资薪酬增长问题。组织可依据各个职位不同资历（工龄）员工的效益成本分析数据，对每个职位绘出相应的经验曲线，再参照经验曲线确定不同职位员工年资薪酬水平调整的百分比。经验曲线效应强的职位，其年资薪酬增长率应高于经验曲线效应较弱的职位，而且在曲线上升期间，年资薪酬增长率应提高，当经验曲线下降或效应消失时，应适当降低年资薪酬增长率。

⑤综合调整法。这是综合考虑通货膨胀、员工资历、员工绩效等因素，对薪酬水平进行

调整，前提是要有较为可靠的薪酬指数（生活费用调整指数）、准确的经验曲线和较为完整的绩效评估体系。

综合调整法的计算公式为：

W=X+Y+Zn

式中：W——实际薪酬增长率；

        X——薪酬指数；

        Y——按职位绩效考核的绩效薪酬增长率；

        Zn——按职位经验曲线确定的年资薪酬增长率（其中n代表不同工作年限，Zn为该职位上与参加调薪的员工工龄相对应的年资薪酬增长率）。

假设薪酬指数 X 为 3%，组织中 A 职位绩效考核为优、良、合格、不合格的绩效薪酬增长率 Y 分别为 5%、3%、1% 和 0，A 职位上员工张某绩效考核为良，按其工龄 6 年计算的年资薪酬增长率为 5%，张某实际薪酬增长率为：

W=3%+3%+5%=11%

（3）薪酬水平调整的注意事项

在薪酬水平的调整中，除了贯彻薪酬调整指导思想之外，还要处理好以下关系：

①选择调整战略和新的政策。企业总体薪酬水平的主要作用是处理与外部市场的关系，实现一种能够保持外部竞争力的薪酬水平。为了贯彻新的薪酬政策而进行的薪酬调整，反映了企业决策层是否将薪酬作为外部竞争和内部激励的一个有效手段。

公司也可实行领先薪酬水平对策，将薪酬水平提高到同行业或同地区市场上整个薪酬调整期内都可以维持的优势水平。在制定领先的薪酬水平政策时，可以暂时不考虑企业当前的财务状况，不要单纯把薪酬作为一种人工成本投入，而要作为一种战略投资或者说风险投资进行设计。具体为：如果企业调薪的期限是每隔一年，预计当前市场薪酬年增长率为 10%，那么企业薪酬增长率就必须高于 10%，在下一个调整期到来之前，薪酬水平仍然不落后于市场水平。

②重视经验曲线规律。对不同岗位和员工进行有区别的调整政策。经验曲线是指随着时间的增加，某个人对某个岗位或某项工作的熟悉程度、经验积累乃至感情会越来越深，从而有利于员工改进工作方法，提高工作效率，更好、更合理地完成本职工作。但是这种经验不是永远增加的，随着时间的推移，经验的积累也将越来越慢，直至停止。经验曲线在不同性质的工作之间的作用程度和积累效应是不同的，一般而言，技术含量高的工作经验曲线的积累效应大，反之则小。例如，从事技术工作的员工，随着工作年限的延长和经验的积累，其研究和开发能力会逐步提高。因此，越是简单、易做的工作，其经验积累得越快，并且这种经验也将很快达到顶峰，不再继续增加。但如果工作本身难度很高，需要较强的创新精神，那么这种经验的积累速度将是长期并且缓慢的，这种经验只要稍微增加就可以促进员工能力和工作效率的大幅度提高。

因此，薪酬增加应该尊重经验曲线规律的作用，这主要体现在经验曲线效应较强的工作上。随着时间的推移，从事这些工作的人员的薪酬需要上涨，而且在曲线上升期间，薪酬不仅应该增加，而且应该按照递增的比例增加；到经验曲线下降或者不起作用之时，可以适当地降低薪酬增长幅度或者采取其他激励方式。对于经验曲线效应不强的简单工作，如熟练工和后勤人员等，其技能与工作经验之间的相关性不强，薪酬调整可以不过多考虑经验与增资之间的关系。

2）薪酬结构的纵向调整

在薪酬体系的运行中，受劳动力供求变化的影响，企业需要定期对企业内部员工的薪酬结构进行调整。薪酬结构的调整包括纵向结构和横向结构两个领域。纵向结构是指薪酬的等级结构；横向结构是指各薪酬要素的组合。

薪酬结构的纵向调整主要针对工资标准和薪酬等级两个方面：一是对某一职级人员进行调整；二是对整个薪酬关系（如薪酬等级线、级差等）进行调整。因此，纵向薪酬等级结构的调整必须考虑两点：一是适应企业管理的需要，理顺各岗位和职务薪酬之间的关系；二是考虑外部市场工资率的变动，即在考虑外部竞争力影响的前提下，涉及企业内部薪酬等级结构。

薪酬结构的纵向调整方法包括：

（1）增加薪酬等级。增加薪酬等级的主要目的是将岗位之间的差别细化，从而更加明确按岗位付薪的原则。等级薪酬制是与以岗位为基础的管理制度相连的，是一种比较传统和正规的管理模式。薪酬等级增加的方法很多，关键是选择在哪个层次上或哪类岗位上增加等级。例如：是增加高层次，还是中、低层次的岗位；是增加管理人员的等级层次，还是一般员工的等级层次。增加以后，各层次、各类岗位之间还需要重新匹配，调整薪酬结构关系等，这些都要慎重考虑。

（2）减少薪酬等级。减少薪酬等级是薪酬管理的一种流行趋势。目前倾向于将薪酬等级线延长；将薪酬类别减少，由原有的十几个减少到三五个；在每种类别中，包含着更多的薪酬等级和薪酬标准；各类别之间薪酬标准交叉。薪酬等级减少的直接结果是薪酬等级"矮化"，即合并和压缩等级结构，其优点在于：第一，使企业在员工薪酬管理上具有更大的灵活性；第二，适用于一些非专业化的、无明显专业区域的工作岗位和组织的需要；第三，有利于增强员工的创造性和使其全面发展，抑制员工仅为获取高一等级的薪酬而努力工作的倾向。

（3）调整不同等级的人员规模和薪酬比例。公司可以在薪酬等级结构不变动的前提下，定期对每个等级的人员数量进行调整，即调整不同薪酬等级中的人员规模和比例，实质是通过岗位和职位等级人员的变动进行薪资调整。例如，通过对高、中、低不同层次的人员进行缩减或增加，可以达到三个目的：一是降低薪酬成本；二是增强企业内部的公平性；三是加大晋升和报酬激励。具体做法有：

① 降低高薪人员的比例。这种做法主要是为了采取紧缩政策，降低企业的薪酬成本。因为一个高级管理人员的收入往往是低级和中级员工的数倍，甚至是数十倍。这样做主要是控制薪酬成本，核心是减少高级员工，降低其薪酬和福利待遇。

② 提高高薪人员比例。这是企业为了适应经营方向和技术调整，增加高级管理人才或专业技术人才而采取的政策。如在激烈的市场竞争中，一些采取经营者年薪制的企业之所以不惜花重金雇用高级管理人员，是因为企业的竞争力主要取决于：一是高级管理人员具有长期的战略眼光；二是高级管理班子具有稳定性。这两个因素是制订高级管理人员薪酬计划和实行年薪制的主要依据。

③ 对于中级管理人员，可以采取调整固定工资和绩效工资结构的办法，相对提高绩效工资的比重，并加大对绩效工资的考核力度，使得大部分人员只能拿到固定工资，而拿不到绩效工资，这对于降低成本效果较为明显。

④ 调整低层员工的薪酬比例。一般是通过改变员工的薪酬要素来降低员工的薪酬水平，例如，压低浮动薪酬，提高奖励标准，使得员工在一般情况下只能获得基本薪酬，很难获得

奖金和浮动薪酬；或者在薪酬水平不变或增加幅度不大的情况下，延长工作时间，减少带薪休假，提高工时利用率等。

3) 薪酬组合的调整

薪酬组合的调整重点是考虑是否增加新的薪酬要素。在薪酬构成的不同部分中，不同的薪酬要素分别起着不同的作用，其中，基本薪酬和福利薪酬主要承担适应劳动力市场的外部竞争力的功能；而浮动薪酬则主要通过薪酬内部的一致性达到降低成本与刺激业绩的目的。

薪酬要素结构的调整可以有两种方式：一是在薪酬水平不变的情况下，重新配置固定薪酬与浮动薪酬之间的比例；二是利用薪酬水平变动的机会，增加某一部分薪酬的比例。相比之下，后一种方式比较灵活，引起的波动也小。员工薪酬要素结构的调整需要与企业薪酬管理制度和模式改革结合在一起，使薪酬要素结构调整符合新模式的需要。在当前薪酬组合的调整中，比较创新的做法是：

（1）加大员工薪酬中奖金和激励薪酬的比例，拉大绩优员工与其他员工之间的报酬差距。

（2）采用风险薪酬方式，即员工的基础薪酬部分处于变动中，使员工的稳定收入比重缩小，不稳定收入比重增加。例如，将员工基本薪酬的一定比例置于"不稳定"状态，即变为浮动部分，该部分的得失视员工业绩和对企业效益的贡献而定。

（3）将以工作量为基础的付薪机制转变为以技能和绩效为主的付薪机制，报酬向高技能、高绩效员工倾斜。

薪酬组合与企业薪酬管理目标如图10-4所示。

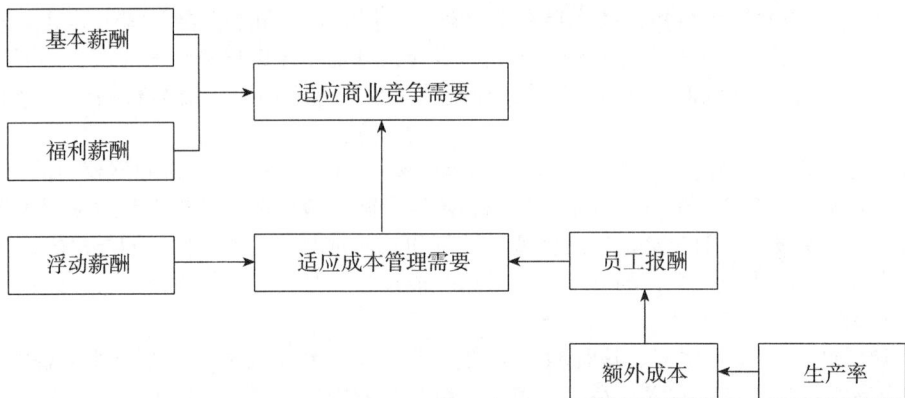

图10-4　薪酬组合与企业薪酬管理目标

总之，传统薪酬机制的核心是为了达到成本控制和利润第一的目标，提倡创造秩序，强化等级和控制行为；现代薪酬机制强调的是激励机制、劳资之间的合作、风险共担、利润分享、鼓励员工参与和为企业做出超常贡献等。

10.3.3　员工薪酬调整

由于企业薪酬制度和方案受企业内外部因素的影响，而这些因素随时都在发生变化，因此，为保证薪酬制度和方案的科学合理性，进行必要的调整是在所难免的。

1) 员工薪酬调整的方式

（1）效益调整（普调）

当企业效益好、盈利增加时，对全体员工进行普遍加薪，但以浮动式、非永久性为佳，因为当企业效益下滑时，全员性的报酬下调也应成为可能。但需注意的是，报酬调整往往具有"不可逆性"。

（2）业绩性调整

这种调整是为了奖励员工的优良工作绩效，鼓励员工继续努力、再接再厉、更上一层楼，也就是论功行赏。表10-2具有指导性。

表10-2 业绩性调整的方法（%）

业绩表现	工资增长额（占职位工资的百分比）		员工考核强制分等百分比
	员工工资水平在该系列的位置		
	低于系列平均工资	等于或高于系列平均工资	
优异	10～13	9～11	5
良好	7～9	6～8	20
合格	0	0	70
差	-8～-6	-9～-7	5

（3）员工晋级

员工晋级是年功序列薪酬制度的主要内容，同时也是其他所有等级制度必不可少的重要环节。它是一种制度化、定期性（正常情况下每年都有员工晋级）的薪酬调整方式，也是一种有效的薪酬激励机制。

① 员工晋级的必要性。员工晋级是体现薪酬公平性的重要途径，组织必须根据员工的能力和贡献，及时予以相应的薪酬增长回报，才能体现和保证薪酬分配的公平性。员工晋级是增强薪酬激励功能的有效机制。等级的晋升成为激励员工从而提高组织绩效的重要动力，等级之间的薪酬级差越大，产生的激励作用也越大。

② 考核晋级。考核晋级以考核员工的劳动能力和工作绩效为基础，通过考核晋级，从而提高员工的薪酬等级、增加薪酬。这种考核，能在薪酬分配中较客观地反映员工在工作中的劳动能力和有效劳动成果的发展变化情况，合理调整薪酬关系，贯彻按劳分配原则，激励员工不断提高其劳动能力和劳动效率。

员工晋级要考核员工的劳动能力、劳动贡献和劳动态度。其中，劳动能力提高达到高一级的技术、业务等级标准，是员工晋级的基本条件，但不是唯一条件，还必须考核员工的劳动贡献和劳动态度。既要看员工技术、业务等级考核成绩，又要看员工平时工作表现的原始统计资料，还要广泛征求群众意见，三者结合。要建立规范的定期考核制度，严格考核，并为每个员工建立平时工作档案，这样才能做好考核晋级工作。

随着科技的发展，新技术、新工艺、新设备、新产品、新业务对技术、业务能力提出了新的要求，所以考核晋级的薪酬调整还要求适时合理调整技术、业务等级标准和岗位或工作等级。

（4）岗位调换

由于企业发展的需要或其他方面的原因，员工的岗位发生了调换，则薪酬要按照新岗位的要求重新设计。

（5）试用期满调薪

试用期是对新员工采取的措施，当试用期满，新员工已经符合企业的要求，需要按照正式员工的标准对员工的薪酬进行调整。

（6）工龄调整

工龄调整要体现对公司贡献积累的原则，鼓励员工长期为公司服务，增强员工对企业的归属感，提高企业的凝聚力。

（7）特殊调整

这是指企业根据内外环境及特殊目的而对某类员工进行的报酬调整。

2）员工薪酬调整的流程

员工薪酬调整的具体工作流程如图10-5所示。

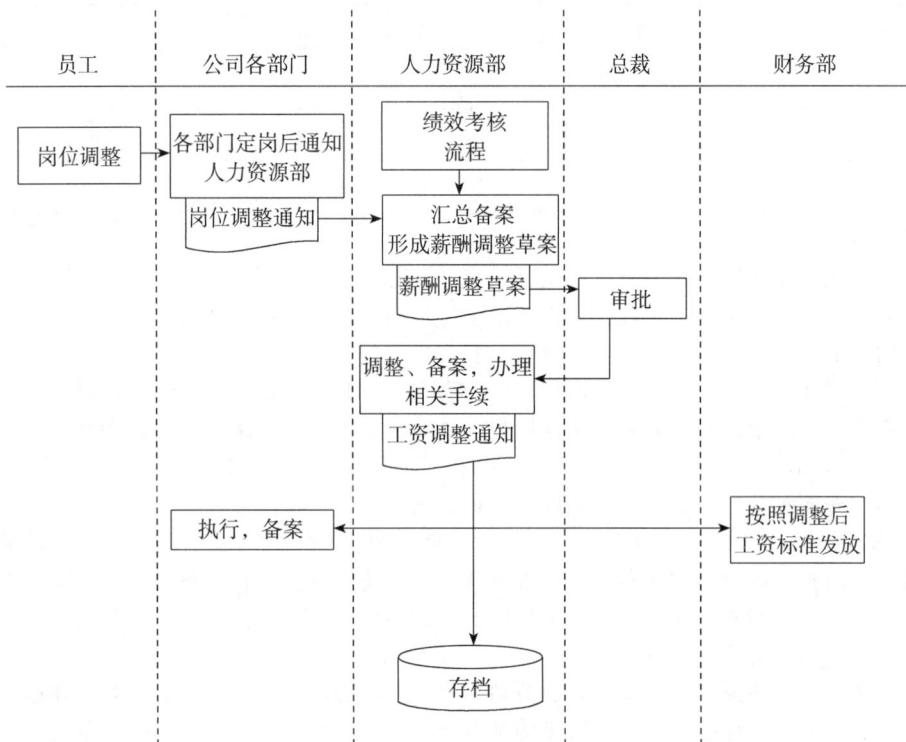

图10-5　员工薪酬调整流程

注：（1）总裁、副总裁的薪酬调整由董事会审批；

（2）由于竞聘导致的岗位变化，新岗位工资按照公司现行的试用期工资标准执行；

（3）试用期满经考核合格者、由于工作需要岗位调整者、根据绩效考核结果岗位工资需调整者，其岗位工资调整参照本流程。

3）调整薪酬时应注意与员工的沟通

当员工有加薪要求，但绩效考核成绩较低、没有达到加薪的标准时，就应该向其解释公司的加薪政策，鼓励其努力工作，争取下次获得好的绩效考核成绩。如果某员工的绩效考核良好却没有得到加薪，就要认真调查原因，确定是由于工作失误造成的还是由于该员工的薪酬已经较高、不宜再加薪。如果是前者，则应该立即纠正错误，对员工进行补偿；如果属于后者，就应向员工解释企业中与其能力、岗位相同或类似的其他员工的平均薪酬水平，或介绍同行业其他公司同岗位的薪酬水平，以得到员工的理解。如果员工指出与其岗位相同、能力相同的员工得到了加薪，而自己却没有加薪时，不要轻易地将该员工与其所讲的员工进行比较，这样往往会使冲突更加激烈。如果这两位员工同属一个部门，则应该交由部门经理进行解释（部门经理有对他们加薪的建议权，所以一定有他自己的理由）；如果这两位员工不属于同一个部门，则应该告诉员工每个部门的加薪标准不同。

本章小结

薪酬成本有广义和狭义之分。狭义的薪酬成本通常包括雇主支付给员工的所有现金报酬和实物，以及代员工向社会保障项目、私人抚恤项目、人身保险以及其他类似项目的缴款。广义的薪酬成本即企业的人工成本，除狭义的薪酬成本外，还包括企业为员工支付的教育培训费用、住房费用、劳动保护费用和其他人工成本。

薪酬成本分析常用的指标有四种：水平指标、结构指标、投入产出指标、成本指数指标。

薪酬预算，实际上是指管理者在薪酬管理过程中进行的一系列成本开支方面的权衡和取舍。企业在制定薪酬预算时，首先要对企业所处的内部和外部环境有充分的了解，这样可以清楚地知道企业目前的处境、竞争对手的情况以及面临的机遇与挑战，有助于企业预测下一个预算期需要支付的薪酬成本。企业常用的预算编制方法有宏观接近预测法和微观接近预测法两种。

薪酬体系监控和诊断是企业进行薪酬调整的前提，也是企业新的薪酬政策实施的必要途径。它包括薪酬目标和战略的监控与诊断、薪酬水平的监控与诊断和薪酬结构的监控与诊断。

企业薪酬体系的调整，是指企业对薪酬水平、薪酬结构以及薪酬组合的调整，特指为促进薪酬管理的有效性所进行的薪酬体系的调整或改变。

由于企业薪酬制度和方案受企业内外部相关因素的影响，而这些因素随时都在发生变化，因此，为保证薪酬制度和方案的科学合理性，对员工薪酬进行必要的调整是在所难免的。主要的调整方式有：效益调整、业绩性调整、员工晋级、岗位调换、试用期满调薪、工龄调整和特殊调整等。

本章案例

如何解决新老员工"工资倒挂"问题

在企业的薪酬管理中，存在着一种现象，就是新老员工的"工资倒挂"现象。那么什么是新老员工的"工资倒挂"现象呢？就是新员工的工资明显高于老员工的工资。这很容易引发老员工的不满，导致他们离职。

SY是一家成立不到5年的电子商务公司，近几年发生势头非常强劲。企业一直在招兵买马，员工人数已经突破了500人。出于发展需要，公司最近通过校园招聘的方式录用了一批大学生。正当公司准备大展拳脚之时，公司人力资源部的邵经理发现公司内出现了一些不对劲的苗头：部分老员工的积极性不高，工作效率比以往要低。而一些流言相继传到了管理层，据说有些员工发牢骚，想离职。

邵经理将此事向公司的CEO叶总进行了汇报，可叶总认为邵经理可能是过于敏感了，他没有放在心上，而是把所有精力投入到了公司的发展计划及实施之中。转眼到了年底，公司对员工进行了一次调薪，而且还发了年终奖，比去年增加了不少。但没过多久，居然有十几名员工离职，其中不乏叶总一直在精心培养的几名老员工，这对公司业务发展有很大的冲击。叶总一时很懵，不得已找来邵经理，让他赶快着手调查一下这些员工离职的原因。通过了解，导致这批员工离职的导火索就源于年初的那场校招。公司急需发展，为满足用人需求，为一些岗位招聘了应届大学生，并且综合考虑行业的平均水平，定下了8 000元/月的底薪，这比同岗位老员工的7 000元底薪高出了一截，而他们当年刚刚入职时的起薪也不过6 500元。这让部分老员工非常不满意，他们吐槽：这些刚进来的人的工资水平都比我们这些工作了一两年的还要高，这让我们怎么做下去？这种怨念随着时间慢慢滋长、壮大。到年末，算上公司的调薪加上年终奖，一部分老员工感觉自己承担了大部分业绩却没有得到相应的回报，非常不值，因此选择了离职。

资料来源　HRsee.如何解决新老员工"工资倒挂"问题［EB/OL］.［2021-01-27］. http：//www.hrsee. com/？id=1833.

思考题：

1.SY公司出现"工资倒挂"现象的主要原因是什么？

2.在设计新员工薪酬方案时，应该遵守哪些原则？

3.在现有情况下，为降低员工离职率，SY公司可以采取哪些措施以调整员工薪酬体系？

复习思考题

1.薪酬成本和人工成本有哪些区别与联系？

2.薪酬成本分析常用的指标有哪几种？它们各自又包括哪些指标？

3.确定薪酬总额的方法有哪几种？它们各自的具体内容是什么？

4.宏观接近预测法与微观接近预测法的主要内容是什么？

5.薪酬系统监控和诊断的主要内容是什么？其难点有哪些？

6.结合实际谈谈企业在进行薪酬调整时应注意哪些问题。

7.员工薪酬调整有哪些方式？

第11章

薪酬支付管理

学习目标

通过本章的学习，了解薪酬支付的几种基本形式，掌握每种支付形式的具体形式、构成要素、优缺点及适用范围；深入了解薪酬支付的一些基本原则、方法和策略，并能够很好地运用于实践；了解目前人们关注较多的员工薪酬自我设计即自助式薪酬体系的内容及建立。在了解员工薪酬基本构成的基础之上，可以依据一定的原则和方法设计具体的薪酬制度，进而能够更好地把握整个薪酬管理体系。

11.1 薪酬支付形式

11.1.1 计时薪酬制

1）计时薪酬制的构成要素

计时薪酬是按照职工实际有效劳动时间、薪酬等级标准，来计量和支付薪酬的一种薪酬形式，它也是一种最基本的薪酬形式。计时薪酬由反映劳动质量（劳动复杂性、责任、强度、环境）差别的薪酬标准和反映劳动数量的实际劳动时间两个因素所构成。其计算公式为：

计时薪酬=员工的薪酬标准×实际劳动时间

2）计时薪酬制的形式

计时薪酬制的形式主要有年薪酬（年薪）、月薪酬、周薪酬、小时薪酬等。按照计算的时间单位不同，我国常用的有如下三种具体形式：

（1）月薪酬制

月薪酬制，指的是按月计发薪酬的制度。它不论大月、小月，一律按员工月薪酬标准计发。

实行月薪酬标准的员工遇有加班或请假需要加发或减发薪酬时，一般按日薪酬标准处理，即以本人薪酬标准除以平均每月法定工作天数（20.92天）求得。

（2）日薪酬制

日薪酬制，指的是根据员工的日薪酬标准和实际工作日数来计发薪酬。

（3）小时薪酬制

小时薪酬制，指的是根据员工的小时薪酬标准和实际工作小时数来计发的薪酬。

小时薪酬标准=日薪酬标准÷8小时

小时薪酬制适用于非全日制工作或要按小时计发薪酬的工作。目前，我国计时薪酬一般以月薪酬率为基准；西方发达国家一般以小时薪酬率为基准。

3）计时薪酬制的特点

（1）计时薪酬的基础是按照一定质量（即达到某一劳动等级标准）劳动的直接持续时间支付薪酬，薪酬数额多少取决于员工的薪酬等级标准的高低和劳动时间的长短。因此，这一特点决定了计时薪酬制在其实施中表现出两方面积极作用：一是能够鼓励和促进劳动者从物质利益上关心自己业务技术水平的提高；二是能够鼓励和促使员工提高出勤率。

（2）由于时间是劳动的天然尺度，各种劳动都可以直接用时间来计量，并且计算简便，所以计时薪酬制简单易行、适应性强、适用范围广。

（3）计时薪酬制并不鼓励员工把注意力仅仅集中在提高产品的数量上，它更注重产品的质量。

（4）计时薪酬制容易被广大员工所接受，员工的收入较为稳定。而且，员工不至于因追求产量而过于紧张工作，有益于身心健康。

正是由于计时薪酬制有以上优点，因此目前计时薪酬是我国企业中普遍采用的一种薪酬形式。但是，计时薪酬制在实现按劳分配中也有着明显的局限性：一是计时薪酬侧重以劳动的外延量计算薪酬，至于劳动的内涵量即劳动强度则不能准确地反映；二是就劳动者本人来说，计时薪酬难以准确反映其实际提供的劳动数量与质量，薪酬与劳动量之间往往存在着不相当的矛盾；三是就同一等级的各个劳动者来说，付出的劳动量有多有少，劳动质量也有高低之别，而计时薪酬不能反映这种差别，容易出现干多干少、干好干坏一个样的现象。因此，实行计时薪酬对激励劳动者的积极性不利。此外，计算单位产品的直接人工成本也不如计件薪酬容易。

4）计时薪酬制的适用范围

（1）劳动成果无法直接准确计量的工作，如管理人员、辅助工种人员等。

（2）劳动成果不能或难以直接反映员工技术业务水准高低和努力程度的工作，如从事基础科学研究和试验性生产的人员等。

（3）技术要求复杂，分工较细，产品数量和质量主要取决于集体协作劳动的部门和工种，如大型化工企业、大型机械设备制造企业等。

（4）机械化、自动化程度高，劳动时作业速度及成果量主要取决于机械性能的场合，如流水线作业、电子控制设备的看管等。

（5）产品质量重于数量，质量要求极严格而又主要取决于个人技术水平高低的工作，如精密仪器的生产、工艺美术品的生产等。

（6）生产规模较小或生产场所比较集中，便于监督管理的场合，如产品、经营项目和生产条件多变的企业。

11.1.2　计件薪酬制

计件薪酬是按照劳动者生产合格产品的数量或完成的作业量和预先规定的计件单价来计算劳动报酬的一种薪酬形式。计件薪酬的计算公式是：

计件薪酬=合格产品（作业）数量×计件单价

与计时薪酬相比，计件薪酬的特点在于它与计时薪酬计量劳动方式的不同。在实行计时薪酬的情况下，劳动由直接的持续时间来计量；在实行计件薪酬的情况下，则由一定时间内劳动所凝结成的产品的数量来计量。因此，从这个意义上说，计时薪酬是计件薪酬的一种转化形式。

1）计件薪酬制的构成要素

计件薪酬制由工作物等级、劳动定额和计件单价三个要素组成。三者之间既互相联系、互相制约，又有各自独特的作用。

（1）工作物等级

工作物等级，又称工作等级，它是根据某项工作的技术复杂程度及劳动繁重程度而划分的等级。它是按照技术等级标准确定从事该项工作的工人技术等级的主要标志，也是确定劳动定额水平、计件单价、合理安排劳动力的一个科学依据。在计件薪酬制中，工作等级是计算计件单价的基础。

（2）劳动定额

在计件薪酬中，劳动定额规定着单位生产时间内完成合格产品数量的标准尺度，它是合理组织劳动和计算单位产品薪酬的依据之一，是实行计件薪酬的关键。劳动定额水平的高低，决定了员工超额计件薪酬获奖金数量的多少，进而又直接影响到计件薪酬制的经济效果和员工的劳动积极性，也关系到企业内部分配是相对合理还是不公平，是单纯着眼于员工利益还是个人、企业、国家利益兼顾的问题。所以，重要的是要合理确定定额水平。这就要求，在实行计件薪酬制过程中，应该按照定额管理制度对劳动定额进行定期检查和修订，使定额水平经常保持在平均先进的基础上，即多数员工经过努力可以完成，少数人可超额完成的水平，以保证超额计件薪酬不会增加过多。

（3）计件单价

计件单价是完成某种产品或作业的单位产量的薪酬支付标准，它是支付计件薪酬的主要依据之一。在正常条件下，计件单价主要取决于工作物等级和劳动定额确定得是否正确。

计件单价的计算公式如下：

①个人计件。如规定的是产量定额，则：

计件单价=该工作等级的单位时间的薪酬标准÷单位时间的产量定额

如规定的是时间定额，则：

工时单价=该工作等级的单位时间的薪酬标准÷单位时间的工时定额

此时：

计件单价=工时单价×单位产品的工时定额

②集体计件。如规定的是产量定额，则：

计件单价=定员内集体人员单位时间的薪酬标准总额÷集体人员单位时间的产量定额

如规定的是时间定额，则：

工时单价=定员内集体人员单位时间的薪酬标准总额÷集体人员单位时间的工时定额

此时：

计件单价=工时单价×单位产品的工时定额

关于计件单价的确定，有些单位试行了如下方法：

①如果缺乏明确的工作等级，则：

计件单价=企业或计件单位员工平均等级薪酬标准÷产量定额

②按照历史的最高产量水平确定计件单价，然后再按各车间的各工序工作难易程度、劳动强度等情况分解到各种工作，确定不同的计件单价，即：

计件单价=薪酬成本总额÷历史最高产量

③对合格产品，根据质量等级的不同，规定不同的计件单价；对节约物料的，发节约奖。

④计件单价随全厂或车间所得奖金总额或实现利润的多少而上下浮动。这一方法常用于实行超额计件薪酬制的集体计件单位。

为保证计件薪酬制充分调动劳动者的积极性，合理有效使用劳动力，并切实贯彻按劳分配原则，要尽量做到"三个一致"，即工资等级、工作等级、技术等级一致。因此，企业应当为各种工作科学评定等级，掌握工人实际技术等级，改善劳动组织，避免低级工做高级工的工作和高级工做低级工的工作。如果因工作需要，必须让高级工做低级工作而拿不到标准薪酬时，应当补足与标准薪酬的差额部分。

2）计件薪酬制的形式

目前我国的计件薪酬制主要有以下八种具体形式：

（1）直接无限计件薪酬制——不论员工完成或超额完成劳动定额多少，都按同一计件单价计发薪酬，不受限制。

（2）直接有限计件薪酬制——在劳动定额内按劳动定额支付，对超额部分进行限制，采用"封顶"的计件薪酬。

（3）累进计件薪酬制——在劳动定额内按计件单价计发薪酬，超额部分在原单价基础上累进单价计发薪酬，超额越多，单价越高。

（4）超额计件薪酬制——一种是定额以内部分，按照本人的标准薪酬和完成定额的比例发放薪酬，完成定额可拿到本人的标准薪酬，完不成定额酌减，但保证本人一定比例的标准薪酬，超额部分，不同等级的员工按照同一单价计发超额计件薪酬；另一种是在劳动定额内，按计时薪酬标准发给标准薪酬，超额部分，不同等级的员工按照同一单价发给计件薪酬。

（5）提成薪酬制——员工的薪酬总额按照企业的营业额或毛利等的一定比例提取，然后再按各个员工的技术水平和作业量进行分配。也可以按个人的营业额和所创利润提取一定的比例作为本人的薪酬。

（6）包工薪酬制——把一定数量和质量的生产或工作任务包给个人或班组，预先规定完成工作的期限和薪酬总额，如按期完成，即发给包工薪酬，类似于集体计件薪酬。

（7）间接计件薪酬制——对二线工人和从事辅助性工作的员工，按一线员工完成的产量进行折算计件发给薪酬。

（8）综合计件薪酬制——计件单价不仅以产量定额来计算，而且还把质量、原材料消耗以及产品成本综合考虑进去。比如，为了确保并提高产品质量，实行按质量分等计件单价等。这样，在改善产品质量、减少废品和原材料消耗、降低产品成本等方面有良好的效果。

以上是我国计件薪酬制的八种具体形式，至于采用哪一种形式，除考虑生产的特点和工作性质外，应当把眼点主要放在是否提高薪酬效益上。其衡量标准主要有两点：一是随着产量的增加，单位产品的直接人工成本是否下降，产量增加，直接人工成本不变或者下降的，效益就高，反之，就不一定高。二是随着产量的增加，单位产品的总成本是否下降，下降的效益一定高，上升的效益肯定下降。

3）计件薪酬制的特点

（1）能够从劳动成果上准确反映出劳动者实际付出的劳动量，并按体现劳动量的劳动成果计酬，不但劳动激励性强，而且使人们感到公平。

（2）同计时薪酬相比，它不仅能反映不同等级的员工之间的劳动差别，而且能够反映同等级员工之间的差别。即使同等级的员工，由于所生产合格产品的数量、质量不同，所得到的薪酬收入也会有所不同，从而促使劳动者关心自己的劳动成果，激发劳动积极性，促进劳动生产率的提高。

（3）由于产量与薪酬直接挂钩，所以能够促进员工经常改进工作方法，提高技术水平和劳动熟练程度，提高工时利用率，增加产品数量。正如马克思所说的，计件工资"促进了工人个性的发展，从而促进了自由精神、独立性和自我监督能力的发展"。

（4）易于计算单位产品直接人工成本，并可减少管理人员及其薪酬支出。

（5）促进企业改善管理制度，提高管理水平。

但是计件薪酬制也有其不可克服的局限性：

（1）实行计件薪酬制，容易出现片面追求产品数量，而忽视产品质量、消耗定额、产品安全和不注意爱护机器设备的偏向，如只求质量保持合格品的下限，在消耗定额内还有节约的潜力不去挖掘，超出其负荷进行掠夺性的生产等。

（2）因管理或技术改造而使生产效率增加时，提高定额会遇到困难。若不提高定额，会增加产品成本；若提高定额，会引起不满。

（3）因追求收入会使工人工作过度紧张，有碍健康。

（4）在企业以利润最大化为目标时，容易导致对计件制的滥用，使"计件薪酬成了延长劳动时间和降低劳动效率的手段"。

（5）计件薪酬制本身不能反映物价的变化。在物价上涨时期，若没有其他措施对物价进行补偿，尽管劳动生产率没有提高，也必须调整计件单价。

4）计件薪酬制的适用范围

企业中各工种、各车间能否实行计件薪酬制，主要取决于生产条件、员工的工作性质以及经济上的需要。具体来说要遵守下列五个条件：

（1）计件单位的产品（或作业）数量能够单独准确地计量，并且产品数量能准确反映劳动者支出的劳动量的工种。

（2）计件薪酬是按照质量合格的产品数量计酬，因此，适用于产品质量容易检查（而且在产品完成的当时就能够检验）的工种。

（3）能够准确制定先进合理的劳动定额，并能准确反映劳动者的劳动消耗量的工种。

（4）生产任务饱满，原材料和动力供应正常，成批生产，产、供、销正常，因而能够鼓励员工争取达到最高产量或达到最多工作量的工种。

（5）员工的工作任务主要是增加产品数量。有一些工种，其工作任务不在于增加产品的数量，而在于监督技术安全规程的实现，或者是为增加合格产品数量提供必要的条件，对于这些员工，则不宜实行计件薪酬。此外，对于特别精确、重要和危险的工种，工作质量要求极高，也不宜实行计件薪酬。

此外，实行计件薪酬，还要求企业具有一定的管理水平。但管理水平不是实行计件薪酬的决定性条件，只要企业的生产条件适合实行计件薪酬，就应积极提高管理水平，创造条件，实行这一制度。

11.1.3　浮动薪酬制

1）浮动薪酬制的内容

浮动薪酬指职工薪酬随着职工劳动成果的大小而上下浮动。浮动薪酬总额通常不包括固定性的津贴和补贴（如副食品价格补贴）以及特殊情况下支付的薪酬。企业可以根据需要，选择薪酬总额中浮动部分的构成。

在社会主义条件下，每一个劳动者向社会提供的劳动量是不断变化的，因而，从薪酬的本质形态来说，他的薪酬应该是浮动的而不是固定不变的。但是，在过去很长时期内，职工的基本薪酬一经确定，实际上就固定不变了，致使职工的基本薪酬与其本人的实际劳动贡献和企业经济效益脱节。20世纪80年代初期，遵循克服平均主义、打破大锅饭的指导思想，许多企业探索试行了浮动薪酬这种新的薪酬分配形式，这是一种将职工的劳动报酬与企业经营好坏、职工劳动贡献大小紧密联系起来，并随之上下浮动的新的薪酬形式。

浮动薪酬作为一种新的薪酬形式，有其特定的内容。它包括以下三个因素：首先，职工劳动报酬的一部分或全部是浮动的，而不是固定不变的；其次，薪酬浮动的直接依据是职工本人的劳动贡献大小；最后，薪酬浮动还取决于企业（车间或其他经济核算单位）的经营收益状况，即经济效益如何。具备上述三个要素，即可称为浮动薪酬，缺少任何一个要素都不能称其为浮动薪酬。

2）浮动薪酬制的形式

（1）部分浮动，即把员工的标准薪酬的一部分拿出来和奖金捆在一起，根据经济责任完成情况，考核并浮动发放。在实践中，有三种具体做法：一是按相对额浮动，即按同一百分比提取每一员工本人标准薪酬的一部分与奖金一起浮动；二是按同一绝对额浮动，即每个员工从本人标准薪酬中拿出同一数额进行浮动；三是分档次按不同绝对额浮动，即不同等级的员工，各拿出不同数额的标准薪酬进行浮动。

（2）全额浮动，即把员工的全部标准薪酬同奖金及部分薪酬性津贴捆在一起，按企业的经营成果和个人完成或超额完成工作量的情况浮动发放。

（3）浮动升级。企业利用留利中的奖励基金，在员工现有的薪酬等级基础之上，根据企业的经济效益情况和员工的技术及业务水平、劳动熟练程度、贡献大小等因素，对少数业绩突出的员工进行考核升级。

（4）集体浮动。企业将产量、质量、品种、消耗、利润等经济技术指标分解落实到各生产小组，依据完成情况给予不同的薪酬和奖金，再由生产小组依据个人的劳动贡献分配给个人。

（5）浮动薪酬标准。这是在经济体制改革的新时期，我国企业现行薪酬等级制度中定期修改薪酬标准的一种变通办法。它的基本做法是：企业在国家规定的参考薪酬标准的弹性幅度内，自行规定一个上限和下限，根据企业经营状况和员工的技术等级、劳动贡献等因素，在规定的幅度内上下浮动。若企业经济效益好，且支付能力强，则可实行较高的薪酬标准；反之，企业经济效益下降，则实行较低的薪酬标准。浮动薪酬标准只在本企业内有效。

3）浮动薪酬制的特点

浮动薪酬的突出特点是：改变完全按照参考薪酬标准发放等级标准薪酬的办法，将职工的标准薪酬和奖金、津贴等捆在一起，依据职工劳动贡献大小和企业经营状况的好坏考核浮动发放。这一做法把职工的劳动报酬与其本人的劳动成果和企业的经济效益更直接、紧密地联系起来。

基于浮动薪酬的上述特点，正确使用浮动薪酬，对于发展生产、提高企业的劳动生产率有着较好的促进作用，具体表现在：

（1）在一定程度上克服了薪酬分配中的平均主义现象。实行浮动薪酬，突破了完全按等级分配薪酬的老框框，触动了基本薪酬，把职工的薪酬同职工个人的劳动成果联系得更紧密了，因此，有利于鼓励职工好好劳动，做到多劳多得，少劳少得，使按劳分配原则在实践中得到较好的体现，用经济手段鼓励了先进，鞭策了后进，促进了生产的发展。

（2）有利于促进企业管理水平的提高。实行浮动薪酬，要求对企业的经营效果和职工的劳动贡献进行严格的考核和计量，要求做到工作有标准，效果有考核，好坏有奖惩。这对于健全岗位责任制、加强经济核算、建立劳动定额的管理和考核制度等基础性工作，无疑是一个有力的促进。同时，也促进了干部责任制的落实以及企业各项管理制度的建立和健全，从而提高了企业管理水平。

（3）有利于提高职工队伍的素质。实行浮动薪酬，有利于改变过去职工不关心企业生产经营成果以及提高技术和业务水平的状况，促进职工从个人物质利益的角度来关心个人的劳动成果和企业的经济效益，把个人的收入同个人的劳动成果、个人利益同企业的经济效益联系在一起，从而促使职工积极进取，提高技术和业务水平，关心企业生产经营状况，使得热爱工作、热爱集体的思想风气发扬光大，有利于提高整个职工队伍的素质。

（4）有利于贯彻兼顾国家、企业和职工三者利益原则。实行浮动薪酬，改变了过去职工的劳动报酬与企业经济效益和本人劳动贡献脱节的状况，把职工的劳动报酬与企业的经济效益和本人的劳动贡献紧密联系起来。这样做，有利于合理安排国家、企业和个人三者的利益关系，使职工个人收入的增长建立在国家多收、企业多留的基础之上。

4）浮动薪酬制的实施

企业实行浮动薪酬制要考虑以下几个问题：

（1）根据实际情况和需要选择适当的浮动形式。从实践中看，多数企业采用了部分浮动和全额浮动形式，还有少数企业同时采用了多种浮动形式。

（2）要根据员工薪酬状况和生产、工作的需求，确定参与浮动的基本薪酬份额的大小。一般来说，年轻员工人数多，且劳动易于考核计量的企业或工种，其基本薪酬浮动的比例可大一些，甚至全额浮动。

（3）在确定浮动比例后，再将浮动的基本薪酬和奖金、津贴等进行合理的再分配，并相应确定以何种薪酬形式与员工个人的劳动贡献紧密联系起来。

（4）要建立、健全企业的各种规章制度，使员工个人现行的等级标准薪酬与浮动薪酬有案可查，并且要完善企业的考核计量措施，做到考核有指标，发放有依据，使员工的浮动薪酬与其本人劳动贡献和企业的经济效益紧密地联系起来。

11.1.4　定额薪酬制

1）定额薪酬制的含义及构成

关于什么是定额薪酬制，当前在广大薪酬工作者中存在着多种理解。一种观点认为，定额薪酬制是一个广义的概念，它既涉及国家与企业在薪酬分配方面的关系，又涉及企业对员工个人的分配关系。另一种观点认为，定额薪酬制是专指国家对企业的薪酬基金实行按某种定额提取的制度。比如苏联实行的"薪酬基金定额制"，这一制度规定了每一卢布产品中应含的薪酬定额，每增加一卢布产品，即可按薪酬定额相应增加薪酬。还有一种观点认为，定额薪酬制是指企业在劳动者进行多种形式的定额劳动的基础上，按照劳动者完成定额的多少支付相应劳动报酬的企业内部薪酬分配形式。以上各种观点，比较而言，最后一种认识更符合我国当前企业薪酬分配的实际情况。

根据这一概念，定额薪酬制应包括三个组成要素：第一，能反映员工劳动量的各种定额，即员工无论从事何种具体形式的劳动，都必须明确具体地规定生产、工作所应完成的数量及质量；第二，各种定额都应该有科学准确的计量标准，并能进行严格的考核；第三，员工薪酬的多少取决于其完成定额的多少。完成定额多，其薪酬就多；完成定额少，其薪酬就少。任何一种薪酬形式，只要具备上述三个要素，即可称之为定额薪酬制；反之，若缺少任何一个要素，都不能称为定额薪酬制。

通过以上对定额薪酬制内容的分析可以看出，定额薪酬制并不是特指某一种具体的薪酬形式。它是对具备上述三个组成要素的多种薪酬形式的科学概括。从某种意义上讲，它对各种薪酬形式提出了明确的要求。这个要求就是：企业的薪酬分配应以定额劳动制度为基础，员工的薪酬收入应与其完成的定额紧密联系，并随着完成定额的多少而上下浮动。

2）定额薪酬制的形式

目前，在我国一些企业中试行的定额薪酬制有多种具体形式，按不同的定额可区分为以下几种形式：

（1）产量（实物量）定额薪酬制，即根据员工完成的产量或实物量定额的多少相应地支付薪酬。产量定额可以是整机，也可以是零部件；可以是批量，也可以是单位产量。

（2）工时定额薪酬制，即根据员工完成合格工时定额的多少相应地支付薪酬。工时定额可以是生产某种合格产品的单位时间，也可以是完成某项非生产性任务的单位时间。

（3）消耗定额薪酬制，即根据员工实际消耗定额的多少相应地支付薪酬，实现的消耗定额高，其薪酬就少；反之，实现的消耗定额低，其薪酬就多。

（4）看管定额薪酬制，即根据员工完成看管定额的多少相应地支付薪酬。例如，有些机械化、自动化程度高的企业或工种，员工的主要任务是执行已规定的工艺规程，调整、控制和看管生产过程的进行。在这一工作中，员工通过自己的努力，增加了看管机器设备的数目或减少了机器设备上所需操作岗位的数目，其薪酬就可以相应地提高；反之，则相应地减少。

（5）价值量定额薪酬制，即根据员工完成的价值量定额的多少相应地支付薪酬。价值量定额可以是人均税金、利润和销售额等价值量指标，也可以是本单位的流动资金占用量、生产成本总量等价值量指标。

（6）工作量定额薪酬制，即根据员工完成的工作量定额的多少相应地支付薪酬。工作量定额可以是单项有具体数量规定和明确职责要求的工作任务，也可以是多项任务。

（7）综合定额薪酬制，即根据员工完成综合定额的多少相应地支付薪酬。综合定额往往由多项定额组成，各项定额在其中各占一定比例。完成的综合定额应符合既定的各项定额所占比重的要求，达不到要求的，视同未完成或未全部完成综合定额，需相应扣减全部或一部分定额薪酬。

此外，需要分析一下定额薪酬制和计件薪酬制的关系。目前，存在两种不同的看法。一种看法是：二者是从属关系，定额薪酬制包括了计件薪酬制，后者是前者的一种特殊的具体形式。其理由是计件薪酬制具有定额薪酬制概念的内涵，也是由定额薪酬制三要素所组成。另一种看法是：二者是并列关系，既有联系，又有区别。二者的共同点是：都有不同形式的定额；二者的区别是：计件薪酬有单价，按件计酬，定额薪酬没有单价，完成了定额即拿已规定的标准薪酬或某绝对额薪酬，超过或低于定额即根据规定按相应比例增、减其薪酬。因此，凡能计件的都实行计件；不能计件的，则实行适合本企业特点的各种形式的定额薪酬制。这样将二者区别开来，有利于分别积极推行定额薪酬制和计件薪酬制。上述两种看法，都有一定道理，可以在理论和实践中进一步研究探讨和试行。

3）定额薪酬制的作用

（1）定额薪酬制有利于更好地贯彻按劳分配原则。定额薪酬制以定额劳动制度为基础，按照员工完成的有效定额量支付薪酬，把员工的劳动定量化、数据化，从而使企业内部薪酬分配建立在科学、准确地计量员工付出的有效劳动量的基础之上，为企业对员工合理支付劳动报酬和拉开收入差距创造了重要的条件。

（2）定额薪酬制有利于更好地调动企业员工的积极性。实行定额薪酬制，使员工在着手工作前，即能了解应完成的生产、工作任务的数量和质量，并了解可望获得的报酬，为员工指明了努力劳动的目标，有很好的事前激励作用；完成定额生产、工作任务量后，即可获取相应报酬，真正做到员工劳酬相符，进一步强化了事后激励作用。另外，定额薪酬制具有广泛的适用性，各行各业和企业内部各工种、单位，都可采用这一薪酬形式，因而，定额薪酬制较之其他薪酬形式，其激励作用更强、适用范围更广。

（3）定额薪酬制有利于加强企业管理，完善内部经营机制。定额薪酬制要求建立健全定额劳动制度，从而促使企业进一步完善各项基础工作，认真做好计量、标准、检测、台账、原始记录等工作，使之实现科目规范化、报表制度化、记录数据化、储存档案化，进一步强化了企业管理；同时，实行定额薪酬制还需要企业内部劳动、人事、计划等制度改革相配套，从而进一步深化企业改革，增强企业的活力。

定额薪酬制的上述作用，必将促进企业经济效益的大幅度提高。因此，已经实行了定额薪酬制的企业，应及时总结经验，进一步研究、完善这一薪酬形式；尚未实行的企业，可根据企业实际情况确定是否需要实行，以期充分发挥其积极作用。

11.2　薪酬支付艺术

11.2.1　保密式与公开式

企业为员工支付的薪酬方式可以分为两种：保密式与公开式。

1）保密式

实行保密式的薪酬支付方式，其目的是通过将薪酬资料保密，来减少员工在薪酬分配方面的矛盾，避免员工感到不公平。但是，这种做法极易产生一种相反的效果，即越是保密，越是容易引起员工的怀疑。

（1）"神秘的"支付方式增加了员工的好奇心

在员工看来，薪酬水平的高低似乎代表着能力水平的高低、业绩的优劣。薪酬水平高的，往往能赢得人们的尊敬；否则相反。在这种奇妙的心理支配下，四处探听他人的尤其是同一单位工作的同事的薪酬水平便成了一种下意识的行动。

（2）影响工作态度

如果员工了解到自己的薪酬水平低于同级别的同事，但却觉得对方不如自己，会产生一种不满的情绪，而这种情绪往往会表现在工作上，导致消极怠工，影响工作效率，最终会进一步降低薪酬水平。这种恶性循环既不利于员工也不利于企业。

（3）掩饰了不公平现象

薪酬保密从某种程度上掩饰了一些不公平现象，容许了一些不良习惯的蔓延而不被发觉，并且无法控制。

2）公开式

薪酬管理所强调的是薪酬制度必须公平，而员工对薪酬制度感到公平有赖于管理人员将正确的薪酬信息传递给员工，这样，员工就有机会参与和发表自己的意见，提出自己合理的建议。同时，如果员工对薪酬制度有任何抱怨的话，也可以通过正确的途径向管理者提出申诉，从而保证了薪酬制度的公平合理。从这个角度讲，应该实行公开化的薪酬支付方式。

（1）有利于薪酬信息传递

如果企业将正确的薪酬信息传达给员工，并向员工解释清楚，可以避免员工做出错误的猜测，并且对公司的薪酬制度有正确的认识，从而树立积极的工作态度，并能为公司建立良好而公平的商誉。

（2）公开程度

一般企业的做法是公开薪级制度和可以晋升的职级，每一个薪级的起薪点、最高的顶薪点以及每职点的薪酬。而个别员工目前的薪酬数目，可以不公开。

对于薪酬管理人员来说，应该采取较为开放的态度，希望员工对公司的薪酬政策发表意见，员工提供的意见可以投入意见箱，或在公司的刊物上公开发表等，这样就能使公司的管理人员与员工就薪酬问题互相沟通。

11.2.2　支付时机

对于薪酬支付的时机，不同的员工会有不同的心理需求。然而，同一员工由于年龄的增长、经济状况的改变、企业经营环境的变化等因素的影响，对薪酬支付时机也会有不同的偏好。因此，如果企业能把握好薪酬支付时机，将对员工产生更加直接的激励效果。

企业按照支付的时机不同，有及时支付和延时支付之分。及时支付是指当员工的良好绩效出现后或完成目标任务后立即给予相应的外在性和内在性薪酬奖励。延时支付是奖励行为与人们的绩效行为之间有一定的时间差。根据奖励时间差的规律，奖励可分为规则奖励和不规则奖励。延时支付也可以分为规则支付和不规则支付。

规则奖励的薪酬支付是指每次奖励间的时间差是相同的，有规律的，比如按月发放薪水，按季度、年度支付奖金等；不规则奖励的薪酬支付是指每次奖励间的时间差是不同的，无规律性，可以十天半个月支付一次，也可以三五个月支付一次。

那么，企业究竟该如何选择具体的支付时机呢？具体有以下几种情况：

1）根据员工不同的年龄差异选择不同的支付时机

有关专家研究表明，人的主观感觉会随着年龄的增长而变快，对于同一个时间单位，年轻员工会感觉很慢，而年长的员工会感觉很快。所以，对于支付薪酬来说，对年轻员工必须及时支付，无论是发放奖金，还是给予休假、升迁，或者提名表扬都必须及时，而对年长的员工则可采取延时支付。

2）根据员工不同的知识水平选择不同的支付时机

员工的知识水平、心理素质、人生价值观不同，对于薪酬的认识和感受也不一样。对那些自制力较强、工作热情较高、工作积极主动性较高、知识水平较高、职务较高的员工可以采取延时支付，因为短暂而频率过高、强度不大的奖励对他们的激励作用不是太大。而对于那些心理素质较差、性格内向、工作主动性不高的员工，则应该采取及时支付的手段，因为这是他们积极工作的重要动力，采取及时支付可以迅速调动他们的积极性。

3）根据员工不同的心理反应选择不同的支付时机

人们在社会生活中的心理状态是经常变化的：时而高兴，时而消沉；时而舒畅，时而郁闷；时而激动，时而平静。而不同的心理状态对奖励的需要和感知也是不一样的。管理者应该仔细观察以驾驭这种状况。一般来说，当员工情绪低落时，应采取及时奖励的薪酬支付手段，这样可以帮助他们摆脱心理困惑，重新赢得自信；对情绪高涨者可采取延时奖励的薪酬支付手段，这样有利于保持他们稳定的积极性。

4）根据企业的需要选择不同的支付时机

奖励时机的选择要根据奖励的对象、奖励的目标而定，有利于企业维持良好的生产状态，保证团队的和谐，促进销售额的完成，留住顶尖人才的奖励时机，都是符合企业奖励需要的。

5）根据企业的不同任务的性质选择不同的支付时机

每一个企业的职位、岗位差别很大，完成任务的难度、周期性也不相同，因此，薪酬支付也要因时制宜。对于有计划、有规律的工作定额，可采取规则的薪酬支付，即按照任务完成的阶段，给予及时的奖励；对于临时的、负责性的工作任务，宜按任务完成的时间的长短选择薪酬支付的时机。

11.2.3　支付策略

从现阶段经济发展的水平、行业发展的水平与竞争程度、传统的文化影响等方面来看，同样数量的薪酬对不同员工所产生的激励效果是不同的。当组织支付的薪酬数量一定时，要提高薪酬的绩效，使同量的薪酬能够发挥更大的激励作用，就要把握好企业内部各员工的真实的薪酬需求。

1）厚待组织的核心骨干员工

组织中约20%的核心骨干员工在组织中起着决定性的作用，给他们以与其贡献相对称的较高的薪酬，与普通员工适当拉开差距，同时重视内在薪酬对他们的激励作用，这样不仅能留住核心骨干员工，同时也对其他员工起到了激励示范的作用。

2）对不同年龄段的员工采用不同的支付方式

青年员工的特点决定了他们对薪酬分配具有不同于年长员工的要求，例如，青年员工希望获得较大比例的现金报酬，希望在规范的考核和晋升机制基础上得到公平的待遇和更多的发展机会，希望薪酬方案更具弹性，使他们具有更大的选择余地，希望得到挑战性的工作和获得更多的领导奖励等。而年长的员工则更希望在退休后有优厚的养老金和医疗保险，希望自己长期为组织工作的价值被组织承认并在年功薪酬里得到充分的反映，可以接受延时支付的薪酬等。组织应该根据不同年龄员工的特点和要求，采取不同的薪酬组合方式和支付方式。如青年员工可以适当地增加薪酬组合中的奖金的比例，而年长的员工薪酬组合中增加养老金的比例，这样就能大大地提高员工的满足程度。

3）对不同素质和不同性格的员工采取不同的支付方式

员工的综合素质和个人性格不同，对薪酬的认识和感受也略有差异。通常，对于那些高层次、高素质、自制力强、工作主动性高的员工，高频率、低强度、短期性的奖励作用不大，宜选择延时支付、长期激励、奖励强度高、内在薪酬占较大比例的薪酬支付方式。对那些职务层次较低、受教育较少、心理素质较差、工作主动性不高的员工，采取及时支付、高频率的短期激励，外在薪酬为主的支付方式，有利于迅速调动和维系他们的工作积极性。

此外，同行业内的企业选择差异化的薪酬支付手段有助于企业吸引人才，树立企业形象，提高其竞争力；不同行业的企业可根据自己所处行业选择适合本企业的薪酬差异化战略。然而，企业中还存在一些特殊职位的人员，如管理人员、营销人员、技术人员等的薪酬支付情况也应引起企业的重视，这将在下一章作详细的介绍。

11.3　员工薪酬自我设计——自助式薪酬

11.3.1　自助式薪酬的内容及特点

企业人力资源管理中的薪酬管理，往往是人力资源经理乃至企业的高层管理者头疼的问题。企业薪酬的有效管理对内关系到整个企业人力成本的合理控制、员工整体满意度及企业内部管理的公平性等一系列问题；对外则关系到企业在市场上地位的提高，更多优秀人才的吸引。

那么，如何建立让员工满意的薪酬体系呢？

这里介绍一下近几年由美国密歇根大学约翰·特鲁普曼（John E.Tropman）博士提出的一种全新薪酬思路——自助式薪酬模式。该模式是约翰·特鲁普曼博士在吸收众多学者的研究成果基础上，于1990年在其《薪酬方案——如何制定员工激励机制》一书中提出的。这是一种以员工为导向的薪酬制度，区别于传统的以企业为导向的薪酬体系。

自助式薪酬是一种交互式的薪酬管理模式，是由企业和员工共同选择自己薪酬组合的模式。企业根据员工的需求制定一揽子薪酬支付方式，由员工选择自己中意的薪酬组合方式，就像顾客在超市购物一样，超市为顾客提供多个品种的商品，由顾客自主选择决定自己所需的商品，超市也要根据顾客的需求来调整商品品种以便更好地满足顾客的需求。企业要满足不同员工的薪酬需求首先得制定一个尽量宽的薪酬选择范围。约翰·特鲁普曼提出了整体薪酬方案的参考模式，将薪酬划分为十种类别，然后再将这十种类别划分为五大组成部分：

整体薪酬=直接薪酬+间接薪酬

直接薪酬=基本薪酬+附加薪酬+福利薪酬

间接薪酬=（工作用品补贴+额外津贴）+（晋升机会+发展机会）+（心理收入+生活质量）+私人因素

基本薪酬是企业根据岗位、技能确定的薪酬部分；附加薪酬是企业一次性支付的薪酬，包括加班费、股票期权和盈利分享等，这种薪酬的发放可以是定期的，但不是确保的；福利薪酬主要是指企业支付给员工的福利。以上三种薪酬都是以现金支付的，一部分是现时支付的，另一部分是日后支付的。工作用品补贴，指员工不必自己在外购买工作用品，而由企业提供诸如制服、工具等；额外津贴是给予员工购买本企业产品的价格优惠。晋升机会是指员工向高层发展的机遇；发展机会是指深造和培训机会。一些员工喜欢工作中晋升的机会能多一些，另一些热衷岗位培训或由企业资助的培训及学位申请，两者都反映出员工对个人职业发展的关注。心理收入和生活质量，指在工作中的情感回报及协调工作与家庭生活之间的矛盾问题。私人因素是企业为留住某个特定员工而满足他的特殊要求。

现代人力资源管理的本质是以人为本，而自助式薪酬方案中最为重要的元素有两个，即定制性与多样性，它恰好可以满足企业员工不同层次的需求。第一，员工有更大选择性，可以量身定制自己的薪酬方案。第二，注重非现金薪酬成分。传统的薪酬体制是一种基于职位、岗位和内部均衡的薪酬体制，决定薪酬的元素比较简单。自助式薪酬模式注重非物质激励。该模式不仅考虑到现金薪酬激励，而且考虑到员工的晋升和发展机会等非物质激励，关注员工的心理因素以及生活质量。自助式薪酬管理模式提供的激励回报几乎包含了马斯洛需求理论中所有层次的需求。第三，以业绩为主导，投资和奖励相结合。投资是在员工做出业绩之前支付的，其目的之一是提高员工的技术和工作热情，目的之二是员工和公司的将来。奖励是事后支付的，与员工的业绩挂钩。在新的薪酬体制中，投资和奖励都是以业绩为中心的。第四，员工参与程度高，能与企业共同发展。企业发展能够为员工提供更多、更丰富的薪酬内容，员工的个人发展可以进一步促进企业的发展，自助式薪酬管理有助于维护企业和员工的共同利益。第五，不仅对特定的员工有效，而且适用于全体员工。

11.3.2 自助式薪酬整体方案设计

1）基本薪酬是薪酬的保障

重组薪酬主要有三项提议：模糊工作等级、浮动薪酬和浮动奖金。模糊工作等级即打乱原有过细的工作分类，扩大工作范围，再重新调整工作组合。这一方法主要是针对按职论薪方案中工作范畴较大所产生的一些问题，为岗位积分制提供一个解决的方法。以下举例说明浮动薪酬的计算方法，比如基本薪酬是5万元的员工，起先只能拿到其中的3.5万元，只有当雇员达到某种商定的目标，或者完成既定业绩后，方能最终拿到另外的余额部分。若该员工的业绩水准超出了商定的目标，那么他的薪酬可以上浮至6.5万元。浮动奖金是这样计算的，员工的薪酬范围和提薪幅度都低于两者的某个标准，那么所拿到的提薪部分都划入了他的基本薪酬范围内，但如果他的薪酬范围和奖励幅度都高于该标准，那么奖金中的一部分应划入基本薪酬范围内，另一部分则成为一次性奖励。

2）附加薪酬具有推动业绩的作用

首先，每个企业实施的薪酬方案（包括激励薪酬）必须是切实可行的。这种可行性也部分意味着企业的可信度，它们必须具有"表面有效性"或者让员工觉得很诱人，而且必须简单易懂，否则，就起不了什么作用或者作用不明显。在任务完成之后，激励薪酬能立即兑现，而不是一年一发，那么效果就更为理想。数额低但针对性强、更快速的激励方案比数额高但针对性弱、发放迟缓的方案效果明显要好。此外，激励薪酬必须公开化。一些企业常采用秘密奖励的方法，这样级别问题就再度产生了。如果采用秘密方法，激励方案的社会价值将大大削弱，进而激励意义也丧失殆尽。表11-1列举了有关附加薪酬的薪酬理念。同时，还推出了股权制这一薪酬形式。表面上，这只是附加薪酬的另一种形式，但实际上，这种形式却将员工和公司的命运更紧密地联系在一起。这种密切性是现金根本无法达到的。从调配薪酬比例的角度来看，现金薪酬和股权薪酬带来的心理效应也是全然不同的，这一点也应引起重视。

表11-1　　　　　　　　　　根据员工类型研制的一揽子附加薪酬计划

薪酬因素	员工类型			
	企业高级人员	项目人员	企业一般人员	合同工
附加薪酬 （可变薪酬）	盈利分享 项目激励	项目激励 投资参与 （现金）	盈利分享 业绩分享 个人生产率激励	个人生产率激励 项目激励
股权制	员工个人持股计划 股票期权 公司股票的盈利分享	投资参与（股权）	员工个人持股计划 股票期权 公司股票的盈利分享	没有

资料来源　郭玲. 如何建立企业自助式薪酬激励机制［J］. 合作经济与科技，2007（5）.

3）自助式福利

员工在规定的时间和现金范围内，有权按照自己的意愿组合自己的一揽子福利计划，他们享受的福利待遇将随着他们生活的改变而改变。其最基本的特点是：

（1）自助式福利项目很好地满足了对人才的需求。

（2）自助式福利具有弹性。

（3）自助式福利的方式也在不断创新，除了让员工参加到自身的福利设计以外，还可以按照员工的福利需要推出"福利组合"，其中包括健康咨询、心理咨询、健身运动、特色保险、购物卡、出国旅游等，员工可以根据拥有的额度自由选择。

4）合理发放工作津贴，提升企业凝聚力

首先，企业应坚持发放一般额外津贴，该类津贴让企业的每个员工都产生认同感，它不会在企业内部造成不和，反而能使员工团结起来，更坚决地维护公司的名誉。同时，支持扩大受益人范围，当然也不是指人人都享有这样的待遇。此外，一些员工的家庭，或者是供应商也可划归到受益人的范围内。受益人范围越大，企业内部的不和就越少。

其次，尽量少发或不发特殊津贴，无论是内部的特殊津贴、外部的特殊津贴还是个人的

特殊津贴。特殊津贴容易造成企业内部的分化，助长了受益人的要求，因为这种要求往往是永无止境的。

5）把握个人晋升和自我发展机遇

作为企业，应当同时提供发展机遇和等级晋升这两项内容。如果有个工程师很满足于做一个出色的工程师，雇主应当尊重他的选择并为他提供（与职位晋升待遇相同的）技能发展机遇。

6）薪酬的柔性部分：心理收入、生活质量和私人因素

心理收入是指由工作的性质、工作的表现和工作的环境等因素共同创造出来的情绪上的满足感。它是指个人的积极性、个人的价值观以及工作环境三方面的综合作用，给个人带来强烈的快乐感觉。挖掘工作潜力和注重工作设计是两个行之有效的办法。优秀业绩是指员工在从事其工作时，能有最佳的水准发挥，或者说是达到了他能力的顶峰。或者是有关流动轨迹的定义，即在技能指数和挑战指数交叉点上达到能力发挥的极点。把这一定义扩充一下，有下面等式：

优秀业绩=能力×积极性

这个等式表明，如果能力指数和积极性指数各为10，那么一名这两项指数都为10的员工能够得100分。若一名员工能力指数为5，积极性指数为10，或者恰好相反，他们的得分都是50分。下面的一个等式说得更加具体：

能力=态度×培训×资源

积极性=进取心×使命感

从这个更具体的分类中，我们可以发现提高员工业绩的方法共有五个：企业必须帮助员工树立一个良好的工作态度，提供培训机会，确保资源供应，刺激员工进取心，建立责任感和使命感。所有这五项都需要管理部门进行教育和辅导。雇主必须完善的另一个领域是工作设计。一份好工作应该具有下列积极特征：技术多样化，有机会运用不同的技术；任务明确性，有机会从事整个项目；工作的知识性，有机会显示知识对工作的作用；工作的经验性，有机会显示经验对工作的作用；自主权，在一定范围内有权独自处理事务；工作责任感，对自己的行为能承担责任；回馈性，能获取有关业绩信息。

在生活质量上，那些旨在缓和工作与生活矛盾的项目特别突出了时间灵活性的重要作用，弹性工作制在不久的将来也将逐渐被推广开来。还有从托儿所到固定休假，从养老院到各种代理服务，每个企业都可根据其特点做出自己的选择，这些项目的用意在于增加员工的工作灵活性，方便他们的生活。

对于私人因素，企业应主动从员工那里了解他们的需求和喜好，及时发现工作中的不足，并做出改正，这种积极主动的态度就是薪酬的一个特征。邀请员工一起制订解决问题的方案，重要的不是显示雇主的权威，而是注重结果，定期听取员工的建议，并保证在今后的工作中进行调整完善，毕竟只有干活的人才最了解情况。在良好的薪酬机制中，员工经培训后上岗，并有一套个人事业发展的规划设计。

自助式薪酬，是一种新式薪酬，是对薪酬体制中的多元性和可选性需求的一种满足，也是对旧式薪酬中顽症的一种解答。

在现代企业管理中，"员工参与"是激励的有效手段之一。同时，在管理层制定薪酬制度时，有必要上下相互沟通和协调，让员工参与与自身利益休戚相关的薪酬设计，找到劳资双方都满意的解决矛盾的切合点。员工参与薪酬设计的优点主要体现在：

（1）增强团队观念和归属感。员工如果能够参与薪酬设计，在心理上就会感觉到自己是

整个企业管理团队中的一员，而非纯粹的被管理者，从而激发员工的工作积极性和主动性，增强归属感，形成关心企业发展的参与意识。

（2）增强员工对企业和管理层的信任度。薪酬公开，员工参与，管理透明，表明了企业公平的意愿以及对员工的信任，保证了薪酬管理的过程公平。这样，员工可以进行心理比较，打消其对企业付出的薪酬是否公平的疑惑和怀疑，增强上下层之间的信任感。

（3）完善薪酬制度。通过参与薪酬的设计，管理层可以就企业薪酬政策及目的与员工进行必要的沟通。这样，既可以促进管理者和员工之间的互信，又可以通过员工的反馈不断优化改进薪酬管理，构建一个有效的、全面的、可持续的薪酬系统，促进薪酬制度设计目的的实现。

11.3.3　自助式薪酬推广的约束条件

约束理论的创始人艾利·高德拉特博士认为任何一种体制至少都会有一个约束因素，从而阻碍它充分发挥潜能。就薪酬体制而言，其改革的迫切性是有目共睹的，但推行改革却障碍重重，尤其是自助式薪酬方案在中国组织中的推广更加任重道远，因为它是对文化传统、所有者理念和操作程序、员工成熟度等的全新"洗牌"。

1）文化传统的影响

管理心理学家霍夫斯泰德于1980年在对40个国家和地区进行跨文化研究的基础上提出了确定民族文化特征的四个维度，即权力距离、不确定性避免、个人主义–集体主义和男性度–女性度。研究表明：权力距离小，女性度高的国家易接受参与管理；而权力距离大，女性度低的国家则不易接受参与管理的方式。而中国文化在上述四维度上的表征恰恰是：大权力距离、大不确定性避免、强集体主义和小男性度–女性度。在两千多年封建思想的影响下，中国民众普遍参与意识不强，习惯于接受权威的领导，在心态上习惯处于一种"被动、接受和服从"的地位，在一定程度上阻碍了自助式薪酬在国内组织中的推广和落实。然而，随着中国企业的管理模式逐步与国际接轨，以及倡导自由和个性的新一代青年人走向工作岗位，自助式薪酬将会受到越来越多国内组织的青睐。

2）组织主要所有者的理念

中国人有一种囤积财富的心理，用一句形象的话来表达就是"我的是我的，你的也是我的"。在中国传统价值观念中，一直存在着"均贫富"的思想，但均的是别人的财富而不是自家那一亩三分地。受制于这样一种价值理念，中国的企业往往难以做强做大。

3）员工成熟度

这里所指的成熟度，不是仅仅指员工的年龄，而是更接近于保罗·赫塞与肯·布兰查德在其著名的情境领导理论中对成熟度的定义，即"个体对自己的直接行为负责任的能力和意愿"。自助式薪酬方案以员工为中心，要求员工从一个薪水的接受人转变为薪水的客户，要求员工清晰、大胆地表达自己的需要，很显然，这只能基于员工的成熟度，而这恰恰是当前中国员工极其匮乏的。因为当要求中国员工对薪酬方案出谋献策时，他们的惯常表态是："想也白想，说了白说，再说我根本不知道自己该做什么，也不知道该怎么做。"

综上所述，自助式薪酬方案一改过去对薪酬的零碎、片段式的思考，提供了一个可以付诸实施的系统的思维方式，因而可以解决一些紧迫的薪酬问题。但它并不是包治百病的万灵药。正如杰里·麦克亚当斯在《奖励计划的优势所在》一书中所指出的，"只有最好的原理，而无最好的惯常做法"，组织在设计自己的薪酬体系时，必须考虑自己的历史文化传承、价值观、经济实力和员工特点，而不能简单"克隆"，否则就极易出现"东施效颦""邯郸学步"的情况。

本章小结

企业的薪酬支付形式主要有计时薪酬、计件薪酬、浮动薪酬和定额薪酬。计时薪酬是按照职工实际有效劳动时间、薪酬等级标准，来计量和支付薪酬的最基本的薪酬形式。计时薪酬由反映劳动质量（劳动复杂性、责任、强度、环境）差别的薪酬标准和反映劳动数量的实际劳动时间两个因素所构成。计件薪酬是按照劳动者生产合格产品的数量或完成的作业量和预先规定的计件单价来计算劳动报酬的一种薪酬形式。浮动薪酬制指职工薪酬随着职工劳动成果的大小而上下浮动。浮动薪酬总额通常不包括固定性的津贴和补贴（如副食品价格补贴）以及特殊情况下支付的薪酬。定额薪酬制是指企业在劳动者进行多种形式的定额劳动的基础上，按照劳动者完成定额的多少支付相应劳动报酬的企业内部薪酬分配形式。

企业为员工支付的薪酬方式可以分为两种：保密式与公开式。对于薪酬支付的时机，不同的员工会有不同的心理需求。然而，同一员工由于年龄的增长、经济状况的改变、企业经营环境的变化等因素的影响，对薪酬支付时机也会有不同的偏好。因此，如果企业能把握好薪酬支付时机，将对员工产生更加直接的激励效果。当组织支付的薪酬数量一定时，要提高薪酬的绩效，使同量的薪酬能够发挥更大的激励作用，就要把握好企业内部各员工的真实的薪酬需求。这就要求企业制定和实施差异化策略。

自助式薪酬是由美国密歇根大学约翰·特鲁普曼（JohnE.Tropman）博士提出的，是一种交互式的薪酬管理模式，是由企业和员工共同选择自己的薪酬组合模式。企业根据员工的需求制定一揽子薪酬支付方式，由员工选择自己中意的薪酬组合方式，就像顾客在超市购物一样，超市对顾客提供多个品种的商品，由顾客自主选择决定自己所需的商品，超市也要根据顾客的需求来调整商品品种以便更好地满足顾客的需求。约翰·特鲁普曼提出了整体薪酬方案的参考模式，将薪酬划分为十种类别，然后再将这十种类别划分为五大组成部分。

本章案例

工人计件工资调整的难题

（1）劳动密集型工厂的综合工时制。

某糖果生产企业是一家民营企业。工人大多数来自同一个村或县，相互认识。该公司一厂硬糖加工车间在2010年8月之前，满勤是26天，工人每天工作8小时，平均每人每天的达标产量是150千克，工人的工资采用综合工时制，即每天完成150千克的产量，并且当月满勤，则支付固定工资1 560元。

（2）新车间产量增加，工人第一次罢工，想改变综合工时制，提高工资。

自2010年8月起，新建的车间投入生产，借助先进的生产线，工人的平均产量达每人每天300千克，但工人的工资没有变化。2010年9月初，在工人向公司有关部门反映工资制度不合理，但未有明确答复的情况下，车间的全部工人联合起来罢工一天，要求改变原有的工资制度，提高工资水平。

（3）实行计件工资制，最低产量300千克，工价0.2元，劳动生产率提高。

经过生产经理与公司老总协商之后，决定推行计件工资制、事后工资制。事后定价的好处是工价定得比较准，弊端是工人为了防止压低工价，可能会集体怠工来降低速度，以此提高工价。2010年10月，公司开始实行计件工资制，工人人均工资标准是生产每千克硬糖的工价为0.2元，核定每日产量最低为300千克，工作时间（8小时）不变，每个工人每天必须至少完成300千克产量才能下班，不额外支付加班工资。

制度实施以来，一部分员工在8小时内完成的产量甚至多达400千克以上，按照每千克0.2元的工价算，工人一天挣的计件工资在60~100元之间，工人的干劲很足，劳动效率快速提高。

（4）工艺优化，调整了计件工资，最低产量600千克，工价降为0.1元。

接下来新车间又进行工艺革新，优化了生产流程，工人每日的平均产量甚至可以达到600千克，生产经理随即调整了计件工资标准，将工价由0.2元压低到0.1元。同时核定每日产量最低必须达600千克，工作时间不变，不额外支付加班工资。

（5）产量增加，工资不涨，工人第二次罢工，抵制压低工价，公司强硬推行，生产效率提高。

可以想象，工人对工价的减半意见非常大，新计件工资方案公布的当天就有几个平常比较不服管教的班组长，鼓动200多名工人罢工。生产经理当即开除了3名带头闹事的班组长，向员工反复解释公司在工艺优化中的大量成本需要分摊，强调了调整计件工资的原因和决心，并且表示为了公司的发展，能接受新方案的工人留下，反对新方案的工人自动离职。看到公司如此强硬，大多数工人抱着试试看的心态留了下来，接受了新的计件工资方案，一直持续到2011年9月。在此期间，工人的产量基本都能保持在每日600~1 000千克，劳动效率进一步提高。

这次计件工资调整，使得车间的产品产量大幅增加，但工人工资没有明显增加。这也成为生产经理为工厂控制人工成本的一大业绩。

（6）生产经理面临的现状和难题。

现状是：①随着国内通胀压力明显，物价上涨严重，工人对工资上涨有很强烈的期望；②随着工厂生产规模的扩大，新招了大量员工，目前工人人数达500多人。③车间进一步优化工艺，预计明年开始人均日平均产量能达到800千克以上。

难题是：老板已经找生产经理谈过话，打算年后再次压低工价，控制人工成本，并且暗示年后将提拔生产经理担任副总。生产经理明白，这对自己又是一场严峻的考验，因为即将面对的是更加庞大的工人群体，现在大家干得挺带劲，一旦压低工价，工人的工资涨不上去，会不会又引发一场大规模的罢工？

资料来源　佚名. 糖果生产企业，工人计件工资调整的难题 [EB/OL]. [2011-11-23]. http：//www.zhaotonghang.com.cn/forum/viewthread.php？tid=1371.

思考题：

1.如何让工人相信工厂压低工价的理由是合理的？

2.工厂采取什么方式，将继续降低工价的新的计件工资方案顺利地推行下去呢？

复习思考题

1. 简述计时薪酬制的形式及特点。

2. 简述计件薪酬制的构成要素及特点。

3. 试述浮动薪酬制的形式及特点。

4. 简述定额薪酬制的形式及作用。

5. 论述薪酬支付的艺术。

6. 简述自助式薪酬的内容、特点及推广自助式薪酬的约束条件。

7. 如何设计自助式薪酬整体方案?

第12章

特殊主体薪酬管理

学习目标

　　特殊主体的薪酬管理是目前各个企业所关注的焦点，本章主要论述了管理人员、销售人员及其他特殊群体的薪酬管理的内容、特点及作用等。通过对本章的学习，了解管理人员及销售人员的特点，掌握管理人员及销售人员的薪酬构成；了解其他特殊群体，如公务员、外派人员、专业技术人员等的薪酬构成、薪酬设计原则及特点。

12.1 管理人员薪酬管理

12.1.1 高层管理人员的薪酬设计及实施

组织的管理人员可以按其所处的管理层次区分为高层管理人员（高管人员）、中层管理人员和基层管理人员。对这三类管理人员进行薪酬管理的侧重点有所不同，比如高层管理人员主要是对整个组织的管理负有全面责任，他们的主要职责是制定组织的总目标、总战略，掌握组织的大政方针并评价整个组织的绩效。他们在与外界的交往中，往往代表组织以"官方"的身份出现。高层管理者的工作重点在于决策，因此，他们所要掌握的知识更趋向于观念技能，例如经营预测、经营决策、管理会计、市场营销和公共关系等。

高层管理人员工作的特殊性导致了其薪酬管理的差异性。而高管人员对企业发展的重要性，突出了对其薪酬管理的重要性。建立激励并约束高管人员行为的薪酬机制主要涉及三方面内容：薪酬构成、薪酬结构变化对高管行为的影响及最优的薪酬结构确定；薪酬数量与高管人员积极性的关系及最优薪酬数量确定；高管人员的薪酬与何种企业业绩指标"挂钩"、如何"挂钩"，才能更好地衡量其能力和努力程度等。这里值得深入探讨的是企业高管人员的年薪薪酬结构和薪酬指标问题。

1）高管人员薪酬结构

高管人员的薪酬体系主要由基本薪酬、短期激励、长期激励和福利四个部分组成。

（1）基本薪酬

基本薪酬是高管人员的基本收入。一般会占到薪酬总额的1/3至2/3不等。基本薪酬对高管人员来说属于固定收入，虽然在激发其积极性方面所起的作用并不是很明显，但能为他们提供可靠的收入。

（2）短期激励

对高层管理人员的短期激励主要是奖金。奖金是企业高层管理人员薪酬的重要组成部分。通常意义上的奖金都是以组织的经营绩效为基础的。由于高管人员对于企业总体经营绩效的达成情况有着比普通员工更大的影响力，因此，给予他们的奖金与企业总体经营业绩之间的关系更为紧密，使高层管理人员能够在企业经营绩效的改善中获得自己应得的薪酬。

（3）长期激励

近年来，以各种股票计划为主要内容的长期激励方案越来越受到欢迎。究其原因主要有三点：第一，高层管理者的绩效表现对于组织经营状况的重要性已日益显露出来，高层管理人员在企业当中的作用越来越大，然而所有者对其工作和努力程度进行有效监管的难度较大，而长期激励是对其进行有效激励的最佳途径之一；第二，长期激励方案与组织的长期经营绩效具有紧密的联系，通过经济上的利益关系促使高管人员和企业的经营目标保持一致，从而激励他们关注企业的长期发展以及持续性地达到更高的绩效水平；第三，长期激励计划给企业提供了一种合理避税的机会。

（4）福利

高层管理人员通常都享受到名目众多的福利和服务。除了针对普通员工的福利以外，还有特别针对高层管理人员的福利。留住管理者对于组织而言是至关重要的，而特定内容的福利和服务在吸引和挽留这些核心员工方面又有着不可低估的功效。针对高层管理人员的福利主要包括在职福利和退休福利。

在职福利主要有：在公司内部为高层管理人员提供舒适的工作环境，如豪华的办公室、经理餐厅、专门的停车场等；在公司外部为高层管理人员的工作提供良好的服务，如代交更新知识的学费，代交参加与业务和专业有关的活动费用，报销饭店、飞机、汽车费用等；在生活上为高层管理人员提供优雅的个人居室，对高层管理人员在生活方面遇到的问题尽量给予解决；享受各种待遇，如带薪度假，由公司提供服务（午餐、医疗、专车等）。这些措施会对企业高层管理人员产生较大的激励效果。

退休福利主要包括：建立高层管理人员社会保障制度，涉及各种形式的"金色降落伞"，以消除或弥补高层管理人员退休前后物质利益和心理角色方面的巨大反差；废除国有企业高层管理人员硬性划线退休制度，对于经营业绩一直很好的高层管理人员，不仅其任职年限不受年龄的限制，而且在其离任后授予其终身荣誉和奖励；实施高额退休金计划；允许高层管理人员退休后在企业董事会中担任董事，或担任企业高级顾问之类的角色，这样既给高层管理人员提供一个消除退休前后巨大心理反差的"缓冲"机会，又可以充分利用高层管理人员的经验，促进企业发展。

总的来说，在高层管理人员的总体薪酬中，基本薪酬所占的比重相对较小，短期激励和长期激励所占的比重往往非常大，福利也起着不可忽视的作用。

2）薪酬指标

薪酬机制的有效性在很大程度上取决于评价和考核高管人员业绩指标的科学性、准确性。除基本工资的作用是为高管提供"保险服务"外，奖金是与企业短期业绩尤其是年度会计利润挂钩的，而与股票相关的其他薪酬形式是与企业的市场价值紧密关联的，因而与高管人员薪酬相关联的企业业绩指标主要有两大类：绝对业绩指标和相对业绩指标。明确这两类指标的特点对建立高管人员的激励约束机制至关重要。

（1）绝对业绩指标

① 市场价值指标。其主要是指本公司的股票价格。由于企业股东财富最大化在股票市场上表现为股票市场价值的最大化，因而市场价值指标能直接体现股东追求财富最大化的要求。将高管人员的薪酬与股票价值联系在一起，基于市场价值指标建立高管人员的薪酬激励机制，有利于直接改善股东的福利。市场价值指标的最大优点在于如果资本市场是有效的，股票交易价格能够充分反映每个市场参与者的私人信息，那么市场就能对企业经营情况的各种变化进行准确反映。市场价格就是衡量高管人员在企业经营管理过程中努力或投入的最好指标。在市场充分有效的前提下，高管人员的薪酬激励方案设计应使企业市场价值最大化。然而，市场充分有效在现实中很难达到，它只是一种理想境界或是强式有效市场假说。现实经济中，虽然资本市场中有专门评价企业计划与经营状况的专家提供咨询，但企业经理和投资者之间仍存在非对称信息，高管人员对自己企业的了解远远多于投资者，股票的市场价格并不能准确反映企业的价值，加之股票价格还受到企业业绩以外的其他因素的影响，使股票价值信号中出现非企业所能控制的"噪声"，这些因素就有可能使股票的市场价格远远偏离企业的真实价值。因此，单纯依靠市场价值指标建立高管人员的薪酬激励机制就有很大的局限性。

② 会计或财务指标。与企业市场价值指标相比，会计指标所反映的各种因素更易为高管人员所控制，较少受高管人员可控范围以外的"噪声"因素的影响，更多反映的是企业自身的"信号"。然而正是由于会计指标容易为高管人员所控制，企业盈利会计指标可能不是

企业真实业绩的反映，而是高管人员人为操纵的结果。会计指标考核，尤其是短期会计指标给高管人员留下了"玩数字游戏"的操作空间。当高管人员的奖金达到上限水平时，他们会调低账面盈利水平；当高管人员的奖金达不到上限水平时，他们会压低投资或在拿到奖金以后再确认损失。会计指标的这个缺陷限制了依靠其建立高管人员薪酬机制的科学性和有效性。

（2）相对业绩指标

相对业绩指标反映了企业与行业中其他企业的平均业绩指标的比较。与绝对业绩指标相比，相对业绩指标可以把行业中的共同风险等"噪声"过滤掉，特别是当行业中企业数量较多时。因此，一般认为使用相对业绩指标是有意义的。但是，并不是任何情况下相对业绩指标都可以提供更多关于企业家行为的信息。研究表明，只有在造成业绩观测值随机性的主要原因来自同行业企业共同的随机因素时，相对业绩评价才优于绝对业绩评价，才应该采用相对业绩指标评价方法。

12.1.2 一般管理人员的薪酬设计及实施

一般管理人员就是在企业中从事基础作业管理的人员，由于其地位的特殊性，现在人们更多地关注如何运用薪酬机制对其进行有效的激励，以便更好地为组织目标服务。首先我们来看一下一般管理人员的特点：

（1）一般管理人员是公司战略的最终落实者，公司的战略只有通过一般管理人员的活动才能真正落到实处。

（2）一般管理人员是公司政策和高层管理决定转变为员工行动的底层传达者，公司政策能否得到执行，高层管理决定能否得到贯彻，首先取决于一般管理人员贯彻政策和决定的态度和能力。

（3）一般管理人员是公司业务的主要执行者，公司业务能否顺利开展，业务范围能否不断扩大，效益能否提高，很大程度上取决于一般管理人员的主要努力程度和能否有效地调动下属的积极性，他们的稳定和高效对公司业绩的好坏起着十分重要的作用。

（4）一般管理人员是员工的直接主管，其管理活动和管理行为不仅是员工行为的示范，而且直接影响员工的工作效率和工作业绩。

一般管理人员的上述特点决定了一般管理人员的薪酬模式：基本薪金（基薪）+奖金+福利。三者在一般管理人员整体薪酬中所占的比例没有统一的标准，而是随地区、行业、企业经济性质的不同会有所差别。据调查，在一般管理人员整体薪酬中，基薪占60%左右，奖金占20%左右，福利占20%左右，这可能是一个较为合理的比例范畴。

1）基薪

一般管理人员的基本薪金的确定可采取职位等级工资制，针对不同等级的职位赋予不同的薪金水平。一般管理人员职位等级的晋升取决于其管理能力、管理幅度、管理责任、管理难度和管理业绩。随着一般管理人员职位等级的晋升，其薪金也应逐步提升。

2）奖金

一般管理人员的绩效表现为部门产量的增加、质量的提高、收入的上升、成本的节约、工作量的完成、收益的提高等。一般管理人员的奖金设计要充分体现其业绩水平，以更好发挥奖金的激励作用，进一步提高其业绩水平；同时又要有利于改善一般管理人员与普通员工的关系，拉近一般管理人员与普通员工之间的距离。

3）福利

对于一般管理人员的福利计划也要体现其特点。在福利项目上可以为一般管理人员提供"自助式福利套餐"，任一般管理者自己选择福利项目组合。

12.2　销售人员薪酬管理

12.2.1　销售人员薪酬的概念及特征

从经济学上讲，销售人员薪酬实际上是销售人员因为与企业的雇佣关系而达成的一种供求契约，即企业通过销售人员的工作来创造市场价值，同时企业对销售人员的贡献提供经济上的回报。从狭义的角度看，销售人员薪酬涵盖了销售人员由于为某一组织从事销售工作而获得的所有直接和间接的经济收入，其中包括薪资、奖金、津贴、养老金以及其他各种福利和保健收入。

销售人员因其所面临的压力、冲突以及所需要完成的任务特征与其他员工群体之间存在着较大的差异，因而被认为是企业的特殊员工群体。销售人员的典型工作特征主要包括以下几个方面：

（1）独立工作、灵活性非常高。销售人员大多经常远离家室，常年驻外。他们在自己负责的销售区域内奔波，拜访一个又一个的客户及潜在客户。工作时间常常是不固定的。

（2）挑战性和不确定性。瞬息万变的市场和激烈的竞争使销售人员一方面要面对咄咄逼人的竞争对手，另一方面又要建立、维护和提升与顾客的关系。因此，销售人员的工作具有挑战性和不确定性。只有销售人员持续不断地付出努力，才能达到开发和保留顾客的目的。

（3）承受较大的工作压力。销售人员的工作是与销售目标联系在一起的。销售人员的工作结果通常用销售数量、销售额、市场占有率、回款率、客户保留率、销售利润率、销售费用以及售后服务等方面的指标进行衡量。从事销售工作，就必然承受完成一系列的目标绩效的压力。此外，相对于顾客，销售人员常常处于服务的地位，所承受的心理压力也较大。

（4）需要拥有赢得客户所必需的权力。在激烈的市场竞争中，销售人员必须拥有处理相关业务问题所必需的权力，才能抓住稍纵即逝的销售机会。

（5）工作的对象是人。销售人员的工作实际上都是面对人而展开的，因此销售人员必须具备一定的人际沟通技能。

12.2.2　销售人员薪酬基本模式

销售人员的薪酬模式主要有以下几种形式：

1）纯佣金制

这是指销售人员全部薪酬收入都是由佣金构成的，没有基本薪酬部分。佣金通常是以一定的百分比来提取的，所以又被称为销售提成，提成的百分比即为佣金的比率。通常佣金的比率高低取决于产品的价格、销售量、产品的销售难度等相关的因素。

该制度的优点是能够将销售人员的薪酬与工作绩效直接挂钩，企业可以通过设定高的佣金比率来刺激销售人员的积极性，薪酬管理的成本相当低。缺点是对于销售人员来说收入缺乏稳定性，易受经济环境等其他外部因素的影响，起伏变化相当快。同时由于销售人员易受利益驱动，会过分强调销售额和利润等与佣金直接挂钩的指标，而忽视其他一些非常重要的销售活动，易形成营销"近视"。此外，由于业务熟练程度等差距还会导致上下级之间、新旧从业人员之间在业务量上的薪酬差距，因此不利于培养员工的归属感。

2）基本薪酬加佣金制

这是指销售人员每月有固定的基本薪酬，在此基础上再根据销售业绩领取销售佣金。基本薪酬部分为销售人员提供了稳定的基本收入保障，解决了单纯的佣金制下销售人员因收入不稳定可能出现的问题。佣金部分通常是按照销售额的大小制定不同的提成比例，以刺激销售人员采取各种方法扩大销售，具有一定的激励作用，也可以增加公司吸引高素质员工的能力，并且公司还可以让员工完成一些不能直接带来佣金的任务，如进一步开发市场、培训或维护客户等。

佣金通常分为直接佣金和间接佣金两种主要形式，直接佣金又可分为固定比率佣金、累计佣金和多轨制佣金三种形式。

（1）基本薪酬加直接佣金制

① 固定比率佣金是销售人员按产品或服务销售价格的固定百分比提取的佣金。销售人员除了获取基本的薪酬外，可根据不同产品的佣金比率再提取一部分佣金，如销售某家用电器100元所得到的佣金是5元，销售1 000元所得到的佣金是50元，这一比率为5%。

② 累计佣金是指销售量越大，佣金的百分比越大。例如某独资的乳制品公司对其销售人员制定的佣金计算方法为：每月（25个销量日）销售1 200瓶，佣金为3%，2 000瓶以上为6%，3 000瓶以上为13%。

③ 多轨制佣金和累计佣金有相似之处，唯一不同的是如果在指定时间内销售量超过了事先设定的标准，销售人员销售的所有产品的佣金都可以增加。例如如果总销售量低于1 000个产品，佣金为8%，如果销售量超过了1 000个，那么员工销售的所有产品的佣金比率都将提高到10%。

（2）基本薪酬加间接佣金制

在这种模式下，佣金的计算不是以直接的销售额为基础，而是将销售业绩转化为一定的点值后根据点值的大小来计算的。如销售人员的基本年薪为6万元，每个月可再获得佣金，每销售某产品的一个单位就可以积一个点值（有时销售一个单位的不同产品所得到的点值是不同的），然后将点值加起来，乘以点值的单价（如每个点值为4元钱），便可以计算出销售人员当月所得的佣金数。这种方法在化妆品行业、保健品行业、以办会员卡的形式进行积分等情况下用得较多。

3）基本薪酬加奖金制

佣金制是直接以产品的销售业绩为标准进行计算的，而奖金和销售业绩之间的关系是间接的，与销售人员绩效目标的达成情况有关，通常情况下销售人员的业绩只有超过了某一销售额才能获得一定数量的奖金。绩效目标除了销售额之外，还有客户满意度、市场份额等。因此，当企业的销售目标更强调销售额时，可以对销售人员采取基本薪酬加业务提成的薪酬结构，当企业更倾向于打开市场扩大知名度时，可以考虑采用基本薪酬加奖金制，如一个房地产代理人一年内住房销售额如果超过2 000万元，年底就可以得到一笔1万元的额外奖金。

4）基本薪酬加佣金加奖金制

这种方式是将佣金制与奖金制相结合，企业一般给营销部门整体一个一定时期的销售定额，营销部门将这个整体的销售定额按照一定比例分解给每个销售人员作为单个销售人员的销售定额。销售人员不论是否完成定额，都获得基本薪酬，销售人员超额完成基本定额，超额完成的部分按比例提取佣金，营销部门超额完成整体销售定额可提取部门奖金总额，再将奖金总额按个人完成销售额占整体完成销售额的比例分发给每一个销售人员。

这种薪酬模式的最大优点是它兼顾了基本薪酬、佣金、奖金这三种报酬的特点，考虑到销售人员的工作独特性，充分发挥薪酬在调动销售人员积极性方面的激励作用，因此它作为基本薪酬加佣金模式的补充，被国内外企业界广泛接受。但是它最大的弊端在于加大了企业的营销成本并使营销成本变得不可控制，而且操作起来难度较大，销售定额、提成率、奖金率等指标的核定有一定的难度。

5）纯底薪计划

这是指销售人员的收入是固定的基本报酬，不随销售的数量、市场份额的增加或其他销售业绩指标的变化而变化，员工收入不与销售额挂钩。采用这种方式对员工来说会拥有稳定的工资收入，没有收入风险，但想挣到额外的工资是不可能的。对于企业来说优点是便于管理、支出透明、员工关系融洽；缺点是负担较重，而且管理不好会培养出一批搭便车的人，容易形成"吃大锅饭"现象和平均主义的倾向，不利于员工积极性的发挥，给销售人员的业绩评估带来困难，不能形成有效的竞争机制，不能吸引和留住进取心较强的销售人员，不利于形成科学合理的工资晋升机制。

以上是有关销售人员的薪酬设计的基本模式，这些尚不足以概括所有的薪酬模式，并且每一种模式都有许多变种。但不管怎么变，基本形式都差不多，只是每一个变种在每一种基本模式的基础上增加了一些薪酬考核的因素。对于一些特定的企业来说，究竟选择哪种薪酬支付方式，取决于多方面的因素，要结合企业自身实际开发出实用的模式。

12.2.3　销售人员薪酬方案的评价指标

销售人员对于企业的重要性决定了企业在销售人员的薪酬上往往不惜花费大量金钱。根据行业的不同，销售人员的直接薪酬（基本薪酬加奖金、佣金）要占到企业总销售额的3%～5%，相当于企业销售部门总预算的50%～70%。那么销售人员的薪酬方案是否有效呢？通常可以借助于以下几个指标来评价销售人员薪酬方案的有效性。

（1）增长指标。销售领域的增长主要体现在：销售额的增长，新市场的开拓，新客户的获得以及通过不断的流程改善留住现有客户。

（2）利润指标。它是否导致销售人员向客户提供恰当的产品或服务，从而产生必要的利润。

（3）客户满意度和忠诚度。它对销售人员的激励和给予的薪酬是否使他们以更为有效的方式去留住客户并对他们提供良好的服务。

（4）销售人才指标。一种有效的销售人员薪酬计划必须能够帮助企业吸引和保留优秀的销售人才。

（5）薪酬投资的收益指标。企业需要经常对自己在销售人员身上所进行的投资进行审查，以考查企业在销售人员身上所进行的投资与上一年相比，是否产生了更好的效益。

12.2.4　目前销售人员薪酬方案存在的问题

目前销售人员的薪酬方案主要存在如下一些问题：

（1）薪酬方案过于简单。目前销售人员的薪酬方案比较简单，而且大多采取"底薪+提成"的薪酬结构。由于提成大多基于销售量和销售额，整个薪酬激励方案的目的就在于提升销售业绩。虽然越简单有效的管理工具越有价值，但是简单地将薪酬与销售业绩挂钩，常常会造成"销售近视"，忽视企业长期的经营目标和经营业绩。

（2）保健因素向激励因素的畸形转变。根据赫茨伯格双因素理论，固定的薪酬和福利被认为是保健因素。它能造就平和却不能带来激励。但在中国目前具体的社会环境下，由于就业的压力以及管理上的不规范，一些公司在支付给销售人员的薪酬中，完全没有固定的基本薪酬部分，而是采用纯佣金制。迫于就业压力等因素，仍然有很多销售人员接受这样的工作。相对于纯佣金制，混合薪酬制度中的基本底薪可能让销售人员满意，从而使保健因素畸形地转变为一种激励因素。

（3）销售目标和绩效区间设计不当。根据麦克利兰三种需要理论和弗洛姆期望理论，销售目标必须具有挑战性和可实现性。销售目标既不能太低，否则工作本身对销售人员的激励会丧失，也不能太高，否则销售人员的工作积极性会受到打击。要用成败可能性均等的销售目标激起销售人员的工作热情，强化努力与绩效的联系。但是从许多公司的具体实际来看，许多销售人员都反映公司制定的销售目标是不可能实现的，只是作为一种政策指导而已。由于没有人能够达到销售目标，结果目标形同虚设，目标制定的本来价值没有得到体现，而且导致销售人员逃避任务。有的公司急于提高销售业绩，销售目标和绩效标准明显高于销售人员实际工作能力。销售目标尚且无法实现，杰出绩效更是无从谈起。这样做的结果常常适得其反。由于看不到实现杰出绩效的可能，销售人员对销售目标变得麻木，从而逃避任务。

（4）薪酬方案和销售机会不公平。对销售人员薪酬的设计，重要的一点就是要考虑公平。在管理实践中，许多企业暴露出销售团队薪酬方案和销售机会不公平的情况。如果这种情况得不到解决，就会引发销售团队内部的矛盾，打击销售人员的工作积极性，影响人员稳定性。

（5）薪酬方案变动频繁。薪酬方案不但体现企业对销售人员的绩效期望，也反映一段时期内企业的经营目标和经营计划。薪酬方案一经确定，短期之内不能随意变动。强化理论、公平理论和期望理论都强调薪酬、奖励和绩效联系的必要性。为了使激励水平最大化，销售人员应该了解企业是如何定义和评估绩效的，以及与不同绩效水平相联系的薪酬水平。企业在对销售人员的薪酬设计上必须明确3~5个考核指标，并建立和强化绩效考核指标与薪酬之间的联系。也就是说，如果销售人员获得高的佣金和奖励，他明白这是因为他在哪些方面做得出色，以促进他继续发扬优点。但是这种强化必须通过一段时间内持续反复的联系才能真正建立起来。有的企业薪酬方案变动频繁，前一个薪酬方案的奖励尚未兑现，又实施新的方案，结果常常使销售人员无所适从，工作积极性受到影响。

（6）薪酬方案僵化。虽然我们强调销售人员的薪酬方案要保证一段时期内的稳定性，但是销售工作与瞬息万变的市场联系在一起，必须使薪酬方案与市场环境保持协调一致。这就要求销售人员的薪酬方案要保持相对的灵活性，以适应市场变化。有的企业销售人员的薪酬方案一经制订多年不变，结果是当市场环境发生变化时，原有的薪酬方案难以指导销售人员的销售行为，企业利益也受到影响。

（7）支付方式和支付时间削弱薪酬的激励效果。同一奖励或薪酬以不同的方式和在不同的时间支付，会产生完全不同的效果。目前一些企业拖延奖励兑现时间或者不完全兑现奖励承诺的现象比较普遍，这种"忽视"或者"冷处理"的结果是销售人员努力工作提高业绩的动机削弱，不信任公司的奖励政策，甚至离开公司。

12.3　其他特殊主体薪酬管理

12.3.1　我国公务员的薪酬制度

2005年4月27日中华人民共和国主席令第三十五号公布的《中华人民共和国公务员法》（以下简称《公务员法》）规定，公务员是指"依法履行公职、纳入国家行政编制、由国家财政负担工资福利的工作人员"。

公务员的工资、福利、保险都是公务员依法享受的待遇，其中，工资是公务员最基本的收入。公务员的工资，是国家根据按劳分配的原则，以法定货币形式支付给公务员个人的劳动报酬，是公务员劳动创造价值的货币表现。公务员工资反映了国家、集体和公务员个人之间的分配关系，用以保障公务员生活消费支出的需要，激励公务员更好地完成工作任务。公务员工资具有以下三层含义：（1）公务员工资是公务员为国家服务的劳动所得，必须由国家财政支付；（2）工资只能以法定货币形式出现，不包含其他物质和非物质形式的权益；（3）工资是公务员收入中最基本的部分，具有决定性地位。

1）公务员薪酬分配依据

公务员的总体工资分配主要取决于其所依据的原则，具体到每个公务员的个人工资水平则应依据公务员的工作职责、工作能力、工作实绩和资历等因素确定。这是按劳分配原则的具体体现，按劳分配原则要求劳动者按照劳动的数量和质量获得劳动报酬，公务员的工作以脑力劳动为主，不易计算劳动的数量和质量，因此，应以工作职责、工作能力、工作实绩和资历等作为确定公务员工资的依据。

（1）工作职责

一般而言，职务的高低反映了其所从事的工作的复杂和难易程度。职务越高，其工作越复杂，难度越大，所要求公务员的工作能力也越强，需要承担的责任也越大，其付出的劳动也必然越多，获得的报酬理应更高一些。

（2）工作能力

公务员承担的工作职责的主要依据是公务员的工作能力的大小。在通常情况下，公务员的工作能力强，其所承担的工作职责也大，付出劳动的数量和质量都比较高，根据按劳分配的原则，其所获得的劳动报酬也高。

（3）工作实绩

所谓工作实绩，是指公务员所创造出的工作成绩和贡献。国家机关一般通过实施公务员年度考核制度，根据考核的结果来评估公务员的工作成绩，以此作为确定公务员工资水平和晋升工资级别的依据。

（4）资历

资历包括公务员的工龄、学历和工作经验等。一般而言，公务员的工龄越长，其工作经验也越丰富，反映了公务员的工作能力和业务水平越高，能够承担高难度和复杂的工作，能够做出更多贡献。工资数额直接与之相关，资历越丰富，工资数额也越高。

2）公务员薪酬结构

我国现行公务员薪酬结构主要包括工资、津贴、保险、福利等方面。我国的公务员工资制度是2006年7月1日起实施的《公务员工资制度改革方案》（以下简称《改革方案》）确立的。根据《改革方案》的规定，公务员工资由基本工资和奖金、津贴、补贴所构成。职级工资是公务员工资制度的主体，奖金和津贴是补充，基本工资又由职务工资与级别工资构成。

（1）基本工资

我国实行职务与级别相结合的公务员工资制度。基本工资由职务工资和级别工资两部分构成。职务工资由公务员所任的职务决定，级别工资由公务员所属的级别来决定。

①职务工资。职务工资按工作人员担任的职务确定，随职务及任职年限的变化而变化，职务越高，职务工资就越高。

《改革方案》规定，职务工资"主要体现公务员的工作职责大小"，一个职务对应一个工资标准，职务工资不区分档次，领导职务和相当职务层次的非领导职务对应不同的工资标准，公务员按所任职务执行相应的职务工资标准（见表12-1）。

表 12-1　　　　　　　　　　公务员职务工资标准表　　　　　　　　　　单位：元/月

职务	工资标准	
	领导职务	非领导职务
国家级正职	4 000	
国家级副职	3 200	
省部级正职	2 510	
省部级副职	1 900	
厅局级正职	1 410	1 290
厅局级副职	1 080	990
县处级正职	830	760
县处级副职	640	590
乡科级正职	510	480
乡科级副职	430	410
科　　员		380
办事员		340

②级别工资。级别工资是指按公务员的能力和资历确定工资标准，主要体现公务员的资历和业绩。设置级别工资，主要基于三方面考虑：一是全国机关中科级职务以下的人员占92%以上，由于机关领导职数有限，尤其是在基层，受机构规格的限制，相当一部分人员难以晋升职务。设置级别工资以后，可以使机关工作人员不提升职务也能通过晋升级别提高工资待遇，避免大家都去争职务，有利于解决以职务工资为主要内容的结构工资制带来的滥提职务和机构随意升格等弊端。二是考虑到同一职务层次的公务员的工作年限、任职年限、承担的责任和能力等各不相同，设置级别工资可以反映同一职务层次的公务员的上述差别，有利于克服工资"平台"问题，更好地贯彻按劳分配原则。三是考虑到同军队的军衔制、公安部门的警衔制衔接起来，以便于公务员系统的交流与管理。

　　2006年的工资改革，将公务员的级别由15个调整为27个，一个级别设置一个工资标准（见表12-2）。公务员根据所任职务、德才表现、工作实绩和资历确定级别和级别工资档次，执行相应的级别工资标准。级别工资改革总的方向是增加级别层次，级别晋升与职务晋升相对分离，以提高级别工资的调整功能，进一步发挥级别的激励作用。例如，2006年的工资制度规定，厅局级副职及以下职务层次的公务员，任职时间和级别达到规定条件后，经考核合格，可以享受上一职务层次非领导职务的工资等级待遇。

表12-2　　　　　　　　　　　**公务员级别工资标准表**　　　　　　　　　　单位：元/月

级别	档次													
	1	2	3	4	5	6	7	8	9	10	11	12	13	14
一	3 020	3 180	3 340	3 500	3 660	3 820								
二	2 770	2 915	3 060	3 205	3 350	3 495	3 640							
三	2 530	2 670	2 810	2 950	3 090	3 230	3 370	3 510						
四	2 290	2 426	2 562	2 698	2 834	2 970	3 106	3 242	3 378					
五	2 070	2 202	2 334	2 466	2 598	2 730	2 862	2 994	3 126	3 258				
六	1 870	1 996	2 122	2 248	2 374	2 500	2 626	2 752	2 878	3 004	3 130			
七	1 700	1 818	1 936	2 054	2 172	2 290	2 408	2 526	2 644	2 762	2 880			
八	1 560	1 669	1 778	1 887	1 996	2 105	2 214	2 323	2 432	2 541	2 650			
九	1 438	1 538	1 638	1 738	1 838	1 938	2 038	2 138	2 238	2 338	2 438			
十	1 324	1 416	1 508	1 600	1 692	1 784	1 876	1 968	2 060	2 152	2 244			
十一	1 217	1 302	1 387	1 472	1 557	1 642	1 727	1 812	1 897	1 982	2 067	2 152		
十二	1 117	1 196	1 275	1 354	1 433	1 512	1 591	1 670	1 749	1 828	1 907	1 986	2 065	
十三	1 024	1 098	1 172	1 246	1 320	1 394	1 468	1 542	1 616	1 690	1 764	1 838	1 912	1 986
十四	938	1 007	1 076	1 145	1 214	1 283	1 352	1 421	1 490	1 559	1 628	1 697	1 766	1 835
十五	859	924	989	1 054	1 119	1 184	1 249	1 314	1 379	1 444	1 509	1 574	1 639	1 704
十六	786	847	908	969	1 030	1 091	1 152	1 213	1 274	1 335	1 396	1 457	1 518	1 579
十七	719	776	833	890	947	1 004	1 061	1 118	1 175	1 232	1 289	1 346	1 403	
十八	658	711	764	817	870	923	976	1 029	1 082	1 135	1 188	1 241	1 294	
十九	602	651	700	749	798	847	896	945	994	1 043	1 092	1 141		
二十	551	596	641	686	731	776	821	866	911	956	1 001			
二十一	504	545	586	627	668	709	750	791	832	873				
二十二	461	498	535	572	609	646	683	720	757					
二十三	422	455	488	521	554	587	620	653						
二十四	386	416	446	476	506	536	566	596						
二十五	352	380	408	436	464	492	520							
二十六	320	347	374	401	428	455								
二十七	290	316	342	368	394	420								

级别工资的晋升途径：一是公务员晋升职务后，执行新任职务的职务工资标准，并按规定晋升级别和增加级别工资；二是公务员年度考核称职及以上的，一般每五年可在所任职务对应的级别内晋升一个级别，一般每两年可在所任级别对应的工资标准内晋升一个工资档次。公务员的级别达到所任职务对应最高级别后，不再晋升级别，在最高级别工资标准内晋升级别工资档次。

（2）津贴、补贴和奖金

公务员工资制度中，除了主体的基本工资外，还有津贴、补贴和奖金这类辅助性的工资成分。基本工资相对稳定，而且没有地方和部门的差异，但是，津贴、补贴和奖金往往有较大的差异性，这也是造成当前公务员收入在地区间、部门间、行业间差距拉大的主要原因之一。

① 津贴。所谓津贴，是对公务员在特殊劳动条件下或工作环境下付出额外劳动消耗和生活费支出所给予的适当补偿。津贴是公务员工资的一种补充形式，是公务员工资中除基本工资以外的重要组成部分。津贴主要包括地区津贴和岗位津贴两大类。

② 补贴。补贴，是国家适应职务消费和福利等改革的需要，为提高公务员的改革承受力，对公务员进行的适当弥补。例如在住房制度改革中，一些地区根据房价上涨的情况，给公务员发放了提租补贴，住房货币化分配以后，给公务员发放了住房补贴。由于很多单位利用预算外资金发放公务员补贴，因此，形成较大的行业差距。

③ 奖金。奖金是对劳动者超过定额劳动或者做出显著成绩的物质奖励，是作为工资补充形式的劳动报酬形式。奖金的实质是绩效工资，是按照公务员的业绩发放的奖励性工资。由于公务员并不直接创造财富，不可能像某些企业那样将奖金在薪酬中的比重设定得很高，因此公务员的奖金只在工资中占较少份额。

我国公务员制度规定实行年终一次性奖金，这是对公务员一年中的工作表现和工作业绩的奖励。年终一次性奖金的发放，不搞平均主义，而是与公务员的职责、业绩以及当年的工作表现相结合，根据对公务员考核的情况发放，适当拉开差距。年度考核优秀、称职的，奖励年终一次性奖金，奖金标准为当年12月份本人的基本工资。

（3）福利待遇

公务员按照国家规定享受福利待遇，国家根据经济社会发展水平提高公务员的福利待遇。国家公务员福利项目体系包括公休日、福利费、探亲和年休假、冬季取暖费、交通费补贴及社会保险等福利待遇。

一般认为，"低工资、多补贴、泛福利"是中国公务员薪酬制度的主要特点。

12.3.2 专业技术人员的薪酬管理

专业技术人员是指在企业内部从事专业技术工作，利用专业知识和经验来解决企业经营中的各种技术和管理问题的人员。企业中的专业技术人员遇到的一个非常大的挑战是知识和技术的更新问题，因为专业领域的知识更新速度非常快，由于专业技术人员对自身所掌握的知识先进程度非常关心，因此，在企业对技术人员提供的薪酬中，除了货币性薪酬外，能否为专业技术人员提供学习新知识和技能的机会，也是对专业技术人员非常有吸引力的一种薪酬。由于专业技术人员从事的科技活动的性质，专业技术人员和企业内一般的员工相比，有一些独特的特点。

1) 专业技术人员的特点

（1）较强的自主意识

由于专业技术人员工作中个人的独立性相对较强，上司很难对其进行直接的控制，他们往往更倾向于一个自主的工作环境。本身的工作性质，也使得他们更多地关注事，而不是关注人，他们更强调工作中的自我引导，对各种可能性做最大的尝试。

（2）独立的价值观

与一般员工相比，专业技术人员更有一种自我表现的强烈欲望，工作目标比较明确，更在意自身价值的实现，并期望得到社会的认可。因此，他们热衷于具有挑战性的工作，把攻克难关看作一种乐趣、一种体现自我价值的方式。

（3）潜在流动能力较强

专业技术人员凭着自身拥有的专业技能，在劳动力市场上有较强的竞争力。由于外资、三资企业在资信、知名度和人力争夺战中的选才攻势等方面皆强于国内的企业，加之员工对自己职业感觉和发展前景有着强烈追求，因此技术人员更容易流动。

（4）注重能力的持续提高

专业技能是专业技术人员最宝贵的资本，由于知识和技术更新不断加快，专业技术人员的知识价值面临贬值风险，为了持续地保持自己在技术上的领先水平，专业技术人员还必须不断学习，以保持其人力资本价值。因此，企业中专业技术人员非常重视公司是否能够给他们提供一个良好的学习环境和机会。

2) 专业技术人员薪酬设计理念

现代薪酬观念将薪酬视为激励劳动效率的主要杠杆，不仅注重利用工资、奖金、福利等物质报酬，而且注重利用岗位的多样性、工作的挑战性、取得成就、得到认可、承担责任、获取新技巧和事业发展机会等精神报酬从内部激励劳动者，从而使薪酬管理过程成为对劳动者的激励过程。根据以上的分析，对于专业技术人员的薪酬，要着重从以下几个方面来考虑：

（1）合理设计薪酬标准，体现出企业的发展战略

专业技术人员薪酬设计必须解决企业的基本矛盾，即专业技术人员管理与企业发展战略之间的矛盾，企业发展与员工发展之间的矛盾。它强调企业设计薪酬时必须从企业战略的角度和专业技术人员的角度进行分析，制定的薪酬政策和制度必须体现企业发展战略和专业技术人员目标的要求。企业的薪酬不仅是一种制度，它更是一种机制，合理的薪酬制度驱动那些有利于实现企业发展战略和调动专业技术人员积极性的因素的产生和提高，同时使那些不利于企业发展战略的因素得到有效的遏制和淘汰。

（2）专业技术成长与薪酬增长挂钩

专业技术成长与薪酬增长挂钩，为企业的专业技术人员开辟了一条薪资增长渠道，增加了增薪机会，改变了过去那种单纯依靠管理职位晋升实现增薪的局面。同时，专业技术人员的技术职务晋升速度通过规定专业技术职务任职资格来调整，与学历紧密挂钩，学历越高，晋升速度越快，薪酬增长较快；学历越低，晋升速度越慢，薪酬增长也较慢。此外，还要考虑到专业技术人员放弃专业技术进入管理层的问题，企业应在薪酬方面寻求不同的晋升路线，一种是专业技术工作转变为管理工作，另一种是继续从事专业技术工作。无论哪一条路线，专业技术人员都可以拥有薪酬增加的机会。

（3）薪酬的设计要体现出内部公平

相对公平是亚当·斯密公平理论在薪酬设计中的运用，它强调企业在设计薪酬时要"一碗水端平"。一般而言，企业专业技术人员之间的薪酬标准、尺度应该是一致的。对于一些技术人员比较多的企业来说，对技术类人员实行以技能为基础的基本薪酬确定方式可能比较合理，也比较有利。但在实行技能工资制的情况下，企业必须制订出明确的技能等级评价以及再评价的方案，而不能搞成变相的论资排辈。单纯依赖国家的职称评定系统来界定技术类人员的技能等级的做法，已远远适应不了企业人力资源管理的需要，企业必须自行研究制定适用于本企业的技能资格等级标准并定期进行评价和重新评价，这样才能保证技能工资制真正落到实处。

（4）短期激励和长期激励相结合，关注员工的长期发展

专业技术人员的工作周期在很多时候比较长，而且其工作结果对企业的影响也是滞后的，甚至有时根本就显现不出来，所以，对他们的评价和激励不能以短期的利润为主要依据。对于有突出贡献的专业技术人员，应该给予一定金额的一次性奖励，或按其成果所创造的利润进行提成。为了解决短期激励存在不足的问题，可以采取股票期权制，逐渐完善长期激励机制。企业给予员工股票的目的在于鼓励人才与企业共存亡，共同发展。通过股票期权制度，优秀专业技术人才可以获得相当可观的回报。同时，由于股票期权制度具有延期支付的特点，如果员工在合同期满之前离开公司，他就会丧失本来可以获得的期权，这样就加大了专业技术人员离职的机会成本。

（5）合理设计薪酬结构，满足专业技术人员的个性化需求

合理的薪酬结构应该能体现出各层次员工的个性要求。大多数的专业技术人员都是风险回避型的，而且对专业技术的认同程度高，期望得到较高且稳定的收入，以潜心于专业研究。因此，专业技术人员的基本薪酬应当在薪酬总额中占较大的比重，并且处于劳动力市场的领先地位，至少不应低于竞争对手支付的水平。另外，专业技术人员除了对工作条件和工作环境比较看重外，可能更看重的是继续教育和接受培训的机会。因此，针对技术人员的薪酬应体现出这种机会的提供，并把知识水平和能力的提高作为加薪的重要依据。

3）专业技术人员的薪酬结构

（1）基本薪酬与加薪

专业技术人员的基本薪酬往往取决于他们所掌握的专业知识与技术的广度和深度以及他们运用这些专业知识与技术的熟练程度，而不是他们所从事的具体工作岗位的重要性。其原因主要包括两方面：

第一，专业技术人员对于企业的价值差异主要不是体现在所从事的具体工作内容上。很多情况下，同类专业技术人员在同一企业中所从事的工作内容极为相似，但是他们所创造的价值往往相差甚远。

第二，要对专业技术人员所从事的工作进行评价是非常困难的事情，尤其是在专业技术人员在企业中所从事的具体工作内容要随外部市场情况的变化而作灵活调整的时候。

相应的，专业技术人员基本薪酬的变动（加薪）也主要取决于他们的专业知识和技能的累积程度，以及运用这些专业知识和技能的熟练水平的提高。

（2）奖金

一般来说，在专业技术人员的薪酬体系中，奖金的重要性不大。由于专业技术人员主要是靠知识和技能的存量及其运用获得薪酬，而在很多情况下，他们的这种专业知识和技能本

身是有明确的市场价值的，因此，专业技术人员通常获得较高的基本薪酬，即使有一定的奖金发放，奖金所占的比重通常也非常小。

一种可能的例外是针对从事技术和产品研发的专业技术人员的，对于研发出为企业带来较多利润的新产品的专业技术人员或团队，企业往往给予一定金额的一次性奖励，或者是让他们分享新产品上市后一段时期内所产生的利润。比如，某公司对从事研究开发的技术人员的一个奖励方案是：新产品研发成功并上市后，研发团队可以从第一年的销售收入中提取5%作为奖金，第二年为4%，第三年为2%，第四年为1%。此外，目前一些高科技公司还采用股权的方式作为专业技术人员的长期奖励方式。

（3）福利

由于专业技术人员工作的特点，他们更看重继续教育和接受培训的机会。因此，与其他员工相比，企业往往通过提供更多进修学习的机会作为专业技术人员的福利。

4）专业技术人员典型薪酬模式

总结目前专业技术人员的薪酬方案，可以概括为以下几种典型的模式：

（1）单一化高工资模式

这种模式即给予高的年薪或月薪，一般不发给奖金。其较适合于从事基础性、理论性研究的专业人员。他们的工作成果不易量化，而且短期内较难规定准确的工作目标。

（2）较高工资+奖金模式

该模式以职能资格（职位等级和能力资格）为基础，给予较高的固定工资，奖金仍以职位等级和固定工资为依据，依照固定工资的一定比例发放。它的优点是能保证专业人员有较高的收入，缺点是激励机制较弱。

（3）较高工资+科技成果提成模式

这是指除给予较高的固定工资外，还可按研究开发成果为组织创造的经济效益的一定比例提成，具体方法有按产品销售总额提成、按销售净收入提成、按产品利润提成等。该模式激励功能很强，很适合于新产品研发人员。

（4）科研项目承包模式

这种模式即将专业人员的薪酬列入其从事的科研项目经费中，按任务定薪酬，实行费用包干。该模式有利于激励专业人员快出成果，也有利于组织对专业人员人工成本的控制。如果再有配套的后续激励措施，如成果提成、科研业绩奖金等，效果会更好。

（5）工资+股权激励模式

该模式工资水平一般，股权激励的力度加大，如对专业人员实现期权制、技术入股、赠送干股、股份优先购买权等。它的优点是长期激励机制强，激励机制与约束机制并存，一旦组织发展迅速会给专业人员带来丰厚的回报，尤其适用于高新技术产业组织和上市公司。

5）专业技术人员薪酬管理中的问题

薪酬指企业针对员工所作的贡献，包括他们实现的绩效，付出的努力与占用的时间，以及他们的学识、技能、经验与创造，所付给的相应的回报或答谢，是员工在向企业让渡其劳动或劳务使用权后获得的报偿。因此，专业技术人员薪酬设计的关键是如何在一定的工作期限内评价专业技术人员对企业所作的贡献。当然除此之外，合理的薪酬设计还要体现出对专业技术人员的激励问题。因此，专业技术人员的薪酬设计要充分结合专业技术人员的特征来考虑。不过由于专业技术人员工作的特殊性，对专业技术人员的薪酬管理要处理好一些内在的矛盾。一般而言，专业技术人员的薪酬管理中经常会存在以下问题：

（1）企业和专业技术人员对其贡献的目标追求不同

专业技术人员在企业中经常遇到追求技术本身的完美性和企业追求利润等目标的矛盾。企业希望一种性能并不是很稳定的产品尽快抢占市场，而专业技术人员却希望该产品的稳定性更强一些。或者专业技术人员可能希望研制一种技术含量高的产品，而较少关注产品的市场前景，但企业对产品的技术含量就不是十分感兴趣，更加关注的是新产品的盈利价值。由于企业与员工对贡献衡量的标准认识不同，导致对薪酬公平性的理解有偏差，降低了薪酬对员工的激励作用。

（2）缺乏长期激励制度，薪酬的结构形式单一

从企业的实际状况来看，对管理类、生产类以及营销类人员来说，以对企业的短期贡献为基础的基本薪酬方式起码在现阶段是比较适用的。企业为了调动员工的积极性，鼓励员工多作贡献，通常把奖金作为重要的激励手段，事先以合同或规章制度的形式为员工确定一个短期的绩效目标和奖励标准，期末通过考核来决定发放奖金的数额。与管理、生产或营销类的员工相比，专业技术人员的工作结果在很多时候不容易在短期内显现出来，从一个产品的初期立项、研发、测试到后期的销售并创造利润需要一定时间，而初期企业看不到专业技术人员带来的贡献。若企业忽视专业技术工作的长期影响力，仅以短期工作绩效来决定员工的薪酬，会造成专业技术人员过度关注"短平快"的项目，从而放弃能为企业带来长期利益的活动。

（3）薪酬没有体现出专业技术人员承担的学习费用

专业技术人员是凭借已经掌握的技术和经验来为企业创造性地解决问题，而许多领域的知识更新的速度都非常快，专业技术人员需要付出相当的时间和金钱学习新的理论和各种专业知识。而这部分的投资又很难在短期内直接在工作绩效中体现出来。如果企业薪酬体现不出对员工自身人力资本的投入的补偿，就会影响员工学习的积极性。

（4）专业技术人员薪酬未能体现出内部公平性

技术的开发工作，关键是要看开发产品的时间性以及市场的销售状况。技术开发人员从事的工作内容基本相同，但是他们在工作中投入的时间和精力却存在很大差异。因此，简单地根据他们所从事的工作来确定其薪酬水平，很难体现不同专业技术人员对企业所做出的贡献差别。但不少企业的专业技术人员的薪酬结构很平缓，仅仅按职称、资历或者学历来确定，体现不出专业技术人员的价值。因此，在专业技术人员的薪酬设计过程中，有效区分不同专业技术人员的技术水平非常重要。

（5）薪酬结构不合理，不能有效满足需求

企业中员工的类型很多，不同层次、不同类型的员工对薪酬结构的要求有较大的差异。尤其是专业技术人员，由于受教育程度、工作性质和环境等方面的不同，他们具有独特的价值观，自主意识较强，更多地关注薪酬的内在激励。大多数的专业技术人员都是风险回避型的，而且对专业技术的认同程度高，期望得到较高及稳定的收入。另外，除了工作条件和工作环境之外，专业技术人员会比较看重企业提供的继续教育和培训的机会。

12.3.3　外派人员的薪酬管理

世界统一市场的兴起，使跨国公司成为公司组织的一种重要形式。由于不同国家的文化背景不同，决定其经济发展的因素会有所不同，因此薪酬策略也会有所不同，这便产生了外派人员的薪酬管理问题。外派人员是指那些在国外进行短期工作（一般时间为2～5年），在

合同期满后回国的人员。而如何对这些员工的薪酬进行有效的管理也越来越多地成为人们关注的焦点。

1）决定外派人员薪酬的因素

决定外派人员薪酬的因素除了传统上的一些因素外，还包括了体现其工作特殊性的一些因素：

（1）外派期限

多数海外员工的外派期限为2~5年，因此其薪酬制度也大多以此期限为基础。如果公司在外派某一员工初期就决定其外派期限长于5年，那么该员工的薪酬就会以工作地的薪酬机制为准。当然，实际情况往往要复杂得多。有时海外员工工作地的薪酬水平远远低于其国内水平，那么无论其工作期限长短，都要按国内的标准来确定其薪酬（尤其是短期薪酬）水平。另外，虽然很多海外员工最初外派期限为2~5年，但是在工作过程中常常会由于实际需要而延长期限，此时就需要公司管理者考虑调整这些员工的薪酬方式。针对这种情况，许多公司规定在同一地方工作5年以上的海外员工的薪酬要在5年以后实行当地化。尽管有此规定，这些公司仍然尽力避免该种情况的发生（除非员工本人有此要求）。另外，如果员工外派期限不足1年，情况又会有所不同。因为在这种情况下，员工的家人通常不随其外派，那么在子女教育津贴和住房补贴等方面的规定就会比较简单。

（2）外派方式

多数员工的外派方式是在国外工作一段时间以后就返回国内，将来如果公司需要，可以重复该过程。大多数公司的薪酬制度也是以该方式为基础的。但是如果员工从事一系列的外派工作，即在国外某子公司工作一段时间以后不返回国内，而是转到另一国家的子公司工作，那么这种员工薪酬水平的确定有其特殊性。有些公司按母公司所在国的薪酬机制确定他们的薪酬，也有一些公司则采用特别规定，同时提供部分补贴。

（3）外派人员类型

按照员工职位级别与种类、工作部门和外派地点等对员工进行区分，可以针对不同员工的不同要求提供薪酬，同时也能在薪酬上准确体现各工作部门的不同工作性质与环境。但这种做法的缺点是难以管理，而且有可能引起员工的不满。采用这种薪酬制度的公司认为，只要政策制定得比较明确，对各种员工的不同薪酬水平给予合理解释，并且不发生频繁的员工调换，这种方式还是比较有效的。这种方式的关键在于对不同员工的划分标准要取得公司上下的一致同意。总之，外派员工类型是影响公司外派人员薪酬制度的重要因素，如以外派高层主管人员为主的公司与主要外派技术工程师的公司通常会采用不同的薪酬制度。

（4）行业性质

跨国公司所属的行业不同，其外派员工的薪酬制度也会不同。如石油公司通常会将专业技术人员外派到地理位置比较遥远偏僻的地方工作；而投资银行则会将员工派到经济比较发达的国家。这两种外派人员的薪酬制度有很大差别。

2）确定外派人员薪酬的原则

（1）同级外派人员薪酬高于总部人员的原则

外派人员的薪酬一般应高于总部同级人员的薪酬水平，一方面是对外派人员外派的鼓励，另一方面也是对外派人员在外工作、生活上的补助。

（2）薪酬水平的就高原则

外派人员可能被派往经济欠发达的贫困地区，也可能被派往比母国经济更发达的地区。

当被派往贫困地区时，不仅要保留外派人员在总部的原薪酬待遇，而且还要根据工作所在地的困难程度，发给外派人员一定的困难补助金。在被派往经济很发达的地区时，在保持原有薪酬水平的基础上，要通过发放各种薪酬补助的形式，使外派人员的薪酬不低于当地的薪酬水平。

（3）生活成本公司支付原则

外派人员要在当地租房，购置安家的生活用品，另外还需要年度的探亲假，以及子女的教育经费，这些费用公司都应予以制度化的安排。

3）外派人员薪酬的定价方式

目前比较常用的几种外派人员薪酬的定价方式有：

（1）母国定价法

许多公司按国内（即跨国公司的母国）规定确定外派人员的基薪，尤其是对那些在国外工作一段时间就会返回母公司的员工。这种规定能使得员工外派期满时能很快适应国内的薪酬环境，就像他们从未离开过一样。采用这种方法的公司会对外派员工的基薪水平进行定期考察与调整，以保证员工外派期间不会丧失任何工资晋升的机会。这种基薪确定方式的不足之处在于外派员工与当地员工基薪的水平可能会相差很大，不利于内部公平性管理。

（2）东道国定价法

东道国定价法又称为当地定价法，是指对外派员工支付与东道国类似职位的员工相同数量的薪酬。这是一种易于管理的方法，同时能够满足子公司内部公平性的要求。长期的外派工作最适合以东道国为基础的方法，它有利于保证员工对企业内部公平状况的认同感，保持企业员工的稳定性。另外，当企业把员工由生活水平相对较低的国家派往生活水平较高的国家时，采取当地定价法也是非常适用的。但是，这一方式的最大不足之处在于可能会降低外派工作对员工的吸引力，尤其是把员工由生活水平相对较高的国家派往生活水平较低的国家时。此外，这一方法的实施必须不断比较两国物价水平的变化，因此降低了外派员工工资当地化这一制度的价值。

（3）谈判法

有的公司在确定外派人员的薪酬时用谈判法。该方法主要是用人单位和外派员工通过协商的方式就外派薪酬达成一个协议。这种方法适用于那些海外业务很少的公司，采用这种方法通常意味着公司要向外派人员支付较高的外派薪酬。不过这种方法的灵活性较强，效率也较高。

（4）平衡定价法

平衡定价法的设定在于通过给员工支付一定数量的薪酬，确保员工在东道国享受与母国相同或相近的生活水平，使得其薪酬水平、薪酬结构与母国同事始终具有一定的可比性。在这种方法之下，员工的经济实力和购买力基本上不会受到损失，同时还可以有效地激励员工，确保员工在企业内部实现最大程度的流动性。但该方法操作起来比较繁杂，会给企业带来较高的管理成本。它只用于一小部分工作变动性很高、不长期在同一地点工作的外派员工。此外，还有一种情况就是有些公司的子公司员工来自很多国家，为了统一标准，这些公司通常将这些非当地员工的工资按照某一国家的制度统一确定（通常按母公司所在国家的规定），从而使公司制度易于管理。

（5）一次性支付法

当企业使用一次性支付法时，它会在员工的基本薪酬和各种奖金之外附加一笔额外的补贴。这笔钱通常都是一次性付清，员工可以随心所欲地支配，而这种选择不会对其既有的薪酬造成任何影响。它的优越之处在于可以最大限度地重视员工在母国时的薪酬环境，因此能够更好地满足外派员工对派出前后生活水平持平的要求。但是，对一次性支付的具体额度的计算是一个甚为棘手的问题。

（6）自助餐法

自助餐法就是企业向员工提供各种不同的薪酬组合，外派员工在薪酬总量一定的情况下，选择自己认为最理想的薪酬结构及相应的薪酬水平。这种方法赋予了员工更多的自主权，更容易产生有效的激励。

从本质上来说，这些不同的做法之间并非相互独立的，针对不同情况的外派员工采取不同的支付方式对于跨国公司而言是必要的。几种不同外派人员薪酬定价方法之间的比较详见表 12-3。

表 12-3　　　　　　　　　　　　　几种不同的外派员工薪酬确定方式

定价方式	适用对象	优势	劣势
母国定价法	短期的外派任务	管理简单 使外派员工回国后适应更快	不利于子公司的内部公平性管理
东道国定价法	（1）长期的外派任务 （2）初级外派人员	（1）管理简单 （2）保持和当地员工之间的公平性	（1）外派员工的经济状况与当地员工之间本来就存在较大的差距 （2）常常需要通过谈判来加以补充
谈判法	（1）特殊情况下 （2）外派员工较少的组织	比较简单	外派员工人数增加以后，操作难度会加大
平衡定价法	有经验的中高层外派管理人员	（1）保持与国内同事之间的平衡 （2）便于员工在企业内部的流动和重新返回	管理起来难度相对较大，会形成一种既得的享受资格，会侵蚀外派人员的经济收入
一次性支付法	只执行短期任务（少于3年）并且会回国的外派员工	（1）比平衡定价法更有利于保持与国内同事之间的平衡 （2）不会侵蚀外派人员的经济收入	汇率的变动使得其无法适用于所有的外派人员，而只能适用于相当短期的外派任务
自助餐法	（1）高层外派管理人员 （2）相对于基本薪酬来说总体收入比较高的外派人员	比其他做法的成本有效性更高	很难适应那些需求各异的传统外派员工的需要

资料来源　张正堂，刘宁. 薪酬管理［M］. 北京：北京大学出版社，2007：324.

4）外派人员薪酬的组成

（1）基本工资及激励工资

基本工资及激励工资的确定标准有三种，包括以总部的（母国）薪酬体系为标准、以东道国的薪酬体系为标准、以国际化员工的薪酬体系为标准。前两种类型很容易理解，即把外派人员的基本工资和激励工资纳入总部的薪酬体系或东道国的薪酬体系。而第三种即所谓的国际化员工的薪酬体系，主要针对那些具有高度流动性、经常在国外工作的人员，是根据他们的工作特点而专门给他们设计的一套薪酬体系。基于总部的外派人员的薪酬体系主要是用于那些外派时间较短、外派任务结束后马上就回国工作的人员，这种薪酬体系有利于外派人员与总部保持联系，也能使外派人员回国后较快地找回原有的工作状态。其不足之处在于，当东道国的工资高于外派人员的工资时，很容易导致外派人员的不满，甚至跳槽。基于东道国的外派人员的薪酬体系主要适用于那些外派时间较长，而且东道国薪酬水平与母国薪酬水平相近的情况。使用该种薪酬体系不易造成在该公司工作的东道国员工的不满。国际化薪酬体系只适用于那些具有高度流动性、经常在国外工作的人员。

（2）商品服务补贴

商品服务补贴主要针对外派人员的衣、食方面，目的是使外派人员保持与在本国等同的购买力。尤其是东道国的物价指数高于母国时，这项补贴更是必不可少。

（3）住房补贴

在外派人员的补贴和津贴中，住房补贴是必不可少的一部分。公司通常鼓励外派人员租房，这样有利于在外派人员结束外派任务时，较便利地把房屋处理掉。在支付住房补贴时要考虑以下因素：第一，外派人员的家庭人数；第二，外派人员工作所在地的房价水平。公司要根据这两个因素支付给外派人员适量的住房补贴。

（4）个人纳税补贴

外派人员通常要缴纳两次个人所得税，外派人员在国外取得收入首先要缴纳收入发生地的个人所得税；另外，外派人员还须向其母国纳税。这就涉及一个税务补贴的问题。

税务补贴通常有两种方式：一种是税务保障法，另一种是税务平衡法。税务保障法，是指先以母国的标准支付给外派人员一定的税务补贴，当外派人员在东道国实际缴纳的个人所得税高于母国标准时，公司补足差额，当外派人员在东道国实际缴纳的税额低于母国标准时，外派人员可得到一笔额外的奖金。税务平衡法，也是先以母国的纳税标准支付给外派人员一定的税务补贴，当外派人员在东道国实际缴纳的个人所得税高于母国标准时，公司补足差额，当外派人员在东道国实际缴纳的税额低于母国标准时，公司收回这部分差额或将这部分差额冲减外派人员个人收入。相比起来，第一种方法更受员工青睐，而第二种方式更有利于公司节省成本。

（5）教育补助金

对于有孩子的外派人员来说，到国外工作，还面临他们孩子上学的问题。他们愿意自己的孩子找那种讲母国语言且教育水平较高的学校，以使孩子能接受到与国内同样的良好教育。而这样的学校收费通常是较高的。因此，公司还得为外派人员支付一笔教育补助金。

（6）困难补助金

困难补助金是指支付给外派人员因工作所在地特殊的自然环境、政治和社会环境的补贴。识别困难地区通常有以下三种标准：第一，生活条件艰苦，没有好的住所，缺乏食物或消费服务，缺少娱乐设施，没有便利的交通工具。第二，恶劣的自然环境，包括气候条件恶劣、高纬度或高海拔地区。第三，不稳定的社会、政治局势，如该地区经常发生暴乱、内战等。公司根据不同地区的不同困难情况支付给外派人员不同的困难补助金。

（7）工作外调津贴

工作外调津贴即因为员工外调而支付给员工的一种奖励方式。通常分为两种支付形式：一种是在员工外派时就一次性支付给员工一定数量的奖金，以示公司对其外派的鼓励；另一种是在员工外派时先支付给员工较少的奖金，在员工外派结束后，再根据其外派期间的业绩，支付给员工另外一笔奖金。相比之下，第一种奖励方式更似于公司给外派人员的一项福利，它不与员工的绩效好坏挂钩；而第二种奖励方式更能对员工起到激励作用，若他们在外派期间的工作绩效较好，能得到更多的工作外调津贴。当然第二种奖励方式对外派人员来说也更具风险性，若他们在外派期间工作表现不佳，所得到的工作外调津贴可能就较少。

5）制定外派人员薪酬标准的重点

（1）外派薪酬要具有竞争力

外派薪酬要具有竞争力，竞争力具体表现在以下两方面：第一，对内具有竞争力。外派人员的薪酬水平要高于总部同级人员的薪酬，这样才能鼓励员工出国工作。第二，对外具有竞争力。外派人员的薪酬水平要高于东道国的薪酬水平，否则，可能造成外派人员跳槽，那样给公司带来的损失可是巨大的，因为外派人员一般为公司的核心员工，在其成长过程中，公司对其投资颇大，若其辞职，公司可不是再招一个替代者那么简单。公司在用替代者时，要支付招聘费、培训费，另外，在该职位空缺时和在新近替代人员适应工作期间，还会给公司造成巨大的损失。因此，外派人员的薪酬一定要具有竞争力。

（2）对外派人员的各种补贴要说明其用途

对外派人员来说，各种补贴包括商品服务补贴、个人纳税补贴、住房补贴等，这些项目占据其薪酬的相当的部分。外派人员的各种补贴是用于鼓励外派人员外派工作和弥补他们在外派工作时工作与生活方面的困难，在向其支付各种补贴时，一定要说明公司支付这些补贴的用意；否则，外派人员在回国工作后，会感觉他们的薪酬毫无理由地下降了。

（3）外派人员薪酬中要包含一定比例的长期激励薪酬

长期激励对公司来说具有以下三个方面的好处：第一，长期激励便于把外派人员的薪酬与其一段时期内的绩效挂钩，这样使支付给外派人员的薪酬更合理。第二，"金手铐"作用，长期激励对外派人员具有束缚性，能更有效地留住外派人员。第三，长期激励有利于公司节省人力成本，因为长期激励是使用未来的钱支付员工现今的工作。

（4）外派人员的薪酬要建立在有效绩效评估体系上

外派人员的薪酬支付要建立在有效的绩效评估基础上，而且外派人员的绩效评估指标有其特殊性。从上述内容我们知道，公司外派员工的主要目的是扩展国际视野、寻找新的商业机会，因此，在构建外派人员的KPI指标时，不仅要关注其财务指标，还要使其KPI指标与外派工作的目的以及公司的长期战略挂钩，这样才能使对外派人员的绩效评估有效，支付的薪酬合理。

12.3.4　临时雇员的薪酬管理

临时雇员主要是指临时性雇佣服务机构招聘的人、以随叫随到方式参与工作的人，或者独立的承包人。通常前两类临时雇员的收入要低于传统制度安排下的雇员的收入；第三类雇员的收入会更高一些。例如，通过临时性雇佣服务机构参与工作就意味着在管理性职位或按日计酬职位上的低薪待遇。相反，独立承包人的工资或许会大大高于那些永久性聘用的雇员工资。实际上独立承包人往往是被公司裁掉后又被重新雇用的人。杜邦公司在20世纪90年代将其雇员裁掉了47 000人。但在这些被裁掉的雇员中大约有14 000人又被杜邦公司聘为销售员或承包人。因为临时雇员的雇佣地位是暂时性的，而且所享受的雇员福利相对较少或根本没有，因此有时会通过高薪来对他们进行收入补偿。但是，要小心对临时雇员地位的界定。简单地宣布某人处于临时雇佣地位或顾问地位是远远不够的，而且事实证明确实如此。只要去微软公司你就会得到答案。由于微软将一部分雇员定位为顾问，因此他们在每周工作超过40小时时也无法享受加班工资待遇。在"维兹凯诺诉微软公司"一案中，法院裁定这些工人都属习惯法雇员。在此案上诉至最高法院之前，微软拿出9 700万美元来摆平此事。听起来似乎微软意识到不支付加班工资是一个错误。一定要记住，在什么情况下雇员属于独立承包人/顾问，在什么情况下他们又属于习惯法雇员，这其中是有规则的。

为什么要雇用临时雇员？其中的一个答案可能预示着我们经营模式所发生的永久变化。当我们从经济大萧条中走出来的时候，许多公司的雇用水平远低于我们的预期。相反，它们把雇用临时雇员作为在不稳定的经济环境中保护自己的一种方式。临时雇员为公司提供了一定的弹性，这可以使它们根据市场的变化灵活地扩大或缩减劳动力规模。雇主正变得十分谨慎。它们的第一个行动就是雇用临时雇员去满足更大的客户需求。当然，这些临时雇员希望被公司永久雇用。很明显，长期而言，这种临时性雇用将影响雇员对公司的忠诚度和工作士气。但是，雇用临时雇员的论据也很有说服力，工资成本通常很低，而且在公司做出解雇临时雇员决策时也不会有道德压力。

与所有其他特殊雇员群体的薪酬一样，临时雇员薪酬的主要挑战也在于找出处理公平性问题的方法。虽然临时雇员与永久性雇员从事相同的工作，但他们获得的工资和福利都相对较低。雇主主要从两个方面来处理这种不平等的潜在来源：一方面是传统领域；另一方面挑战了我们对雇佣关系和职业生涯的思考方式。有些公司把临时雇员当作永久性雇佣职位的候选人的蓄水池，雇主可以取消高绩效临时雇员的临时性雇用地位而与其保持更为稳定的雇佣关系。例如，康明斯发动机公司（CumminsEngine）就以雇用高绩效临时雇员而著称。这样，可能晋升这一传统的报酬形式就成为绩效激励的手段。

考察临时雇员薪酬公平性的第二种途径是推行无界限职业生涯理念。至少对于高技能临时雇员而言，他们越来越多地把职业生涯看作获取有价值的知识和技能的机会。在这种框架下，临时性雇用地位不再是一种惩罚或导致不满的原因。相反，那些接受无界限职业生涯理念的雇员会把临时性雇用地位看作高速发展的职业轨道。低工资的负面效应被快速增长的技能抵消——对于更为传统的制度安排下的雇员而言，这种机会并不是那么容易获得。诸如通用电气等公司就推行这种报酬方式——激励雇员通过获取热门技能来改进自己的雇佣地位，这或许已经开发出了一种尚未被充分利用的报酬维度。

12.3.5　团队薪酬的设计

随着全球市场竞争的激烈化、组织内部分工的精细化，团队作为一种新型的组织形式，越来越受到各类组织的青睐，不仅在全球500强企业中得到广泛运用，而且也日益受到众多国内企业的关注，不少大型企业正在尝试团队工作方式，并且取得了令人满意的效果。然而随着这一工作方式的日益普及，组织为了成功运用团队有必要进行一些变革，薪酬设计就是其中之一。团队薪酬是对团队整体的报酬，与个体薪酬有所区别。那么到底什么样的薪酬内容、薪酬结构才适合团队呢？

团队薪酬是以整个团队作为薪酬支付对象，根据团队的价值、工作产出等确定团队整体应得的报酬。为了使团队薪酬发挥最大的作用，在设计团队薪酬时必须明确，团队并不是存在于真空中的，市场竞争状况使得组织要想吸引、激励、留住优秀人才，发挥团队巨大的潜能，就必须确保团队薪酬具有外部竞争性。组织要想拥有能创造高绩效的精英团队，提升综合竞争力，就必须根据本组织的行业特点、规模大小、竞争战略等情况，兼顾行业领导者的薪酬特点和市场薪酬平均线，设计出具有本组织特色的团队薪酬，这样既能有效地激励团队创造出更优异的成果，又不使组织承载较大的薪酬成本压力。此外，团队薪酬是组织给予团队为组织目标的实现做出贡献的酬劳，也就是说，团队薪酬是团队在为组织贡献出自己的知识、经验与技能，达到组织要求和目的之后得到的报酬，它既是对团队之前付出的肯定，也是对团队以后工作的期望。为了激励团队在工作中不断地发挥潜力，创造更高的绩效，团队薪酬要求具有激励性，引导团队做出符合组织要求的行为，及时、保质、保量地完成组织任务。

团队是组织的基本工作单元，是组织成功的基石。组织采用团队工作方式的最终目的是要实现战略目标，增强组织的竞争力。为了保证组织战略目标得以顺利实现，团队的工作目标就要支持组织战略目标，成为组织战略目标的一个组成部分。只有团队目标与组织战略目标保持一致，团队的行为取向符合组织发展要求，组织战略目标才能实现。为此，组织需要在战略目标的指引下，确定团队目标进而将实现组织和团队目标所期望的行为激励因子反映在团队薪酬体系中，以此实现战略转化。

团队薪酬是基于团队整体的报酬。为便于理解，下面将从基本薪酬、奖金计划和福利管理三个方面展开论述，并将三者紧密联系在一起，基本架构如图12-1所示。

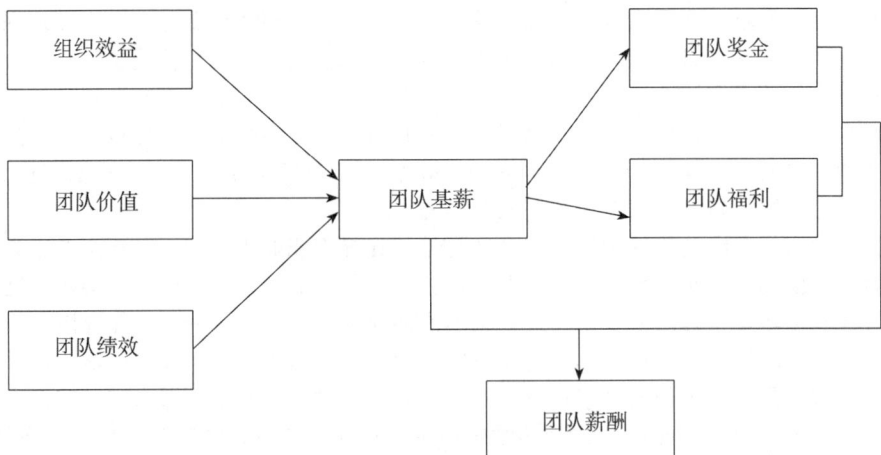

图12-1　团队薪酬结构

资料来源　黄娟. 团队薪酬的设计［J］. 企业管理，2008（2）.

1）基本薪酬

基本薪酬是组织根据团队所承担的工作职责、完成的任务、为组织做出的贡献而向其支付的基本酬劳，其最主要的作用是保障团队的基本生活需要，满足其衣、食、住、行等日常需求。

团队是组织的基本工作单元，组织建立团队的根本目的是保证组织战略目标得到高效的实现。为了使团队的行为取向、工作目标与组织的发展要求、战略目标保持一致，充分发挥团队的工作积极性和工作热情，团队的基薪应该与组织效益挂钩，再结合团队在组织中的相对价值及绩效表现来确定团队应得的基本薪酬，具体可用下面的公式来表示：

团队基本薪酬=组织利润提成×团队相对价值率×团队目标实现程度

公式中的各成分可作如下解释：

（1）组织利润提成。顾名思义，组织利润提成就是从组织当期的利润中提取一定比例作为团队的基本薪酬基数。由于基薪只是起到保障作用，建议组织采用滞后策略，薪酬水平略低于市场平均水平。至于提成比例，组织可以先汇总员工的总薪酬，计算其占利润的大致比例，然后确定最终的提成比例。当然，提成比例也不是固定不变的，由于生活水平的提高、物价的上涨、团队的高期望等主客观原因，组织可以适时地改变提成比例，以更有效地满足团队的需要。

（2）团队相对价值率。简单地讲，团队相对价值率就是一个团队在组织内部所有团队中所具有的相对价值。组织可以把所有团队的价值定为1，再根据各团队本身的特性、掌握的技能、专业稀缺性、战略关联度等一系列指标确定团队相对于其他团队的价值。团队相对价值率可以一年计算一次，这样可以提高各团队的公平感，使各团队清楚自己的价值以及今后努力的方向。

（3）团队目标实现程度。换个说法，团队目标实现程度就是考查团队的工作绩效，评估团队完成任务的数量、质量、时效性，以及其他与业绩相关的要素。这些业绩关联要素更多的是从团队的角度考察的，如团队间的合作程度、团队内部的沟通协作情况、其他团队的满意度、团队内部成员的满意度、外部客户的满意度、团队行为符合组织发展要求的程度等。考察团队目标的实现程度不仅要关注结果，还要考虑工作过程，使团队既能保质保量、及时地完成任务、达到目标，又能促进自身技能的提升、内部凝聚力的提高。

团队的基本薪酬在确定以后如何落实到团队内部的每个成员呢？对此，组织人力资源部门可以提供一些指导性原则，具体如何操作应该留给团队自行决定，组织只起监督作用，保证所有成员得到满意的薪酬分配。

2）奖金计划

奖金是对团队实现的超额成果的回报，是对突出绩效和能力的认可，主要发挥着激励团队为目标的实现而努力的作用。

奖金是对团队突出业绩的嘉奖，团队能否得到奖金、得到多少奖金完全取决于其工作目标的实现程度，也就是与业绩紧密挂钩。为了激励团队未来的工作成效，组织可事先在有关制度中明确团队绩效与奖金的相关性，指出既定的团队目标实现程度对应的奖金提取比例，使所有团队清楚各自的努力将会得到什么样的奖励，从而促进团队积极合作，创造高绩效。

另外，为了有效地激励团队创造更优的绩效，提高其工作积极性、主动性，团队奖金的比例应该保持较高水平，具体水平组织可依自身情况而定。

鉴于上述考虑，对于那些超额完成任务、达到绩效目标的团队，组织可在其基本薪酬的基础上提取一定比例作为奖金基数。然后组织根据团队的特殊需要将奖金分为货币和非货币两种形式，并确定具体比例进行分配。货币奖励由于其单一性，故可直接交由团队自行处理。非货币奖励由于形式多样，可以再作如下区分：（1）组织层次的奖励，如组织颁发荣誉证书、开表彰大会、举办集体文娱活动等；（2）团队层次的奖励，这部分可以直接留给团队决定奖励覆盖面，或全体奖或个别奖或两者兼备。

总之，奖金的分配要有效地发挥激励作用，满足团队的特殊需求，激发团队的工作动力。

3）福利管理

团队福利是指团队所在组织通过建设集体福利设施、设立各种补贴、提供多样化服务等办法，为团队工作和生活提供方便，满足其物质文化需求。

团队福利包括法定福利和组织补充福利。法定福利具有权威性、强制性、保障性、公平性等特点，是对所有团队一视同仁的。组织补充福利是组织自主建立的，根据各团队的工作绩效而有所区别，旨在激发团队的工作热情。

由于法定福利，如养老保险、医疗保险等是所有团队都享有的，这里不作详细阐述。

组织补充福利是根据团队的绩效表现来确定的，因此类似于奖金，可以与基本薪酬挂钩。具体地讲，组织可事先设计一份"绩效-福利关联表"，将团队目标的实现程度与补充福利的提取比例相对应，并在组织内部公布，使各团队对自己可以获得的补充福利一目了然。待团队的绩效结果确定以后，组织就对照"绩效-福利关联表"确定提取比例，然后通过与基本薪酬相乘计算出与既定团队对应的补充福利数额。最后，组织将法定福利和补充福利一同交给团队，由团队根据需要自行决定补充福利的项目组合以及在内部成员中的分配。

总而言之，团队福利不仅要发挥保障作用，更要体现激励功能，通过团队绩效导向，指引团队注重技能的开发、绩效的提高，最终保证组织战略的实现。

本章小结

组织的管理人员可以按其所处的管理层次区分为高层管理人员、中层管理人员和基层管理人员。高管人员的薪酬体系主要由基本薪酬、短期激励、长期激励和福利四个部分组成。一般管理人员的薪酬模式是：基本薪金+奖金+福利。

销售人员薪酬实际上是销售人员因为与企业的雇佣关系而达成的一种供求契约。从狭义的角度看，销售人员薪酬涵盖了销售人员由于为某一组织从事销售工作而获得的所有直接和间接的经济收入，其中包括薪资、奖金、津贴、养老金以及其他各种福利保健收入。销售人员的薪酬模式主要有以下几种：纯佣金制、基本薪酬加佣金制、基本薪酬加奖金制、基本薪酬加佣金加奖金制、纯底薪计划。

公务员工资由基本工资和奖金、津贴、补贴所构成。职级工资是公务员工资制度的主体，奖金和津贴是补充，基本工资又由职务工资与级别工资构成。

专业技术人员的薪酬结构主要由以下几方面组成：基本薪酬与加薪、奖金和福利。外派员工是指那些在国外进行短期工作（一般时间为1~5年），在合同期满后回国的人员，其薪酬主要由以下几方面组成：基本工资及激励工资、商品服务补贴、住房补贴、个人纳税补贴、教育补助金、困难补助金及工作外调津贴。团队薪酬是以整个团队作为薪酬支付对象，根据团队的价值、工作产出等确定团队整体应得的报酬。

本章案例

京东的薪酬管理策略

企业重视薪酬管理的原因在于一来可以吸引、留住和激励人才，二来可以帮助企业降低人工成本，提高工作效率，以促进企业战略目标的实现。京东集团在其薪酬管理策略上的特点无疑将以上两个作用发挥得淋漓尽致。

京东是2009年开始自建物流体系的，导火索就是2008年年底发生的最为严重的"爆仓事件"。京东仓库面积不足，难以维持用户超大的订单量，导致京东商城不得不在网站发布公告，劝阻用户下单，甚至关闭下单功能。在刘强东眼里，给用户延迟送货导致极差的用户体验所产生的口碑损失比减少订单而导致的销售额下降还要大。因此，刘强东下定决心要做自营物流，提升用户体验。这也是京东战略发展的重要着眼点。于是，在后续的几年中，随着京东物流不断地发展，"多、快、好、省"的宣传标语铺天盖地，"211限时达""次日达""隔日达"等优质配送服务也被纷纷提出，它甚至还对外提出了五星级配送服务标准。

但是，能向用户提供这些优质服务的都是京东的一线员工，包括仓储员工、快递员、司机等。他们经历日晒雨淋，非常辛苦。实话实说，他们中大部分人的文化层次并不高，多数还是城市中的外来务工人员。他们能有这样的工作效率和用户服务意识吗？

如果靠简单粗暴的企业文化灌输，无异于吃人血馒头，还不如拿出真金白银，在薪酬激励方面调动这些一线员工的工作积极性，规范他们的工作行为，在他们在潜意识中树立为用户提供优质服务的思想。

因此，京东为这些一线员工提供了起点较高、增长合理的行业领先的薪酬。比如，对于快递员京东的薪酬结构设计为"底薪+提成"的模式，而且还为他们购买了完整的"五险一金"，同时还提供意外伤害险和意外医疗保险，除此之外，通信、防寒防暑、特殊环境、交通工具等补贴就达30种之多。有人戏称，京东快递员光靠补贴收入就能抵上其他公司快递员的工资。这个难免有点夸张，但能从侧面反映出京东快递员的收入确实在行业内具有很强的竞争性。

刘强东曾说过，京东快递员的工资比整个快递行业平均高出50%左右，工作5年差不多就能够在老家买一套房。有人觉得刘强东是在吹牛，自卖自夸。我们来举出几个例子，不同地区、不同时间会有一定的差距。2019年山东潍坊，一名转正的京东快递员底薪是1 600元左右，加上提成能拿到6 000元左右，包括了300元左右的饭补，100元的通话补助，还有600元的油补。不知道这个收入在潍坊属于什么水平。2014年，四川邛崃山区，一名本地的乡镇京东配送员，日常每天跑70~90单，月收入轻松在三四千元左右，工作两年之后，就在邛崃买了房。为什么京东会对一线基层员工采取这种薪酬领先策略呢？

正是由于对一线员工采取的这种薪酬策略，从而充分调动了他们的工作积极性。这些一线员工如果工作不努力或者做不好，被京东辞退，他们在别的企业不一定能拿到这么高的工资，因而他们会自觉地规范自己的行为，提升用户服务意识，为用户提供稳定且优质的服务。一线基层员工效率的提升，强激励薪酬策略带来的监督管理成本的下降，用户满意度的不断攀升，使京东物流在全行业保持了良好的口碑，形成了京东特有的竞争优势。反观京东在其他职位上的员工采取的就不是薪酬领先策略。这个足以说明京东对于基层一线员工的重视程度。

但好景不长，2019年4月，京东物流突然改变快递员的"底薪+提成"的薪酬体系，直接取消底薪，把揽收任务计入绩效，快递员的公积金从12%降到7%。京东宣称，之所以改变是因为原来的薪酬结构已经不适应新的模式了，无法对绩效优异的员工体现出足够的激励。对于下调住房公积金缴存系数，京东物流回应，是在政策允许的范围内，依法合规对员工公积金缴存比例进行调整。但据业内人士称，2018年是互联网企业的寒冬之年，京东自己也不好过。在京东2019年新春贺信中，刘强东写道："2018年对我本人、我的家人以及公司都是异常艰难的一年。"

全国京东快递员的数量大概在18万，按人均工资5 000元计算，光公积金缴存比例下降一项，一年就可以为京东节省5.4亿元的成本，看来京东确实出现了比较大的困难。

虽然不知道经过这次薪酬结构调整，京东快递员工的工资具体会下降多少，但是他们的行为确实发生了变化，服务质量有所下降。在2016—2018年的两年中，相比于其他快递只将快递送到快递柜，京东快递员往往是直接送到家门口，不用顾客自己下楼取快递。可到了2019年，情况发生了改变，虽然商品还是可以第二天送达，可是快递员不再送货上门，甚至连电话也不打，直接放快递柜了。诸如此类，事情虽小但却影响着京东物流整体的服务质量。

　　资料来源　HRsee.京东的薪酬管理策略［EB/OL］.［2020-05-23］. http：//www.hrsee.com/？id=1442.

　　思考题：请从薪酬管理的角度分析京东快递员薪酬政策变化产生的影响。

复习思考题

1. 简述高层管理人员的薪酬构成。
2. 简述一般管理人员的薪酬模式。
3. 试述销售人员薪酬的基本模式。
4. 确定公务员工资的依据有哪些？
5. 试述专业技术人员的薪酬结构。
6. 外派人员薪酬的定价方式有哪几种？

主要参考文献

［1］曾湘泉. 薪酬：宏观、微观与趋势［M］. 2版. 北京：中国人民大学出版社，2016.

［2］李新建，孟繁强，张立富. 企业薪酬管理概论［M］. 2版. 北京：中国人民大学出版社，2012.

［3］宋培林. 薪酬管理——理论·操作·案例［M］. 北京：首都经济贸易大学出版社，2006.

［4］孙剑平. 薪酬体系与机制设计［M］. 上海：上海交通大学出版社，2005.

［5］林忠，金延平. 人力资源管理［M］. 6版. 大连：东北财经大学出版社，2021.

［6］王长城，姚裕群. 薪酬制度与管理［M］. 北京：高等教育出版社，2005.

［7］陈思明. 现代薪酬学［M］. 上海：立信会计出版社，2004.

［8］文跃然. 薪酬管理原理［M］. 2版. 上海：复旦大学出版社，2013.

［9］胡昌全. 薪酬福利管理［M］. 北京：中国发展出版社，2006.

［10］王长城. 薪酬架构原理与技术［M］. 北京：中国经济出版社，2003.

［11］王全兴. 劳动法［M］. 4版. 北京：法律出版社，2017.

［12］黄任民，张燕. 薪酬制度与薪酬管理［M］. 北京：中国劳动社会保障出版社，2006.

［13］沈文莉，古小华，公务员制度教程［M］. 3版. 北京：中国经济出版社，2020.

［14］谭功荣. 公务员制度比较研究［M］. 重庆：重庆出版社，2007.

［15］张旭霞. 公务员制度［M］. 4版. 北京：对外经济贸易大学出版社，2013.

［16］张锋. 国家公务员制度新论［M］. 北京：中国人民公安大学出版社，2006.

［17］张正堂，刘宁. 薪酬管理［M］. 2版. 北京：北京大学出版社，2016.

［18］王健. 薪酬管理［M］. 北京：科学出版社，2007.

［19］郑宏，廉鹏飞. 营销人员薪酬与考核［M］. 3版. 北京：企业管理出版社，2010.

［20］邱小平. 企业薪酬体系建设［M］. 西安：西安交通大学出版社，2005.

［21］李严锋，麦凯. 薪酬管理［M］. 大连：东北财经大学出版社，2002.

［22］王凌峰. 薪酬设计与管理策略［M］. 北京：中国时代经济出版社，2005.

［23］徐斌. 薪酬福利设计与管理［M］. 北京：中国劳动社会保障出版社，2006.

［24］肖凤德. 薪酬管理［M］. 北京：中国轻工业出版社，2006.

［25］陈建东. 企业的薪酬成本控制［J］. 企业改革与管理，2005（2）.

［26］仇雨临. 员工福利概论［M］. 2版. 北京：中国人民大学出版社，2011.

［27］李品媛. 管理学原理［M］. 4版. 大连：东北财经大学出版社，2018.

［28］李贵强. 员工薪酬福利管理［M］. 北京：电子工业出版社，2006.

［29］王玺. 最新企业薪酬体系［M］. 北京：中国纺织出版社，2004.

［30］刘昕. 薪酬福利管理［M］. 北京：对外经济贸易大学出版社，2003.

［31］周斌．现代薪酬管理［M］．2版．成都：西南财经大学出版社，2011.

［32］周文，黄宝明，方浩帆．薪酬福利管理［M］．长沙：湖南科学技术出版社，2005.

［33］冉斌．宽带薪酬设计［M］．广州：广东经济出版社，2005.

［34］成华．薪酬的最佳方案［M］．北京：中央编译出版社，2004.

［35］侯晓虹．××工程有限公司的技能薪酬制［J］．人才瞭望，2003（12）.

［36］杜海玲．对企业员工薪酬满意度的分析与思考［J］．科技信息（学术版），2007（5）.

［37］于立宏，邓光汉．基于能力的薪酬方案的设计［J］．软科学，2004（1）.

［38］马可一．基于技能与胜任力的薪酬计划［J］．中国人才，2004（1）.

［39］濮雪镭．基于技能与能力的薪酬设计研究［D］．成都：西南财经大学，2006.

［40］梁晓勇，苗振林．建立宽带薪酬体系的要求与方法［J］．中国劳动，2007（9）.

［41］张硕．浅析薪酬设计原则［J］．中外企业家，2007（2）.

［42］康士勇．薪酬设计与薪酬管理［M］．北京：中国劳动社会保障出版社，2005.

［43］秦志华．人力资源管理［M］．5版．北京：中国人民大学出版社，2019.

［44］李莉．哈佛商业评论精粹译丛：薪酬管理［M］．北京：中国人民大学出版社，2004.

［45］胡宏俊．财智：富有竞争力的薪酬设计［M］．上海：上海交通大学出版社，2004.

［46］居茜．薪酬管理入门［M］．广州：广东经济出版社，2006.

［47］秦杨勇．平衡计分卡与薪酬管理［M］．北京：中国经济出版社，2007.

［48］金萍．薪酬管理［M］．大连：东北财经大学出版社，2006.

［49］闫大海．薪酬管理与设计［M］．北京：中国纺织出版社，2007.

［50］康士勇．工资理论与工资管理［M］．3版．北京：中国劳动社会保障出版社，2015.

［51］刘银花．薪酬管理［M］．3版．大连：东北财经大学出版社，2016.

［52］刘军胜．薪酬管理实务手册［M］．2版．北京：机械工业出版社，2005.

［53］萧鸣政．人力资源管理［M］．北京：中央广播电视大学出版社，2001.

［54］廖泉文．人力资源管理［M］．3版．北京：高等教育出版社，2018.

［55］张一弛．人力资源管理教程［M］．3版．北京：北京大学出版社，2020.

［56］李中斌，谭志欣，李亚慧．薪酬管理［M］．北京：科学出版社，2012.

［57］刘昕．薪酬管理［M］．6版．北京：中国人民大学出版社，2021.

［58］桂萍．薪酬管理［M］．北京：科学出版社，2015.

［59］曾湘泉．薪酬管理［M］．3版．北京：中国人民大学出版社，2014.

［60］米尔科维奇，纽曼．薪酬管理［M］．董克用，等译．北京：中国人民大学出版社，2002.

［61］特鲁普曼．薪酬方案：如何制定员工激励机制［M］．胡零，刘智勇，译．上海：上海交通大学出版社，2002.

［62］德斯勒．人力资源管理［M］．刘昕，译．14版．北京：中国人民大学出版社，2017.

［63］蒙迪，诺埃．人力资源管理［M］．葛新权，等译．8版．北京：经济科学出版社，2003.

［64］马尔托奇奥．战略薪酬：人力资源管理方法［M］．周眉，译．2版．北京：社会科学文献出版社，2002.

［65］马西斯，杰克逊．人力资源管理［M］．孟丁，主译．10版．北京：北京大学出版社，2006.

［66］威尔逊. 薪酬——以薪酬战略撬动企业变革［M］. 张敏，等译. 北京：中国社会科学出版社，2004.

［67］伯杰. 薪酬手册［M］. 文跃然，等译. 4版. 北京：清华大学出版社，2006.

［68］斯佩克特. 薪酬经典［M］. 程秀梅，石晓竹，译. 长春：长春出版社，2006.

［69］马尔托奇奥. 战略薪酬管理［M］. 杨东涛，钱峰，译. 5版. 北京：中国人民大学出版社，2010.

［70］罗宾斯，库尔特. 管理学［M］. 刘刚，等译. 15版. 北京：中国人民大学出版社，2022.

［71］格哈特，瑞纳什. 薪酬管理［M］. 上海：上海财经大学出版社，2005.

［72］米尔科维奇，纽曼，格哈特. 薪酬管理［M］. 成得礼，译. 11版. 北京：中国人民大学出版社，2014.

［73］BALKIN B D，COMEZ R L. Matching Compensation and Organizational Strategy［J］. Strategic Management Journal，1990，11（2）：153-169.